1 ACEH, NORTH AND WEST SUMATRA, RIAU

2 JAMBI, SOUTH SUMATRA, BENGKULU

3 LAMPUNG, JAKARTA, WEST AND CENTRAL JAVA, YOGYAKARTA

4 EAST JAVA, WEST AND EAST NUSATENGGARA, BALI, TIMOR

5	EAST, SOUTH, CENTRAL AND WEST KALIMANTAN
6	SOUTH, SOUTH EAST, CENTRAL AND NORTH SULAWESI
7	MALUKU, IRIAN JAYA

포켓 인도네시아어 - 한국어
한국어 - 인도네시아어 사전

한국외국어대학교 교수 **안영호** 編

일상생활 필수어휘 총정리

머 리 말

1990년대로 접어들면서 우리나라가 인도네시아와 교역증진을 위해 많은 노력을 경주하였으며, 그 결과로 1993~94년에는 인도네시아가 우리나라의 4~5大 수출국으로 부상하고 있다. 특히 근자에는 국가적 차원에서 모든 분야에 걸친 세계화를 추진하고 있으며, 각급학교는 물론 모든 기업체에서도 세계화를 실천하려는 방편으로 지역 전문가 양성에 박차를 가하고 있다. 따라서 세계 각 지역에 관한 정보와 지식을 폭넓게 수집·분석하고, 또 지역 전문가 양성을 위하여 엘리트를 현지로 파견함으로써 역사, 문화, 사회, 정치, 경제 등 모든 분야에 관한 현지 사정을 익히도록 하는 데 총력을 기울이고 있다. 이와 같은 사회적 분위기에 따라 인도네시아에 대한 관심도 점차 높아지고 있으며, 인도네시아의 언어를 포함한 지역사정에 관한 교육도 활발히 진행되고 있다.

이에 부응하여 각 대학을 포함한 많은 출판사들도 이 지역에 관한 교육 교재를 활발하게 출간하고 있으며, 각종 사전류도 출간되어 인도네시아의 어문학 및 사정을 연구하는 분들에게 큰 도움을 주고 있다. 특히 이 「포켓 인도네시아어 - 한국어」, 「한국어 - 인도네시아어」 사전은 국내에서는 물론 인도네시아를 대상으로 사업을 하는 분들이 필수적으로 필요한 어휘를 간단히 찾아보면서 의사소통을 하는 데 편의를 도모하고자 포켓용으로 제작되었다. 휴대하기에 편리하게 편찬하였으며 일상 생활에 필수적인 어휘를 총망라하였고 역의에서도 사용 빈도에 따라 우선순을 정하여 수록하였다. 한편 부록으로 「한국어 - 인도네시아」 사전도 간단하게 참고할 수 있도록 수록하였으므로 많은 도움이 될 것으로 사료된다.

이 「포켓 인도네시아어 - 한국어사전」은 8천여 기본 어휘에 7천여 파생어를 포함하여 총 1만 5천여 단어를, 부록의 「한국어 - 인도네시아어 사전」에서는 5천여 단어를 각각 수록하였으며, 아래의 사전들을 참고로 하였다.

安英浩(1995) 「現代 인도네시아 - 한국어 辭典」 외대출판부 서울
末永晃(1977) 「現代 インドネシア語 辭典」 大學書林 東京
Peter Salim(1991) *Kamus Bahasa Indonesia Koniemporer,* Modern English Press, Jakarta
John M. Echols and Hassan Shadily(1989) *An Indonesian-English Dictionary,* Third Edition, Cornell University Press, Ithaca and London
Kamus Besar Bahasa Indonesia Edisi Kedua (1991) Ed. by Departmen Pendidikan Dan Kebudayaan, Balai Pustaka Jakarta

이 사전을 편찬하는 데 최선을 다 하였지만 앞으로 계속 보완할 것을 약속하며, 모쪼록 이 사전이 인도네시아어를 학습하는 분이나 교역 실무자들께 도움이 되기를 바란다.

編者 識

일 러 두 기

1. 표제어

- 이 사전의 표제어는 A B C D E F G H I J K L M N Ng Ny O P R S T U W Y Z 順의 고딕활자로 배열하였다. 파생어는 접사 ber-, me-(memper-kan), ke-an, pe(r)-, pe-an, 그리고 -an 順의 고딕체 활자로 배열하였다.

- 同音異義의 단어는 어깨번호(1, 2)로 분리하여 표기하였다.
  gagap¹(=menggagap) 말을 더듬다.
  gagap² (어둠 속에서) 더듬다.

- 모음 e 가 /e/ 음으로 발음되는 단어의 경우 e 音 위에 악센트 부호(´)를 붙여 나타냈다.
  léhér 목
  méja 책상

- 약자 또는 약어는 [ ] 안에 어떤 단어의 약어인가를 표시하여 풀이하였다.

2. 본문

- 어의(語意)

  1) 한 표제어가 몇 가지 의미로 나뉠 경우 ① ② ③ …의 번호로 나타냈다.
     sampai ① ~할 때까지 ② 도착하다 ③ 달성하다

  2) 유사한 차이를 나타내는 단어는 〔 〕속에 그 동의어를 표시하였다.
     semi 절반. 어느 정도〔다소〕의

  3) 표제어 역의의 이해를 돕기 위하여 역의 앞 뒤에 ( ) 또는 《 》 안에 부연 설명을 넣었다.

3. 기호

이 사전에서 사용되는 기호들은 아래와 같이 나타냈다.

(動) 동물의 이름　　　　　　　　(醫) 의학 용어
(植) 식물의 이름　　　　　　　　(문법) 문법 용어
(鳥) 새의 이름　　　　　　　　　☞ 참고

A

aba¹ 아버지.

aba² (=aba-aba) 명령, 지휘, 신호.

abad ① 일세기, 100년 ② 영원, 영구
 berabad-abad 수 세기 동안.

abadi 영원한, 영구의, 무한의
 mengabadikan, memperabadi(kan) 영원하게 하다, 영원히 전하다
 keabadian 영원, 영구, 영속.

abadiah, abadiat 영원, 항구, 지속.

abai 게으른, 태만한, 중요시 않는
 mengabaikan 무시하다, 소홀히 하다
 pengabaian 부주의, 무관심.

abang¹ ① 형(兄), 누나, 친구 ② 아내가 남편에 대한 호칭.

abang² 붉은색의.

abdi 하인, 노예, 종
 mengabdi 봉사하다
 mengabdikan 헌신하다
 pengabdian 봉사, 헌신, 순종, 종속.

abjad 문자, 자모(子母), 알파벳
 mengabjadkan 자모순서로 정리하다, 자모순서로 하다.

abnormal 비정상적인, 이상한.

abolisi 폐지, 폐기.

abonemén (예약)구독, 구독료, 정기권
 berabonemén 구독하다, 예약하다, 정기권을 끊다.

abrit-abritan (당황하여 서둘러) 도망가다.

absah (=sah) 합법적인, 유효한, 정당한
 mengabsahkan ① 보증하다, 배서하다 ② 합법화하다, 승인하다, 유효하게하다.

absén 결석(결근)한, 부재의, 불참한
 mengabsén 출석을 부르다.

absés 궤양, 종기.

absolusi 면제, 사면.

absorpsi 흡수, 흡착, (도시 따위의) 병합.

absténsi 절제, 자제, (권리행사의) 회피.

abstrak 추상적인, 관념적인, 무형의.
 mengabstrakkan 추상하다, 관념화하다.

abu ① 재 ② 먼지.

abu-abu 회색, 쥐색
 mengabui ~에 재를 뿌리다
 memperabukan (시체를) 화장하다, (쓰레기를) 태우다
 perabuan 아궁이, 소각장, 화로.

abuh 염증, 종기, 부어오름.

acap(=acap-acap, acap kail) 자주, 흔히.

acar (고기나 야채의) 식초 절임, (소금물·초에 절인) 야채요리, 아짜르.

acara ① 일정, 회의사항, 의제 ② 소송 ③ 의식
 beracara ① 회의중인, 재판중인, 의사일정을 갖는 ② 소송을 제기하다, 논쟁하다
 mengacarakan 제기하다, 제소하다
 pengacara 사회자, 변호인.

acu 협박하다, 위협하다
 mengacu ① 위협하다 ② 겨누다
 mengacukan 찌르다, 가격하다.

acuh 돌보다, 시중들다
 mengacuhkan 돌보다, ~에 주의를 기울이다
 acuhan 관심거리, 흥미거리.

acung (=mengacung) 손을

ada 들다, 거수하다
mengacungkan (총포따위를) 겨냥하다.
ada ① 있다, 존재하다 ② 소유하다 ③ (~에) 있다
berada ① 살다, 있다, 체류하다 ② 유복한, 부유한
mengadakan 거행하다, 개최하다
keadaan ① 사정, 상태 ② 상황, 형편
seada-adanya 있는 그대로, 있는것 모두
adapun ~에 관한.
adab ① 공손함, 정중함 ② 교양, 예절
beradab ① 공손한, 정중한 ② 예절바른, 교양있는
mengadabi 존중하다, 존경하다
memperadabkan 교화하다, 문명화하다
keadaban 정중, 세련, 공손.
adakala(nya) 때때로, 종종.
adang¹, adang-adang 때때로, 종종.
adang², adang-adang 방해물.
adat ① 습관, 예시 ② 관습, 풍습, 전통; istiadat 풍습, 관습
beradat ① 관습(풍습)이 있는 ② 관습에 따르다
mengadatkan 관습으로 정하다.
adegan, adekan (영화나 연극의) 장면, 막.
adhési 반창고, 접착 테이프.
ad hoc 특별한; panitia *ad hoc* 특별 위원회.
adik ① 동생 ② (아랫사람에게) 자네
adik-beradik 형제가 ~명인
beradik-berkakak 형제간인
memperadik 형제처럼 여기다.
adil 올바른, 공정한, 정직한
mengadili 조사하다
keadilan 정의, 공정
pengadil 판사
pengadilan 법정, 법원.
adinda 동생(adik의 애칭으로 사용되는 귀족용어).
ad interim 중간의(에), 임시의(로).
adipati bupati의 옛 칭호, 지방장관.
administrasi 경영, 행정, 관리, 경리.
admiral 제독, 해군대장.
amdisi 허가(입장).
adperténsi 광고.
adpokat 변호사, 법률가.
adu, beradu 충돌하다, 경쟁하다
mengadu ① 직면하다, 대결하다 ② 불평하다, 불만을 호소하다
mengadukan 고소(告訴)하다
pengadu 소송인
pengaduan 소송, 고소
aduan 경기, 경쟁.
aduh ≪감탄사≫ 아아(슬픔·염려 따위를 나타내는 말)
mengaduh 슬퍼하다, 애도하다.
aduk, mengaduk 뒤섞다, 휘젓다
mengaduk-aduk ① 상하로 돌리다 ② 난잡하게 하다
adukan 믹서, 혼합기(混合機).
advonturis, adponturis 모험가.
advontur, adpontur 모험.
afal 암기(暗記) ☞ hafal.
afiat 건강한, 정정한, 원기 왕성한.
afiun (=afium) 아편.
agak 약간, 좀, 다소
beragak ~하려고 하다
beragak-agak 숙고하다, 고려하다
mengagak(-agak) 정확히 추측하다, 고려하다
mengagakkan 단안을 내리다, (숙고하여)결정하다
agaknya 아마도, 추측컨대.
agama 종교
beragama 종교를 믿다
keagamaan 신앙.
agan, beragan 의도하다, ~하려고 계획하다.
agar¹ ~하기 위하여

agar supaya ~하기 위하여.
agar², agar-agar (해초로 만들어진) 젤라틴, 젤리.
agén ① 지점 ② 대리인
  keagénan, peragénan 대리점.
agénda 의제, 협의 사항.
agih, mengagih 분배하다, 나누다, 주다.
agitasi 동요, 흥분, 선동
  agitator 선동자, (정치)운동가.
agraria 농업, 토지문제.
agrégat (작은) 발전기, 발전용 엔진.
agrési 침략, 침해, 공격, 침범.
agung 위대한, 고귀한; jaksa *agung* 검찰총장; tiang *agung* (배의) 큰 돛대, 메인 마스트
  mengagungkan ① 찬미하다 ② 칭찬하다.
Agustus 8월.
ah 《감탄사》 아!
Ahad¹ *hari Ahad* 일요일.
ahad² 하나, 제일(第一)
  mengahadkan 합치다, (결혼에 의해서) 하나로 되다.
ahli 전문가, 숙련가; *ahli* waris 유산, 상속인; *ahli* hukum 법률가; *ahli* obat 약제사; *ahli* sejarah 역사가
  keahlian 지식, 숙련.
ahlunujum (=ahli nujum) 점성가.
aib ① 수치, 창피, 불명예, 추문 ② 실수, 잘못
  mengaibkan ① 창피를 주다 ② 비난하다, 더럽히다
  keaiban 모욕, 수모, 굴욕.
air ① 물 ② 즙(汁), 액체; *air* batu, *air* beku 얼음; *air* besar 통, 배설물; *air* jeruk 오렌지 쥬스; *air* kencing 오줌, 소변; *air* liur 침, 타액; *air* mata 눈물; *air* mentah 생수, 끓이지 않은 물; *air* muka 안색; *air* surut 썰물; *air* tawar 담수(淡水); *air* terjun 폭포수
  berair 수분(즙)이 있는

mengairi 관개(灌溉)하다
  keairan 수해를 입은, 물에 잠긴
  pengairan 관개, 용수.
ajaib 놀라운, 기적적인
  mengajaibkan 놀랄만한, 기적적인
  keajaiban 경이, 기적.
ajak, mengajak ① 초대하다, 청하다 ② 권유하다
  pengajak 권유자
  ajakan ① 초대 ② 도전.
ajal 죽음, 임종; *ajal* samar 예측할 수 없는 죽음 (자동차 사고 따위).
ajar 교수, 교육, 지도, 훈육
  belajar 공부하다, 배우다
  mengajar 가르치다, 강의하다
  mengajari 가르치다, 훈련시키다
  mengajarkan (~을) 가르치다
  mempelajari 배우다, 연구하다
  pelajar 학생, 생도
  pelajaran 학과, 과정
  pengajar 선생, 지도 교사
  ajaran ① 강의 ② 이론, 학설 ③ 교리, 주의.
ajat 요망, 욕구, 목적, 필요 ☞ hajat.
ajéktif 형용사.
aji 주문, 주술, 마력.
aju, mengajukan ① 제의하다 ② 제출하다.
ajudan ① 부관(副官), 조수 ② 하수관의 우두머리.
ajuk, mengajuk 관찰하다, 평가하다
  keajukan 추측, 추량.
ajung 조수, 보좌, 부(副)~.
akad 계약, 협정, 약속
  berakad 계약하다.
akadémi 단과대학.
akadémikus (단과) 대학의 졸업생.
akadémis 대학의, 학문적으로.
akal ① 지혜, 기지 ② 수단, 방법; kurang *akal* 사려가 깊지 못한; panjang *akal* 사려깊은; *akal* péndék 어리석은, 바보스런; *akal* budi 상식, 지능; habis (hilang,

akan

putus) *akal* 당황하다, 허둥대다
berakal 영리한, 지적(知的)인
mengakali ① (~을 행하기 위하여) 지혜를 짜내다 ② 속이다, 기만하다
mengakalkan 최선을 다하다, 방책을 쓰다.
akan ① 《단순미래》 ~할 것이다 ② ~에 대한 ③ ~를 위한
akan tetapi ① 그러나 ② 아직, 여전히
seakan-akan 마치 ~인 것처럼.
akar ① 뿌리 ② 시작, 기원, 근원; *akar* bulu 원근(源根), 근생; *akar* gigi 치근
berakar ① 뿌리가 있는, 뿌리가 나오는, 뿌리가 깊은 ② ~에 근원을 두다.
akas 날쌘, 영리한, 솜씨좋은, 능숙한
keakasan 숙련, 솜씨, 기민.
akbar 위대한, 장대한.
akhbar 소식, 신문(일간지).
akhir 끝, 종말, 최후; (ber)*akhir* minggu 주말(을 보내다)
berakhir 끝내다, 귀결되다
terakhir 마지막의, 최후의, 최종의
akhiran 접미사
akhirnya 드디어, 결국.
akhirat 내세(來世), 저승; dunia *akhirat* 현세와 내세.
akhirulkalam 마지막으로, 최후로(편지나 글의 맺음 말로 쓰는).
akhlak 성격, 성질, 도덕, 윤리.
aki 축전지, 밧데리.
akibat 결과, 결말, 끝; sebagai *akibat* ~의 결과로서
berakibat ~로 끝나다
mengakibatkan 초래하다, 귀결되다
akibatnya 결과적으로, 마지막으로.
akik *batu akik* 석영(石英); siput *akik* 석영 조개.
akil-balig 나이든, 성장한, 성인 (15세 이상의).
aklamasi (칭찬이나 찬성하는 뜻의) 박수 갈채.
akomodasi (수용 또는 숙박) 시설, 설비.
akordéon 아코디온 (악기의 일종).
akrab 친밀한, 가까운 사이의
mengakrabkan 우의를 다지다
keakraban 친밀, 친교.
aksara 문자, 발음, (알파벳의) 문자.
aksén 액센트, 억양.
aksi 활동, 운동
beraksi 활동하다, 조처를 취하다.
akta, akte 증서, 자격증.
aktif, aktip 활동적인, 정력적인
mengaktifkan 활성화하다
keaktifan 활동, 분주.
aktuil 최근의, 화제가 되고 있는.
aku 《인칭대명사 제1인칭 단수》 나는, 저는(주로 가까운 사이의 회화에서 쓰임)
mengaku 자인하다
mengakui ~을 시인하다
mengakukan 승인하게 하다
keakuan 야욕, 이기주의
pengakuan 인식, 고백, 승인.
akuarium 수족관.
akuntan 공인회계사, 계리사.
akur (=akor) 일치하다, 동의하다
mengakuri ~에 (의견이)일치하다
mengakurkan 조화시키다, 화합시키다
keakuran 조화, 화해, 화평.
a.l. [antara lain] ~가운데, 특히.
ala ① ~에 대하여, ~의 ② 높은, 고귀한.
alah 지다, 패배하다, 굴복하다
mengalahkan 패배시키다, 처부수다
kealahan 패배
pengalahan 정복, 승리.
alaikum *assalam alaikum* (이슬람교도의 인사말) 안녕하십니까, 당신에게 평화가 깃들기를.
alalbahalal, alalbihalal

서로 용서하다.
alam ① 세계, 국토, 우주; *alam baka* 내세; *alam fana* 속세 ② 자연, 천연
mengalami ~을 경험하다
kealaman 자연
pengalaman 경험
berpengalaman 경험을 하다, 경험을 쌓다.
alamat ① 주소 ② 표시, 방향 ③ 목적, 목표
beralamat ① 주소를 갖다 ② 가리키다, 지시하다
mengalamatkan ① 주소를 쓰다 ② 예고하다, 징조를 나타내다.
alang[1] 대각선(의)
mengalang ① 괴롭히다, 막다 ② 방해하다, 저지하다
mengalangi ~을 방해하다
mengalang-alangi 가로막다
pengalang 방해
teralang 방해받는, 침체된
alangan 장애, 장애물, 방해물.
alang[2] 보통의, 평범한; *kepalang* 중요한, 중대한, 심상치 않은; *alangkah* (bagusnya)! 멋지군!
alas ① 안받침, 안(감) ② 시트, (침대)보
beralas(an) 근거를 둔
beralaskan ~에 근거하다
mengalasi 덮다, 깔다
mengalaskan ① 받침을 놓다 ② ~에 근거(기초)를 두다
alasan ① 이유, 동기 ② 기초, 기본.
alat[1] 도구, 용구, 수단; *alat tukang kayu* 목수의 연장; *alat kantor* 사무용품; *alat napas* 호흡기; *alat olahraga* 운동구; *alat pembayaran* 통화(通貨); *alat perang*, *alat senjata* 병기(兵器)
mengalati 장비를 갖추다, 가구류 따위를 놓다, 준비하다
memperalati 갖추다, 장비(裝備)하다
peralatan 장비, 장치.

alat[2] 손님
beralat 성찬을 대접하다, 즐겁게 하다, 축하하다
peralatan 축제, 향연.
album 앨범, 사진첩.
alem, (me)ngalem 칭찬하다, 아첨하다.
algojo 사형집행인, 집행자, 잔인한 사람.
alhamdulillah(i) 신께 감사하나이다, 고마워라.
alhasil 궁극적으로, 결국.
alias 별명~, 일명(一名)~, 통칭~.
alibi 알리바이, 현장 부재 증명.
alih 이전하다, 바꾸다, 옮기다
beralih 옮기다, 바꾸다; *beralih akal* 생각을 바꾸다; *bintang beralih* 유성; *beralih pikiran* 사고를 바꾸다
mengalih(kan) 바꾸다, 옮기다, 변경시키다
peralihan 변천, 변환.
alim ① 학식있는, 현명한 ② 종교를 가진, 신앙심이 있는; *alim ulama* 종교학자(이슬람교)
kealiman 경건, 경신(敬神), 신앙심, 학문, 학식.
alinéa 패러그래프, 절(節).
aling, aling-aling(an), a-lingan 보호, 은폐, 은신처; *tédéng aling-aling(an)* 숨김, 은폐
mengalingi 보호하다, 비호하다
mengalingkan 숨기다, 감추다.
alir 흐르다, 다른 장소로 이동하다
mengalir ① 흐르다 ② 흘러나오다
mengaliri ~로 흐르다
mengalirkan ① 수로를 트다, 물을 흐르게 하다 ② 짜내다, 흡수하다 ③ 지향하다
pengaliran ① 흐름, 유출, 표류 ② 경향, 대세
aliran ① 흐름, 순환 ② 동향, 이념; *aliran hawa* 기류; *aliran masyarakat* 사회풍조; *aliran zaman* 대 변천(흐름)

alis 눈썹.
aljabar (數) 대수학.
alkali 알칼리.
alkissah 이야기.
alkohol 알콜, 주류(酒類).
Alkoran, Alkuran 코란, 이슬람교 경전.
Allah 알라신, (이슬람교의) 신; demi *Allah* 신의 이름으로; karena *Allah* ① 신의 뜻으로 ② 무료로 (가난한 사람을 위해서)
ke-Allahan 신격(神格), 신성(神性).
almanak 달력, 연감.
almarhum 고(故)~, 고인.
almarhumah 고(故)~ (여자에게 쓰임).
almari 찬장, 옷감, 양복장.
almenak 캘린더, 달력.
alokasi 배당, 배급, 배치.
alot ① (고기따위가) 질긴, 단단한 ② 무거운, 강인한.
alpa 게으른, 부주의한, 무관심한
mengalpakan ~을 무시하다, ~을 게을리하다
kealpaan ① 생략, 결점, 단점 ② 무시, 태만.
Al-Quran 코란, (이슬람교의) 경전.
alu¹ 방아(쌀을 찧는), 절굿대.
alu² 받아들이다, (형식적으로) 환영하다.
alum 시들은, 빛깔이 바랜
mengalum 시들다, 생기가 없어지다.
aluminium 알루미늄.
alun¹ 물결, (파도의) 굽이침, 융기, 부풀어오름
beralun 물결치다, 너울거리다
beralun-alun 넘실거리다
mengalun 파도치다
teralun 파도가 밀려오다.
alun², **alun-alun** (궁전 앞의) 광장, 공터.
alur 개천, 도랑, 협곡, 운하, 경로; *alur(an)* air 작은 도랑.

alus 미묘한, 섬세한 ☞ halus.
am 일반적인, 평범한, 보통의.
ama (=hama) 작은벌레, 해충, (쌀의) 병원균
berama 말라죽다, 병에 걸리다.
amal ① 행위, 행동, 실행 ② 선행(善行)
beramal 선하게 행동하다
mengamalkan ① 실행하다, 적용하다 ② (헌신적으로) 수행하다, 실천에 옮기다
pengamalan ① 선행을 행함 ② 실시, 이행, 실행
amalan ① 선행 ② 습관.
aman ① 평화로운 ② 안전한
mengamankan ① 진정시키다, 평화를 회복하다
keamanan ① 치안(治安), 안전 ② 무사, 평온, 평안
pengaman ① 보호, 보호물 ② 달래는 사람, 조정자
pengamanan 강화, 화해.
amanat ① 신탁통치(령), 명령 ② 지시, 위임, 위탁, 임명
beramanat 명령하다, 지령하다
mengamanatkan ① 지시하다, 명령하다 ② 헌신하다, 바치다.
amandal 편도(扁桃), 편도선염.
amandemén 수정안, 동의(動議).
amarah 화난, 분노, 격노.
amat¹ ① (형용사 앞에서) 매우, 몹시 ② (형용사 뒤에서) 지나치게
memperamat(-amat)kan 더욱 악화시키다, 강하게 하다, 증대하다.
amat², **mengamat(-amat)i** ① 관찰하다, 면밀히 살피다 ② 주의하다
pengamat 관찰자, 검사관
pengamat(-amat)an 관찰, 조사, 검사.
amatir, amatur 소인(素人), 애호가.
ambang¹ 문지방, 문턱.
ambang², **mengambang(-ambang)** 뜨다, 부동(浮動)하

ambar¹ 다

terambang(-ambang) 떠 있는, 둥둥 뜬.

ambar¹ (음식이) 맛 없는.

ambar² 호박(琥珀) (보석의 일종).

ambasadur 대사(大使).

ambek 화난, 토라진
(me)ngambek 토라지다, 뽀루퉁해지다
ambekan 호흡, 숨.

ambelas ① (진흙 속에) 빠지다, 들어가다 ② 없어지다, 사라지다.

amberol 붕괴된, 무너져 내린, 쓰러진, 떨어진.

amberuk ① 무너지다, 좌절되다 ② 쇠퇴하다, 파괴되다.

ambil (=mengambil) 취하다, 얻다, 잡다; *ambil* anak 양자를 얻다; *ambil* angin 바람을 쐬다; *ambil* bagian 참가하다; *ambil* contoh 예를 들다; *ambil* marah 화내다, 분개하다; *ambil* muka 칭찬하다; *ambil* tahu ~을 알아채다
mengambil ① 갖다 ② 얻다
ambil-mengambil, berambil-ambilan ① 서로 취하다, 서로 주다 ② (양자 간에) 결혼(결합)하다
mengambili ① ~을 계속해서 먹다 ② 훔치다
mengambilkan ~로부터 받다
pengambil 취득자(取得者)
pengambilan ① 제거, 철회, 얻음 ② 해석, 이해, 의견
ambilan 얻은 것, 취득.

ambisi 대망, 염원, 포부, 패기, 야망, 야심.

amblas, ambles ☞ ambelas.

amboi 아아, 오호(놀람을 나타내는 감탄사).

ambruk 무너지다, 좌절되다.

ambul, mengambul 튀어 오르다, 뛰다.

ambulan, ambulans 구급차, 야전 병원.

ambung, mengambung(kan) (공 따위를) 던져 올리다

mengambung-ambung 아첨하다, 칭찬하다
mengambung-ambungkan 위 아래로 요동치다
terambung-ambung 떠다니다, 떠오르다, 부유(浮遊)하다.

ambung 바구니(물건을 지어 나르는).

ambung, mengambung 입맞추다, 키스하다.

améndemén 개정, 수정(안).

amin 아멘(기독교에서 기도 끝에 하는 말)
mengamin '아멘'이라고 기도하다
mengamini, mengaminkan '아멘'으로 기도를 끝내다, 시인하다.

amirulbahar 함대 사령관, 제독.

amis 비린내(생선 따위).

amnésti 특사(特赦), 대사(大赦).

ampang 가벼운, 쉬운.

ampang 댐, 제방, 둑.

ampas (=hampas) ① 폐물, 쓰레기, 찌꺼기, 부스러기, 앙금 ② 당밀(糖蜜); *ampas* tebu 사탕수수 껍질(단물을 빼낸 찌꺼기).

ampedu ① 쓸개 ② 지라.

ampelas (=amplas) ① (=*empetas, mempelas*) (植) 무화과 나무 ② 사포, 닦는 것, 광내는 것
mengampelas(i) 사포로 문지르다, 광내다.

amplop 편지 봉투.

ampu, mengampu ① 받치다, 지주를 대다, 지지하다 ② 통치하다
pengampu ① 지지(支持) ② 지지자, 후원자.

ampun 용서, 사면(赦免)
mengampuni ~를 용서하다
mengampunkan ~을 용서하다
keampunan 용서, 사면
pengampun 용서하는 사람
pengampunan 용서
ampunan ① (=*keampunan*)

amtenar

② (=*pengampunan*) 방면(放免).
amtenar 관리, 공무원.
amuba 아메에바.
amuk, beramuk 미친듯이 날뛰다, 싸우다
mengamuk 미친듯이 날뛰다, 발광하다
mengamukkan ~를 자극하여 난폭하게 만들다
pengamuk 광포(狂暴)해진 사람, 광란자
pengamukan 발광상태(發狂狀態), 광란
amuk-amukan 싸움, 투쟁.
a.n. [atas nama] ~의 이름으로, ~을 대신하여
anai-anai 흰개미.
anak ① 신생아, 어린 아이, 제2세 ② 어린, 젊은; *anak* angkat 양자; *anak* anjing 강아지; *anak* ayam 병아리; *anak* babi 돼지새끼, 아저(兒猪); *anak* baju 셔츠, 내의; *anak* bini 처자(妻子); *anak* buah ① 구성원 ② (배의) 승무원, 선원 ③ 지지자, 당원 *anak* bungsu 막내둥이; *anak* busur 화살; *anak* cucu 손자; *anak* dapat 주운 아이, 기아(棄兒); *anak* dara 처녀, 미혼여자; *anak* kandung 혈육, 피붙이; *anak* kembar 쌍둥이; *anak* kunci 열쇠; *anak* laki-laki 아들; *anak* muda 청소년; *anak* perempuan 딸; *anak* piatu 고아; *anak* sulung 장자(長子), 맏아들; *anak* tiri 의붓 자식; *anak* tunggal 외아들
anak-anak ① 아이들 ② 어린 아이
anak-beranak 여러 세대에 걸쳐서
beranak 아이를 낳다
menganak *semang* 종업원이 되다
memperanakkan ① 낳다, 탄생시키다 ② ~의 아이로 여기다

memperanak-anakkan 어린 아이 취급을 하다
keanak-anakan 어린애 같은, 앳된
anak-anakan 인형.
anakanda, ananda ① *anak*의 존칭어 (귀족, 서간용어) ② (어린이에게 쓰는) 친숙한 호칭.
analis 분석가, 분해자.
analisa, analisis 분석, 분해.
anarki, anarsi 무정부 (상태), 무정부주의, 아나키.
anarsis 무정부주의자.
a.n.b. [atas nama beliau] 그(분)의 이름으로, 그(분)의 명의로, 그(분)을 대신하여.
anatomi 해부, 분해, 해부학.
ancam, mengancam 협박하다, 위험이 닥치다
mengancamkan ~으로 위협하다
pengancam 협박자, 위협자
pengancaman 협박, 으름장, 징조
terancam 위협을 당하다, 위험이 다가오다.
Anda (지위, 계급, 나이, 성별 따위에 무관하게) 제2인칭 대명사.
andai, seandainya, andaikan, andaikata 예를 들어, 아마도, 만일 ~한다면.
andal, mengandalkan ~에 의지하다, ~에 의존하다, 신용하다
andalan 안전, 보증, 담보, 맹세.
andil 주(株), 주식(株式).
anduk 수건, 타월
menganduk 수건으로 닦다.
anéh 기묘한, 이상한
menganéhkan 이상하다, 기괴하다
keanéhkan 기묘, 불가사의
anéh-anéhan 기이함, 이상함.
anéka 다양한, 여러종류의
beranéka 다색(多色)으로 되다
keanéka-warnaan 다종다양(의), 각양각색(의).

anémer 계약자, 도급자, 청부인.
angah 놀라서 말도 나오지 않는, 당황한, 불안한
terangah ① 흥분한, 긴장된 ② (숨이차서) 헐떡거리는, 숨막히는.
angan(-angan) ① 사고, 의향 ② 의도, 목적
  angan-angan ① 열망, 포부, 동경 ② 생각, 이상(理想)
  berangan-angan ① 공상에 잠기다 ② 희망하다
  mengangan(-angan)kan ① 숙고하다, 사료하다 ② 희망하다, 바라다
  peranganan 상상
  terangan-angan 희망되어지다
  anganan 사고(思考), 이상.
anggap¹, menganggap 믿다, 여기다, 생각하다, 판단하다
  anggapan 의견, 믿음, 생각
  beranggapan 의견을 갖다.
anggap², beranggapan 교대로(춤을 추다)
  beranggap-anggapan 순서에 따라서 (교대로) ~하다.
anggar¹, menganggar 계산하다, 예산을 세우다
  anggaran 계산, 예산.
anggar² 칼싸움 놀이
  beranggar 칼싸움 놀이하다, 칼싸움하다.
anggar³ ① 격납고 ② (부두의) 창고 ③ 선착장.
anggar⁴, teranggar-anggar 충돌되다.
anggauta ☞ anggota.
anggerék 난초, 난초 꽃.
anggota ① 구성원, 회원 ② 수족(手足), 사지 ③ 부분
  beranggota 회원을 갖다
  beranggotakan ~의 회원이 되다
  keanggotaan 회원자격.
angguk 끄덕임, 목례, 고개짓
  mengangguk, berangguk 고개를 끄덕이다
  menganggukkan 고개를 숙이다.
anggul, mengganggul, beranggul 머리를 들다, (위로) 올리다, 끌어 올리다
  teranggul-anggul 상하로 움직이다, 오르내리다.
anggun 청초한, 정선한, 깨끗한, 우아한.
anggur¹ 포도, 포도주; buah *anggur* 포도.
anggur², menganggur 실업하다, 실직하다, 시간을 낭비하다
  pengganggur 실업자
  pengangguran 실업(失業).
anggut, mengganggut, beranggut (=mengang-guk) ① 끄덕거리다 ② (배가) 위 아래로 흔들리다.
angin ① 바람 ② 공기; *angin* badai 폭풍; *angin* haluan 역풍, 맞바람; *angin* kencang 강풍; *angin* laut 해풍; *angin* pasar 무역풍; *angin* puyuh, *angin* puting beliung 회오리바람; *angin* sepoi-sepoi 산들바람; cakap *angin* 허풍, 뽐냄; kabar *angin* 거짓, 루머; masuk *angin* 감기 들다; mata *angin* 방위, 나침반의 포인트
  berangin ① 통풍이 되다, (바람이)불다 ② 바람이 있는
  berangin-angin 신선한 바람을 쏘이다
  menganginini ~에 공기를 쏘이다
  mengangin(-angin)kan ~을 공기에 노출시키다
  keanginan (머리카락 따위가) 바람에 날린
  peranginan ① 바람이 잘 통하는 장소 ② 발코니.
angit (=hangit) 탄내나는, (털 따위를 태웠을 때의) 악취 나는.
angka ① 숫자, 부호 ② 점수, 등급 ③ 수(數), 통계
  perangkaan 통계.
angkar ☞ angker.
angkara ① 잔인한, 거칠은, 사

angkat

나운 ② 욕심 많은 ③ 이기적인, 질투하는

keangkaraan 욕심, 탐욕.

angkat 시대, 세대, 내력; *angkat* kaki 도망하다; *angkat* suara ① 이야기를 시작하다 ② ~의 목소리를 높이다

berangkat 떠나다, 출발하다

mengangkat ① 들어올리다 ② 지명하다, 임명하다

mengangkatkan ~을 위로 들어올리다

memberangkatkan 급파하다, 보내다

keangkatan (~한 지위에의)임명

keberangkatan 출발

pengangkatan 임명, 지정

angkatan ① 군대 ② 임명, 지명 ③ 세대; *angkatan* darat 육군; *angkatan* laut 해군; *angkatan* muda 젊은 세대; *angkatan* udara 공군.

angkelung ☞ angklung.

angker 신성한, 경건한.

angkét 조사, 연구, 앙케이트.

angklung 대나무로 만든 악기 (여러 사람이 1~2조씩 들고 흔들어 소리를 내어 연주하는).

angkuh ① 거만한, 자만에 빠진 ② 형태, 외양, 모습

keangkuhan ① 거만, 자만 ② 허우, 허영.

angkut, mengangkut 나르다, 운반하다

pengangkut 운반, 운송

pengangkutan 운반, 운송, 수송

angkutan ① 운수, 수송, 우송 ② 수하물, 수송품.

angsa (鳥) 거위.

angsur, berangsur ① 적게하다, 줄이다, 감퇴하다 ② 움직이다

berangsur(-angsur) ① 점차, 점진적으로, 조금씩 ② 월부로, 분할지급으로

mengangsur 월부로 지급하다

mengangsuri ① 지불하다 ② 분할로 지불하다

mengangsurkan ~에게 (앞으로 움직이라고) 명령하다

angsuran 분할(지급).

angus 탄, 그을린, 눞은

menganguskan ① 탈 때까지 굽다 ② 태워 그을리다.

aniaya ① 부정, 불의, 불공평 ② 압제, 억압, 전제정치 ③ 거친 대우 ④ 부정한, 불의의

menganiaya(i) 고문하다, 혹사하다, 박해하다, 학대하다

penganiaya 압제자, 폭군

penganiayaan 압제, 잔혹.

animisme 애니미즘, 정령 숭배.

animo 열망, 의욕, 의도.

anjing 개; *anjing* galak 사나운 개, 맹견; *anjing* laut 바다 표범, 물개; *anjing* tanah 땅 강아지.

anjung 가옥의 돌출부, 현관

menganjung(kan) ~을 들어올리다

anjungan ① 활모양의 창문 ② 선교(船橋)

anjur, menganjur ① 뛰어나오다, 돌출하다 ② 계속 전진하다

menganjurkan ① 제안하다, 제기하다, 조언하다, 충고하다 ② 암시하다

penganjur ① 지도자 ② 촉진자, 선동자

penganjuran 제안

anjuran 제안, 제언.

antah 왕겨.

antar, mengantar(kan) ① 소개하다 ② 데려가다 ③ 전송하다 ④ ~사이(間); *antar* benua 대륙간의; *antar* negara 국가간의; *antar* pulau 도서(島嶼)간의

mengantari ~을 보내다

pengantar ① 동반자, 동료 ② 전령자, 안내원, 사회자 ③ 입문, 소개; *pengantar* kata 서문, 서언; *pengantar* surat, *pengantar*

pos 우체부
antar-mengantar 서로 보내다
antaran 배달.
antara ① ~사이, 간격, 차이 ② ~사이의 ③ 거리, 틈 ④ ~내에, 대략
berantara ① 간격을 두고 ② 중개자를 갖다
mengantarai 나누다, 분리하다
pengantara, perantara ① 중개자 ② 대리인
perantaraan ① 중개, 조정, 중재 ② 중간상인, 중매인.
antariksa 우주, 대기권외.
anték ~의 앞잡이(나쁜 뜻으로 쓰임), 공범자.
anténa 안테나.
antéro 전체의, 모든, 총~
seantéro 전체, 모든
seantéronya 완전히, 아주.
anti- (반대, 적대, 대항)의 뜻, 반(反)—, 비(非)—; *anti*perang 반전(反戰); *anti*komunisme 반공.
antih, mengantih 실을 잣다
pengantihan 방적기, 방적(紡績)
antik 구식의, 시대에 뒤진, 옛날의, 고풍의.
anting, menganting 매달리다
anting-anting ① 귀걸이 ② 옛날풍의 시계의 추.
antipati 반감(反感), 증오.
antisépsis 방부제, 방부(법).
antré ① 줄, 행렬 ② 줄지어 서다.
antropologi 인류학.
antuk, berantuk-antukan 충돌하다, 부딪히다, 건드리다, 만지다
mengantuk (머리 따위를) 부딪히다
terantuk 부딪히다, ~에 걸리다.
antuk, mengantuk 졸리운, 졸리게 되다
pengantuk 나이트 캡(잘 때 쓰는 모자), 잠꾸러기, 멍청이.
anu 아무 아무개, 무엇 무엇, 알지 못하는 사람.

anugerah ① 자비, 은혜 ② 선물
menganugerahi ~에게 선물을 주다
menganugerahkan 수여하다
penganugerahan 증여, 증정.
anumerta 사후(死後)의.
anut 주의깊은
menganut(i) ① 따르다, 복종하다, 신봉하다 ② ~을 고백하다, 신앙을 고백하다
penganut 추종자
anutan 신념.
anyam, menganyam 주름잡다, 땋다, (천 따위를) 짜다
anyaman 바구니 세공법, 세공품.
anyam-menganyam ① 엮는 작업(바구니, 멍석 따위) ② 바구니 세공품.
anyir ① 비린내 ② 썩은 것 같이 고약한 냄새(맛)가 나는, 불쾌한.
a.p. [atas perintah] ~의 명령에 따라.
apa ① ≪의문사≫ (사물에 관하여) 무엇, 어떤 것 ② ≪의문대명사≫ 무엇, 무슨 ③ 의문문을 만들기 위하여 사용; *apa* saja ① 모든 것, 무엇이든 ② 도대체 무엇(인가); *tidak apa(-apa)* 전혀 ~하지 않다, 천만에; *Apa* boléh buat? (무엇을) 어떻게 할 것인가?
berapa 얼마(나)
mengapa 왜, 어찌하여; *tidak mengapa* 전혀 ~하지 않다
apa-apa (saja) 무엇(어떤것)이든지
apabila ~할 때
apa(kah) 의문을 유도하기 위한 의문사의 강조
apakala ~할 때
apalagi ① 특히 ② ~조차도.
apabila ① 언제 ② ~할 때.
apak 곰팡이 냄새가 나는, 곰팡이가 난, 진부한.
apal 외우다, 암기하다
mengapal(kan) ~을 암기하다

apalagi 12 **arang**

apalan 암기.
apalagi 더우기.
apam (쌀가루로 만든) 떡.
aparatur 장치, 기계, 기관(器官), 자료.
apdéling (관청의) 국(局), 과(課).
apel 사과.
apél ① 애원, 간청, 호소, 어필(하다) ② 점호, 출석 조사
 mengapél 애원하다, 간청하다, 호소하다, 상고하다.
apes 불행한, 불운한, 성공하지 못한.
api ① 불 ② 빛, 밝음
 api-api 개똥벌레
 berapi ① 불을 갖다, 불이 있는 ② 불타다
 berapi-api 격렬한, 성내 날뛰는
 memperapikan ~을 굽다, 불에 쬐다
 mengapi-apikan ① 불을 휘저어 타오르게 하다 ② 자극하다, 선동하다
 perapian ① 찜통, 오븐, 가마 ② 아궁이, 용광로, 노(爐).
apik 산뜻하고 예쁜, 멋진
 mengapikkan 정리하다, 정돈하다.
apit 물린, 죄어진, 꼬집힌
 berapit ① ~에게 가까이 있다 ② 둘 사이에 존재하는 ③ 꽉 채워진, 빽빽이 들어찬
 memperapitkan 서로 밀착시키다, 조이다
 mengapit ① ~의 측면에 서다 ② 누르다, 짜내다
 pengapit ① 종이 끼우개 ② 둘러싼 것, 신랑 신부의 들러리
 terapit 둘러싼, 포위된.
apiun 아편.
apkir 허가를 취소당하다, 부인되다
 mengapkir ① 거절하다, 불합격 시키다 ② 금지하다, 불허하다
 apkiran 거절, 거부, 실격.
aplos (=**aplus**) 박수갈채, (찬동, 찬성의) 박수

 mengaplus 성원하다, 박수갈채하다.
aplus ① 교대하다, 바꾸다 ② 도로 찾은, 만회한
 mengaplus 구조하다, 교대하다, 교대시키다, 쉬게하다.
apokat 변호사.
apoték, apotik 약국, 약방.
April 4월.
apung ① (물에)뜨다 ② 떠다니는, 표류하는
 apung-apung ① 구명, 부대(浮袋) ② 떠다니는 물체, 부유물
 mengapung 뜨다, 떠다니다
 mengapungkan ~을 띄우다
 pengapung 부이, 부표(浮標)
 terapung-apung 표류하는, 이리저리 떠다니는.
Arab ① 아라비아 사람(의) ② 아라비아 말(語) (의).
arah¹ ① 방향, 진로 ② 목적, 의도
 mengarah ① 의도하다, 정하다 ② 겨누다, 노리다
 mengarahkan ① 겨누다 ② 의미하다, 의도하다
 kearahan 방향
 pengarah 관리자, 교장, 이사, 국장, 지배인
 searah 같은 방향의, 같은 목적의
 terarah 목적된, 의도된.
arah², **arah-arah** 닮다
 mengarah-arahi ① 닮다 ② 주의깊게 관찰하다.
arak¹ 곡주(穀酒), 아락 술.
arak², **berarak(-arak)** 행진을 계속하다
 mengarak 함께 행진하다
 pengarak 행렬 참가자
 pengarakan 행렬, 행진
 perarakan 행렬, 행진
 arak-arakan 행렬, 복습.
aral 장애, 방해, 고장, 저해.
arang ① 숯, 목탄 ② 석탄: *arang* batu 석탄; *arang* kayu 목탄; *arang* para 그을음, 매연; benang *arang* 먹줄
 mengarang 숯을 굽다

arbéi

mengarangkan 숯이 되게 하다
perarangan 숯가마, 숯굽기.
arbéi 딸기.
arca 상(像), 그림.
are 아르(100평방미터).
arén 종려(당)(糖).
aréna 투기장(鬪技場), 투계장(鬪鷄場).
aréstasi, arés 체포, 구금, 구류.
Aria 아리아 인(인도 - 게르만족).
arif 유능한 ② 현명한, 영리한, 박학한
　mengarifi 이해하다, 알다
　mengarifkan 깨닫다, 이해하다
　kearifan ① 현명, 지혜 ② 능력.
arifin 박식한 사람, 학식이 있는 사람, 현명한 사람.
arih, mengarih(kan) ~을 내뻗다, (손을)내밀다.
arisan 몇몇 사람이 돈을 거두어 추첨하는 놀이 《계(契)와 같은》.
arit ① (작은) 낫 ② 잔디깎는 칼
　mengarit 잔디를 깎다.
arloji 시계(時計).
armada 함대, 선대(船隊).
arnab (動) 토끼.
arsip 기록 보관소, 문서국
　kearsipan 기록 자료.
arti, erti 뜻, 의미, 의의
　berarti ① 의미하다, 의미를 갖다 ② 중요한, 귀중한
　mengarti, mengerti 이해하다
　mengartikan 해석하다
　pengartian, pengertian 이해, 납득, 개념, 관념, 생각
　artinya 즉, 말하자면.
artikel ① 기사, 논설 ② 조항, 조목(條目).
artileri 포병대.
artis 예술가.
artistik 예술적, 예술가적.
arung, mengarung (개천 따위를)걸어서 건너다
　mengarungi ① 가로지르다 ② (강이나 여울)을 건너다
　arungan ① 건널목, 여울목 ② 갯벌 ③ 물의 얕은 곳.

asam

arus (공기, 바다) 흐름, 조류; *arus* bolak-balik 교류(交流); *arus* listrik 전류(電流); *arus* searah 직류(直流).
arwah 영혼, 영, 생명
　mengarwahkan 영령을 위로하기 위해 기념식을 갖다.
A.S. [Amérika Serikat] 미합중국.
as[1] 굴대, 중심, 차축(車軸).
as[2] (카드놀이의) 에이스.
asa 희망
　mengasakan 희망하다, 바라다
　asa-asaan 변함없는 소망.
asah 닦다, 갈다
　berasah 닦은, 갈려진
　mengasah ① 갈아서 날카롭게 하다 ② 닦다, 도야하다
　pengasah ① 연마자 ② 분쇄기, 연마기
　pengasahan ① 제분(製粉) ② 갈기, 빻기.
asak, berasak 움직이다, 이동하다
　berasak(an) 붐비다, 꽉 들어차다
　mengasak(i) ① 처박아 넣다 ② 주장하다
　terasak 강요당한.
asal[1] ① 기원, 근원, 원천, 유래 ② 혈통, 출생, 출신(지); *asal* kata 어원, 어근; *asal* mula 시초, 태초; *asal* usul ① 유래, 기원, 원인 ② 경력, 변천
　berasal ① ~에서 오다, ~출신이다 ② 유복한 가정에서 태어난
　mengasalkan ~의 기원을 더듬다.
asal[2], **asalkan** ① 만일 ~이라면 ② ~조건으로.
asam ① 산(酸)의, 시큼한, 신, 신맛의 ② 언짢은, 상쾌하지 않은
　mengasam 산(酸)으로 씻어내다, 닦다
　mengasami (소금에)절이다
　mengasamkan ① 묽은 산 용액으로 담구다 ② 통조림으로 만들다, 보존하다

asap ① 연기 ② (=*air asap*) 증기, 수증기
  berasap 연기가 있는, 연기를 내다
  mengasap(i) ① 연기를 피워 쫓아버리다 ② 연기를 피워 요리하다
  pengasapan 훈증.
asar 오후(대략 3시에서 4시 사이).
asas (=**azas**) ① 원칙, 기본 ② 기초, 토대
  berasas 잘 다져진, 기초가 잘된
  berasaskan ① ~에 근거를 두다 ② 원칙(주의)를 갖다
  mengasaskan ~의 기초를 두다
  pengasas 설립자.
asasi 기본적인, 근본적인, 본질적인.
asbak 재떨이.
asbés 석면.
asésé, acc 조화, 찬동, 동의.
asép 지급 어음.
asik 열심히 ☞ asyik.
asimilasi 동화(작용), 융합.
asin ① 짠 ② 소금물의
  mengasini ① ~에 소금을 치다 ② (소금 따위에) 절이다
  mengasinkan ~을 소금에 절이다
  asinan 절임 야채
  asin-asinan 소금 절임, 피클.
asing ① 외국의, 낯선 ② 이상한, 기묘한 ③ 고립된, 격리된; *orang asing* 외국인; *bahasa asing* 외국어
  berasing 고독한, 고립된
  mengasing 홀로 지내다, 격려하다
  mengasingkan ~을 추방하다, 격리하다
  memperasingkan ① ~을 따돌리다, 이간하다 ② ~을 고립시키다
  keasingan ① 고립(된) ② 낯설음, 생소함
  pengasingan ① 유배지 ② 억류, 수용 ③ 고립, 유배
  perasingan 유배생활, 유배지, 피억류지
  terasing 고립된.
asistén 조수, 보조자, 조교.
asli ① 원본(原本) ② 진짜의 ③ 토착의 ④ 원시(原始)의, 초기의, 태고의; *orang asli* 원주민; *penduduk asli* 원주민
  keaslian 원형, 독창력, 창의.
asma (醫) 천식.
asmara 사랑, 연애, 애정.
aso, mengaso 휴양을 하다, 쉬다
  pengasoan 휴양소, 휴식처.
asosiasi 협회, 회, 연합
  berasosiasi 연합하다, 합동하다.
aspal 아스팔트
  mengaspal 아스팔트로 길을 포장하다.
aspék 국면, 상황, 견지, 관점, 생김새, 외모.
aspiran 후보자, 지원자.
aspirasi 포부, 야망, 대망.
aspirin 아스피린(진통제).
asrama ① 기숙사 ② 병사(兵舍) ③ 하숙집, 기숙사
  mengasramakan 기숙사(병사)에 넣다(입주시키다).
assalam(=**alaikum**) 당신에게 평화가 깃드시길(인사말).
astaga ☞ astagafirullah.
astagafirullah ① 신이여 용서하소서 ② (놀라움을 표시하는 감탄사) 어런, 저런, 어머나.
astrologi 점성학, 점성술.
astronomi 천문학.
astronot 우주비행사.
asuh, mengasuh 돌보다, 기르다
  pengasuh 보호자, 훈련자
  asuhan 교육, 보호, 양육, 지도.
asuransi 보험, 보증
  mengasuransi(kan) 보증하다, 보험에 넣다
  pengasuransi 보험업자, 보증인
  perasuransian 보험제도.
asut, mengasut 선동하다, 자극하다, 충동하다, 추기다

pengasut 선동자
pengasutan 선동, 충동
terasut 선동당한, 자극받은
asutan 자극, 선동.
asyik ① 열정적인, 정열적인 ② 사랑에 빠지다, 반하다 ③ 열중하고 있는
mengasyikkan 매혹적인
keasyik-asyikan ① 매우 열정적인 ② 열망하는.
atap 지붕
beratap(kan) (~으로) 지붕을 한, ~로 덮힌, 지붕으로 사용하다
mengatap, mengatapi ~에 지붕을 잇다.
atas ① ~위에, ~의 꼭대기에 위쪽에, 상류의 ③ ~보다 위의 ④ ~에 대해 ⑤ ~때문에, 덕택에
beratas-atasan ~를 능가하다
di atas ① ~위에, 꼭대기에 ② 보다 위에 ③ 위에
ke atas ① ~이상의, 위로 ② 위로 향한
mengatasi ① ~을 능가하다 ② 극복하다, 이겨내다
mengataskan ① 올리다, 들어올리다 ② 높이다
atasan 상류의, 상관.
atasé 수행원(대사, 공사), 대사관원, 외교관보(補); *atasé* militér 무관; *atasé* peneranganm 공보관.
atau ① 또는, 혹은 ② 여럿 가운데 하나.
atlas 지도서(地圖書), 지도.
atlét 운동가, 경기자.
atlétik 운동 경기.
atom 원자(原子).
atrét 후진하다, 뒤로 물러나다, 후퇴하다.
atur¹, beratur 정돈(된), 배열(된), 순서(있는)
mengatur ① 정돈하다 ② 조정하다, 통제하다 ③ 정리하다, 조정하다
mengaturkan 정리하다, 배열다, 규정하다, 조직하다
pengatur 조정자

pengaturan 정리, 배열, 분류
peraturan 규칙, 법령, 법규
teratur ① 규칙적인, 정돈된 ② 정규의, 규정된
aturan ① 정돈, 배열 ② 규정 ③ 예의.
atur², mengatur(kan) 실에 꿰다, (피륙을)짜다, 엮어 만들다.
aula 강당, (큰) 회의실.
aulia 신성의, 성스러운.
aum (호랑이, 사자가) 울부짖는, 으르렁 대는
mengaum ① 큰소리로 울다 ② 어흥거리다
mengaum-aumkan ~을 자랑하다, 허풍떨다.
aus ① 목마른 ☞ haus ② 낡은, 허름한
mengausi ~을 닳아 빠지게 하다, ~을 낡게 만들다.
Australi 호주, 오스트레일리아.
autarki 독재정, 전제정치, (국가의) 경제적 자급자족, 경제적 자립정책.
auto (=automobil) 자동차
berauto 자동차를 갖다, 자동차를 몰다.
autobiografi 자서전, 자전(自傳).
awak ① 몸, 신체(身體) ② 제1인칭 대명사
memperawak '나' 라고 부르다
perawakan ① 모습, 자태 ② 골격, 체격.
awal ① 시초의 ② 처음의, 최초의 ③ 먼저, 일찍
mengawal(i) ① ~의 선두에 서다 ② ~에 앞서다, 선행하다
pengawal 개척자, 선구자
awalan 접두사(接頭辭)
berawalan 접두사를 갖다.
awam ① 일반적인, 보통의 ② 대중, 일반적인
mengawamkan 알리다, 발표하다
pengawam 주창자, 선전자.

awang¹, mengawang   16   **azmat**

awan 구름
  berawan 구름 낀, 흐린
  mengawan ① 구름이 되다 ② 하늘로 향하다.
awang¹, mengawang ① 공중으로 올라가다, 오르다 ② 환상에 빠지다
  perwangan *perawangan cita-cita* 공중 누각, 공상
  awang-awang(an) 공기, 대기, 하늘.
awang² 젊은이.
awas ① 주의하다, 조심하다 ② 명확하게 보다, 예의 주시하다
  berawas(-awas) ① 주의하다 ② 조정하다, 점검하다
  mengawasi, mengawaskan ① 감독(감시) 하다 ② 돌보다
  pengawas ① 감독자 ② 관리인, 문지기, 수위
  pengawasan 감독; *pengawasan tertinggi* 총감독.
awét 오래 견디는, 튼튼한
  mengawét 오래 유지시키다, 보존하다
  keawétan ① 영속성, 내구력(자동차 따위의) ② 보존
  pengawét 방부제
  pengawétan 보존, 보호, 관리
  awétan 설탕 절임, (과일의)잼.
ayah 아버지(bapa(k))보다 정중한 표현)
  berayah 아버지를 갖다, ~아버지로 여기다
  mengayahi ~의 아버지가 되다, ~의 아버지이다.
ayahanda 아버지(=ayah).
ayak¹, ayakan (고운)체, 조리, 여과기
  mengayak 체로 치다, 거르다
  pengayak(an) 체, 체질하는 사람.

ayak², ayak-ayak 거미의 일종.
ayal ① 느린, 게으른 ② 주저하는, 망설이는
  berayal-ayalan 느린.
ayam 닭, 병아리; *ayam* betina 암닭; *ayam* jago, *ayam* jantan 수닭; mati *ayam* (헛되게) 죽다
  ayam-ayaman 풍향계(지붕 위에 설치하는 수닭모양의).
ayan ① (아연, 주석으로 된) 물동이 ② 간질병.
ayanda 아버지
ayat ① (코란의) 절, 구 ② 단락, 절(節), 문장.
ayo(h) 《감탄사》 자.
ayuh 자! ☞ ayo.
ayun, berayun(-ayun) 흔들리다, 진동하다, 매달리어 흔들거리다, 흔들흔들하다
  mengayun ① 흔들리다 ② (해가) 지다, 내려가다
  mengayunkan ① (요람이나 아기를) 흔들다 ② ~을 움직이다
  ayunan ① 그네 ② 요람.
ayunda (서신에서 종종) 손위 누이를 이르는 말.
azab 고통, 고뇌, 벌
  mengazab ~를 고문하다, ~를 괴롭히다.
azal¹ (무한의) 과거의, 창시가 없는.
azal² 수명, 죽음.
azam¹ 대단히 존경받는, 가장 고귀한.
azam² 의도, 목적.
azan 기도를 하도록 외치는 소리
  mengazankan 기도하도록 외치다(부르다).
azimat 호신패(護身牌), 부적.
azmat 강력한, 거대한, 맹렬한.

B

bab¹ 문(門), 입구, 정문(正門).
bab² 해협(海峽), 남해로 들어가는 출입구.
bab³ 서론, 장(章), 편(編).
bab⁴ 일(件), 사항.
babad¹ 역사, 연대기(年代記), 편년사, 사기.
babad² 내장(內臟).
babah 인도네시아에서 출생한 중국인(중국계 인도네시아인).
babak¹ ① (연극의) 막(幕) 한편, 희곡, 장편물 중의 한절 ② (경기의) 한 회전, 라운드 ③ 국면(局面).
babak² *babak belur* 얻어맞아 시퍼렇게 멍이 든.
babar, terbabar 펼친, 편, 쭉 뻗은
  membabarkan ① 펴다 ② 펼치다 ③ 늘이다, 쭉 뻗다
  pembabaran 펼침.
babas, terbabas (비행기 따위가) 불시착하다, 진로를 바꾸어 착륙하다.
babat¹, membabat 절단하다, 베어버리다.
babat² 집단, 범주.
babat³, membabat 붕대로 감다.
babat⁴ 반추동물 (특히 소)의 위(胃).
babi (動) 돼지; *babi* asap 베이컨; *babi* hutan (動) 멧돼지; *babi* laut (動) 섬게
  membabi buta 미친듯 날뛰다, 난폭하게 ~하다.
babu 하녀, 여자 심부름꾼, 여급
  memperbabu 하녀로 취급하다.
baca 읽다, 낭독하다
  membaca 읽다, 낭독하다
  membacakan 읽어주다
  pembaca 독자(讀者)
  pembacaan ① 강의, 강연 ② 독서, 낭독
  bacaan ① 문학, 강독 ② 읽기, 낭독.
bacok 끊다, 자르다
  membacok (사람을 칼로) 찌르다
  bacokan 찔린 상처, 잘라진 것.
badai¹ 폭풍, 돌풍, 태풍
  membadai 격노하다, 폭풍이 불다.
badai², terbadai 뻗치다, 길게 눕다.
badak (動) 코뿔소.
badan ① 몸, 신체 ② 집단, 떼, 단체 ③ 위원회 ④ 법인, 사단법인
  berbadan (~한) 신체를 가진.
badminton 베드민턴.
Badui¹ 서부 자와에 거주하는 원주민.
Badui² 베두인 사람(사막 지대에서 유목 생활을 하는 아랍족).
badut 어릿광대, 익살
  membadut 광대가 되다, 광대의 역(役)을 하다.
bagai ① 종류 ② ~와 같은
  berbagai, berbagai-bagai, bagai-bagai 여러 종류의, 각양각색의
  perbagai(-bagai), pelbagai 여러 종류의, 각양각색의
  sebagai ① ~처럼, ~와 같은 ② ~바와 같이, ~로서.
bagaimana 어떠한, 어떻게
  sebagaimana ~처럼, ~바와 같이.
bagan ① 도안, 초안, 청사진 ② 골격, 구조 ③ 계획, 프로그램.
bagasi ① 수하물, 짐 ② 수하물차 ③ (열차 따위의) 화물 선반
  membagasikan 수하물을 점검하다.
bagi ① ~를 위한 ② ~에 관한

baginda ③ (전체의) 일부, 부분
berbagi(-bagi) ① 나누다 ② 분기(分岐)시키다 ③ 분배하다, 공유하다
membagi ① 나누다 ② 분배하다
membagikan ① 나누다, 자르다 ② 할당하다, 분배하다
membagi(-bagi)kan 주다, 분배하다
pembagi 젯수(除數)
pembagian ① 분배, 배급 ② 나눗셈, 제법(除法) ③ 할당, 몫
terbagi 나뉘는
bagian ① 부분, 일부 ② 몫, 분배.
baginda 폐하(陛下).
bagus ① 좋은, 친절한 ② 좋은, 훌륭한 ③ 멋진, 근사한 ④ 아름다운, 좋은
membagus-baguskan 아첨하다, 알랑거리다
memperbaguskan ① 즐겁게 하다 ② 보기 좋게 하다, 아름답게 하다
bah¹ 홍수, 범람(犯濫).
bah² [babah] 인도네시아에서 사는 중국인.
bahagia ① 행운(幸運) ② 행복 ③ 복지(福祉) ④ 운좋은, 좋은, 행복한; kabar *bahagia* 좋은 소식
berbahagia ① 행복한 ② 운좋은, 재수가 있는
membahagiakan ~를 행복하게 하다, ~를 기쁘게 하다
kebahagiaan 행복, 복지, 안녕(安寧).
bahak¹ 크게 웃다
terbahak-bahak 폭소(爆笑)를 터뜨리다
bahak² 《鳥》왕독수리.
bahala 재앙(災殃), 재난, 참화, 재해.
bahan ① 원료, 재료 ② (나무)조각 ③ 물질(物質) ④ 성분, 요소; *bahan* bahu 원자재; *bahan* mentah 원료; *bahan* pokok 기본 필수품.
bahana ① (날카로운) 소리 ② 메아리 ③ 낭랑한, 울려퍼지는
berbahana ① 소리내다 ② (=*membahana*) 메아리치다, 울려퍼지다.
bahar¹ 바다 (때때로 큰 강 또는 큰 호수를 일컬음).
bahar² ① 짐, 적하 ② 중량의 단위(375 lbs).
bahara 짐, 적하.
baharu ① 새로운, 신(新) ② 지금 막, 방금 ☞ baru.
bahas ① 연구, 조사 ② 비평, 비판, 토론
berbahas(-bahasan) 토의하다, 논의하다
membahas ① ~을 토의하다 ② 비판하다 ③ 연구하다, 조사하다
pembahas 토론자, 연사
perbahasan 토의, 논쟁
bahasan ① 비평, 비판 ② 토의, 토론 ③ 조사, 연구.
bahasa ① 말, 언어 ② 국어, 지방어 ③ 예절바름, 좋은 태도; *bahasa* daérah 지방어; *bahasa* dalam 궁중 언어; *bahasa* kebangsaan 민족어, 국어; *bahasa* pasar 시장어; juru *bahasa* 대변인
berbahasa ① 말하다, 이야기하다 ② 예절바른, 겸손한
membahasakan, memperbahasakan ① 표현하다 ② ~라 부르다
perbahasa 격언(格言).
bahaya ① 위험 ② 위험 ③ 위기
berbahaya 위험한, 모험적인
membahayai 위험에 빠트리다
membahayakan ① 위험에 빠뜨리다 ② (목숨을) 걸다, 모험하다.
bahkan ① 더우기, 특히 ② 반면에, 사실은.
bahtera 배, 돛배, 범선.
bahu 어깨
membahu ① 짊어지다 ② 어깨로 나르다
bahu-membahu ① 어깨동무를

하고 ② 지지하다, 상부상조하다.
bahwa ① 《접속사》 ~한다는 것 ② (주문장(主文章)의 선행사로서)~이라는 것.
bahwasanya ① (=*bahwa*) ② 진실로, 참으로, 사실은, 실제로는.
baik ① (날씨 따위가) 좋은, 멋진 ② 유용한, 효과있는 ③ 착한, 선량한, 정직한 ④ 잘, 좋게 ⑤ 네, 좋ى
membaiki (=*memperbaiki*) ① 수정하다, 고치다 ② 수선하다 ③ 개량하다, 개선하다
perbaikan ① 수선, 복구 ② 개량, 개선, 향상
sebaik ① ~만큼 좋은 ② ~하자마자, 곧
sebaiknya (~하는 편이) 더 좋은
sebaik-baiknya 가장 좋은
terbaik 가장 좋은.
bait¹ 집, 주택.
bait² (시의) 대구(對句), 2행 연구(連句)
berbait 시를 암송(暗誦)하다.
baitullah 성지(聖地), 메카, 영묘(靈廟).
baja¹ 강철
berbaja 강철판으로 된
membaja ① 강하게 만들다, 강해지다 ② 강철이 되다.
baja² 거름, 비료
membaja(i) 비료를 주다.
bajak¹ 쟁기; *mata bajak* 쟁기날
membajak 쟁기질하다.
bajak² *bajak laut* 해적
membajak 해적질을 하다, 약탈하다
pembajakan 해적 행위.
bajan 대야, 프라이팬.
bajik 좋은, 위생적인, 건강에 좋은
kebajikan ① 복지, 풍요 ② 이익, 은혜.
bajing (動) 다람쥐.
baju ① 웃옷 ② 블라우스; *baju dalam* ① 속옷 ② 런닝셔츠; *baju monyét* 상의와 하의가 하나로 된 어린이용 옷; *baju tidur* 잠옷
berbaju 옷을 입다, 착용하다
membajui 옷을 입히다.
bak¹ 물통이, 대야.
bak² *tinta bak* 먹.
bak³ ~처럼, ~로서.
bak⁴ 손뼉치는 소리.
baka 영원한, 내구력 있는, 변치 않는
kebakaan 영원, 무궁, 불사, 불멸, 내세(來世).
bakal ① 재료, 원료 ② 미래(의), 전망 ③ 후보자 ④ ~을 위한.
bakar *bahan bakar* 연료
membakar ① 태우다, 불붙이다 ② 굽다, 불에 쬐다
membakarkan ~를 위하여 굽다, ~에게 구워주다
kebakaran ① 불타는 ② 화재 위험 ③ 불에 탄
pembakar 점화물, 불쏘시개
pembakaran ① 연소, 소각 ② 점화, 발화 ③ 난로, 솥
terbakar ① 화재난 ② 타서 없어지다.
bakat ① 자국, 흔적 ② 신호, 전조(前兆) ③ 재능, 소질 ④ 발자국
berbakat ① 흔적이 있는 ② 재능이 있는
membakat (징후를) 나타내다.
bakhil 욕심많은, 탐욕스러운, 인색한, 구두쇠의.
baki¹ 쟁반, 음식 접시.
baki² 영원한.
baki³ 나머지, 잔액.
bakmi (중국의) 국수.
bako 아버지 쪽으로의 모든 친척.
bakti ① 존경, 헌신 ② 봉사 ③ 충성, 효도
berbakti 충성하는, 봉사하는
membaktikan ① 바치다, 헌신하다 ② (충성의 표시로)~을 주다
kebaktian ① 종교적인 헌신, 숭배 ② 충성, 헌신.

baku 표준의.
bakul[1] 바구니.
bakul[2] 소규모[바구니] 장사를 하는 여자[부인].
bala[1] 재난, 재앙, 사고.
bala[2] 군대, 부대.
balai ① 홀, 방 ② 건물 ③ 사무소, 관청, 국(局).
balairung 왕의 알현실(謁見室).
balam[1] (鳥) 산비둘기(斑鳩).
balam[2]**, ber(mem)balam** 명백하지 않은, 막연한.
balap 질주, 경주(競走)하기
　membalap 경주하다, 질주(疾走)하다
　balapan ① 경주, 질주 ② 경주로(競走路).
balas, berbalas ① 응답하다, 응수하다 ② 반향하다, 울려퍼지다
　berbalas-balasan 교신하다, (서신) 왕래하다
　balas-berbalas 상호(相互)의
　membalas ① 대답하다, 답장하다 ② 보답하다, 갚다 ③ 보복하다, 응수하다
　balas-membalas ① 서로 응수하다 ② 복수하다
　pembalasan ① 대답 ② 응수 ③ 대(對), 역(逆)
　balasan ① 대답, 응답 ② 반응.
balatentera 군대(軍隊).
balé(-balé) 침대.
balét 발레, 무용수.
balik ① 역(逆)하여, 반(反)하여 ② 반대쪽에, 뒤에 ③ 돌아오다
　berbalik ① 넘어지다, 뒤집히다 ② 바꾸다, 다른 조치를 취하다 ③ 돌다, 방향을 바꾸다 ④ 되돌아오다, 되돌아 가게하다 ⑤ 돌아오다
　berbalik-balik (잠자리에서) 몸을 뒤척이다
　membalik ① 돌다 ② ~을 뒤집다
　membaliki ① 돌아오다 ② 반복하다
　membalik-balik ① (자꾸) 뒤집어 보다 ② 계속해서 바꾸다
　membalikan ① (~방향으로) 향하게 하다 ② 거꾸로 놓다, 뒤집어 놓다 ③ 되돌아오다 ④ 바꾸다, 변경하다
　kebalikan 반대의, 역(逆)의
　pembalikan 역전(逆轉)
　sebaliknya 반면에, 한편
　terbalik ① 뒤집히다, 전복되다 ② 뒤집어진.
baling 소형풍차, 바람개비
　baling-baling ① 바람개비 ② 프로펠러, 추진기
　berbaling 돌다, 회전하다.
balkon ① (=*balkoni*) 발코니 ② (극장 따위의) 특석.
balok[1] ① 벌채한 나무의 그루터기 ② 군대의 계장급.
balok[2] 작은 배.
balon 기구(氣球), 풍선
　balon(-balon)an 비눗방울, 고무 풍선.
balsam 발삼유 (약으로 쓰이는 기름).
balu 홀아비, 과부.
baluarti 요새, 성채.
balut 붕대, 두루마리, 감은 것
　membalut(kan) ① 싸다, 감다 ② (담배 따위를) 말다
　pembalutan 부대(負袋)
　balutan ① 붕대 ② 짐꾸러미.
bambang 광대한, 거대한, 광막한.
bambu 대나무.
bami (중국의) 국수 ☞ bakmi.
ban ① 타이어 ② 리본, 끈, 띠.
banci[1] ① 성도착(性倒錯)의 ② 남녀 추니, 양성체(兩性體)
banci[2] 인구 조사.
bandar[1] 항구.
bandar[2] 수영장, 개울, 도랑
　membandarkan 끌어 들이다, 관개하다.
bandel, membandel 완고한, 완강한, 고집센, 남의 말을 듣지 않는.
banding ① 동등한, 같은, ~에

상당하는 ② 숙고, 고려
berbanding 균형잡힌, 적당한
membanding 호소하다, 상고(上告)하다
mem(per)bandingkan 비교하다
perbandingan ① 비교 ② 예(例)
sebanding 비례하는, 필적하는.
bandit ① 산적, 도둑 ② 악한(惡漢).
bang¹ 기도할 때 외치는 소리.
bang² 형, 누나.
bang³ 폭발음(爆發音).
bangar 썩은 내, 부패한 냄새.
bangau (鳥) 왜가리, 황새, 백로.
bangga ① 자랑, 자존심 ② 거만한, 자랑스럽게 여기는
membanggakan ① ~의 자존심을 세워주다 ② ~을 자랑하다
kebanggaan ① 자랑 ② 오만(傲慢).
bangka, bangkah 뻣뻣한, 딱딱한.
bangkai 시체, 주검.
bangkang, membangkang (분부, 명령 따위를) 좇지 않다, 따르지 않다
membangkangkan 동맹 파업을 하다
pembangkang 반역자, 반동자, 반대자.
bangkerap 파산자, 지불 불능자, 파산.
bangkir 은행가.
bangkit ① 일어서다 ② 일어나다 ③ 발병하다
berbangkit ① 일어나다 ② (병 따위가) 생기다, 재발하다
membangkit ① ~을 들다, ~을 들어올리다 ② 자극하다
membangkitkan ① 들어올리다, 부활[부흥]시키다 ② 용기를 북돋우다
kebangkitan 소생, 재기, 부활
pembangkit ① 발전기 ② 동기를 주는것, 유발인(誘發因).
terbangkit ① 흥분한 ② 소생한.

bangkrut 파산(破産)
membangkrutkan 파산시키다
kebangkrutan 파산(破産)의 상태.
bangku 좌석, 의자, 긴의자.
bangsa ① 나라, 국민 ② 종족 ③ 국적 ④ 가족, 범주 ⑤ 품종, 종족
kebangsaan ① 국적, 국민 ② 국가의 ③ 국가주의, 민족주의 ④ 민족주의자
sebangsa ① 동일국적의, 동일국민의 ② 같은 종류의.
bangsal 창고, 임시 가옥.
bangsat¹ 악한, 치한
kebangsatan 범죄성, 범죄행위.
bangsat² 빈대.
bangsawan ① 고상한, 고귀한 ② 귀족 ③ 극장, 무대
kebangsawanan 귀족 정치, 귀족, 귀족 사회.
bangun ① (잠이) 깨다 ② 일어나다 ③ 구조, 구성 ④ 형태, 모델
membangun ① 세우다, 짓다 ② 발전시키다 ③ 일어나다, 올라가다
membangunkan ① ~를 깨우다 ② 세우다
pembangun 건축가, 설립자
pembangunan ① 건축 ② 발전
bangunan 건물.
banjir ① 범람하다, 넘치다 ② 홍수(洪水)
membanjiri 침수하다, 쇄도하다
kebanjiran 홍수로 범람하다.
bank 은행(銀行).
bankir 은행가.
bantah 다툼, 논쟁, 싸움
berbantah 싸우다, 다투다
membantah ① 논의하다, 논쟁하다 ② 반대하다, 저항하다
membantahkan ① 토의하다 ② 다투다, ~을 주장하다 ③ 토론하다, 숙고하다
memperbantahkan 토론하다, 숙의하다

bantai 도살된 동물의 고기
  membantai 도살하다, 자르다, 잘라 나누다
  pembantai 푸주한, 도살업자
  pembantaian ① 도살, 살육 ② 도살장, 푸주간.
bantal 베개
  bantal-bantal, bantalan ① 받침, 토대, 지주 ② 바늘 겨레
  berbantal ① 베개를 베다 ② 아무데에서나 자다 ③ 애인과 동침하다
  membantalkan, memperbantal 베개로 사용하다.
banténg (動) 들소(野牛).
banteras 습격, 공격
  membanteras ① 습격하다, 공격하다 ② 폐지하다
  pembanterasan ① 전투, 공격 ② 폐지, 멸망.
banting¹ ① 물소 ② 소 ☞ banténg.
banting², membanting ① 던지다, 내던지다 ② (계속해서) 치다; *membanting* harga 값을 내리다; *membanting* tulang 전심전력하다, 최선을 다하다
  membantingkan 내던지다, 후려치다, 부수다
  bantingan ① 두드리기, 치기 ② (갑작스러운) 충격 ③ (가격의) 하락(下落).
bantu ① 도움, 원조 ② 구조(救助)
  membantu ① 돕다, 원조하다 ② 지지하다, 진전시키다
  pembantu 원조자, 도움을 주는 사람, 조수
  bantuan ① 지원, 지지 ② 원조, 도움.
banyak ① 많은 ② 다량의, 많은 ③ 총계, 총액(總額) ④ 많이, 상당히; *banyak* kali 자주, 종종;

banyak mulut 말을 많이 하는
  berbanyak-banyak 매우 많이
  memperbanyak ① 배가하다, 늘다, 증가하다 ② 증가시키다, 늘리다
  memperbanyakkan ① 곱하다 ② 늘리다
  kebanyakan ① 대부분, 대다수 ② 너무 많이, 과하게
  sebanyak ~와 같은 정도의, ~만큼이
  sebanyak-banyaknya 가능한 한 많이, 가장 많이
  banyaknya 양(量), 총액.
bapak ① 아버지 ② 연장자에 대한 호칭〔존칭〕(남자); *bapak* angkat 양부(養父); *bapak* kecil, *bapak* muda 숙부; *bapak* tiri 계부; *bapak* tua 백부
  berbapak ① 아버지가 있다 ② 아버지라 부르다.
bapanda 아버지의 존칭.
baptis 침례, 세례, 영세
  membaptiskan (~에게) 세례를 베풀다.
bar 술집.
bara 연소물, 탄화(炭火); batu *bara* 석탄
  membara ① 열화처럼 분노하다 ② 숯으로 만들다, (시꺼멓게) 태우다.
barang ① 물건, 물품, 상품 ② 짐, 수화물 ③ (=*barang-barang*), se*barang*, sem*barang*, sem*barangan* 예사로운 문제; *barang* bahan 재료, 원자재; *barang* bahari 고물(古物); *barang* besi 철기, 철물; *barang* cair 액체; *barang* dagangan 상품, 품목; *barang* jadi 기성품; *barang* gelap 암 거 래 품 ; *barang* kelontong 가정용품; *barang* kuno 골동품; *barang* muatan 화물
  sebarang 누구나, 《부정문》 아무나.
barangkali 아마, 추측컨대.

barat ① 서쪽, 서부 ② 쪽의, 서양(西洋)의
membarat 서쪽으로 가다
kebarat-baratan 서구화된.
barét 베레모.
baring, berbaring 눕다
membaringkan 내려놓다, 눕히다
pembaringan 눕는 장소, 쉬는 장소
terbaring 내뻗다, 길게 눕다.
baris ① 줄, 열(列) ② (글자의) 행, 선(線) ③ 행렬
berbaris ① 행진하다 ② 줄을 서다, 열을 서다
membaris 줄을 서다, 열을 짓다
barisan ① 줄, 열 ② 군대, 부대.
barter 물물교환(物物交換).
baru (=baharu) ① 새로운 ② 처음의, 최초의 ③ 최근의, 현대의 ④ 방금
membarui ① (계약 따위를) 갱신하다 ② 현대화하다, 새롭게 하다
memperbarui ① 수선하다, 고치다 ② 혁신하다, 쇄신하다 ③ 개혁하다
pembaruan ① 갱신 ② 혁신 ③ 개혁.
barung-barung ① 오두막집 ② 축사(畜舍), 마굿간.
barusan 방금, 지금.
barut¹ 붕대
membarut (상처를) 붕대로 감다
pembarut 붕대.
barut², membarut 닦다, 문지르다.
basa ① 말, 언어 ☞ bahasa ② 예절, 예의범절.
basa-basi 예의범절.
basah ① 젖은 ② 축축한, 습기가 있는; *basah* kuyup 흠뻑 젖은
berbasah-basah 흠뻑 젖은
membasahi 축이다, 적시다
membasahkan 적시다, 젖게 하다.
basi ① 썩은, 부패한, 상한 ② 시대에 뒤떨어진, 시사성이 없는
membasikan 부패시키다.
baskom 세수 대야.
basmi 근절[절멸(絶滅)]하다
membasmi ① 근절시키다, 절멸시키다 ② 뿌리 채 뽑다 ③ 태워 없애다
pembasmi 근절자, 절멸자, 제초기.
basuh (물로) 씻다
membasuh ① 씻다 ② 설겆이하다
pembasuh 씻는 사람, 세척기
pembasuhan 씻기, 수세(水洗).
bata¹ 벽돌.
bata², (ter)bata-bata, kebata-bataan 머뭇거리는, 주저하는, 우유부단한.
batal ① 취소된 ② 헛된, 쓸모없는, 무효의
membatalkan ① 취소하다 ② (법률·행위 따위를) 폐지하다 ③ 포기하다, 단념하다
pembatalan ① 취소, 폐기 ② 말소(抹消) ③ 포기, 단념.
batalyon, batalion, bataliun 보병대대.
batang ① 줄기, 대, 엽병(葉柄) ② 막대기, 장대, 기둥 ③ ≪수량사(數量詞)≫ ~자루; *batang* dayung 노(櫓); *batang* kayu 나무 줄기; *batang* tubuh (인체의) 몸통
sebatang kara ① 홀로, 외로이 ② 친척이 없는.
batara ① 신(神) ② 신 또는 왕의 호칭.
batari ① 여신(女神) ② 여신의 호칭.
batas ① 한계, 제한 ② 경계(境界)
berbatas(kan) ① 제한된 ② ~와 접하는, ~와 경계인
berbatasan dengan ~과 인접한
membatas 나누다, 분리하다
membatasi ① ~에 울타리를 두르다 ② 제한하다, 한정하다
memperbataskan 한정하다,

baterai — 24 — **bayang, bayang-bayang**

제한하다
pembatasan ① 제한, 한정 ② (윤곽, 한계의) 한정
perbatasan 경계, 분할
terbatas 제한된, 한정된
batasan ① 경계, 한계 ② 제한, 한정.
baterai 건전지(乾電池).
batik 바띡 (천)
 membatik 바띡 작업을 하다
 pembatik 바띡 작업을 하는 사람, 바띡 제작자
 pembatikan ① 바띡 제작 ② 바띡 제작소.
batin ① 내부의, 내면적인, 정신적인 ② 마음
 berbatin 마음 속으로 (혼자) 말을 하다
 membatinkan 비밀로 하다, 숨기다
 kebatinan ① 신비, 신비주의 ② 내면적인, 내부의.
batu ① 돌, 바위 ② 이정표(里程標) ③ (체스의) 말; *batu* air, *batu* kali 자갈; *batu* arang 석탄; *batu* bara 석탄; *batu* bata 벽돌; *batu* empedu 담석; *batu* ginjal 신장 결석; *batu* kerikil 자갈
 membatu ① 굳어지다, 돌처럼 단단해지다 ② 돌이 되다, 돌처럼 굳어지다
 membatui ① 돌을 깔다 ② 돌을 던지다.
batuk ① 기침, 헛기침 ② 기침을 하다
 berbatuk 기침을 하다
 terbatuk-batuk 계속하여 기침하다.
bau ① 냄새, 후각(嗅覺) ② 악취
 berbau 냄새가 나다, 냄새를 피우다
 membaui ① 냄새를 맡다 ② ~을 추적하다
 terbau 냄새를 맡은
 bau-bauan 향기, 방향(芳香).
baur 혼합된, 섞인
 berbaur ① ~와 섞이다, 혼합되어 있다 ② 교제하다, 사귀다, 제휴하다
 membaurkan ~을 섞다, 혼합하다
 perbauran ① 혼합, 섞는것 ② 교제, 제휴, 교류.
baut 볼트, 나사못.
bawa, berbawaan 일치하다, 조화하다
 membawa ① 가지고 오다〔가다〕 ② 나르다, 운반하다 ③ 데리고 가다, 데리고 오다
 membawakan ~을 위하여 ~을 가져오다〔나르다, 운반하다〕
 pembawa 나르는 사람, 우편배달부
 bawaan ① 운반, 수송 ② 가져온, 운반된
 terbawa 가지고 온, (우연히) 들고 온.
bawah 아래, 밑, 바닥; *bawah* tanah 지하
 di bawah ① 아래, 밑에 ② 마루 바닥에
 ke bawah ① 아래 쪽〔방향〕으로 ② 밑으로
 dikebawahkan (기 따위를) 끌어내리는
 terbawah 아주 낮은
 bawahan 부하, (하위) 사람.
bawang (植) 양파, 파, 마늘; *bawang* mérah (植) 양파, *bawang* putih (植) 마늘.
bawasir (醫) 치질.
baya 나이, 연령
 sebaya 동년배의, 같은 나이의.
bayam (植) 시금치과의 야채.
bayan, membayankan 설명하다, 명료화하다
 terbayan 분명한, 명료한.
bayang, bayang-bayang ① 영상 ② 그림자 ③ 투영(投影) ④ 환상, 상상
 berbayang(-bayang) ① 투영된 ② 아련히 떠오르는
 membayang 반영하다, 나타내다
 membayang-bayang(kan)

(상황 따위를) 어림하다, 추측하다
bayangan ① 그림자 ② 추측, 상상.
bayangkara, bayangkari 경비대(警備隊).
bayar, berbayar (빚 따위를) 갚은, 지불한
membayar ① 지불하다 ② (물건 값을) 치르다
membayarkan 지불하다, 지불에 충당하다
pembayar 지불인
pembayaran 지불, 납부, 납입
bayaran ① 지불, 납부(액) ② 봉급, 월급 ③ 가격.
bayi *anak-bayi, jabang-bayi* 갓난아기, 젖먹이.
bayonét 총검, 대검
membayonét 총검으로 찌르다.
bazar 시장(市場) ☞ pastar.
béa, bia 세금, 조세, 관세; *béa dan cukai* 관세(關稅); *béa keluar* 수출세; *béa masuk* 수입세
membéa 세금을 부과하다, 과세하다.
béasiswa 장학금.
béaya 비용, 지출, 요금, 경비 ☞ biaya.
beban ① 짐, 화물(貨物) ② 책임 ③ 부담(負擔)
membebani ① 짐을 싣다, 짐을 꾸리다 ② 짐을 지우다, 부담을 주다
membebankan (책임 따위를) 지우다
pembebanan 책임, 부담.
bébas ① 자유로운 ② 독립한, 자주의 ③ 방면된, 석방된 ④ (의무 따위를) 면해주다, 면제하다 ⑤ 방면된
membébaskan ① 풀어놓다, 자유롭게 하다 ② 해방하다, 자유를 주다 ③ 면제해 주다
kebébasan 자유(自由)
pembébas 해방자, 석방자
pembébasan ① 자유 ② 해방

③ 방면, 석방.
bebat 붕대, 밴드
membebat 붕대로 감다.
bébék (鳥) 오리.
bébér *wayang bébér* 그림자 연극
membébér 펼치다
membébérkan ① 펴다, 펼치다 ② 설명하다
membébér-bentang(kan) 자세히 설명하다
pembébéran 설명, 폭로, 제시, 논술.
beberapa ① 몇몇의, 몇개의 ② 약간의, 약간(동안).
bécak 승객용 3륜 자전거, 베짜; *tukang bécak* 베짜꾼.
bécék 진흙의, 진흙투성이의.
béda 차이, 차이점
berbéda 다른, 차이가 있는, 상이한
berbédaan ① 서로 다른, 상이한 ② 서로 차이점이 있는
berbéda-béda 다른, 차이가 있는
membéda(-béda)kan, memperbédakan ① 구별하다, 판별하다 ② 차별 대우하다 ③ 식별하다
pembédaan ① 차별 ② 차이, 구분
perbédaan ① 차이 ② 구분.
bedah 수술, 집도(執刀)
membedah 수술하다, 집도하다
pembedahan ① 수술 ② 해부.
bedak 분(粉)
berbedak ① (얼굴에) 분을 바르다 ② 분을 바른.
bedebah ① 불행, 정신적 고통 ② 가엾은, 불쌍한.
bedil 총(銃)
membedil ~을 쏘다, 사격하다
beduk 회교 사원에서 사용하는 큰 북(鼓).
begasi 수하물, 화물.
begini 이렇게, 이런식으로.
begitu ① 그렇게, 그처럼 ② 매우, 그정도까지, 그렇거나.

béha 브래지어, 젖 가리개.
bejana ① 통, 사발, 그릇 ② (물)탱크, 수조(水槽) ③ 쟁반, 푼주.
bejat ① 절뚝거리다, 절며 걷다 ② 불안정한, 흔들거리는.
bekal (여행중 필요할 때 먹을〔사용할〕) 도시락, 식량〔돈〕
  berbekal 양식을 가져가다
  membekali 공급하다, 주다, 지급하다
  membekalkan 양식〔식량, 음식물〕을 공급하다
  perbekalan 양식, 식량
  pembekalan (식량의) 공급, (군수품의)공급, 지급.
bekas ① 자국, 인상, 흔적 ② 이전의, 전의; *bekas* jari 지문(指紋); *bekas* kaki 발자국
  berbekas, membekas ① 흔적이 있다, 자국이 있다 ② 흔적을 남기다, 자국을 남기다
  membekaskan ~의 원인이 되다.
béké 자명종 시계.
beku ① 얼은, 단단한 ② 굳은, 불굴의, 완고한 ③ 응고된, 굳어진
  membeku ① (꽁꽁) 얼다 ② 엉기(게 하)다 ③ 얼다, 응결시키다
  membekukan ~을 얼리다, 동결시키다
  pembekuan 얼림, 동결.
bekuk, membekuk ① 둘로 쪼개다, 자르다 ② 잡다, 체포하다.
bél 종(鐘).
bela, membela ① 돌보다, 보살피다 ② 보호하다
  pembela ① 보호자, 후원자 ② 지지자, 옹호자
  pembelaan ① 돌봄, 보살핌 ② 후원, 옹호.
béla ① 희생, 헌신 ② 희생물, 제물 ③ 자살, 자멸
  membéla ① 함께 죽다, 따라 죽다 ② 복수하다
  pembéla 지키는 사람, 방어자
  pembélaan ① 방어 ② 복수.
belacan (새우 따위로) 어물로 만든 반찬류.
belacu 생목면(生木綿).
belah ① 갈라진 금, 틈, 터진 곳 ② 반절, 둘로 나뉜 ③ 측(側), 옆, 쪽
  membelah ① 쪼개다, 찢다 ② 분할하다
  di sebelah ① ~옆에 ② ~편에, ~쪽에
  sebelah 반절, 반쪽, 여럿 중의 하나
  terbelah 쪼개진, 부서진, 찢어진, 균열된
  belahan ① 갈라진 틈, 갈라진 금 ② 조각, 파편.
belai 아첨
  membelai ① ~에게 아첨하다 ② 애무하다, 달래다
  belaian 아첨.
belaka ① 완전히, 전부, 아주 ② 순전한, 순수한 ③ 오직, 단지.
belakang ① 뒤, 뒤쪽의, 등 (背) ② 뒤에, 배후에, 이면에 ③ 후에, 나중에
  di belakang ① 뒤에 ② ~후에, ~한 뒤에 ③ 나중에, 다음의
  ke belakang ① 뒤로 ② 화장실로 (가다)
  membelakang 뒤에 머무르다
  membelakangi ① 등을 돌리다 ② 등을 기대다
  membelakangkan ① 연기하다, 미루다 ② (의무 이행 따위를) 게을리하다
  terbelakang ① 뒤의, 마지막의 ② 최근의
  belakangan ① 후에, 나중에, 뒤에 ② 결국, 마침내.
belalai (코끼리와 같이 긴) 코.
belalak, membelalak 눈을 크게 뜨다
  membelalakkan ① 크게 뜨다, 열다 ② 눈을 크게 뜨고 응시하다
  terbelalak ① 놀란 ② 넓혀진, 팽창된.

belalang (動) 메뚜기.
Belanda 화란, 네덜란드
　kebelanda-belandaan 서구화한, 서구화된.
belang ① 반점, 점, 얼룩 ② 줄무늬의.
belanga 질그릇 (냄비).
belangko, blangko 빈, 공백의.
belanja ① 지출, 비용, 경비 ② 가격, 원가 ③ 월급, 임금; *belanja dapur* 식비; *belanja mati* 고정지출
　berbelanja ① 장보러가다, 쇼핑가다 ② 사다, 구입하다
　membelanjai ~에 자금을 공급하다
　membelanjakan 지출하다, 소비하다
　pembelanja 고객, 단골 손님
　pembelanjaan, perbelanjaan 비용, 경비, 지출.
belantara *hutan (rimba) belantara* 정글, 종림(지).
belantik 덫, 올가미, 함정.
belas¹ 자비, 연민.
belas² 10의(11에서 19까지); *dua belas* 12
　belasan ① 10과 20 사이의 ② 10대, 틴 에이저.
bélasungkawa 동정, 연민, 애도(哀悼).
belat ① 대나무로 만든 발 ② 어망.
beledu 벨벳, 우단.
belenggu 수갑, 쇠고랑, 족쇄.
beléngkok 굽은, 구부러진, 휜
　membeléngkok 구부러지다, 휘다.
belérang 유황(硫黃)
　membelérang ① 유황으로 처리하다 ② 그을리다, 그슬리다.
beli ① 구매, 구입 ② 구매 행위
　membeli ① 사다, 구입하다 ② 댓가를 치르다
　membelikan (~에게) 사주다
　pembeli 구매자, 구입자

　pembelian 구매, 사들임
　terbeli 구매된.
belia 젊은.
beliak, membeliakkan (눈 따위를)크게 뜨다
　terbeliak (눈을) 크게 뜬, 활짝 연.
beliau 그분 (3인칭 존칭어).
belintang, berbelintang(an) 가로질러 눕다, 길게 눕다
　membelintangkan 가로질러 놓다, 가로질러 눕히다.
belit 휜, 감긴
　berbelit (강,길 따위가) 꼬불꼬불하다, 굽이치다
　berbelit-belit ① 꼬불꼬불한 ② 복잡한
　membelit ① 비뚤어지다, 구부러지다 ② 곡선을 그리다
　membeliti ~에 매다, 감싸다
　membelitkan ~을 감다
　terbelit 감겨진.
bélok 곡선, 구비
　berbélok 돌다, 회전하다
　berbélok-bélok ① 굴곡이 있는, 구부러진 ② 지그재그의, 꾸불꾸불한
　membélokkan ① 돌리다, 회전시키다 ② (딴 데로) 돌리다
　bélokan 구부러진 각(角).
bélot 배반자, 변절자, 반역자.
belukar 수풀, 덤불, 총림.
belulang ① 단단한 껍질, 마른 껍질 ② (피부가) 굳은, 못박힌
　berbelulang 굳다, 굳어지다.
belum 아직 ~하지 않은
　sebelum 이전에, ~하기 전에
　sebelumnya 사전에, 전에.
belus 블라우스.
belut (魚) 뱀장어.
bémo [béca(k) bermotor] 모터로 가는 베짜.
bémper 범퍼.
bena, membenakan 정리하다, 정돈하다.
benah ☞ bena²
　berbenah 정리하다, 정돈하다

benak

membenahi (잠 자리 따위를) 준비하다.

benak 정수(精髓), 골수, 두뇌
berbenak 영리한, 지적인.

benalu (植) 기생식물(寄生植物)
membenalu 기생하다.

benam, berbenam, membenam 사라지다, 숨다
membenamkan ① 물에 빠뜨리다, 가라앉히다 ② 진압하다, 억누르다
terbenam ① 사라지다, (해가) 지다 ② 파묻힌, 묻힌.

benang 실
membenang ① 끝없는, 지루하게 긴 ② 실의, 끈의, 섬유의.

benar ① 올바른, 곧은, 공정한 ② 진실된, 거짓이 아닌
benar-benar 옳게, 진지하게, 진정으로
membenarkan ① 바로잡다, 고치다 ② 확인하다, 확증하다 ③ 인정하다, 용인하다 ④ 허가하다, 허락하다
kebenaran ① 정확함, 방정 ② 진실, 진리
sebenarnya ① 사실은, 실제에 있어서 ② 물론.

benatu 세탁부.

bencana 재앙, 재난, 큰 재해, 파멸; *bencana* alam 천재지변
membencanai 방해하다, 저해하다
membencanakan 방해하다
kebencanaan 운명, 숙명, 불운.

benci 싫어하다, 미워하다
membenci 싫어하다, 경멸하다
pembenci 미워하는 사람, 싫어하는 사람.

benda 물건, 물체, 물품
berbenda 부유한, 풍족한
membendakan 상품화하다, 물건으로 만들다
kebendaan 물체, 물질.

bendahara 회계원, 출납관
perbendaharaan ① 국고, 기금, 자금 ② 금융의, 재정의.

bendaharawan 회계원, 출납관.

bendahari 회계원, 출납관.

bendéra 기(旗).

benderang¹ 염소의 털로 장식된 창(槍).

benderang² 빛나는, 대단히 밝은.

benderung 두 건물 사이의 공간.

bendung, bendungan ① 둑, 제방 ② 댐
membendung ① 댐으로 막다 ② 저지하다, 막다
membendungi 댐을 쌓다.

bengal ① 기절하다, 정신을 잃다 ② 완고한, 고집센.

bengawan 강(江).

bengék (醫) 천식.

bengis ① 잔인한, 잔혹한 ② 엄격한, 엄한 ③ 화난, 화내는
membengis 화를 내다
membengisi ① ~에게 화를 내다 ② ~에게 혹독한, 엄격한
kebengisan ① 잔인함, 잔혹함 ② 엄격, 혹독함.

bengkak ① 부은, 부푼 ② 종창(腫脹), 종기
membengkak 부풀다, 부어 오르다.

bengkalai (일을) 중도에서 그만두다
membengkalaikan (일을) 중도에서 그만두다
terbengkalai 끝나지 않은, 중도에서 그친.

béngkél ① 일터, 작업장 ② 수선소
perbéngkélan 수리소 작업.

béngkok 꼬부라진, 굽은, 비뚤어진
membéngkok ① 돌리다 ② 구부러지다
membéngkokkan 구부리다, 몸을 구부리다.

béngkong¹ 구부러진, 비뚤어진.

béngkong² 할례(割禮)를 행하는

사람.
benih ① 씨앗, 종자 ② 세균, 병원균 ③ 원인, 이유
membenihkan 싹트다, 발아하다
pembenihan 묘상(苗床), 세균 배양소(培養所).
bening 맑은, 깨끗한, 투명한
membeningkan 정화하다, 정수하다.
bénjol 혹, 부스럼.
bénsin 가솔린, 휘발유.
bentak, membentak 호통치다, ~에게 딱딱거리다
bentakan 호통, 딱딱거림.
bentan (병이) 재발하다.
bentang, membentang (말은 것을) 펼치다
membentangkan ① 펼치다, 펴다 ② 설명하다, 해설하다
terbentang 펼쳐진, 전개된.
bentar, sebentar ① 잠깐, 잠시동안, 한동안 ② 순간, 잠시; Tunggu *sebentar*. 잠시 기다리시오
sebentar-sebentar 자주, 종종, 재차, 번번이.
bentara 보도자, 전달자.
bénténg 요새(要塞), 성채
berbénténg 요새화된, 요새로 사용하다
membénténgi ~를 요새화하다.
bentrok, bentrokan 충돌하다, 부딪히다
membentrokkan 들이 받다, 충돌하다
perbentrokan ① 싸움, 투쟁, 논쟁 ② 충돌.
bentuk 형태, 모습, 유형
berbentuk ① ~한 형태를 가진 ② ~한 모습을 한
membentuk ① 형성하다, 만들다 ② 구성하다
pembentuk 구성자, 설립자
pembentukan 형성, 설립, 설치
bentukan 모양, 형상, 외형.
bentur¹, berbenturan 충돌하다, 부딪다
membenturkan 충돌시키다
kebentur ~을 들이 받다
terbentur ~와 충돌하다
benturan 충돌, 부딪침.
bentur², membentur 휘다, 굽다.
benua ① 대륙, 본토 ② 국가, 땅, 영토.
bényot 구부러진, 비뚤어진, 뒤틀린.
béo 《鳥》 구관조(九官鳥)
membéo (남의 말을) 앵무새처럼 되뇌이다.
berabé ① 골치 아픈, 귀찮은 ② 어려운, 괴롭히는.
berahi ① 사랑에 빠진 ② 열렬한 정열을 품은
memberahikan ① 매혹시키다, 황홀케하다 ② ~이 자극적이다
keberahian 정열, 열정.
berai *cerai berai* 흩으러진, 산만한
memberai-beraikan (소문, 보도 따위를) 퍼뜨리다, 유포하다.
bérak 배설물, 대변
berbérak 배변(排便)하다
membérak 배변(排便)하다, 용변을 보다.
beranda 베란다, 툇마루.
bérang 화난, 격분한
membérang 노하여 펄펄 뛰는, 격노한
membérangi ~에게 화내다.
berangkat 출발하다 ☞ angkat.
berangus ① 입마개, 재갈 ② 굴레, 속박
memberangus ① 재갈을 물리다 ② 말못하게 하다.
berani 용감한, 용기있는, 용맹스러운
memberanikan 고무(鼓舞)하다, 용기를 북돋우다
keberanian 대담, 용기, 용맹
pemberani 용감한 사람.
berantakan 혼란(혼돈) 상태에 빠진, 뒤죽박죽의, 어수선한.
berantas, memberantas

(~와 대항하여) 싸우다, 다투다
pemberantasan 퇴치, 제거, 방제.
berapa ① ≪의문사≫ (가격, 수 따위를 물음) 얼마, 몇 ② ≪정도≫ 얼마나, 얼마만큼 ③ ≪감탄≫ 얼마나
beberapa 몇몇의, 약간의
seberapa ~만큼 많이.
beras 쌀, 현미(玄米), 백미(白米); *beras* ketan, *beras* pulut 찹쌀.
berat ① 무거운 ② 어려운, 까다로운 ③ 중량, 무게; *berat* bersih 순중량(純重量); *berat* kotor 총량(總量)
memberatkan ① 무겁게 만들다 ② 강조하다, 비중을 두다
keberatan ① 과중하게 짐을 실은 ② 이의(異議), 반대
berkeberatan 이의가 있는, 곤란한
beratnya 중량, 무게.
bercak 마마 자국이 있는.
berenang 수영하다, 헤엄치다 ☞ renang.
béres ① 정리된, 제자리가 잡힌 ② 제거된, 없애진, 끝난
membéréskan ① 진압하다, 해결하다 ② 정리하다, 정돈하다
kebérésan 정리, 정돈, 단정.
berhala 우상(偶像).
beri, memberi ① 주다 ② ~시키다, ~할 것을 허용하다 ③ 제공하다, 제의하다
memberikan 주다, 전해주다
pemberi 증여자(贈與者)
pemberian ① 선물 ② 분배, 증여.
béri-béri (醫) 각기(脚氣).
beringin (植) 무화과나무.
berita ① 소식 ② 공고, 발표, 통지
memberitakan 전하다, 알리다
pemberita 보도자
pemberitaan ① 공고, 발표, 통지 ② 전달, 통신.
beri tahu, memberi tahu (소식을) ~에게 알리다, 보고하다
memberitahukan 소식을 전하다, 알리다, 보고하다
pemberitahuan 공고, 발표, 통지.
beritawan 보도자, 기자.
berjuis 중산계급의 시민.
berkah 축복 ☞ berkat.
berkas 묶음, 꾸러미, 다발.
berkat ① 축복, 행복 ② ~덕택으로
memberkati ~을 행복하게 해주다, 즐겁게 하다
pemberkatan 축복, 행운.
berlian (세공된) 다이아몬드.
bernas (과일 따위가) 탐스러운, 충만한.
berokat 비단(錦).
berontak 반란, 폭동
memberontak 모반하다, 반역하다, 저항하다
pemberontak 폭도, 반란자
pemberontakan 반란, 폭동, 봉기.
bersih ① 깨끗한, 청결한 ② 결백한, 맑은 ③ 순수한, 순전한 ④ 순(純), 정미(正味)
membersihkan ① 깨끗이 하다, 닦다 ② 청소하다
kebersihan ① 청결, 단정 ② 맑은, 청렴, 청순
pembersihan ① 깨끗이 함, 청소 ② 정화, 정수.
bersin 재치기하다.
beruang (動) 곰(熊).
beruas¹ (植) 야생의 망고스틴.
beruas² 마디, 관절, 접합.
beruk (動) 원숭이의 일종.
berumbung 관, 튜부브.
beruntus(an) 여드름, 뾰루지.
berus 솔
memberus 솔질하다.
bésan 사돈, 사돈 관계.
besar ① 큰, 성대한 ② 성숙한, 어른의, 성년의
besar-besaran 큰, 성대한
membesar ① 크게 보이다(되다)

besi 31 **bicara**

② 거만하게 굴다
membesarkan ① 과장하다, 증대시키다 ② (국위 따위를) 선양하다 ③ 크게하다, 증가시키다 ④ 키우다, 양육하다
memperbesar(kan) 늘리다, 확장하다
kebesaran ① 너무 큰 ② 장엄, 웅대
pembesar ① 공무원, 당국 ② 고관(高官)
pembesaran ① 확대, 증대 ② 증가, 팽창.
besi 철, 쇠
membesi 쇠처럼 단단하다.
beslah 차압, 압수, 몰수
membeslah 차압하다, 압수하다
pembeslahan 몰수, 압수
bésok ① 내일(來日) ② 나중에, 다음에 ③ 돌아오는, 다가오는.
béta ≪주격≫ 나, 저 (1인칭 비어).
betapa ① ≪감탄문에서≫ 얼마나 ② ~처럼, ~와 같이.
betara 신(神).
betari 여신.
betina (동물의) 암컷.
betis 장딴지, 종아리.
beton 콘크리이트.
betul ① 정확한, 바른, 맞는, 틀림없는 ② 진실된, 사실의 ③ 매우, 아주, 실로 ④ 그렇지, 바로 그렇지
betul-betul 충심으로
membetulkan ① 수선하다, 고치다 ② 바로잡다, 교정하다
kebetulan ① 우연히 ② 우연히 ~하다
sebetulnya 사실인즉, 실은.
biadab ① 불손한, 거칠은, 버릇없는 ② 미개한, 원시적인
kebiadaban ① 무례, 버릇없음 ② 미개함, 원시인.
biak 비옥한, 기름진
berbiak 증가하다, 늘어나다, 활발하다; (ber)kembang *biak* 무성하게 번성하다
membiak 번영하다, 번성하다,

증가하다
membiakkan 기르다, 양육하다
pembiakan 양육, 재배
biakan ① 양육, 기름 ② 재배된, 양육된, 길러진.
biang ① (동물의) 어미; *biang* ayam 어미 닭 ② 기원, 근원, 원천; *biang* keladi 근원(根源); *biang* tangan 엄지 손가락.
bianglala 무지개.
biar ① (=*biarlah*) 허락하다 ② (=*biarnya*) ~하도록 ③ (=*biarpun*) 비록 ~일지라도
membiarkan 허가하다, 허락하다.
biara ① 수도원 ② 수녀원.
biarawan 수도사, 승려.
biarawati 수녀, 여승(女僧).
bias, membias 표류하다, 헤매다
membiaskan 방향을 변화시키다, 굴절시키다
terbias 표류된
pembiasan 탈선.
biasa ① 숙달된, 익은, 익숙한 ② 일상의, 평소의 ③ 보통의, 평범한
membiasakan ~에 익숙해지다
kebiasaan ① 사용, 용법, 취급 ② 관습, 관례, 습관
biasanya 일반적으로, 보통, 평소, 통례적으로.
biawak (動) 이구아나 (서인도 및 남미의 수목 속에 사는 초식성 큰 도마뱀; 식용).
biaya 비용, 지출
membiayai 지출하다, 경비를 쓰다
membiayakan ~에 ~을 지출하다.
bibi(k) 숙모, 아주머니.
bibir ① 입술 ② 가두리, 가장자리.
bibit ① 묘목, 실생(實生) ② 씨, 종자, 정액(精液).
bibliograpi 서지학, 출판목록.
bicara ① 생각, 사고, 숙고, 고려 ② 상식, 지능, 생각 ③ 상담,

회담, 회의 ④ 사건, 사정, 문제 ⑤ 말(하다), 이야기(하다); *juru bicara* 대변인
berbicara ① 말하다 ② 이야기 하다 ③ 토의하다
membicarakan 숙의(熟議)하다, 토의하다
pembicara ① 화자(話者) ② 대변자, 연설자, 충고자
pembicaraan ① 토의, 숙의(熟議) ② 회화.
bidadari 요정(妖精), 선녀.
bidal 격언, 금언(金言).
bidan 조산원, 산파(産婆)
membidani 조산원이 되다
kebidanan 산부인과.
bidang ① 평지, 표면, 평면 ② 드넓은, 광활한 ③ 필지 ④ 분야, 부분(部門)
membidangkan 늘리다, 확장하다
pembidangan (옷감 따위를) 펴서 말리는 틀.
bidik, membidik ① 응시하다, 자세히 들여다보다 ② 겨누다, 조준하다
membidikkan ~을 겨누다
pembidikan 사격 연습장.
biduan 가수, 성악가.
biduanita 여자 성악가, 여자 가수.
bihun (쌀로 만든) 국수.
bijak ① 유능한, 경험이 있는 ② 재치있는, 유창한.
bijaksana ① 현명한 ② 예민한
kebijaksanaan ① 지혜, 현명 ② 재치, 예민.
bijan 깨.
biji ① 종자, 씨앗 ② ≪수량사≫ 톨 (작고 둥근 물체에 사용됨)
biji-bijian 곡식, 곡류(穀類).
bijih 광석(鑛石)
bikin ~하다, ~하게 하다; *bikin besar* 늘리다, 크게하다; *bikin betul* 수선하다, 고치다
membikin 만들다, 짓다
pembikinan 제조, 제작.

bikinan 성품, 제품.
bila ① 언제 ② ~할 때
bila-bila 때때로, 종종.
bilah ① 조각, 대나무 쪽 ② ≪수량사≫ 자루 (칼 따위를 셀 때)
bilamana ~할 때.
bilang ① 말하다 ② (=*sebilang*) 매(每)
berbilang 말하다
bilangan 수, 양.
bilik 방
berbilik-bilik 작은 방들이 많이 있는.
bilyar 당구.
bimasakti (天) 은하수.
bimbang ① 주저하다, 망설이다 ② 걱정하다, 근심하다
membimbangkan ① 주저하게 하다, 망설이게 하다 ② ~을 걱정하게 하다
kebimbangan 걱정, 근심.
bimbing, berbimbing ① (손을) 맞잡고 가다 ② 협력하다 ③ 인도하다, 지도하다
membimbing ① 이끌다, 안내하다 ② 지도하다
pembimbing ① 안내, 안내인 ② 지도자(指導者)
bimbingan 지도.
bin (~의) 아들, 자식.
bina 건물, 건축물
membina 짓다, 세우다, 설립하다
pembina 설립자, 건축업자
pembinaan 건설, 부흥, 쇄신.
binasa 파괴, 훼손
membinasakan ① 파괴하다 ② 근절시키다, 일소하다
kebinasaan 파괴, 파멸, 훼손
pembinasa 파괴자
pembinasaan 절멸, 근절.
binatang 동물, 짐승, 가축
kebinatangan 수성(獸性), 잔인성.
binatu 세탁부.
bincang 토의, 논의
berbincang 토의하다, 논의하다
berbincang-bincang 토론하다

mem(per)bincangkan 회담하다, 논의하다
perbincangan ① 토의, 토론 ② 협의.
bincul 혹.
bingkah, bingkahan 작은 조각, 토막
berbingkah-bingkah 조각으로 된
membingkahi 도막내다, 조각으로 만들다.
bingkai 가장자리, 테두리
membingkai(kan) 틀을 만들다, 짜맞추다.
bingkas 탄력, 탄성, 신축성, 유동성.
bingung 혼동되는, 당황하는, 어리둥절하는
membingungkan 혼동하게 하다, 당황하게 만들다
kebingungan 당혹, 혼동, 당황.
bini 아내, 처(妻)
berbini ① 결혼하다 ② 아내를 얻다
mem(per)binikan 장가보내다, 결혼시키다.
bintang ① 별 ② 성좌(星座) ③ 훈장(勳章); *bintang* pilem 영화의 연기배우; *bintang* sandiwara 연극의 인기배우
berbintang 별이 많은, 별이 반짝이는; *berbintang* gelap 운이 나쁜, 불운의; *berbintang* terang 운이 좋은
membintangi (영화 따위의) 스타가 되다
perbintangan ① 천문학 ② 점성술.
bintara 하사관(下士官).
binti ~의 딸.
bintik 오점(汚點), 반점(斑點)
berbintik-bintik 반점이 있는.
biografi 전기, 일대기; 전기 문학.
biokimia 생화학(生化學).
biola 비올라, 바이올린.
bioskop 영화.
bir 맥주.

biri-biri¹ (動) 양(羊).
biri-biri² (醫) 각기병(脚氣病).
biro 사무실, 국(局).
birokrasi 관료정치(官僚政治).
birokratis 관료적인.
biru 파란색, 파란색의; *biru* muda 옅은 청색; *biru* tua 남색
membiru 파랗게 되다
membirukan 파란색을 칠하다.
bis¹ 버스.
bis² 헌법 조항에 추가되는 것.
bisa¹ ~할 수 있는, ~할 능력이 있는
kebisaan 가능성.
bisa² 독(毒), 독약
berbisa 유독한, 유해한.
bisik, berbisik-bisik 속삭이다
membisiki ~에게 속삭이다
membisikkan 조용히 알리다, 속삭여 알리다
bisikan 속삭임.
bising 소음, 소란, 소동, 야단
berbising 소음을 내다, 소란피우다
kebisingan 소동.
biskit, biskut 비스킷.
bismilah, bismilahi 신(神)의 이름으로.
bisu 벙어리
membisu 조용히 있는, 아무말도 하지 않는.
bisul ① 종양(腫瘍) ② (醫) 궤양(潰瘍); *bisul* jerawat 여드름.
bius ① 기절한, 인사불성의 ② 마취된, 실신한
membiusi ① 마취시키다 ② 진정시키다
pembiusan 마취.
blangko 텅빈, 빈, 백지의.
blék 주석(깡통).
blok ① 두루마리, 롤 ② 시가의 한 구획.
blokade 봉쇄(封鎖).
blokir, memblokir 봉쇄(封鎖)하다
pemblokiran 봉쇄.
bloknotes 메모책, 메모장.

blus 블라우스.
bobok 잠자다
  membobokkan 재우다.
bobrok 황폐한, 무너져 가는
  kebobrokan 붕괴.
bocor ① 새는 구멍, 누출구 ② 새다 ③ (비밀 따위가) 새는, 누설되는
  membocorkan 새게하다, 구멍을 뚫다
  kebocoran ① 새는 ② 누설되는
  bocoran ① 새는 구멍 ② 누설.
bodoh ① 어리석은 ② 무지한
  membodohkan 속이다, 바보취급을 하다
  memperbodoh 속이다
  kebodohan 어리석음.
bodok 나병, 문둥병.
bohong ① 거짓말, 허위 ② 거짓말하는
  berbohong 거짓말하다, 허위로 말하다
  membohongi ~에게 거짓말 하다
  membohongkan ~를 부인하다, 거부하다
  pembohong 거짓말쟁이.
boikot 배척, 보이콧.
bok 아주머니.
bola 공, 볼; *bola* baskét 농구; *bola* keranjang 농구; *bola* mata 눈알, 안구.
bolak-balik 왕복(往復)
  membolak-balikkan ① (책 따위를) 접었다 폈다 하다 ② 꼬다, 뒤틀다, (말을) 돌리다.
boléh ① 가능한, 허용되는 ② ~할 수 있는, 능력있는
  moboléhkan 허가하다, 허락하다
  seboléh-boléhnya 가능하다면, 가능한 한
  boléhlah 《口語》좋다, 훌륭하다.
bolong 구멍(이 난), 뚫린, 꿰뚫은; tengah hari *bolong* 정오(正午); siang hari *bolong* 대낮, 한낮
  berbolong-bolong 꿰뚫은, 구멍이 난.

bolos ① 관통하다, 뚫리다 ② 학교를 빼먹다
  membolos 학교(따위)를 무단 결석하다
  pembolos 무단 결석자.
bom 폭탄; *bom* atom 원자폭탄; *bom* waktu 시한폭탄
  membom 폭탄을 던지다, 폭격하다
  mengebom 폭격하다
  pemboman 폭격(爆擊).
bon ① 배급표, 쿠폰 ② 영수증 ③ 계산서
  dibon 외상으로 된.
bonafide 선의의, 신용있는, 정직한.
boncéng 편승(便乘), 동승(同乘)
  memboncéng 합승하다, 동승하다
  boncéngan ① (자전거를) 같이 타고 가다.
bonéka ① 인형 ② 꼭둑각시
  mem(per)bonékakan 꼭둑각시로 이용하다.
bongkak ① 뽐내는, 자랑하는 ② 오만한, 건방진, 무례한.
bongkar, membongkar ① 침입하다, 난입하다 ② 헐다, 파괴하다, 분쇄하다 ③ (꾸러미, 짐을) 풀다 ④ 분해하다
  kebongkaran 침입된, 난입된
  pembongkaran ① 파괴된 물건, 헐린 것 ② 내려진 짐
  terbongkar 벗겨진, 노출된, 드러난.
bongkol ① 사마귀, 혹 ② 꼭지, 손잡이.
bonjol 돌출(부), 돌기.
bonus 보너스, 상여금.
bopéng 얽은, 얽은 자국이 있는.
bor 송곳
  membor(kan) 구멍을 뚫다
  pemboran 송곳질.
borgol 수갑
  memborgol 수갑을 채우다.
borjuis 중산 계급의 시민, 부르조아.
borong 모두, 전부, 완전히, 함께, 도매

memborong ① 매점(買占)하다 ② (공사를) 청부(請負)맡다
memborongkan ① 도매로 팔다 ② 청부(請負)시키다
pemborong 계약자, 청부인
pemborongan ① 청부(請負) ② 매점매석(買占賣惜)
borongan 도매.
boros ① 풀린, 달아나는 ② 낭비하는
memboroskan 낭비하다, 함부로 쓰다
keborosan 낭비
pemboros 낭비하는 사람
pemborosan 낭비.
bosan 지친, 싫증난, 따분한
membosankan 지치게 만들다, 따분하게 만들다
kebosanan 지루함, 따분함
pembosan 쉽게 지치는, 빨리 따분해지는.
botak 대머리, 머리가 벗겨진.
botol 병(甁).
boyak ① 풍미 없는, 맛 없는 ② 무미건조한, 재미 없는
keboyakan 지루함, 권태.
boyong 옮기다, 나르다
berboyong 이사하다, 옮기다
pemboyongan 이주(移住).
bréndi 브렌디.
brigadir *brigadir jénderal* 육군 준장.
bros 브로우치.
brosur 팜플렛, 소책자.
bruto 모두 합친, 전체의, 총액.
bu 부인 (연상의 여자에 대한 경칭).
buah ① 과실, 열매 ② ≪수량사≫ ~개, 채(집, 자동차, 책, 책상 따위를 셀 때 사용).
berbuah (열매를) 맺다
membuahi 수태시키다, 수정시키다
buah-buahan 과일, 여러 종류의 과일.
buai 흔들리다
membuai 움직이다, 그네 타다
membuaikan 흔들어 움직이다

buaian 요람, 그네.
bual ① 거품이 일어남, 솟아남 ② 허풍, 과장해서 말함
berbual(-bual) ① 거품이 일다, 부글부글 끓다 ② 허풍떨다, 과장해서 말하다
membualkan ① 내뿜다, 분출하다 ② 말을 퍼뜨다, 거침없이 말하다
pembual 허풍쟁이.
buang, membuang ① 던지다 ② 버리다, 팽개치다 ③ 없애다, 지우다 ④ (=*membuang-buang*)(시간, 힘, 돈 따위를) 허비하다, 낭비하다
membuangkan ① 던지다, 내던지다 ② 추방하다
membuang-buang 허비하다, 낭비하다
pembuangan 추방, 유형(流刑)
terbuang 추방된, 쫓겨난
buangan 추방, 유형(流刑).
buas ① 난폭한, 거친, 사나운, 야성적인 ② 잔인한, 무자비한
membuas 거칠어지다, 사나워지다
kebuasan 잔인함, 사나움.
buat ① ~하다, 만들다 ② ~을 위하여
berbuat ① 행하다, 수행하다 ② 만들다, 세우다, 짓다
membuat ① 만들다 ② 행하다, ~하다
memperbuat ① 만들다, 짓다 ② 행하다, ~하다
pembuat ① 만드는 사람, 생산자 ② 구성자, 입안자(立案者)
pembuatan ① 생산(生産) ② 제조, 제작, 제품
perbuatan ① 행동 ② 실행, 이행 ③ 행위, 태도
buatan ① ~제(製) ② 행위.
buaya ① 악어 ② 악한
membuaya ① (악어처럼) 기다, 기어가다 ② 악한이 되다
membuayai 속이다, 사취하다.
bubar 흩어진, 퍼진, 분산된
membubarkan ① 분산시키다,

bubuh, membubuh(i)

해산시키다 ② 해제하다
pembubaran ① (의회, 단체, 조합 따위의) 해산 ② (내각의) 사퇴, 사직 ③ 해제, 제대 ④ 폐기 (廢棄).
bubuh, membubuh(i) 두다, 놓다, 걸다, (서명 따위를) 써 넣다
membubuhkan 첨가하다, 더하다
pembubuhan 설치
bubuhan ① 부가, 추가 ② 부착, 첨가.
bubuk 가루, 분(粉)
membubuk 가루로 만들다.
bubung, bubungan 봉우리, 꼭대기
membubung 오르다, 올라가다
membubungkan 올리다, 증가시키다.
bubur 죽, 잡탕
membubur 죽이 되다, 죽을 쑤다.
budak ① 아이, 소년 ② 하인 ③ 노예
berbudak-budakan 어린애 같은, 유치한
membudak 노예가 되다, 노예로 만들다
memperbudak 노예로 취급하다
perbudakan 노예의 신세, 예속, 굴종.
budaya ① 사고, 생각, 지혜 ② 문화(의)
kebudayaan 문화.
budi ① 마음, 정신, 통찰력 ② 지혜(知慧) ③ 성질, 기질, 인격, 품성
berbudi ① 현명한, 분별이 있는 ② 품성이 좋은, 정직한.
budiman 현명한, 신중한, 분별 있는, 똑똑한.
bugar *segar bugar* 아주 건강한, 튼튼한.
bui 형무소, 감옥, 교도소
membui 교도소에 넣다, 수감하다.
buih 거품
berbuih 거품이 일다

bukti

membuih 거품을 내뿜다.
bujang ① 독신의, 결혼하지 않은 ② 미혼남자
membujang 독신 생활을 하다
bujangan 미혼 남자.
bujangga ① 시인, 문학가, 문필가 ② 학자
kebujanggaan 문학의, 문필의.
bujuk, bujukan ① 아첨, 감언(甘言) ② 감언이설, 구슬리고 달램
membujuk ① 아첨하다, 부추기다 ② 구슬리다, 달래다
pembujuk ① 사기꾼 ② 아첨하는 사람.
bujur ① 길이 ② 세로, 세로의
membujur 내 뻗치다, 길게 눕다
membujurkan ~을 길게 눕혀 놓다.
buka ① 열다 ② 폭, 넓이, 나비
membuka ① 열다 ② 시작하다, 착수하다 ③ 토지를 개간하다 ④ (모자, 구두 따위를) 벗다, 제거하다
membukakan ① (특히 눈 따위를) 뜨다, 열다 ② ~을 위하여, ~을 열다
pembuka ① 여는 사람 ② 여는 도구
pembukaan 개방, 개시, 개장, 서문
terbuka ① 열린 ② 공공의, 국민 대중의, 공개의
bukaan 열음, 개봉.
bukan ① 《명사나 대명사를 부정하는 부정사》 ~이 아니다 ② 《부가 의문문으로 사용》 그렇지 않습니까
bukan-bukan ① 헛소리, 무의미한 말 ② 불가능한 일, 불가능성
membukankan 부인하다, 부정하다.
bukit ① 언덕, 동산, 구릉 ② 산
berbukit-bukit 작은 산이 많은
membukit-bukit 구릉이 많은, 언덕이 많은.
bukti 증명, 입증, 증거

buku¹

berbukti 증거가 있는
membuktikan ~을 증명하다, 확인하다.
buku¹ 관절, 매듭
berbuku 마디가 있는, 마디로 된.
buku² 책, 서적.
bulan ① 달(月) ② 일개월(個月)
berbulan-bulan 몇 달동안
bulanan 월간(月刊)
bulat ① 원, 원형(圓形) ② 둥근 ③ 전체의, 전부
bulat-bulat ① 둥근 ② 완전히
membulat ① 둥글게 되다 ② 일치하게 되다
membulatkan ① ~을 완성하다 ② 둥글게 하다, 원형으로 하다
bulatan 원.
bulu 털, 깃털
berbulu 털이 많은
membului 털을 뜯다.
buluh 대나무
pembuluh 튜우브, 수송관, 도관(導管)
bumbu 조미료, 양념, 향료
membumbui 양념을 넣다.
bumbung 관(管).
bumi ① 지구, 땅 ② 세상, 세계
membumi 정착하다
mengebumikan 매장(埋葬)하다, 묻다.
bumiputra 토착인(土着人), 원주민.
buncis 콩.
buncit 부풀은, 팽창된
membuncitkan 불어 일으키다, 부풀리다.
bundar 둥근, 원형의
membundar 원을 이루다, 원을 형성하다
membundarkan ~을 돌리다, 회전시키다
bundaran ① 원 ② 테.
bung ① 너(친근한 사이에 쓰는 2인칭의 호칭) ② 당신(이름을 알지 못하는 종업원, 운전사, 집대부 따위를 부르는 말).
bunga ① 꽃 ② 이자(利子)
berbunga ① 꽃이 피다, 만발하다 ② 이자가 붙다
bunga-bungaan 여러 종류의 꽃, 꽃들.
bungalo (=**bungalow**) 별장, 방갈로.
bungkam 조용한, 말없는, 침묵을 지키는
membungkam 입을 막다, 조용히 하다
membungkamkan 조용히 하게 하다.
bungkuk 구부러진, 휜
membungkuk 구부리다, 웅크리다
membungkukkan 구부리게 하다.
bungkus ① 짐, 꾸러미, 봇짐 ② 포장, 갑
berbungkus 꾸려진, 포장된
membungkus 포장하다, 꾸리다, 싸다
pembungkus ① 포장함 ② 포장지, 보자기
pembungkusan 포장함
bungkusan 꾸러미, 짐, 소포.
bunglon ① (動) 카멜레온 ② 변덕장이.
bungsu 마지막 (아이), 막내의.
bunting ① 수태한, (동물이) 새끼를 가진 ② (열매 따위) 익은
membuntingkan 임신시키다
pembuntingan 수태, 수정
buntingan 임신.
buntu 교착 상태에 빠진, 막힌, 제한된, 편협한
membuntukan ① 교착 상태로 빠지게 하다 ② 막다, 방해하다, 봉쇄하다
kebuntuan 막다른 목.
buntung (꼬리 따위가) 잘린, 잘려 나간.
buntut ① 마지막, 끝, 뒤쪽, 후반 ② 여파, 영향, 결말
berbuntut-buntut 차례차례로, 줄지어
membuntuti 따라가다, 뒤쫓다, 추적하다.

bunuh 죽이다
  membunuh ① 죽이다, 살해하다 ② 삭제하다, 말살하다
  bunuh-membunuh 서로 죽이다
  pembunuh 살인자, 살해자
  pembunuhan 살인, 살해.

bunyi ① 음성, 어조 ② 소리
  berbunyi ① 소리나다, 들리다 ② 소리[내용]이 있는
  membunyikan 소리내다, 울리다.

bupati ① 섭정(攝政) ② 군수
  kabupatén ① 섭정의 직 ② 군(郡).

burai, berburai 내밀다, 내뻗다
  memburai 엎지르다, 흩뜨리다.

buras 집단, 실없는 이야기
  memburaskan 말을 꺼내다, 이야기하다.

burit 뒤의, 후미의
  buritan 선미(船尾).

burjuis 중산 계급의 시민.

buru, buru-buru 급히, 서둘러서
  berburu ① 사냥하다, 추적하다 ② 사냥하러 가다
  berburu-buru (함께) 추적하다, 뒤쫓다
  memburu ① 사냥하다, 수렵하다 ② 서두르다, 재촉하다
  pemburu 사냥꾼, 수렵꾼
  pemburuan 사냥, 수렵
  terburu-buru 서둘러서, 허둥지둥, 급히.

buruh 노동자, 근로자
  memburuh 노동자로 일하다
  perburuhan 노동, 노동 문제.

buruk ① 낡은, 오래된, 헐어빠진 ② 나쁜, 좋지 않은
  keburukan 악, 불선(不善), 사악.

burung 새(鳥).

burut 탈장(脫腸).

busa 거품, 물거품, 포말(泡沫)
  berbusa 거품이 일다.

busi (내연 기관의) 점화전(點火栓).

busuk ① 고약한, 더러운, 지독한 ② 부패, 부식
  membusuk 썩다
  membusukkan ① (이름을) 더럽히다 ② 썩히다, 곪게하다
  kebusukan 부패, 부식.

busung ① 부풀은 ② 불룩한, 채워진
  membusung 부르다, 부풀다
  membusungkan ① 자랑하다, 뽐내다 ② (공기, 가스 따위로) 부풀게 하다, 불어 넣다.

busur ① 아아치, 궁형(弓形) ② 호(弧), 원호
  membusur ① 활을 쏘다, 시위를 당기다 ② 굽다, 구부러진.

busut ① 개미탑 ② 흙무덤, 작은 언덕.

buta ① 눈먼, 장님인 ② 잘 볼 수 없는 ③ 읽거나 쓸 줄 모르는
  membuta ① 장님처럼 행동하다 ② (=*membabi buta*) 무모한 행동을 하다
  membutakan ~을 눈멀게 하다.

butir ① 곡물, 곡류, 입자(粒子), 작은 알 ② 《수량사》 알, 톨(둥글고 작은 물체를 셀 때 사용).

butuh 필요하다, 필요로 하다
  membutuhi, membutuhkan 필요로 하다, 부족하다
  kebutuhan 필요, 부족, 결핍.

buyung ① 항아리 ② 남자 아이를 부르는 호칭.

buyut ① 고조부(高祖父) ② 성지.

C

cabai 고추
  kecabaian ① 매운 맛이 느껴지는 ② 긴장되다
cabang 가지, 지점, 지사, 지부
  bercabang ① 지점을 갖다 ② 가지를 내다, 갈라지다
  mencabangkan 접종하다, 접목하다
  mempercabangkan 지점을 내다
  percabangan 갈래.
cabar ① 맥빠진, 맛없는 ② 무모한, 개의치 않는
  mencabarkan (hati) ~을 낙담시키다, ~의 용기를 잃게 하다
  kecabaran 낙담시킴.
cabé 고추 ☞ cabai.
cabik 잡아당겨 찢어진, 갈기난
  cabik-cabik 갈갈이 찢긴, 갈기갈기 된
  mencabik(kan) 갈갈이 찢다
  cabikan 찢음, 쥐어 뜯음.
cabir 길게(깊게) 찢긴
  cobar-cabir, bercabiran 갈갈이 찢긴, 토막난.
cabul¹ 점잖지 못한, 추잡한
  bercabul (질병 따위가) 유행하다, 퍼지다
  mencabuli 위반하다, 범하다, (여자를) 추행하다
  kecabulan ① 춘화, 도색 ② 외설, 음담
  percabulan 추잡한 행위, 점잖지 못한 일.
cabul² 난장이 ☞ cébol.
cabut, bercabut 끌어당기는, 잡아 끄는, 끌어내는
  mencabut ① 당기다, 끌다 ② 뽑아내다, 얻다 ③ 취소하다, 폐지하다
  mencabuti 잡아 당기다, 잡아 뜯다
  mencabutkan ~을 위하여 뽑아주다
  pencabutan 폐지, 취소, 말소
  tercabut 뽑혀진.
cacah¹, **bercacah** 문신(文身)하다
  mencacah ① (바늘로) 구멍을 내다 ② 문신하다.
cacah², **mencacah** 자르다, 길게 썰다.
cacah³ 수(數).
cacak¹ ① 기둥, 장대 ② 곧 바로 선, 직립의
  mencacak 똑바로 서다
  mencacakkan 수직으로 세우다, 일으키다.
cacak², **mencacak** ① 꼬집다 ② 소매치기하다
  pencacak 소매치기.
cacar 천연두
  bercacar 천연두 예방주사를 놓다
  mencacar 체내에 종두 주사를 놓다
  pencacaran 왁찐 주사.
cacat 흠, 결점, 결함, (신체의) 불구
  bercacat ① 불구가 된 ② 결함을 갖다
  mencacat ~을 비난하다, 흠을 잡다
  mencacati 해치다, 손해를 주다
  pencacat 비난자, 비평자.
caci¹ 비난, 조롱, 경멸
  bercaci-cacian 비난하다, 꾸짖다, 잔소리하다
  mencaci 경멸하다, 비웃다
  cacian 비웃음, 경멸.
caci² 돛을 마는 도구.
cacing 환형동물, 기생충
  cacingan (회충이 많아서) 배가 아프다.

cadang, bercadang 준비하다, 의도하다
  mencadang(kan) 준비하다, 계획하다, 제의하다
  cadangan ① 비축, 보존, 준비 ② 제의, 제안 ③ 계획, 기획
  pencadang 건의자, 제안자
  pencadangan ① 제의, 제안 ② 지명, 추천.
cadar ① 베일 ② 시이트
  bercadar 베일을 친, 장막을 덮은.
cadir 베일, 커버.
cagak[1] ① 깃대, 전선주, 삼각대 ② 교차점
  bercagak ① 가지가 있는, 갈래가 있는 ② 지지하고 있는, 받치고 있는
  mencagak 받치다
  tercagak 받치고 있는.
cagak[2] 말뚝을 박다
  tercagak(=**mencagak**) 말뚝이 박혀진.
cagar 저당, 보증, 담보
  mencagarkan ~을 저당잡히다, ~을 담보로 하다.
cahar 설사
  mencahar 설사하다
  pencahar 위 세척제, 하제(下劑).
cahaya ① 발광(發光), 광채 ② 빛, 광택
  bercahaya 빛나다, 번쩍이다
  mencahayai ① ~을 비추다 ② (사진에서) 노출(露出)하다
  cahayakan 빛나게 하다.
caing, caing-caing, cuang caing 갈기갈기된, 낡아 헤어진
  mencaing-caing 갈기갈기 찢다.
cair ① 액체, 유체 ② 묽은, 싱거운
  mencair 액체가 되다, 물이되다
  mencairkan 액화하다, 용해하다
  pencair 용제, 용해
  cairan 액체, 액화.
cakap ① ~할 수 있는, 유능한, 능력있는 ② 잘생긴, 멋있는 ③ 이야기, 말
  bercakap ① 말하다, 이야기하다 ② 유능한, ~할 수 있는
  bercakap-cakap 지껄이다
  mempercakapkan ① 토의하다, 의논하다 ② 담화하다, 이야기하다
  kecakapan 능력, 재능
  percakapan 회화, 담화, 대화.
cakar ① (동물이나 새의) 발톱
  bercakar ① 발톱이 있는 ② 싸우다, 다투다
  bercakar, bercakar-cakaran ① 서로 할퀴다 ② 싸우다, 다투다
  mencakar 할퀴다, 긁다
  pencakar 긁는 기구.
cakera 원반.
cakeram 원반.
cakerwala 창공, 하늘, 대기.
cakram 원반.
cakrawala 천체, 우주, 창공, 하늘.
cakup[1], **mencakup** (입으로) 덥석 물다
  pencakup 덫, 올가미, 함정.
cakup[2], **mencakup** (손으로) 푸다, 퍼내다, (국자로) 떠내다
  mencakupkan ~으로 퍼내다.
calak[1] ① 말을 잘 하는, 생각나는 대로 말하는 ② 멋진, 세련된.
calak[2] 눈썹에 검게 바르는 분.
calak[3] 윤, 광택.
calar 긁음, 할퀸 상처
  bercalar 할퀸 상처가 있는, 긁혀 있는.
calon ① 후보자, 지원자 ② 응모자, 신청자, 희망자
  mencalonkan 지명하다, 임명하다, 후보자로 추천하다
  pencalonan ① 지명, 임명, 추천 ② 입후보.
cam 주의, 흥미
  mencamkan ① 주의를 기울이다, 관심을 갖다 ② 비평하다, 비난하다.
camat (행정 단위) 면(邑)장
  kecamatan ① 행정 구획, 면 ② 면(邑)사무소.
cambang 긴 구레나룻
  bercambang 구레나룻을 기르는

cambuk 채찍
  mencambuk 채찍질 하다.
campak¹ 던짐, 투척
  mencampak(kan) 던지다, 내던지다, 던져 올리다
  tercampak 던져진.
campak² *penyakit campak* 홍역.
camping 잡아당겨 찢어진
  bercamping-camping, camping-camping 낡아 해진, 갈기갈기 찢어진.
campur 혼합한
  mencampur 섞다, 혼합하다
  mencampuri ① 간섭하다, 참여하다 ② 섞다, 혼합하다
  mencampurkan 섞다, 혼합하다
  percampuran 간섭, 참여, 섞음, 교제
  campuran 섞음, 혼합, 잡동사니.
canai *batu canai* 회전 숫돌, 맷돌
  mencanai (맷돌로) 타다, 찧다, 빻다
  canaian 빻기, 찧기, 분쇄.
cancang¹, tercancang 곧바로 서 있는
  mencancangkan 곧바로 세우다.
cancang², mencancang 죄다, 잠그다.
canda¹ ① 변덕 ② 농담, 익살
  bercanda ① 변덕을 부리다 ② 농담하다.
canda² *canda peti* 금고.
candi 힌두교 사원.
candit 닻 혀, 닻 가지, 미늘.
candu 아편
  mencandu ① 아편을 피우다 ② ~에 빠지다, ~을 탐닉하다
  pecandu ① (광신적) 신봉가, 열성가 ② (마약) 상용자(常用者).
canggah 쌍지창, 긴 갈퀴, 쇠스랑
  bercanggah 가지가 있는, 쇠스랑을 사용하다.
canggih ① 방해하기를 좋아하는 ② 정밀한, 정교한, 섬세한.
canggung ① 불안한, 불안정한, 위험한 ② 서투른, 미숙한 ③ 수줍어하는, 어색해하는 ④ 부족한, 불충분한
  kecanggungan 서투름, 미숙달
  tercanggung 외로움을 느끼는.
cangkelong¹ 담뱃대, 아편대.
cangkelong² 어깨 멜빵이 달린 핸드백.
cangking, mencangking ① 두 손으로 들어 올리다 ② 손으로 옮기다.
cangkir¹ 잔, 컵.
cangkir² (조류의) 며느리 발톱.
cangkok 자른 가지, 지맥.
cangkuk¹, cangkukan 자른 가지, 지맥
  mencangkuk 접목하다, 접목으로 키우다.
cangkuk² 막대기
  bercangkuk 막대기를 사용하다
  mencangkuk (막대기로) 잡아당기다.
cangkul 괭이
  mencangkul(i) 파다, 경작하다, 일구다.
cangkum, mencangkum 포옹하다, 껴안다.
cangkup, mencangkup (음식물을) 꾸역꾸역 먹다, 마구 집어 먹다.
cantél *jarum cantél* 안전 핀, 침
  cantélan 갈고리.
cantik 아름다운, 매력적인
  mencantikkan 아름답게 하다
  kecantikan 미, 미용, 아름다움, 매력.
canting ① (대나무로 만든) 작은 국자 ② (바틱 작업에 쓰이는) 주입기[짠띵].
cantum, bercantum ① (상처가) 아물다, 낫다 ② 붙다, 접촉하다
  mencantumkan ① 꿰매다, 감치다 ② (신문에 기사를) 싣다
  tercantum ① 포함된, 게재된 ② 새겨진.

cap ① 우표, 인지 ② 판(判) ③ 도장
  mencap(kan), mengecapkan ① 우표를 붙이다, 인지를 붙이다 ② 찍다, (옷감 따위에) 날염하다
  pengecapan(=pencapan) 인쇄소.

capai¹, mencapai ① 이르다, 도달하다 ② (목적을) 이루다, 달성하다
  pencapaian 목적 달성.

capai² 지친, 피로한, 피곤한
  ☞ *capé*.

capak, mencapak, mempercapak ① 과소평가하다, 얕잡아 보다 ② ~을 게을리 하다, 소홀히하다
  tercapak 경멸하다, 깔보다.

capang (뿔이나 수염이) 길게 구부러진, (귀가) 넓고 긴.

capcai 잡채 (중화요리).

cape(capek) 지친, 피곤한, 피로한.

capik ① (팔·다리가) 마비된 ② 지친, 피곤한.

caping 덮개, 챙이 넓은 모자.

caplak (개·고양이에 붙는) 진드기, 날파리.

caplok 덥석 물다, 물어 뜯다, 삼키다.

capuk 얽은, 얽은 자국이 있는, 두흔(痘痕).

capung 잠자리.

cara ① 방법, 방식, 말, 방언 ② 스타일, 독특한 풍채 ③ 방법
  secara ① ~한 방법으로 ② 규모로 ③ ~로서, ~처럼 ③ ~에 따라, ~과 일치하여.

cari, cahari 찾다
  bercari-cari ① 찾다, 서로 찾다 ② 숨바꼭질하다
  mencari 찾다, 찾아내다, 탐구하다
  mencarikan ~에게 ~을 찾아주다
  pencari 수색자
  pencarian 생계, 수입, 소득.

carik¹ ① 찢어진, 째진 ② 장, 조각
  bercarik-carik 갈기갈기 찢다, 조각내다
  mencarik 찢다, 째다.

carik² 서기, 사무원

carter 특허장, 헌장
  mencarter 특허장을 주다, 면허하다.

caruk¹, mencaruk 나무 껍질을 벗기다.

caruk² 탐식하는, 게걸스럽게 먹는
  mencaruk (게걸스럽게) 먹다.

caruk³ 칼자국.

cat 페인트, 그림 물감, 칠, 도료
  bercat 칠한, 색을 입힌
  mencat, mengecat 칠하다, 채색하다, 물들이다
  pengecatan 칠함, 채색함.

catat, mencatat 적어두다, ~을 써놓다
  mencatatkan diri 등록하다, 등기하다
  pencatat 등록자
  pencatatan 등록, 등기, 기재
  tercatat 기재된, 등록된
  catatan ① 노우트, 메모 ② 주석, 주해.

catu, catuan 배분, 배당, 배급
  mencatukan 배분하다, 나누다, 배당하다, 배급하다
  pencatuan 배당, 배분, 배급, 할당.

catuk¹, mencatuk 쪼다, 톡톡 두드리다.

catuk² 한 숟가락만큼의 양.

catur (인도네시아의) 장기
  bercatur ① 장기를 두다, 장기놀이하다 ② 체크무늬의, 바둑판 무늬의
  percaturan ① 장기 놀이 ② 정치 정책, 정쟁(政爭)
  caturan 체크 무늬.

catut 족집게, 핀셋
  mencatut ① 뽑다, 뽑아내다 ② (못을) 빼다
  mencatutkan ① 암시장에 내다

팔다, 암거래하다 ② 횡령하다, 도용하다, 착복하다
pencatut ① 사기꾼, ② 암상인
(pen)catutan ① 암거래 활동, 사기 ② 횡령, 착복, 도용.
cawak¹ 보조개.
cawak² 가죽 끈, 개의 목띠.
cawan (큰)잔.
cawang, cawangan (잔)가지.
cawat 짧은 바지, 성기[음부]가리개
bercawat 간단한 속옷을 입다, 간단히 음부를 가리다
mencawatkan 음부 가리개를 사용하다.
cebak, mencebak 채굴하다, 채광하다, 파내다
cebakan 광물.
cebar-cebur 물 튀기는 소리, 철벅철벅.
cebelus, mencebeluskan (구멍에) 집어 넣다, (감옥에) 넣다
tercebelus (구멍에) 들어 박힌.
cebik, mencebik 조소하다, 비웃다, 놀리다
mencebikkan 조소하다, 비웃다.
cébok 대나무 조각, 대나무 국자
bercébok ① 물을 푸다 ② 배변 후 물로 씻다
mencébok 물을 푸다, 물을 뜨다, 배변 후 물로 씻다.
cébol 난장이.
cébong 올챙이.
cebur (=**cebar-cebur**), **mencebur** ① 물을 튀기다 ② 물로 뛰어들다
menceburkan ① 물에 ~을 던져 넣다 ② 불행에 빠지다
tercebur (우물 속에) 빠지든, (분쟁에) 말려든.
cecah, mencecah(kan) 가볍게 대다
sececah 가볍게, 잠시, 아주 적은
tercecah 가볍게 스친, 가볍게 적신.
cecak¹ 도마뱀 일종.

cecak², mencecak ① 소매치기하다, 빼앗다, 훔치다 ② 꼬집다
pencecak 소매치기.
cecak³ 작은 반점, 얼룩
bercecak 알록달록한.
cecap, mencecap (음식을) 맛보다, 시식하다.
cécar, mencécar 계속해서 때리다.
cecat 홈, 결점, (신체의) 불구.
cécér 조금씩 붓다
bercécéran (사방에) 부어 놓은, 뿌려 놓은
mencécér(kan) ~을 엎지르다, 엎질러 놓다
tercécér 엎질러진.
cécok 싸우다, 분쟁하다.
cedera ① 논쟁, 투쟁, 충돌 ② 홈, 결점, 약점 ③ 손해, 손상, 해
bercedera ① 싸우다, 투쟁하다 ② 결점이 있는, 흠이 있는
kecederaan, percederaan ① 결점, 약점, 흠 ② 싸움, 다툼, 논쟁 ③ 손해, 손상, 해
tercedera 상처를 입은.
cédok, mencédok ① (모래 따위를) 퍼올리다, 떠올리다 ② 국자로 뜨다, 푸다
pencédok 국자, 숟가락.
cedong 푸다, 뜨다, 퍼올리다.
ceduk 움푹 들어간, 오목한, 패인.
cegah, mencegah ① 제한하다, 금하다, 억제하다 ② 보호하다, 막다
pencegah 예방책, 예방약
pencegahan 방지, 예방, 저지, 피난
cegahan 제한, 금지, 억제.
cégak 활동적인, (몸의 상태가) 좋은, 강한.
cegat, mencegat 불러 세우다, 기다리다
pencegatan 차단, 방해, 저지.
ceguk (배의) 홀수(吃水).
cék¹ 수표, 어음.
cék² [encék] 《제2인칭》 당신, 선생님.

cék³, mencék 대조하다, 조사하다.

cekah, bercekah, mencekah (과일 따위를) 벗기다, (문 따위를) 활짝 열다.

cekak¹ *baju cekak musang* 목이 높은 블라우스
   bercekak pinggang (팔꿈치를 양 옆으로 펴고) 양손을 허리의 좌우쪽에 대다
   mencekak (엄지와 다른 손가락으로) 집다
   secekak 한 번 잡은 양, 조금.

cekak² 싸우다, 다투다.

cekam, mencekam 붙잡다.

cekatan 유능한, 영리한, 숙련된
   kecekatan 유능, 영리, 숙련.

cekau, mencekau 잡다, 쥐다, 붙잡다.

cékcok 싸움, 다툼, 논쟁, 분쟁
   bercékcok 싸우다, 다투다, 분쟁하다, 논쟁하다
   mempercékcokkan ~에 대하여 논쟁하다
   percékcokan 싸움, 다툼, 논쟁.

cekék, mencekék 뿔뿔이 흩어지다.

cékél 인색한, 돈을 아끼는.

cékér, mencékér (닭이 모이를 찾으려고) 후벼파다, 일구다.

cekih, mencekih, tercekih ① (문이) 조금 열려진 ② 약간 찢어진, 약간 벌어진.

cekik, bercekik 싸우다, 다투다, 분쟁하다
   mencekik ① 목을 조르다, 질식시키다 ② 없애다, 소멸시키다
   tercekik 숨이 막힌, 질식한
   cekikan 교살, 압제.

cekit, mencekit 조금씩 물어뜯다, 갉아 먹다.

cekok ~에게 강제로 약을 복용시키다
   mencekokkan 강제로 약을 먹이다.

cekuh, mencekuh (주머니 따위를) 뒤지다, 더듬다.

cekuk 억지로 먹인 약
   mencekukkan 억지로 약을 먹이다.

cekung ① (눈이나 빰이) 옴폭한 ② 오목한.

cekup, mencekup 잡다, 쥐다, 붙잡다.

cekut, mencekut 쥐다, 붙잡다.

cela ① 흠, 결점, 단점, 약점 ② 부족, 실패 ③ 오명, 불명예, 치욕
   bercela ① 결점이 있는 흠이 있는 ② 부끄러운, 창피스러운
   mencela(kan) 비난하다, 힐난하다
   kecelaan ① 부족, 실패 ② 흠, 결점
   berkecelaan 면목 없는, 불명예스러운
   pencela 비난자
   celaan ① 평, 비난, 경멸 ② 불찬성, 힐난, 불승인.

celah 간격, 갈라진 틈, 사이
   bercelah 사이가 벌어지다.

celak 눈썹 물감, 마스카라
   bercelak 마스카라를 사용하다.

célak, bercélak 반짝이다, 번쩍거리다.

celaka ① 사고, 재난, 불운, 불행 ② 제기랄! 빌어먹을! ③ 불길한, 재수없는
   mencelakakan 불행에 빠뜨리다
   kecelakaan 사고, 재난, 불상사.

celampak, mencelampak(kan) 던져버리다
   tercelampak 던져진, 떨쳐진.

celana 바지.

celang, mencelang 응시하다.

celangak, celangap (문이) 활짝 열린
   mencelangakkan (문을) 활짝 열다.

celapak, mencelapaki ~에 걸쳐 앉다, 올라 타다
   tercelapak ~에 걸터 앉은, 올라탄.

celat, mencelat 멀리 뛰다, 높이 뛰다, 치솟다.

celékéh ① 얼룩, 때 ② 오점, 흠.
celémpung, mencelémpung (물로) 뛰어들다.
celémpung (하아프, 기타와 같은) 현악기.
céléng (動) 산돼지, 멧돼지
　mencéléng *mencéléng uang* 저축하다, 저금하다
　célengan ① 금고 ② 저축, 예금, 저금.
celentang ~에 기대다.
celep 염료
　mencelep 물들이다, 착색하다.
celetuk, menceletuk 대화에 끼어들다, 간섭하다.
celik, mencelik ① (눈을) 뜨다 ② 바라보다, 쳐다보다
　mencelikkan 눈을 뜨다, 열다.
celotéh, bercelotéh 담소하다, 잡담하다.
celung¹ (눈이) 움푹 패인, (뺨이) 들어간.
celung² (코끼리나 물소의) 좁은 우리
　mencelung(kan) 우리에 가두다.
celup, mencelup(kan) 물들이다, 착색하다
　pencelup ① 염료, 물감 ② 염색업자
　celupan 염색(법), 염색업.
celurut (動) 뒤쥐.
céma ~을 비난하다, 고소하다
　mencéma 비난하다, 고소하다
　tercéma 비난당하는.
cemar 더러운, 불결한, 부정한
　bercemar ~으로 더럽혀진
　mencemari, mencemarkan ① 더럽히다, 불결하게 하다 ② 손상시키다
　kecemaran 오물, 때, 불결.
cemara ① (=*pohon cemara*) (植) 전나무 ② (장식용) 술 (창이나 우승기를 장식하는).
cemas ① 염려하는, 우려하는, 교란되는 ② 놀란, 소스라친 ③ 낙담한, 용기를 잃은
　bercemas 걱정하는, 근심하는, 불안한
　mencemaskan ① 놀라게 하다, 교란시키다 ② 걱정하다, 근심하다 ③ 두려워하다, 무서워하다
　kecemasan ① 놀라움, 불안함 ② 걱정, 근심 ③ 두려움, 무서움, 공포
　pencemas ① 염세주의자 ② 걱정하는 사람
　tercemas 걱정되는, 근심되는.
cemat, mencemat (밧줄을) 당기다.
cémbéng, cingbing 화교의 축제일.
cemberut 부루퉁한, 샐쭉한, 심술이 난.
cembung ① (얼굴이) 똥똥한 ② 볼록한 모양의.
cemburu, (=bercemburu) ① 질투하는, 시샘하는 ② 부러워하는, 선망하는 ③ 의심 많은
　mencemburui ① ~을 의심하다, 믿지 못하다 ② ~을 부러워하다
　(ke)cemburuan ① 질투, 시샘 ② 부러움, 선망 ③ 의심, 의구.
ceméeh 조롱, 비웃음
　menceméehkan 조롱하다, 비웃다.
céméh 애꾸눈이.
cémék¹ 애꾸눈이.
cémék² *reméh-cémék, reméh-cémék* 하찮은, 사소한.
cémér *buta cémér* 봉사, 맹인.
cemerlang 빛나는, 밝은, 화창한, 청명한
　kecemerlangan ① 빛남 ② 영광, 영예.
cemeti 채찍
　mencemeti 채찍질 하다, 채찍으로 때리다.
cémong 더러운, 불결한.
cemooh(an) 모욕, 조롱, 비웃음, 경멸, 멸시
　mencemoohkan 조롱하다, 경멸하다.

cempala 조급한, 성급한.
cémpék 깨진, 부서진, 손상된.
cempelung 뛰어들다, 돌진하다.
cemping 넝마, 넝마조각, 누더기.
cemplung 뛰어 들다, 돌진하다
  mencemplung 뛰어 들다
  mencemplungi ~에 뛰어 들다
  mencemplungkan (자신의) 몸을 ~로 던지다.
cempuling (고래잡이용) 작살.
cempurit (그림자 극에 쓰이는) 작은 막대기.
cemuh 비웃다, 조소하다
  ☞ cemooh.
céna ① 특징, 표시, 표적 ② 홈집, 상처자국
  kecénaan 표적이 있는, 특징이 있는.
cencang 자르다
  bercencang 이미 잘려지다
  mencencang 자르다, 잘게 썰다
  cencangan 잘게 썰어진, 곱게 다져진.
cendawan (植) 버섯, 진균류
  bercendawan 곰팡이가 핀, 곰팡내 나는.
cendekia ① 학식있는, 박식한 ② 영리한, 슬기로운.
cendekiawan ① 지식인 ② 교양인.
cendera¹ 달, 신(神), 유령.
cendera² *cendera mata*
  ① 선물 ② 애인.
cendera³ 곤히 잠든, 잠을 푹 자는.
cenderawasih (鳥) 극락조.
cenderung ① 마음이 내키는, 마음이 기우는 ② 경사진, 비스듬한 ③ 좋아하는
  kecenderungan 기호, 의향, 경향.
cédok 숟가락.
céndol (쌀, 사고야자로 만든) 과자의 일종.
cengam, mencengam (입이나 부리로) 물어 채다.
cengang, (ber)cengang 깜짝 놀란, 어리둥절하는
  bercengangan 깜짝 놀란, 어쩔 줄 모르는
  mempercengangkan 놀라게 하다
  tercengang(-cengang) 어리둥절하는, 어쩔 줄 모르는.
cengap, mencengap (입이나 부리로) 물어 채다.
cégéng ① 구슬피 울다, 흐느끼다 ② 까다로운, 골 잘내는.
cengkam 잡음, 쥠, 움켜쥠
  mencengkam 잡다, 쥐다, 붙들다
  mencengkamkan (손톱, 발톱 따위로) 찌르다, 쑤시다
  cengkaman 잡음, 쥠.
cengkaruk 찹쌀과 야자로 만든 과자.
cengkau¹ 중간 상인, 중매인.
cengkau², mencengkau 잡다, 붙들다.
cengkéh 정향(丁香).
cengkelong, mencengkelong (돈 따위를) 줄이다, 감소하다.
cengkeram ① 잡음, 쥠 ② 계약금
  mencengkeram 잡다, 붙들다, 쥐다
  mencengkeramkan (손이나 발톱으로) 눌러잡다
  cengkeraman 잡음.
cengkerama ① 여행 ② 담소, 한담
  bercengkerama ① 여행하다 ② 담소하다, 한담하다.
cengkerik 귀뚜라미.
cengkerma 친교를 도모하는 잡담.
cengkih 정향(丁香)(나무)
  bercengkih 정향을 가미한, 정향을 넣은.
cengkung¹ ① (눈이) 옴폭 들어간, 오목한 ② 보조개.
cengkung² (개가) 시끄럽게 짖어대는.
cengkung³ 웅크리다, 쭈그리다.

centéng 야경, 경비원.
centil (손가락으로) 딱 소리를 내다.
céntong 국자, 숟가락
　mencéntong(kan) ① 푸다, 떠내다 ② 주걱으로 푸다.
cenung, tercenung 생각에 잠긴, 곰곰이 생각하는.
cepak 입맛을 다시는 소리
　mencepak-cepak 입맛을 다시다.
cepat ① 빠른, 급속한, 빨리 ② 급히, 황급히
　bercepat-cepat 서두르다, 재촉하다
　mempercepat 속력을 내다, 촉진하다
　mencepat 속력을 내다
　mencepatkan ~을 속력을 내게 하다
　kecepatan ① 속력, 속도 ② 너무 빠른
　percepatan 가속도.
cépér (테두리가 낮은) 받침 접시, 탁반(托盤).
cepiau 모자.
cepit ① 좁은 ② 꼬집다.
cepu (목재나 은으로 만든) 작은 상자.
cepuk¹ 작은 상자.
cepuk² 풍덩 소리
　mencepuk-cepuk 풍덩 소리를 내다.
cerabah 단정치 못한.
ceracak 가시가 많은.
ceracau, menceracau 헛소리를 하다, 지껄이다.
cerah 밝은, 청명한, 맑은
　mencerahkan 밝게 하다, 맑게 하다
　kecerahan 빛남, 맑음, 광명.
cerai, bercerai ① 갈라지다, 나뉘다, 헤어지다 ② 이혼하다, 이별하다
　menceraikan ① 분리하다, 떼어놓다, 나누다 ② 이혼시키다
　mencerai 가르다, 나누다
　penceraian ① 분리, 이탈, 분류 ② 분할, 분배
　perceraian 이혼, 이별
　tercerai 헤어진, 분리된.
ceramah ① 말이 많은 ② 강연, 연설, 강의
　berceramah 강연하다, 연설하다
　menceramahkan ~에 관하여 강연하다
　penceramah 강연자, 연사.
cerana 주발, 상자.
cerancang, bercerancang(an) 가시투성이의.
ceranggah, berceranggah, menceranggah (사슴의 뿔처럼) 가지가 있는.
cerap, mencerap 주의를 기울이다, 흥미를 갖다.
cerat ① 대롱, 구멍 ② (물)꼭지, (물)주둥이
　bercerat 내뿜다, 분출하다.
cerca ① 비난, 책망, 견책 ② 조소, 경멸, 멸시
　mencerca(i) ① 비웃다, 조소하다 ② 비난하다, 책망하다
　(pen)cercaan ① 비난, 책망 ② 조소, 모욕 ③ 경멸, 멸시.
cerdas ① 이해력 있는, 지적인, 교육받은 ② 재치있는, 영리한
　mencerdaskan 교육하다, 예민하게 하다
　kecerdasan ① 지능, 사고력 ② 교육 ③ 재치, 재주.
cerdik ① 재치있는, 영리한 ② 교활한, 약삭빠른
　kecerdikan ① 재치, 영리 ② 교활.
cérék 주전자.
cérét¹ 주전자.
cérét², mencérét (醫) 설사.
ceréwét ① 말이 많은, 잔소리를 잘하는 ② 나무람을 일삼는
　mencerewéti 잔소리하다, 불평하다.
cergas 정력적인, 진취적인
　kecergasan 정력, 활기.
ceria 순수한, 깨끗한, 청결한
　menceriakan 깨끗이 하다, 정제

ceriga 하다.
ceriga 의심.
cerita 이야기, 소설
　bercerita 이야기하다, 말하다
　menceritai ~에게 말하다
　menceritakan ~을 이야기하다.
cerkas 활동적인.
cerlang 반짝거리다, 빛나다
　bercerlang 반짝반짝 빛나다, 빛나다
　kecerlangan 광채, 광택.
cerlih 작은 다람쥐.
cerling, mencerling ① 추파를 던지다 ② 흘겨보다.
cermat ① 정확한, 주도(周到)한 ② 정연한 ③ 아끼는
　mencermat 절약하다
　mencermatkan ① 정확을 기하다 ② 절약하다
　kecermatan ① 정연함 ② 정확.
cermin ① 거울 ② 모범, 본보기
　bercermin ① 거울을 보다 ② 거울을 소유하다 ③ ~을 본보기로 삼다
　mencermini ~을 거울에 비추어 보다
　mencerminkan 나타내다, 반영하다
　pencerminan 반사, 반영
　cerminan 영상.
cerna ① 소화하는 ② 풀리는
　mencerna(kan) 소화시키다, 용해시키다
　pencernaan 소화, 소화기
　tercerna 소화된, 용해된.
ceroboh 부적당한, 온당치 않은
　menceroboh 부당하게 행동하다
　kecerobohan ① 버릇 없음 ② 어색함 ③ 부주의함.
cerobong 굴뚝.
cerocok ① 방벽 ② (강가의) 벼랑.
ceronggah ☞ ceranggah.
cerpén [cerita péndék] 단편소설.
cerpu 샌들, 얕은 단화.
cerucuk 부두, 선착장.

cerucup ① 굴뚝 ② 뾰족한
　bercerucup ① 굴뚝이 있는 ② 돌출한
　mencerucup 뾰족하게 찌르다.
ceruk 구멍, 구석진 곳
　menceruk (산 따위의) 측면을 파다.
cerup 잔물결의 소리
　mencerup (젖, 액체를) 빨다.
cerurut 오소리류(類).
cerutu 여송연.
cét 물감, 페인트 ☞ cat.
cétak, mencétak ① 인쇄하다, 출판하다 ② 주조하다
　mencétakkan 인쇄하다, 출판하다
　pencétak 인쇄업자
　percétakan 인쇄소
　cétakan ① 발행, 발간 ② 인쇄, 출판.
cetar-cetér 채찍 소리.
cetus *cetus api* 부싯돌
　mencetus 긁다, 문지르다
　mencetuskan 불을 붙이다, 발화시키다
　pencetus 불꽃, 불티
　pencetusan 점화, 발화.
céwék 여자, 소녀.
ciap *ciap-miap* (새가) 저저귀다
　menciap (새가) 지저귀다.
cibir, mencibir (경멸하여) 입을 비쭉거리다
　mencibirkan ① ~을 멸시하다 ② 비웃다, 조롱하다
　cibiran 경멸, 멸시.
cicak 도마뱀의 일종.
cici 증손자(녀).
cicih (어린이의) 자지, 잠지.
cicil[1]**, mencicil** 분할 지급하다, 분납하다
　cicilan 분할 불입금.
cicil[2]**, mencicil** (눈을 크게 뜨고) 보다.
cicip, mencicip 맛을 보다, 시식하다.
cicir (조금씩) 쏟다, 붓다.
cicit[1] 증손자(녀).

cicit², mencicit (쥐 따위가) 찍찍 울다.
cidera ① 논쟁, 투쟁 ② 결점, 단점.
cih ≪감탄사≫ 저런!, 쳇 (경멸, 불쾌, 비난을 나타냄).
cik ~씨(호칭). ☞ encik.
cikar 짐마차, 하차(荷車).
cikrak¹ 휴지통, 쓰레기통.
cikrak², bercikrak-cikrak 기뻐서 날뛰다, 몹시 기뻐하다.
ciku 사포딜라 열매.
cikutan 흐느껴 움, 목메어 움.
cilaka 불행, 사고 ☞ celaka.
cilap¹, tercilap-cilap (등불 따위가) 깜박이다, 명멸하다.
cilap² ☞ cilok.
cili 고추.
cilok, mencilok 훔치다, 도둑질하다
　pencilok 도둑.
Cina ① 중국 ② 중국(제, 사람, 말)의.
cincang 베다, 자르다.
cincin 반지, 가락지.
cincong 소음, 소란.
cingcong ① 변명, 해명 ② 법석, 소동.
cingkéh 정향(丁香).
cinta ① 사랑, 애정 ② 유감, 후회
　bercinta akan, bercintakan ① 사랑하다, 좋아하다 ② 슬퍼하다, 한탄하다
　mencinta 슬퍼하다, 한탄하다
　mencintai, mencintakan ① 사랑하다, 사모하다 ② 그리워하다, 동경하다
　kecintaan ① 사랑, 사모, 애정 ② 걱정, 근심
　pencinta ① 연인, 애인 ② 애호가
　percintaan ① 사랑, 사모 ② 유감, 후회
　tercinta 사랑하는, 친애하는.
ciplak, menciplak 투사하다, 베끼다, 표절하다.
cipta 창조, 창작, 창립
　mencipta(kan) ① 창조하다, 창

작하다 ② 집중하다
　pencipta ① 창조자 ② 저자, 작자
　penciptaan 창조, 창작
　tercipta 창조된, 만든
　ciptaan 창조, 창작, 산물, 생산품.
ciri¹ 충성을 서약하는 식사(式辭).
ciri² 특징, 유형, 전형.
cirit ① 설사 ② 배설물, 똥
　mencirit 설사하다
　menciritkan 대변보다
　tercirit 설사한.
cis¹ 흥! 피이! (경멸, 혐오의 감정을 나타냄).
cis² senapan cis 작은 탄약[탄피]을 사용하는 총.
cita¹ ① 감각, 감정, 느낌 ② 이상
　cita-cita ① 이상, 전형 ② 욕구, 욕망
　bercita 간절히 바라다, 원하다
　bercita-cita, mencita-cita ~을 이상으로 갖다
　mencita(kan) 간절히 바라다.
cita² 견본물.
citak 인쇄하다 ☞ cétak.
citra 상(像), 조상(彫像).
cium 키스, 입맞춤
　mencium ① 키스하다, 입맞추다 ② 냄새맡다, 코를 들이키다
　menciumi 계속해서 입맞추다
　menciumkan ~에게 ~냄새를 맡게 하다
　pencium 후각(嗅覺)
　tercium ① 무의식 중에 입맞춘 ② 알아 챈
　ciuman 키스, 입맞춤.
ciut, berciut-ciut (구두 따위가) 뻬걱뻬걱 소리나다.
coang, bercoang(an) (위쪽으로) 밀어 내다, 내밀다
　mencoang-coang 우왕좌왕하다
　mencoangkan 떠받치다, 올리다.
coba ① 부디, 제발 ② 자!, 보아라!
　coba-coba ① 시도하다 ② 그저 시험해 보다
　mencoba ① 시험해보다 ② 시도하다, 힘쓰다
　mencobai ~을 시험하다

mencobakan ① ~에게 시험해 보이다 ② ~을 입혀보다
pencobaan ① 시도, 노력 ② 시험
percobaan ① 검사, 테스트 ② 시도, 시험
cobaan ① 검사 ② 시험, 시도.
cobak-cabik 갈기갈기 찢어진.
cobar-cabir 누더기가 되어.
cobék¹ (양념 따위를 가는 데 쓰는) 도기, 절구.
cobék², mencobék 찢다, 째다
cobék-cobék 갈기갈기 찢어진.
coblos, mencoblos 구멍을 내다, 뚫다.
cocok ① 일치하다, 부합하다 ② 정확한 ③ 어울리다, 조화하다 ④ ~에 꼭 맞다, 알맞다 ⑤ 꼬챙이
bercocok 머리핀을 꽂다
mencocok ① 핀을 꽂다 ② 바늘로 찌르다, 쑤시다 ③ 꿰뚫다
mencocokkan ① 대조하다, 비교하다 ② 맞추다, 순응하다 ③ ~에 꼭 맞게 하다
tercocok 찔린, 박힌.
cocor, mencocor (bola) (공을) 발 끝으로 밀다, 차다.
codék (얼굴의) 흉터.
codok (나무의 열매를 먹고 사는) 박쥐.
cok(e)lat ① 초콜렛 ② 초콜렛 빛의, 갈색의.
cokol, bercokol ① 웅크리다, 쪼그리고 앉다 ② 옹기종기 모여 앉다.
colék, colét 조금, 다소, 약간
mencolét 조금 갖다.
colok¹ 등화(燈火), 도화선
mencolok(i) 횃불로 밝히다, 횃불을 비추다.
colok², mencolok (mata) ① 현저한, 뚜렷한, 상당한 ② 놀라운, 심한
mencolok mata ① 시선을 끌다 ② 명백한, 분명한.
colot, mencolot 뛰어 넘다.

combol [문] 손잡이 ☞ tombol.
comél¹ 잔소리가 심한, 투덜거리는
mencomél 잔소리하다, 투덜거리다
mencoméli 꾸짖다, 책망하다.
comél² 귀여운, 사랑스러운, 훌륭한.
comot¹ ~로 더러워진, 때묻은
bercomot 더러워지다, 때묻다.
comot², mencomot 손을 뻗쳐 ~을 잡다.
compang-camping 누더기가 된, 갈기갈기 찢어진.
compéng 너덜너덜한.
condong ① 기우는, 비스듬한, 경사진 ② 편향하는 ③ (해가) 지다
mencondongkan ① 구부리다 ② ~의 경향이 있다
kecondongan ① 편향, 편애 ② 경향, 기질.
congak, mencongak ① 고개를 들어 올리다 ② 암산하다
mencongakkan 고개를 들다, 머리를(얼굴을) 쳐 들다.
conggok, menconggok ~을 곧바로 세우다
terconggok 똑바로 세워진.
congkak¹ 뽐내는, 거만한, 젠체하는
kecongkakan 자만, 교만.
congkak² ① 돈이나 놀이기구로 쓰이는 조개 (=*main congkak*) ② 조개 껍질로 즐기는 놀이.
congkél 쪼아내다.
congkol, mencongkolkan 내밀다, 돌출시키다.
congo 소매치기.
conténg 흠, 오점, 결점
berconténg-conténg 더러워진, 얼룩진
menconténg 더럽히다, 얼룩지게 하다
menconténgkan 더럽게 하다
terconténg ① 더럽혀진, ② 부끄러움을 당하는.
conto ☞ contoh.
contoh ① 견본, 표본 ② 모형, 모델 ③ 보기, 예, 실례

mempercontohkan 예증하다, 보기를 들다
mencontoh ① 모방하다, 흉내내다 ② 복사하다, 카피하다
mencontohi 예증하다, 예시하다
mencontohkan ① 모방하다 ② 예를 들어 보이다
percontohan ① 표본, 견본 ② 모델, 모형.
copét *tukang copét* 소매치기
mencopét 소매치기 하다
kecopétan 소매치기 당한
pencopét 소매치기.
coplok 느슨한, 헐거운
mencoplokkan 느슨하게 하다, 분리하다.
copot ① 이동된, 제거된 ② 분리된, 떨어진, 풀린
mencopoti, mencopotkan ① 벗다 ② 뽑다, 빼다 ③ 제거하다
pencopotan 제거, 분해, 분리.
cor, dicor 주조하다, 상(像)을 뜨다.
corak¹ ① 디자인, 도안, 무늬 ② 색깔, 빛깔, 색상 ③ 형, 유형, 양식 ④ 특징, 특색
bercorak ① ~한 무늬의 ② 줄이 있는, 줄무늬가 있는 ③ ~한 성격을 지닌.
corak² *corak-corik* 낡아 해진, 넝마의
mencorak-carikkan 조각 내다, 갈기갈기 찢다.
corat-carét 초벌 그림, 스케치.
corék 줄, 선
mencorék (=mencorét) 줄을 긋다; 지우다
coréng 줄, 줄무늬, 선
bercoréng 줄이 있는, 줄무늬가 있는
mencoréng 줄을 긋다, 줄을 그어 지우다
mencoréngkan 선을 긋다
coréngan 줄, 줄무의, 선.
corét¹ 줄, 선
bercorét ① 밑줄을 그은 ② 줄무늬 진

mencorét ① (틀린 글씨를) 줄을 그어 지우다 ② 줄을 긋다
corétan ① 줄, 줄무늬, 선 ② 펜화.
corét², mencorét (물 따위를) 내뿜다.
corong ① 깔때기 ② 관(管), 통
mencorong ① 빛나다, 반짝이다 ② (열, 빛 따위를) 방출하다
mencorongkan ① 방송하다 ② 비추다.
corot (주전자 따위의) 주둥이
mencorot (물 따위를) 따르다.
cotok 부리
mencotok (부리로) 쪼다.
cuaca 날씨, 일기, 기후.
cuai 대수롭지 않은, 하찮은
mencuai 멸시하다, 경멸하다.
cuar, mencuar 곧바로 서다, 직립하다.
cuat, mencuat 곧바로 서다.
cuba 시도하다 ☞ coba.
cubit, mencubit 꼬집다, 쥐어 짜다
mencubiti 계속 꼬집다
secubit ① 한번 꼬집음 ② 약간
cubitan 꼬집음.
cuci¹, mencuci ① 씻다, 감다 ② 빨래하다, 세탁하다 ③ (사진을) 현상하다
mencucikan ① ~을 빨아주다 ② ~을 세탁소에 맡기다
pencuci 세탁부
cucian ① 세탁, 빨래 ② 세탁하는 방법.
cuci² *cuci maki* 냉소, 조롱, 멸시
mencuci maki 조롱하다, 냉소하다.
cucu 손자
bercucu 손자가 있는.
cucuk¹, mencucuk 핀을 꽂다, 핀으로 박다
mencucukkan 쿡쿡 쑤시다.
cucuk² (부리로) 쪼다.
cucunda 손자(존칭어).
cucup, mencucup ① ~에

cucur 똑똑 떨어지다, 졸졸 흐르다
　bercucuran 흘러나오다
　mencucuri 흘러나오다
　mencucurkan ① 방울방울 떨어뜨리다 ② ~을 ~에 떨어지게 하다
　cucuran 배수로, 방수로.
cucut[1] 《魚》 상어.
cucut[2], **mencucut** 빨다, 핥다.
cuik[1] 작은 그릇, 주발.
cuik[2] *ikan cuik* 절인 생선
　mencuik 생선을 절여서 말리다
cuit, bercuit(-cuit) (주의를 끌기 위하여) 손가락을 움직이다.
cuka 식초, 초.
cukai 세금, 조세, 관세
　mencukai 세금을 부과하다.
cuki ① 일종의 장기놀이 ② 여자의 음부
　bercuki 장기를 두다.
cukil 쪼아내다 ☞ cungkil.
cukup ① 충분한 ② 정확하게, 꼭 ③ 부유한 ④ 완전한 ⑤ 알맞은, 적당한
　mencukupi ① 충분하게 하다, 보충하다 ② (조건을) 충족시키다
　mencukupkan 충분하게 하다
　mencukup-cukupkan 수지의 균형을 맞추다
　kecukupan 충분, 충만
　berkecukupan 형편이 좋은
　secukupnya 충분한, 적당한.
cukur 체발
　bercukur 면도하다
　mencukur ~의 면도를 해주다
　pencukur ① 면도하는 사람 ② 면도기.
cula 무소 뿔.
culik[1], **menculik** 유괴하다, 아이를 훔치다
　penculik 유괴자
　penculikan 유괴.
culik[2], **culik-culik** 밤새.
cuma 오직, 오로지, 단지
　cuma-cuma ① 면세의, 무료로 ② 헛된
　mempercumakan ① 면제하다 ② 얕보다
　percuma 무료의, 무상의.
cuman 오직, 단지, 다만.
cumbu ① 아첨, 감언 ② 애무 ③ 농담
　bercumbu-cumbu(an) ① 농담하다, 농을 걸다 ② 애무하다
　mencumbui ① 아첨하다 ② 애무하다
　cumbu(-cumbu)an ① 농담 ② 아첨, 감언.
cumi-cumi 오징어[꼴뚜기] 무리.
cungap, mencungap (숨이 차서) 입을 벌리다.
cungkil, mencungkil ① 올리다, 들어 올리다 ② 우비다, 후비다
　(pen)cungkil *pencungkil gigi* 이쑤시개
　cungkilan 파내진 것.
cunguk(=cecunguk) 간첩, 스파이.
cupai, mencupaikan 소홀하다, 생략하다.
cupak 용적 단위(0.786 킬로그램).
cupar, mencupar ① (천한) 이야기 하기를 좋아하다 ② 꼬치꼬치 캐기를 좋아하고 항상 여자 일에 끼어들다.
cuping 귓볼.
cupit (중국의) 관인(官印), 상표 ☞ supit.
cuplik, mencuplik 이용하다, 인증하다
　cuplikan 인용, 인증(引證).
cupu(-cupu) 보석 상자.
curah, mencurahi ① 붓다, 퍼붓다 ② 주다, 수여하다
　mencurahkan ① ~을 퍼붓다 ② (시간, 노력을) 들이다
　(pen)curahan ① 유출 ② 기증 ③ 퍼부음.
curai 분리된, 흩어진
　mencuraikan ① 풀다, 흩뜨리다 ② 설명하다 ③ 분리하다, 분류하다

curaian ① 설명 ② 분리, 분류.
curam 가파른, 경사가 급한
  mencuram 경사진, 비탈진.
curang 정직하지 않은, 부정한
  mencurangi 속이다, 사기치다
  kecurangan ① 사기, 속임 ② (복싱 경기 따위에서) 반칙.
curi, kecurian 잃어버린, 도둑맞은
  mencuri 훔치다, 도둑질하다
  mencuri-curi 은밀하게
  pencuri 강도, 도둑
  pencurian 절도
  curian 장물.
curiga^1 끄리스.
curiga^2 ① 의심 많은 ② 주저하는, 머뭇거리는
  mencurigai 의심하다, 수상히 여기다
  mencurigakan ① ~을 수상히 여기다 ② 의구심이 일어나게 하다
  kecurigaan 의심, 의구심.
cuti 휴가
  bercuti 휴가를 얻다.

D

d/a [dengan alamat] ~씨(氏) 방(房), ~씨(氏) 주소(住所).

dacing 천칭, 대저울
　mendacing (저울로) 재다, (천칭으로)무게를 달다.

dada 가슴, 흉부
　mendada 가슴을 내밀다, 공격을 하다.

dadah 약, 마약.

dadak, mendadak 갑자기, 돌연.

dadar ① (*kué dadar*) 계란 케익 ② (*telur dadar*) 오믈렛
　mendadar 다다르 과자를 만들다.

dadu 주사위, 입방체.

dadung, mendadung 자장가를 부르다.

daérah ① 영토, 지역 ② 주의, 근처, 부근 ③ 범위, 영역
　kedaérahan ① 지방의, 지역적인 ② 지역성
　sedaérah 동일 지역, 동일 장소.

daftar 등록부, 색인
　mendaftarkan ① 기록하다 ② 등록하다
　pendaftaran 등록, 기록
　terdaftar 등록된, 명부에 오른, 기록된.

dagang¹ ① 무역, 통상 ② 외국의
　berdagang ① 무역하다, 통상하다 ② 떠돌아 다니다
　mem(per)dagangkan (상품을) 취급하다
　pedagang ① 상인 ② 판매원, 점원
　perdagangan 무역, 거래, 교역
　dagangan 상품.

dagang² (짐을) 지다
　mendagang (막대로) 어깨에 짊어지다.

daging ① 고기 ② 살, 살점
　berdaging ① 뚱뚱한, 살찐 ② 부유한.

dagu 턱.

dahaga 목마른, 갈증나는, 열망하는
　berdahaga (~을 하고자) 열망하는
　mendahagakan 갈망하다, 열망하다.

dahak 담(痰), 타액
　berdahak, mendahak (침을) 내뱉다.

daham 기침, 기침 소리
　berdaham 목을 가다듬다, 흠흠 소리를 내며 기침하다.

dahan¹ 나뭇가지.

dahan², pendahan 투창.

dahi 이마.

dahriah *kaum dahriah* 무신론자.

dahsyat ① 무서운, 두려운 ② 거대한, 웅장한
　mendahsyat 무서워지다
　mendahsyatkan ~를 무섭게 하다
　memperdahsyat 악화되다
　kedahsyatan 공포, 두려움, 경외(敬畏).

dahulu ① 전에, 이전에 ② 전의, 이전의 ③ 우선, 먼저
　mendahului ① ~보다 앞서 있다, 진보해 있다 ② 앞서 있는, 앞장 선
　mendahulukan 우위(優位)를 인정하다
　kedahuluan 기원, 발달
　pendahuluan ① 서문, 서언 ② 임시의, 예비의
　terdahulu ① 으뜸의 ② 이른, 일찍의
　dahulu-dahulunya 먼저, 이전

에는.

daif ① 무기력한 ② 무능한
  mendaifkan 멸시하다, 경멸하다.

dakap, berdakap 포옹하다, 껴안다
  berdakap-dakapan 서로 껴안다
  mendakap ~를 껴안다
  sependakapan 한아름.

daki¹ 오물, 때, 먼지.

daki², mendaki 오르다, 기어오르다, (산을) 타다
  mendakikan ① 들어 올리다 ② 오르게 하다
  pendaki gunung 등산가, 산악인.

daksina 남부, 남쪽.

dakwa ① 고발, 고소 ② 요구, 청구
  mendakwa ~를 고발하다, 고소하다
  mendakwai 요구하다, 청구하다
  mendakwakan 제소하다
  pendakwa 원고
  terdakwa 피고
  dakwaan 고발, 고소.

dalal 대리인, 중개상.

dalam ① 내부, 안, 속 ② 내부, 안에, 속에 ③ 깊은
  berdalam-dalam 깊어지다, 악화되다
  di dalam 안에, 내부에
  mendalam 뿌리가 깊은
  mendalami ~에 몰두하다
  mendalamkan 깊게 하다
  pedalaman 내부, 내륙.

dalang ① 와양〔그림자극〕의 연출자 ② 주동자, 주모자
  mendalang 와양〔그림자극〕을 연출하다
  mendalangi 주동하다, 주모하다
  mendalangkan 공연하다, 연출하다
  pedalangan ① 와양〔그림자극〕에 관한 이야기 ② 연극학.

dalih 핑계, 변명, 속임수
  berdalih 속이다
  berdalih-dalihan (자신의 결백을 위하여) 서로 비난하다
  mendalihkan ~인체하다, 가장하다.

dalil ① 설명 ② 증명, 진술
  berdalil 설명된, 증명된
  mendalikan 설명하다, 해석하다, 증명하다.

dam 바둑판 무늬, 체크 무늬.

damai ① 평화, 평안, 화해 ② 평화스러운, 평안한
  berdamai ① 화해하다 ② 동의하다, 합의하다
  memperdamaikan 화해시키다, 조정하다
  mendamaikan 진정시키다, 달래다
  kedamaian rohani 마음의 평화
  perdamaian 평화, 화해, 조정.

damar 수지(樹脂), 송진
  mendamar 수지(樹脂)를 모으다
  mendamari 횃불로 밝게 비추다, 횃불을 비추다
  pendamar 수지(樹脂)를 모으는 사람
  pendamaran ① 횃불 ② 수지채집장.

damba 그리워하다, 원하다
  mendamba 포옹하다, 얼싸안다
  mendambakan 열망하다, 바라다, 몹시 탐내다
  dambaan 갈망, 열망
  perdambaan 갈망, 탐냄.

dampar, mendampar ① (파도가) 부서지다 ② 때리다, 부딪다
  mendamparkan 좌초시키다
  terdampar ① 해안에 밀리다 ② 좌초된.

dampil, berdampil 서로 기대는, 의지하는
  mendampilkan 가깝게 대다, 서로 기대다.

damping 친밀한, 친분이 두터운
  berdampingan ① 나란히 ② 인접한
  mendampingi ① 곁에 서다 ② 동행하다

damprat 56 **dasar**

kedampingan ① 가까움, 친근함 ② 충성, 충절, 충실
damprat 욕설, 악담
mendamprat 욕지거리하다, 꾸짖다.
dan ① 그리고, 또 ② 글쎄, ~그러면.
dana ① 증여, 기증 ② 기부금
berdana 기부하다.
danau 호(湖), 호수.
dandan 옷, 의복
berdandan ① 성장(盛裝)하다, 정장하다 ② ~으로 치장한
mendandani ~을 차려 입히다, 정장시키다
dandanan ① 옷, 의복 ② 치장, 장식.
dangau 오두막집.
dangkal ① 물이 얕은, 깊지 않은 ② (견해 따위가) 피상적인
mendangkalkan ① 얕게 만들다 ② 사소하게 생각하다
kedangkalan ① 여울 ② 천박, 피상.
dansa 춤.
dansa-dansi 댄스, 여러 종류의 서양 춤.
dansanak 친척, 인척.
danta 상아.
dap 탬버린, 북의 일종.
dapat ① ~할 수 있다 ② ≪허가≫ ~해도 좋다 ③ 얻다, 받다, 갖다 ④ 발견하다 ⑤ 받다, 갖다 ⑥ 이루다, 성취하다
memperdapat ① 이르다, 얻다 ② (물건의 값을) 결정하다
mendapat ① 받다, 수령하다 ② (우연히) 찾아내다 ③ 만나다, 마주치다 ④ ~을 겪다
mendapati ① 찾아내다, 발견하다 ② 만나다
mendapatkan ~을 얻다, 획득하다
pendapat 의견, 견해
pendapatan ① 의견, 소득 ② 의견, 견해, 관점 ③ 발명 ④ 산출, 생산량, 수확 ⑤ 획득, 습득

kedapatan 찾아낸, 눈에 띄는
sedapat-dapatnya 가능한한 잘
sependapat 같은 의견의
terdapat 발견되는.
dapur ① 부엌, 주방 ② 노(爐), 아궁이.
dara¹ ① 처녀, 동정녀 ② 소녀, 미혼 여자.
dara² *burung dara* 비둘기.
darah 피, 혈액
berdarah ① 출혈하다, 피를 흘리다 ② ~의 혈통을 가지다 ③ 피투성이의
mendarahi 피로 더럽히다, 피로 물들이다
pendarahan (醫) 출혈.
darajah, darajat ☞ derajat.
daras, mendaras ① 회교 경전을 암송하다 ② 조사하다.
darat ① 뭍, 육지 ② 내륙, 내지
mendarat 상륙하다, 착륙하다
mendaratkan ~을 해변에 내리다
pendarat 상륙 수단
pendaratan ① 상륙 ② 상륙 장소
daratan 대륙.
dari ① ~에서, ~로부터 ② ~보다(도) ③ ~의 ④ ~중의, ~(의 가운데) 에서
sedari ~아래, ~로부터 이후
dari mana ~로 부터, ~에서
daripada ① ~보다(도), ~에 비하여 ② ~로(만든).
darma¹ 의무, 본분, 임무.
darma² 사물, 의연금.
darmawisata ① 소풍, 여행 ② 실지 연구 여행
berdarmawisata ① 소풍가다, 여행하다 ② 실지 연구 여행을 떠나다.
darurat 비상 사태, 위급
mendaruratkan 억지로 ~시키다, 강요하다.
dasa 10(개, 사람)의.
dasar ① 배경, 바탕 ② 기초, 근본 ③ 원리, 원칙 ④ 밑(바다), 근저(根底)

berdasar ① ~한 배경을 가진, ~한 바탕을 가진 ② 근거있는, 기초있는
berdasarkan ~에 기초를 두다
mendasari 기초로 사용하다
mendasarkan 기초를 두다, 기초로 하다.
dasawarsa 10년, 10주년.
dasi 넥타이.
berdasi 넥타이를 매다.
datang ① 오다 ② 도착하다, 닿다
datang-mendatangi 자주 오다, 방문하곤 하다
mendatang ① (갑자기) 나타나다, 떠오르다 ② 갑자기 생각나다 ③ 다가 올
mendatangi 방문하다, 내방하다
mendatangkan ① ~를 수입하다, 들여오다 ② 일으키다, 초래하다 ③ 가져오다, 데려오다
kedatangan 도착, 출현
pendatang 방문자, 내방자
pendatangan 방문, 소환.
datar ① 평평한, 평탄한 ② 피상적인, 경박한
mendatar 평평한 상태로 되다
mendatarkan 평평하게 만들다
pedataran ① 고원(高原) ② 평지, 평원
sedatar ① 평등한 ② (지식이) 박식하나 깊이가 없는
dataran ① 평지, 평원, 광장 ② 물이 얕은 곳, 붕(棚).
datuk ① 할아버지, 조부 ② 우두머리, 족장 ③ 두목, 수령, 추장 ④ 고관의 직함.
daulat¹ 행복한.
daulat², berdaulat 주권을 가진, 독립의
mendaulat(kan) ① (아이를) 훔치다, 유괴하다 ② (불법적으로) 빼앗다, 구축하다
kedaulatan 주권, 통치권
pendaulat ① 살인자, 살해자 ② 약탈자, 도적 ③ (불법적으로) 빼앗는 사람

pendaulatan ① 유괴, 납치 ② 살해, 참살 ③ 착복, 절도.
daun 잎, 나뭇잎
berdaun 잎을 가진, 잎이 무성한
mendaun 잎처럼 생긴
daun-daunan 여러종류의 잎.
daur 주기.
dawa 고소, 고발.
dawat 잉크.
daya ① 힘, 능력 ② 영향 ③ 노력, 수고 ④ 기지(機智), 수완
berdaya 애쓰다, 최선을 다하다
memperdayai ~을 속이다, ~을 기만하다
memperdayakan (사람을) 꾀다, 속이다
mendayakan 노력하다
pedayaan ① 속임수, 기만 ② 수단, 방편
teperdaya 속은, 사기당한.
dayang ① 소녀 ② 궁녀(宮女), 시녀.
dayung ① 노 ② 지느러미
berdayung 노를 젓다
mendayung ① 배를 젓다 ② 페달을 사용하다
pendayung ① 노 ② 노젓는 사람.
debar *debar jantung* 맥박
berdebar (심장이) 고동하다, 맥박이 뛰다
berdebar-debar (심장이) 두근두근 거리다
debaran 가슴 설레임.
débat 논쟁, 논의, 토론
berdébat(-débat) 논쟁하다, 토론하다
mendébat 토론하다, 비평하다
memperdébatkan ~에 관하여 논의하다
pendébat 논쟁자
perdébatan 논쟁, 토의.
débét 차변(기입).
debu 먼지, 티끌
mendebu 먼지같이, 가루투성이의.
dedaunan 여러 종류의 잎.

dédés, mendédés (고기 따위를) 얇게 썰다.
définisi 한정, 명확, 정의(定義).
définitif 일정한, 명확한.
défisit 부족, 모자람.
déflasi 통화 수축, 디플레이션.
degil 완고한, 고집센.
deham ☞ daham.
dék 갑판.
dekah, berdekah-dekah 파안대소하다, 큰소리로 웃다.
dekam, berdekam 은둔하다, 은퇴하다
 mendekam ① 뛰기 위해 구부리다 ② (항상 집에) 머무르다.
dékan (대학의) 학부장, 학장.
dekap 껴앉다, 포옹하다
☞ dakap.
dékar, mendékar 펜싱 경기를 하다
 pendékar 펜싱 선수.
dekat 가까이, 근접해서
 berdekat 가까이 있다
 berdekatan 이웃의, 인접한
 memperdekatkan ~를 화해시키다
 mendekat (때가) 가까와지다
 mendekati ~에 접근하다, ~에 다가가다
 mendekatkan 가까이 놓다
 kedekatan ① 가까움, 접근 ② 아주 가까운, 인접한
 terdekat 가장 가까운.
dekil 불결한, 더러운.
déklamasi 낭독, 연설.
déklarasi 선언, 발표, 포고.
dékorasi 장식, 훈장.
dékrit 법령, 제령(制令), 명령
 mendékritkan 명하다, 포고하다.
dekur, mendekur (비둘기가) 구우구우하고 울다.
delapan 8, 여덟.
délégasi 대표 임명, 대표 파견.
déleman, délman 이륜마차.
delik, mendelik ① (눈을) 부릅뜨다 ② 노려보다.

demam 열, 발열, 열병.
démarkasi 경계, 분계.
demi ① ~에 의하여, ~의 이름으로 ② ~할 때 ③ 차례로, 하나씩 하나씩 ④ ~을 위하여.
demikian ① 이렇게, 이와같이
 sedemikian 그와 같은.
démokrasi 민주주의, 민주제.
démonstran 시위 운동자.
démonstrasi 시위 운동, 데모.
dempét, berdempét 밀집한, 근접해 있는
 kedempét 밀집된.
démpét 달라 붙는, 밀착의
 berdémpét-démpét(an) 달라 붙어 있는
 mendémpétkan 달라 붙게 만들다.
dénah ① 스켓치, 초벌 그림 ② 기초 계획, 개요.
denda 벌금, 과료(科料)
 mendenda 벌금을 부과하다
 dendaan (=pendaan) 벌금에 처함, 과료를 물림.
dendam ① 복수 ② 악의, 원한
 berdendaman 원한을 품다
 mendendam ~에게 원한을 품다
 mendendamkan (~에 대하여) 분개하다, 원망하다
 kedendaman 원한.
déndang (즐거운) 노래, 콧노래
 berdéndang (즐겁게) 노래하다, 읊조리다
 mendéndang 노래부르다
 mendéndangkan (~를 위하여) 노래부르다.
déndéng 편육
 mendéndéng 편육을 만들다.
dengan ① ~과 함께, ~과 같이, ~을 사용해서 ② ~와 ③ ~으로, .~을 타고.
dengap, berdengap 세게 차다, 두드리다.
dengar 듣다
 memperdengarkan ~에게 듣게 하다
 mendengar 듣다

mendengarkan 청취하다
kedengaran 들리는
pendengar ① 청취자 ② 청강생
pendengaran 청취, 청각, 듣기.
dengki 질투가 많은, 시샘하는
berdengki 질투심을 갖다
mendengki ~를 질투하다
kedengkian 질투, 시기
pendengki 질투하는 사람.
déngkol ① 구부러진, (팔이) 굽은 ② 언어 장해.
dengkul ① 무릎 ② 거짓의.
dengkur 코골음
berdengkur, mendengkur 코를 골다.
dengung (비행기 따위의) 반향음
berdengung-dengung 윙윙 소리를 내다
mendengungkan 반향시키다, 울려퍼지게 하다
dengungan 윙윙거리는 소리.
dentam ☞ dentum
berdentam 대포 소리를 내다.
dentum (대포, 폭탄 따위의) 큰 소리, 쿵!하고 울리는 소리
berdentum (대포, 폭탄 따위의) 큰 소리를 내다, 쿵! 소리를 내다
dentuman (대포 따위의) 소리.
denyut 진동, 고동, 떨림
berdenyut 고동하다, 떨리다, 진동하다.
depa 길(길이의 단위, 183cm)
mendepa 길이를 재다.
dépak 차기, 걸어 차기
mendépak ① 차다 ② 해고하다, 파면하다.
depan ① 앞, 전방, 정면 ② 앞쪽에 ③ (시간적으로) 다음의
terdepan 맨 처음의, 맨 앞의.
depang, berdepang 두 팔을 양 옆으로 펴다
mendepang 길을 막다, 봉쇄하다.
départemén 부문, ~부(部).
dépisén 외국환.
déposito 은행 예금
mendépositokan 은행에 예금하다.

déprési 억압, 불경기.
déprésiasi 가치 하락.
dera 채찍질, 태형(笞刑)
mendera 채찍질하다.
derajat ① 정도, 도(度) ② 수준 ③ 표준
sederajat 같은 정도의, 같은 수준의.
derang, berderang 딩동딩동 울리다.
derap ① ☞ derak ② (말 따위의) 빠른 걸음
berderap (말 따위가) 빠른 걸음으로 가다.
deras¹ ① 매우 빠른 ② 속력, 신속함
menderas ① 빨리 달리는 ② 활기찬
menderaskan 속도를 올리다.
deras², menderas 경전을 읽다, 경전을 암송하다.
deras³ 모래를 밟을 때 나는 소리.
dérét 줄, 열
berdérét 열을 지어서
berdérét-dérét 일렬로 늘어서다
memperdérétkan ~을 일렬로 세우다
mendéréti 늘어 세우다
mendérétkan 일렬로 세우다
dérétan 줄, 열(列).
dering ☞ derang
berdering (코끼리 따위의) 나팔 같은 울음소리.
derita, menderita (고통을) 겪다, 입다
penderita 환자, 수난자
(pen)deritaan 재해, 재난, 고통.
derma ① 시물, 의연금 ② 기부금 ③ 기금
berderma ① 의연금을 주다 ② 기부하다
mendermakan ~을 기부하다
penderma ① 자비로운, 관대한 ② 기증자, 시주
pendermaan 기부, 헌혈, 시주물.
dermaga ① 선창 ② 방파제.

dermawan 기부자, 증여자
  kedermawanan 박애(주의), 자선.
désa 마을, 촌락, 지방
  kedésaan 시골의, 전원의.
desak, berdesak 붐비다, 군집하다
  berdesak-desakan 서로 밀치다
  mendesak ① 밀다, 밀어부치다 ② 몰다, 재촉하다
  mendesakkan 떠맡기다, 강요하다
  terdesak 강요당하는
  desakan 압력, 압박, 강제.
desas-desus ① 소문, 풍문 ② 속삭임
  mendesas-desuskan 소문이 퍼지다.
Désémber 12월.
déséntralisasi 분산, 집중 배제.
destar (자와 사람들이 머리에 쓰는) 두포(頭布).
détéktif 비밀 경찰관, 사복 경찰관(私服警察官).
detik 초(秒)
  berdetik (시계 따위가) 똑딱〔째깍〕거리다.
dévaluasi 평가 절하.
dévisa 외환(外換).
déwa 신(神), 우상
  memperdéwakan, mendéwakan 신격화하다, 우상화하다
  kedéwaan 신성의, 신성한
  pendéwaan 우상화.
déwan ① 평의회, 회의, 의회, 위원회 ② (관청의) 부(部), 국(局).
déwasa ① 때, 시, 시대 ② 성인, 어른
  kedéwasaan ① 어른 시절 ② 성숙, 원숙.
déwata 신(神) ☞ dewa.
déwi ① 여신(女神) ② 가장 사랑하는 사람, 미녀(美女).
di 《장소, 소재를 나타내는 전치사》 ~에.
dia ① 그, 그녀 ② 그를, 그녀를 ③ 그것, 저것.
diagnosa 진단.
dialék 방언, 지방 사투리.
dialog 대화.
diam¹ ① 조용한, 말없는 ② 침묵을 지키다 ③ 움직이지 않는
  berdiam(kan) diri 침묵을 지키다
  memperdiamkan, mendiamkan ① ~를 조용히 지키다 ② 침묵을 지키다
  terdiam ① 아주 조용한, ② 말을 잊다 ③ 말문이 막힘
  pendiam 과묵한 사람.
diam², **berdiam** 살다, 거주하다
  mendiami 살다, 거주하다
  kediaman 거처.
didih, berdidih, mendidih 끓다, 끓이다.
didik 교육, 양육
  mendidik ① 교육하다 ② 기르다, 양육하다
  pendidik 교육자, 교사
  pendidikan 교육, 훈육
  berpendidikan 교육을 받은
  terdidik 교양 있는
  didikan ① 양육 ② 교육.
dikau 너, 당신.
dikir (이슬람교의) 성가(聖歌)
  berdikir, mendikir 성가를 부르다
  pedikir, pendikir 성가를 부르는 사람.
dikit 적은, 근소한
  sedikit 조금, 약간
  sedikit-dikitnya 적어도, 최소한.
diktat 필기.
diktator 독재자.
dikté 받아 쓰기
  mendikté ~에게 받아 쓰게 하다
  mendiktékan ~을 받아 쓰게 하다.
diléma 진퇴양난, 궁지, 딜렘마.
dinamika 역학, 동력학, 활력.
dinamis 동력의, 동적인.
dinamit 다이너마이트.
dinar 금화의 호칭.

dinas ① 관청, 부(部), 성(省) ② 봉사기간, 직무 기간 ③ 근무중인 ④ 공적(公的)인, 직무상의.
dinasti (역대의) 왕조.
dinda ☞ adinda.
dinding 벽, 간막이
  berdinding ① 벽이 있는 ② 간막이를 한
  mendinding 벽을 만들다
  mendindingi 벽으로 둘러 싸다
  mendindingkan ~을 벽으로 이용하다
  pendinding 장벽, 간막이
  terdinding 벽으로 가려진.
dingin 추운, 찬, 차거운
  mendingin 추워지다
  mendinginkan 냉각시키다
  pendingin ① 냉각기, 냉장고 ② 항상 추위를 느끼는 사람
  pendinginan 냉각, 냉동, 냉장.
dinihari 이른 새벽(3~5시경).
dipan 긴 안락 의자, 소파.
dipati ☞ adipati.
dipisi 사단(師團).
diploma 졸업증서
  berdiploma 졸업증서를 받다.
diplomasi 외교, 외교적 수완.
diplomat 외교관, 외교가.
diplomatik 외교의, 외교상의.
diréksi 기업가, 경영자.
diréktorat 이사회, 중역회.
diréktur 관리자, 사장, 이사.
diri 자신, 자기
  berdiri ① 서다, 일어서다 ② 존속하다, 존재하다
  mendirikan 세우다, 일으키다
  pendiri 창설자, 설립자
  pendirian ① 건립, 세움 ② 창설, 설립 ③ 견지, 관점, 견해
  berpendirian ~한 의견을 갖다
  sendirian 홀로, 외로이
  terdiri dari ~으로 되어 있다.
dirigén (음악) 지휘자.
diséntri 적리(赤痢).
disértasi 논문.
disharmoni 부조화, 불일치.
disiplin 규율, 훈련
  berdisiplin 훈련하다.
disko 디스코.
diskotik 디스코텍.
diskriminasi 차별 대우, 구별.
diskusi 토론, 토의.
dispénsasi 특별 면제, 제외.
distribusi 배급, 분배.
distrik 지방, 지역, 지구.
dito 동상(同上).
dividén 배당금.
divisi 사단(師團).
dll [dan lain lain] 기타 등등.
D.M. [déwan mahasiswa] 학생회.
doa 기도, 기원
  berdoa, mendoa 기도하다, 기원하다
  mendoakan 간절히 바라다.
dobel 두곱의, 곱절의, 이중의
  mendobel 2중으로 하다.
dobrak (망가져) 쪼개진, 파손된
  mendobrak 쳐부수다
  pendobrak 파괴자
  pendobrakan 파괴, 파손.
dogol ① 뿔이 없는 ② 우둔한, 멍청한.
dok 선창, 부두.
dokar 2륜 마차.
dokter 의사
  kedokteran 의학(의).
doktor 박사.
doktoranda 5년제 대학에서 모든 과정을 이수하고 최종 시험에 합격한 여자.
doktorandos 5년제 대학에서 모든 과정을 이수하고 최종 시험에 합격한 남자.
dokumén 문서, 서류.
dokuméntasi 문서 조사.
dolar 달러 (미국, 홍콩 등지의 화폐 단위).
domba 양.
dominasi 통치, 지배.
dompak, mendompak (말이) 날뛰며 나아가다.
dompét 돈 주머니, 지갑.
dongéng ① 동화 ② 전설

dongkol

mendongéng 이야기해 주다, 동화를 들려주다
mendongéngkan 이야기하다.
dongkol 지루한, 싫증나는.
dongkrak (자동차 따위를 들어 올리는) 기중기, 잭
mendongkrak 기중기로 들어 올리다.
dop (자동차 따위의) 바퀴 덮개.
dorong, mendorong ① 밀다 ② 재촉하다
pendorong ① 장려자, 후원자 ② 자극, 촉진
pendorongan 자극, 요청
terdorong ① 밀쳐진, 밀린 ② 절박해진, 급한
dorongan 촉진.
dos 작은 상자.
dosa 죄, 죄악
berdosa ① 죄를 짓다 ② 죄를 범한.
dosén (대학의) 강사, 교수.
dosin 다스.
doyan 좋아하는, 원하는.
D.P.R. [Déwan Perwakilan Rakyat] 의회, 국회.
D.P.R.D [Déwan Perwakilan Rakyat Daérah] 지방 의회
drama 극, 연극.
dramawan 극작가, 각본 작가, 연극 배우.
dua 2, 둘
dua-dua 둘(다), 양자
berdua 둘다, 양자
berdua(-dua) 둘씩
mendua ① 둘로 되다 ② 2중의
menduakan 이중으로 하다
memperdua(kan) 이중으로 하다, 두 배로 하다
kedua 제2의, 둘째 번의
kedua(-dua)nya 둘, 모두
perdua 반(半), 절반.
duabelas 12, 열 둘.
dualisme 이중성.
duane 관세, 세관(稅關).
dubur ① 항문 ② 엉덩이.
duda 홀아비.

dunia

duduk ① 앉다 ② 정세, 형세
berduduk (의회에서) 앉다, 착석하다
menduduki ① 점령하다 ② 살다, 거주하다
mendudukkan 놓다, 두다
kedudukan ① 상황, 정세 ② 위치, 처지, 입장
penduduk 주민
pendudukan 점유, 점령.
duga *batu duga* 수심을 재는 데 쓰이는 돌
menduga ① 수심을 측정하다 ② 추측하다, 추단하다 ③ 가정하다, 추정하다
penduga 계량기, 계기
dugaan ① 추측, 추정 ② 가정.
duit ① 돈, 화폐, 통화 ② 동전.
duka 슬픔, 비애
berduka (cita) 몹시 슬퍼하다, 애도하다
mendukakan ① 슬프게 하다 ② 괴로움을 주는
kedukaan ① 근심 ② 슬픔, 비탄.
dukacita ☞ duka.
dukun 마법의(魔法醫), 외과 의사.
dukung, berdukung 등에 업힌
mendukung ① 등에 업다 ② 지지하다, 부양하다
pendukung 지지자, 부양자
dukungan 부양, 지지, 도움.
dulang¹ (나무) 쟁반
mendulang (쟁반으로) 금을 걸러내다(고르다).
dulang², **mendulang** (연기가) 피어 오르다.
duli ① 먼지 ② 존칭어 (왕을 호칭할 때).
dulu ☞ dahulu
duluan 먼저.
dungu 우둔한, 어리석은.
dunia 세계, ~계
sedunia 전세계
keduniaan ① 세상의, 현세의 ② 지구상의, 속세의.

duniawi 지구의, 지상의
  keduniawian 현실주의.
dupa 향, 향내
  mendupai 향을 태우다, 향을 피우다.
dupak 차다 ☞ depak.
duplo 복제, 사본, 복사
  menduplo 복사하다.
durén ☞ durian.
durhaka ① 순종하지 않는, 반항하는 ② 반란, 폭동 ③ 죄많은
  berdurhaka ① 반역하다 ② 반항하다
  mendurhaka ① 배반하다 ② 죄를 짓다
  mendurhakai ~에게 죄를 짓다
  pendurhakaan ① 배반, 반역 ② 모반, 반란, 폭동.
duri ① 가시 ② 물고기 뼈
  berduri 가시가 있는
  berduri-duri 가시가 많은.
durian 두리안.

durja 얼굴, 용모.
durjana ① 악한, 사악한 ② 악, 악인
  kedurjanaan 악, 악덕(惡德).
dus 작은 상자.
dusin 다스, 12개.
dusta 거짓말, 속임
  berdusta 거짓말하다
  mendustai ~을 속이다
  mendustakan 부인하다
  pendusta 거짓말장이.
dusun 마을, 촌락
  kedusunan 시골풍, 시골 생활.
duta 사절(使節), 외교관, 대사
  kedutaan 공사관(公使館), 대사관.
duyun, berduyun-duyun 떼를 지어 모으다.
dwi 2(개, 사람)의
  dwibahasa 두 나라 말을 쓰는
  dwiwarna 인도네시아 국기(적백기).

E

éban, mengéban 던지다, 내던지다.
ebang 신도를 부르다.
ébi 말린 새우.
écé mengécé 놀리다, 놀려대다.
écér 소매(小賣)
  mengécér 소매하다, 소매로 팔다
  éceran ① 소매, 산매 ② (특히 출판의) (제 몇)판.
édan 미친, 광란의.
édar 원, 싸이클
  berédar, mengédar ① 돌다, 회전하다 ② 떠돌아 다니다 ③ 순환하다
  mengédari 회전하다, 돌다
  mengédarkan ① 회전시키다 ② 화폐를 발행하다
  pengédar 배달자, 배급자
  perédaran ① 순환 ② 선회
  édaran ① 주기, 회전 ② 간행물.
édisi (초판, 재판의) 판(版).
éditor 편집자.
éfék 유효한, 효력 있는.
éfisién 효과가 있는, 유효한.
éfisiénsi 능력, 능률.
éja 철자
  mengéja 철자하다
  éjaan 철자법.
éjék 조롱, 우롱
  mengéjék 조롱하다, 우롱하다
  mengéjékkan ① 비웃다, 조소하다 ② 업신여기는
  éjékan 비웃음, 조소, 조롱.
ékonomi ① 경제, 절약 ② 경제학의 ③ 경제학
  perékonomian 경제.
ékonomis 경제적인.
ékor ① (동물의) 꼬리 ② 뒤, 후미 ③ 마리 (동물을 셀 때)
  berékor 꼬리가 있는
  mengékori 따라가다
  pengékor 수행원.
éksés 과도, 과잉, 초과.
éksibìsi 전람회.
ékskursi ① 소풍, 유람, 여행 ② 여행하다
ékspansi 확장, 팽창
ékspedisi 원정, 탐험.
ékspér 숙련가, 전문인.
ékspérimén 실험.
ékspor 수출품, 수출
  mengékspor 수출하다.
éksportir 수출업자.
éksposisi 박람회.
éksprés 지급편의, 급행.
ékstrém 극도의, 과격한, 극단적인.
ékuator 적도.
élak, mengélak 피하다, 면하다
  mengélakkan ~을 피하다
  terélakkan 피할 수 있는.
elang ① 매 ② 독수리.
elastis 탄력있는, 탄성의.
élégi 비가, 애가.
éléktrifikasi 대전(帶電).
éléktron 전자.
éléktrotéknik 전기 공예(학).
elemén 원소, 요소, 성분.
élite 선택된 사람들, 정예(精銳)
élok ① 아름다운, 예쁜 ② 좋은, 훌륭한
  keélokan 아름다움, 미.
elu, mengelu(-elu)kan ~을 보기 위하여 고개를 내밀다, 환영하다.
elus, mengelus ① 쓰다듬어 주다, 애무하다 ② 양보하다.
émail 에나멜.
emak ☞ mak.
émansipasi 해방, 이탈, 해탈.
emas(=mas) 금

beremas 금을 사용하다
mengemas 금빛으로 되다
keemasan 황금의.
embara 배회, 방황
mengembara 돌아다니다, 방랑하다
pengembara 방랑자
pengembraan 유랑, 방랑.
embargo (선박의) 억류.
émbél, mengémbél-émbéli 첨가하다.
émbér 물통, 양동이.
embun ① 이슬 ② 증기, 수증기
berembun ① 수증기가 있는 ② 이슬이 맺힌.
embus 기음(氣音)의
berembus (바람이) 불다
mengembus ① 숨을 쉬다 ② 훅훅 불다
mengembuskan ① 불다 ② 입김을 내뿜다
embusan 풀무.
emis, mengemis 구걸하다, 동냥하다.
émosi 감동, 감격, 정서.
empang ① 양어지, 연못 ② 댐, 방축
mengempang 둑으로 막다, 댐을 쌓다.
empas 후려침, 때림
mengempas 후려치다, 부딪치다
mengempaskan 던지다, 내던지다.
empat 넷, 4
berempat 넷 모두
berempat-empat 넷씩
memperempat 네개씩 균등히 나누다
(se)perempat 1/4, 4등분한 한 개, 15분.
empedu 담즙.
empelas 사포(砂布)
mengempelas(i) 사포로 닦다, 갈고 닦다.
émpelop 봉투 ☞ amplop.
empu ① 《호칭》 주인(님), 마님 ② 명인(名人), 숙련가.

empuk ① 부드러운, 보들보들한 ② 유연한, 연한
mengempukkan 부드럽게 만들다.
empunya 소유, 소유하다.
énak ① 맛있는, 맛이 좋은 ② 좋은, 괜찮은 ③ 훌륭한
seénaknya 기분이 좋은, 유쾌한
seénak-énaknya 뜻대로, 마음대로
énak-énakan 진미.
enam 여섯, 6
berenam 여섯 모두.
enau 사탕 야자.
éncér ① 액체 ② 약한, 묽은
mengéncérkan 묽게 하다
éncéran 액화, 액체.
encik ① 씨, 님 ② ~양.
éncok ① 뻣뻣한, 딱딱한, 경직된 ② 류우머티즘 ③ 통풍.
endap[1] 침전
endap-endap 잔재, 찌꺼기
mengendap 침전하다, 가라앉다
endapan 침전물.
endap[2] 몸을 구부리다, 숨다
mengendapkan 숨기다, 횡령하다.
éndémi 풍토병.
endon, mengendon 머물다, 체류하다.
énergi 에너지, 힘.
engah, mengengah-engah 헐떡거리다
terengah-engah 급히, 서둘러.
engak 멍한, 정신나간.
enggak ~하지 않다, ~이 아니다.
enggan ① 싫어하다 ② 반대하다
mengenggankan ① 거절하다 ② 싫어하다
keengganan ① 싫어함 ② 거절.
engkau 《2인칭 대명사》 너.
engkoh (연장자를 부를 때 사용하는 말) 선생님, 형님.
engku ① 왕자 ② 고관의, 경칭, 선생님
éngsél 경첩, 돌쩌귀.
énsiklopédi 백과 사전.

entah ① ~도 ~도, ~인지 ~아닌지 ② 모르다, 알지 못하다
entah-entah 아마
entah-berentah 말로 표현할 수 없는.

énténg ① 가벼운 ② 쉬운, 용이한
menganténgkan ① 완화하다 ② 가볍게 하다.

enyah 달아나다, 도망치다
mengenyahkan 쫓아내다, 축출하다.

epak¹, mengepak (토지 따위를) 임대하다.

epak², mengepak 포장하다, 싸다
pengepakan 포장함.

epakuasi 명도(明渡), 비움, 배설.
épidemi 전염병.
épisode 삽화(挿話), 에피소우드.
eram, mengeram 알을 품다, 부화하다
mengerami 알을 품다
mengeramkan (알에서) 까다, 부화하다
pengeraman 부화.

erang 신음하는, 끙끙거리는
mengerang 신음하다, 끙끙거리다
erangan 신음.

erat ① 단단한, 견고한, 굳은 ② 가까운, 친한

mempererat, mengeratkan ① 단단하게 만들다 ② 친밀하게 하다.

éropa 유럽, 구주.
érosi 부식, 침식.
erti 의미
mengerti 이해하다, 알아듣다
pengertian ① 이해 ② 설명, 해석.

és 얼음
mengés 얼리다, 얼게 하다.

esa ① 하나, 유일 ② 하나의, 유일한
keesaan 유일.

esah 법률의, 합법적인
mengesah(kan) 인정하다, 공인하다.

ésél 소론, 수필, 에세이.
ésok 내일; *ésok* hari 내일
keésokan harinya 다음날.

ésot, mengésot 밀다, 떠밀다.
éstafét 릴레이 경주.
éter 에테르.
étika 윤리학, 도덕, 윤리.
étikét ① 상표 ② 예절, 예의
berétikét 상표를 붙이다.
étimologi 어원학.
étnologi 인종학, 민족학.
évaluasi 평가.
éwa 싫어하다, 증오하다.
éyang 조부모, 할아버지, 할머니.

F

faal¹ ① 선행, 행위, 품행 ② 유기체의 기능, 작용.
faal² 예언, 예보
  menfaalkan 예언하다, 예고하다.
fadil 최상의, 우수한.
faédah 효용, 이익, 유익
  berfaédah 유익한, 이로운
  kefaédahan 유익, 유용, 이익.
faham 이해, 이해하다
  sefaham 견해가 같은.
fajar 여명, 새벽.
fakir ① 가난한, 빈곤한 ② 가난한 사람
  kefakiran 빈곤.
fakta (확정된)일, 사실.
faktor ① 요소, 요인 ② (數) 인수, 인자.
faktur 송장, 청구서.
fakultas (대학의) 학부.
falak 하늘, 천공.
falsafat 철학
  berfalsafat 숙고하다, 철학적으로 사고하다.
famili 가족.
fana 일시적인, 덧없는
  kefanaan 덧없음, 무상함.
fanatik 열광적인, 광신적인
  kefanatikan 열광, 광신.
fantasi 공상, 환상.
fasal 장(章); ~에 관한.
fase 국면, 형세.
fasét 한 면, (사물의) 면.
fasih ① 유창한 ② 거침없이 말하는.
fasilitas ① 쉬움, 용이함 ② 설비, 시설.
Fébruari 2월.
féderal 연합의, 동맹의.
féderasi 연합, 동맹, 연방 정부.
féodal 영지의, 봉토의.
féodalisme 연방주의, 봉건제도.
fihak 쪽, 측면 ☞ pihak.

fiksi 허구, 소설.
film ① 필름 ② 영화.
filologi 언어학, 문헌학.
filsafat 철학
  berfilsafat 사색하다, 이론을 세우다.
firasah, firasat 인상, 용모, 풍자.
firaun 파라오.
firdaus 천국, 극락, 낙원.
firma 상회, 회사.
firman 신의 뜻, 섭리
  berfirman (신이나 왕이) 명하다, 천명하다.
fisik, fisika 물리, 육체의.
fitnah 중상, 비방, 모략
  memfitnah(kan) 비방하다, 중상하다.
fitrah 회교에서 금식이 끝날 때 의무적으로 내 놓은 자선품
  berfitrah 공물을 주다.
F.N. [Front Nasional] 국민 전선.
fokus 초점.
folio 2절판 (종이의 규격).
fondasi 기초, 토대.
foném 음소(音素), 음운.
fonétik 음성의, 음성학의.
fonologi 음성학, 운운론(학).
formasi 구성, 조직, 편제.
format 체제, 형(型).
formulir 법식, 서식, 양식.
fosil 화석(火石).
foto 사진.
foya, berfoya-foya 쉬다, 긴장을 풀고 쉬다.
fragmén 파편, 단편.
fraksi 도당, 당파.
frékwénsi 회수, 빈도, 주파.
fungsi ① 기능 ② 임무, 직무.
fusi 용해, 융해.
futur 금식을 끝내다.

G

gabah 벼(의 열매).
gabak 홍역.
gabas 급한, 황급한, 성급한
  menggabas 재촉하다, 서두르게 하다.
gabung ① 다발, 묶음 ② 군집, 떼
  bergabung ① 모이다 ② 연합하다
  menggabungkan ① 한데 묶다 ② 통합시키다
  penggabungan 합병
  pergabungan ① 제휴, 합병 ② 동맹, 연맹
  gabungan ① 합병, 동맹, 연합 ② 단합.
gadai, gadaian 보증, 담보(물)
  bergadai 담보로 돈을 보증하다
  menggadai 저당잡다
  menggadaikan ① 전당잡히다 ② 저당 잡히다
  pegadaian 전당포
  gadaian 담보(물).
gading ① 코끼리의 엄니 ② 상아.
gadis ① 소녀 ② 숙녀, 미혼녀
  bergadis 처녀성을 갖는[있는]
  menggadis 미혼으로 지내다
  menggadisi 처녀와 성(적) 관계를 맺다
  kegadisan 처녀성
  kegadis-gadisan 소녀티를 내다.
gado-gado 야채 샐러드.
gaduh ① 소음, 소란 ② 난리, 법석
  bergaduh 싸우다, 다투다
  mengaduh 방해하다
  kegaduhan ① 소음 ② 소요
  pergaduhan 소란, 소요.
gaga 밭(벼를 심는).
gagah ① 힘센 ② 거강한
  menggagah 단호히 대처하다
  menggagahi 이기다, 제압하다
  kegagahan 용기, 용맹.
gagak 《鳥》까마귀.
gagal 실패하다
  menggagalkan 물리치다, 좌절시키다
  kegagalan 실패.
gagang ① 손잡이 ② 줄기, 꼭지; *gagang* télépon (전화기의) 송수화기.
gagap¹ (=**menggagap**) 말을 더듬다.
gagap² (어둠속에서) 더듬다.
gaib ① 불가사의한, 신비로운 ② 은밀한, 보이지 않는 ③ 사라지다 ④ 비법의
  menggaibkan (diri) 둔갑하여 몸을 감추다
  kegaiban ① 신비, 비밀 ② 마술.
gairah ① 욕망, 정욕 ② 질투, 시샘
  menggairahkan ① 열망하다 ② 유혹적인, 매혹적인
  kegairahan ① 강한 욕망 ② 환희.
gait, menggait ① 뜯다, 따다 ② 잡아채다, 사취하다
  penggait (갈)고리.
gajah 《動》코끼리
  gajah-gajahan 상피병(像皮病).
gaji ① 임금, 급료 ② 봉급, 월급
  menggaji 고용하다
  gajian ① 근로자 ② 월급날.
gala, segala-galanya 모두, 모든.
galah 막대기, 장대
  bergalah 장대를 사용하다
  menggalah(kan) 장대로 따다.
galak ① 사나운 ② 매서운
  menggalakkan 부추기다, 자극하다.

galang

galang 대들보
- **bergalang** 지주로 사용하다
- **menggalang(i)** 지탱하다, 받치다
- **galangan** 둑, 논 둑.

gali, menggali 파다
- **penggali** ① 가래, 삽 ② 광부
- **penggalian** 채굴
- **galian** 채굴물, 채광물.

galib ① 승리하는, 이기는 ② 보통의, 정상의
- **menggalibkan** 습관화하다
- **kegaliban** 보통, 정상, 습관화.

galur 고랑, 골
- **bergalur-galur** 고랑이 진
- **menggalur-galur** 밝히다, 알아내다.

gambar ① 그림 ② 삽화
- **bergambar** ① (자신의) 사진을 찍다 ② 사진이 실린
- **menggambar** 그림을 그리다
- **menggambari** 삽화를 집어 넣다
- **menggambarkan** ① 실례를 들어 설명하다 ② 말하다, 묘사하다
- **penggambaran** ① 제도, 도안 ② 묘사, 서술
- **gambaran** ① 그림 ② 묘사.

gambus 6줄로 된 아라비아의 현악기
- **menggambus** 감부스를 연주하다.

gamelan 자와의 관현악단.

gampang 쉬운
- **gampangkan** ① 경감시키다 ② 용이하게 만들다
- **kegampangan** 너무 쉬운
- **gampangan** 보다 쉬운.

gampar, menggampar 주먹〔손바닥〕으로 때리다
- **gamparan** 타격, 일격.

ganas ① 야성의 ② 격렬한 ③ 잔인한
- **mengganas** 날뛰다
- **keganasan** ① 사나움 ② 잔인함.

ganda 배(倍), 곱, 두배
- **berganda** 두배가 되다
- **berganda-ganda** 수배가 되다
- **menggandakan** 두배로 증가시키다, 배가(倍加)시키다
- **memperganda-gandakan** 증가시키다
- **pergandaan** 배가(倍加).

gandéng, bergandéng(an) ① 나란히 ② 연결되다
- **mempergandéngkan** ① 연결시키다 ② 결합시키다
- **menggandéngi** 손을 잡고 동반하다
- **pergandéngan** 병행
- **gandéngan** 연결.

gandum 밀.

gang ① 골목 ② 통로.

ganggu, mengganggu ① 괴롭히다 ② 해치다 ③ 방해하다
- **gangguan** ① 교란 ② 훼방
- **terganggu** ① 교란된 ② 방해되다.

ganjal 버팀, 기둥, 버팀목
- **mengganjal** 받치다, 지탱시키다
- **terganjal** 받쳐진.

ganjil ① 홀수의 ② 이상한, 괴이한
- **mengganjilkan** ① 홀수로 만들다 ② 이상한
- **keganjilan** 괴이함, 괴벽.

ganti ① 대신, 대용품 ② 대리인
- **berganti** 변경하다, 바꾸다
- **berganti-ganti** ① 교대로 ② 계속 바뀌다
- **mengganti(kan)** ① 바꾸다 ② 보상하다, 배상하다
- **pengganti** ① 대신 ② 승계인
- **pergantian** 변화, 변모, 변경, 교체.

gantung 걸이
- **bergantung** ① 걸리다, 매달리다 ② (~에 의해) 결정되다
- **bergantungan** 매달리다, 달려 있다
- **menggantung** ① 걸다 ② 교수형에 처하다
- **menggantungi** ~에 걸다, 매달다
- **menggantungkan** ① ~을 걸다, 매달다 ② 일임하다, 위임하다
- **tergantung** ① 걸려 있는 ② 달려 있는

penggantungan 교수형
pergantungan 교수대.
gaplék (열대 지방산) 카사아버 녹말, 타피오카.
gapura 개선문, 정문.
gara ① 전재지변 ② 난리, 법석.
garam 소금
bergaram ① 염분이 있는 ② 소금처럼 되다
menggaramkan 소금이 되게 하다
penggaraman 염전.
garang ① 난폭한, 무자비한 ② 의욕적인
menggarang ① 난폭해지다 ② 의욕적이다
kegarangan 잔인, 무자비.
garansi 보증, 담보, 책임.
garasi 차고.
gardu ① 초소 ② 버스 대기소.
garis 선(線)
bergaris 줄이 그어진
menggaris(i) ① 줄을 긋다 ② 밑줄을 긋다
penggaris 자.
garong 도적(떼), 강도
menggarong 도둑질 하다, 강탈하다
penggarongan 도둑질, 강탈.
garpu 포오크
bergarpu 포오크를 사용하다
menggarpu 포오크로 찍어 들다.
garuda ① 독수리 ② 인도네시아 공화국의 문장(紋章).
garuk, bergaruk(-garuk) 긁다
menggaruk ① 긁다, (땅을) 파다 ② 긁어 (벗겨)내다
penggaruk 써레.
garut, menggarut 긁다.
gas 가스, 기체.
gasak, bergasak ① 비비다 ② 싸우다, 다투다
menggasak ① 때리다 ② 공격하다.
gasing 팽이
bergasing 팽이를 돌리다.

gatal 가려운
menggatalkan ① 가려움증을 일으키다 ② 약오르는
kegatalan ① 가려움 ② 짜증, 약오름.
gaul, bergaul 사귀다, 교제하다
menggaul 섞다
menggauli 성교(性交)하다
mempergauli (우정 따위에) 관여하다, 끼어들다
pergaulan 교제, 사귐.
gaun 가운.
gawang ① 문, 출입문, 관문 ② (축구) 골문
penggawang (축구의) 골키퍼.
gawat ① 위험스러운 ② 위독한, 위급한
menggawat 위독해지다.
gaya ① 힘 ② 형식, 모양 ③ 태도, 자세 ④ 곡조, 가락
bergaya ① 힘있는 ② 형식의, 모양의.
gayung (물)바가지
bergayung 물바가지를 사용하다.
gebah, menggebah 추적하다, 쫓다.
gedé 큰.
gedung 건물, 빌딩.
gegabah 무모한, 무례한
bergegabah 무모하게 행동하다.
gegap, *gegap gempita* ① 소란 ② 난리, 폭동
menggegapkan 매우 요란한.
gegas, bergegas-gegas 서두르다
tergegas-gegas 서둘러, 황급히.
gégér 법석, 난리
menggégérkan 수라장을 만들다
kegégéran 법석, 소란, 풍파.
gejala ① 증상 ② 징조, 징후.
geladak 갑판.
gelagat ① 징후, 조짐 ② 모습, 자세 ③ 동태, 습관.
gelak 웃음, 웃음소리, 웃다.
menggelakkan 비웃다, 놀리다.
gelambir (닭, 칠면조의) 늘어진

군살.

gelandang ① 빈둥거림 ② (축구 하키 따위의) 수비진
gelandangan 방랑, 구걸.
gelang (팔 또는 발목에 착용하는) 원형 모양의 장식품
pergelangan 발목.
gelanggang ① 경기장 ② 활동무대 ③ 싸움터.
gelap ① 어두운 ② 암울한 ③ 비밀의, 불법의
menggelap ① 어두워지다 ② 사라지다
menggelapkan ① 어둡게 만들다 ② 착복하다, 횡령하다
kegelapan 암흑, 불투명.
gelar(=gelaran) ① 명칭, 직함 ② 학위
bergelar 직함[학위]을 지니다
menggelari 명명하다, 이름 붙이다
menggelarkan 학위[직함]를 수여하다
pergelaran 학위[직함] 수여.
gelas ① 유리 ② 술잔.
gelatak 수다스러운, 말 많은.
gelédah, menggelédah(i) 수색하다
penggelédahan 수색, 급습.
geledék 천둥, 우뢰
menggeledék 천둥치다.
gelembéran (닭, 칠면조의) 늘어진 살.
gelembung 물방울, 거품
bergelembung, menggelembung 팽팽해지다
menggelembungkan 부풀르다.
géléng, bergéléng-géléng (머리를) 좌우로 흔들다
menggéléng(kan) 고개를 젓다.
gelentar (추위, 공포 따위로) 떨다
menggelentar (부들부들) 떨다.
gelepar, menggelepar-gelepar ① 몸부림치다 ② 퍼덕거리다
menggeleparkan 퍼덕이다.
gelétak, menggelétak 큰 대(大)자로 눕다[뻗다]
tergelétak 쓰러진, 뻗은.
geletar (추위, 공포에) 떨다
menggeletar 부들부들 떨다.
geli ① 우스운 ② 간지러운
menggelikan ① 웃기다 ② 소름끼치다 ③ 간질거리다
kegelian ① 간지러운 ② 우스운.
geliat, geliat-geliut (고통으로) 몸을 뒤틀다
menggeliat 기지개 켜다.
geliga 요술구슬 ☞ guliga.
gelimpang, bergelimpang(an) 큰 대(大)자로 드러눕다
tergelimpang 큰 대(大)자로 뻗다.
gelincir, menggelincir (기차가) 탈선하다
menggelincirkan 탈선시키다
tergelincir 미끄러지다.
gelingsir, bergelingsir, menggelingsir 미끄러져 내리다, 해가 지다
menggelingsirkan 미끄러 뜨리다.
gelintir 알맹이.
gelisah ① 불안한 ② 걱정하는
bergelisah 걱정[근심]하다
menggelisahkan 걱정[근심]하다
kegelisahan ① 불안 ② 걱정.
gelitik, menggelitik ① 간질이다 ② 자극하다, 선용하다.
gelombang 파도, 전파, 기복
bergelombang ① 물결치다, 일어나다 ② 오르내리다
menggelombang 변동하다, 오르내리다.
gelora ① 격랑의 ② 거친, 난폭한
bergelora 격노하다
menggelorakan 자극하다, 고무하다.
gelosok, menggelosok 여러번 세게 문지르다[닦다].
gema 메아리, 반향(음)
bergema 메아리치다
menggema(kan) 반영하다, 메

gemang 무서운, 두려운.
gemar 좋아하다
  bergemar 즐기다
  kegemaran 취미, 오락
  penggemar 애호가.
gemas 화나는
  menggemaskan 화나게 만들다
  kegemasan *kegemasan hati* 분노, 화.
gembala 양치는 사람, 지도자
  menggembala(kan) 돌보다, 사육하다
  penggembala 목동.
gembira ① 기쁜 ② 즐거운, 명랑한
  bergembira 기뻐하다, 즐거워하다
  menggembirakan 즐겁게 하다, 기쁘게 하다
  kegembiraan 기쁨.
gembléng, menggembléng ① 긴장시키다 ② 강화하다 ③ 훈련시키다.
gémbong(an) ① 투사(鬪士) ② 지도자.
gembung ① 부풀다 ② 꽉차다
  menggembung 팽팽해지다
  menggembungkan 부풀리다
  gembungan 팽창.
gembur (흙이) 푸석푸석한
  menggemburkan 푸석푸석하게 만들다.
gemdit ① 임신한 ② 배가 불룩 나온.
gemeletuk 떨다.
gementar 떨다, 전율하다
  ☞ gemetar.
gemelap, gemerlapan 번쩍거리는, 반짝이는.
gemetar 벌벌 떨다
  gemetaran 전율, 떨림.
gemilang ① 빛나는, 찬란한, 훌륭한 ② 밝은.
gempa, bergempa 진동이 일어나다, 흔들리다; *gempa bumi* 지진
  menggempakan 흔들어 놓다.

gempar 몹시 동요하다
  menggemparkan 수라장을 만들다
  kegemparan ① 소란, 법석 ② 물의(物議).
gempita *gegap gempita* 수선스러운, 소란한.
gempur, menggempur 파괴하다
  penggempur 공격자, 파괴자
  penggempuran 공격.
gemuk ① 뚱뚱한, 건장한 ② 비계의, 기름기 있는 ③ 기름
  menggemukkan ① 체중을 늘리다 ② 기름지게 하다.
gemulai 유연한, 나긋나긋한.
gemuruh 천둥처럼 울리는
  bergemuruh 천둥치다.
genang, bergenang, menggenang 피어있는, 흐르지 않는
  menggenangi 물에 잠기게 하다
  kegenangan (물이) 범람된
  penggenangan 저수지.
genap ① 완전한, 가득한 ② 짝수의
  segenap 모든, 전체의.
gencat 중단되다
  menggencat 멈추다, 중지시키다
  gencatan 중지.
gendang 북, 장고.
genderang 북, 장고.
géndong, menggéndong 등〔옆구리〕에 져 나르다, 업다.
généralisasi 일반화, 보편화.
générasi 세대.
générator 발전기.
genggam (한) 웅큼, (한) 줌
  menggenggam 움켜쥐다, 장악하다
  segenggam 한 웅큼, 한 줌
  genggaman 손아귀.
géngsi ① 자손, 후손 ② 인척, 친척 ③ 위신, 명성
  bergéngsi 위신을 차리다.
genit 숙녀인 체하는, 수줍은 체하는, 요염한

kegenitan 교태, 요염.
gentar ① 진동, 흔들림 ② 공포
  bergentar, menggentar 떨다
  kegentaran ① 진동 ② 공포
  gentaran 진동, 떨림.
genténg 기와 ☞ genting².
genting¹ ① 좁은, (줄이) 해진 ② 위급한, 위태로운
  menggentingkan 위태롭게 만들다
  kegentingan ① 위기 ② 긴장.
genting² 기와 ☞ genténg.
géofisik 지구 물리학.
géografi 지리(학).
géologi 지질학, 지질.
géopolitik 지정학(地政學).
gépéng 납작한, 평평한.
gera, menggera 깜짝 놀라게 하다, 위협하다.
geraham 어금니.
gerak 움직임, 동작
  bergerak ① 움직이다 ② 활동하다
  menggerakkan 움직이게 하다
  tergerak 동요되다
  gerakan 동작, 운동.
geram 노여운, 화난
  menggeram 화내다
  menggeramkan 화내게 하다.
geranat 수류탄.
gerangan 도대체, 대관절.
gerbang ① 풀어헤친 ② 정문
  menggerbang 풀어헤치다, 펼치다.
gerbong (기차의) 차량.
geréja ① 교회 ② 교회조직, 교파.
gerét, menggerét 문지르다, 비비다
  menggerétkan 긁다
  gerétan 성냥.
gergaji 톱
  menggergaji 톱질하다
  penggergajian 제재소.
gergasi (사람을 잡아먹는) 거인.
gerhana (달 또는 해의) 식(蝕); *gerhana* bulan 월식; *gerhana* matahari 일식.
gerigi (bergerigi) (톱날 따위처럼) 이가 나 있는.
gerila 유격대 ☞ gerilya.
gerilya 유격대, 게릴라.
gerimis 보슬비, 이슬비.
gerinda 둥근 숫돌, 회전 연마기.
gerinjam 이(齒牙)를 다듬는 연마기.
gerisik (나뭇잎, 종이 따위가) 스치는 소리
  menggerisik 부스럭거리다.
gerlip, menggerlip 깜박거리다, 깜박깜박하다.
gerobak 수레.
gerogot, menggerogoti 갉아먹다, 뜯어먹다.
gerohok 구멍.
gerombol ① 단체, 집단 ② 다발, 묶음
  bergerombol 모이다
  gerombolan 집단, 도당.
gersang ① (나무가) 마름 ② (땅이) 건조한.
gertak ① 호통, 고함 ② 허세 ③ 위협, 협박
  menggertak ① 호통치다, 야단하다 ② 협박하다
  gertakan ① 호통, 고함 ② 허세 ③ 협박.
gerutu ① (직물류 따위가) 거친, 허름한 ② 투덜거리는
  menggerutu 투덜거리다, 불평하다.
gesa, (ber)gesa-gesa 황급히, 서둘러서
  tergesa-gesa 허둥지둥, 급하게.
gésér (음성의) 마찰음
  bergésér ① 이동하다 ② 스치다, 닿다
  menggésérkan 문지르다
  penggéséran 마찰, 압력
  pergéséran ① 마찰 ② 압력.
getah ① (식물의) 액즙, 수액 ② 송진
  bergetah ① 액즙을 지니다 ② 끈적끈적한
  menggetah ① (액즙을 얻기 위

해) 나무에 구멍을 내다 ② 액즙을 채집하다.
getar, bergetar 떨다, 흔들리다
menggetarkan 떨게 하다
penggetar 폭군
getaran ① 진동 ② 떨림, 전율.
getir 쓴맛의
menggetirkan 고생시키다
kegetiran 쓴맛, 괴로움.
getok, menggetok 두들기다, 치다.
giat ① 열심[활동적]인 ② 적극적으로 하는
bergiat 적극성을 보이다, 극성을 부리다
mempergiatkan 격려하다, 북돋우다
kegiatan ① 열정, 활력 ② 활동.
gigau, menggigau 헛소리를 하는.
gigi 이, 치아
bergigi 이가 있는, 톱니가 달린.
gigih 굳센, 불요불굴의
kegigihan 불요불굴의 정신.
gigil, menggigil 떨다, 전율하다.
gigit 물어뜯음
bergigit-gigitan 서로 물다
menggigit 물다, 물어 뜯다
tergigit 물린.
gila ① 미친 ② 홀딱 반한
bergila-gila 미친듯이
mempergilakan 미치게 만들다
menggila 미쳐 버리다
kegila-gilaan 홀딱 반하다
bergila-gilaan (사랑에 빠져) 놀아나다.
gilang *gilang gemilang* ① 밝은 ② 훌륭한.
gilas, menggilas ① 빻다, 부수다 ② 치다
penggilas 쇄석기(碎石機), 분쇄기.
giling, bergiling 돌다, 회전하다
menggiling ① 빻다, 갈다 ② (로울러 따위로) 반반하게 고르다

penggilingan, gilingan 제분소[기]
gilir (=giliran) 차례, 순서
bergilir (계절 따위가) 바뀌다, 순환하다
bergilir-gilir, bergiliran 교대로, 번갈아
kegiliran 순번, 순서.
ginjal 신장(腎臟), 콩팥.
gir 전동(傳動)장치, (자동차 따위의) 기어.
girang ① 기쁜 ② 흥겹게, 명랑하게
bergirang *bergirang (hati)* 기뻐하다, 흥겨워하다
menggirangkan ① 기쁘게 하다 ② 흥겹게 하다
penggirang 낙천주의자
kegirangan 기쁨, 즐거움.
giro 지로, 구좌(口座).
gitar 기타(악기의 일종).
gitu 그렇게, 그러하다
gitu-gituan 그런 식으로 하다.
giur, menggiurkan 매혹적인, 황홀하게 하는
tergiur 매료(魅了)된.
giwang 자개, 진주조개.
gizi 양분(養分), 영양물
bergizi 영양이 되는.
global ① 대강의, 개략의 ② 전반적인 ③ 세계적인.
goda ① 유혹, 꼬임 ② 장난, 짓궂음
menggoda(i) ① 유혹하다 ② 괴롭히다 ③ 방해하다
(peng)godaan (=goda) 유혹, 꼬임
tergoda ① 꼬임에 빠진 ② 괴롭힘을 당한.
godok, menggodok ① 끓이다 ② 익히다.
gol ① (축구의) 고울 ② 결승점 ③ 성취하다.
golak, bergolak 부글부글 끓다
pergolakan 난리, 법석, 교란
golakan 소란, 야단법석.

golék, bergolék

golék, bergolék 구르다
bergolék-golék 여러번 구르다
menggolék 구르다, 굴리다
tergolék 쓰러져 딩굴다.
golok 칼의 일종.
golong, menggolongkan 분류하다
penggolongan 분류(하기)
tergolong ① 분류되다 ② 속하다
golongan ① 분류 ② 단체 ③ 계층.
goncang 심하게 흔들리다
bergoncang 흔들리다
menggoncangkan 흔들다
kegoncangan ① 충격, 진동 ② 소란, 소요.
gondok ① (체구가) 땅땅한 ② 갑상선종.
gondol, menggondol 입에 물고 가다.
gondrong 머리가 긴, 장발의.
gong 징.
gonta-ganti 번갈아, 교대로.
gopoh 서두르는
tergopoh-gopoh 허겁지겁.
gorék, menggorék 긁다
menggorék-gorék 계속 긁다.
goréng ① 튀긴 ② 볶은
menggoréng 볶다, 튀기다
penggoréngan ① 후라이팬 ② 볶기, 굽기.
gorés ① 할퀸 자국, 상처 ② 줄, 선
menggorés ① 할퀴다 ② 줄을 긋다
menggoréskan 긁적거리다.
gorok, menggorok 베다, 자르다.
gosok, bergosok 비비다, 문지르다
menggosok ① 문지르다 ② 광택을 내다 ③ 솔질하다
menggosokkan 문지르다, 비비다
penggosok ① 선동자 ② 마찰.
gotong, menggotong 맞들거나 여럿이 힘을 합쳐 들어 나르다

gotong-royong 상부상조
penggotong-royong 상호부조하는 사람.
goyah 흔들거리는, 비틀거리는
menggoyahkan 흔들다.
goyang ① 불안정한 ② 비틀거리는, 흔들리는
bergoyang ① 진동하다 ② 흔들리다
menggoyang(kan) ① 휘젓다 ② 흔들다
tergoyang 흔들리는.
grafik 도표.
gram 그램(무게 단위, g).
gramatika 문법(文法).
gramopon 축음기.
granat 수류탄.
grasi 사면(赦免).
gratis 무료(공짜)로.
grombolan 집단, 도당.
grosir 도매 상인.
gua 동굴.
gubah, menggubah ① 배열하여 꽂다, 편곡하다 ② 작곡하다, 짓다
penggubah ① 편곡자, 편집자 ② 작곡가
gubahan ① 편집 ② 작곡.
gubernur 주지사
(ke)gubernuran 주(州)의 청사.
gubuk ① (논 따위에 비를 피하게 위해 세운) 오두막 ② 헛간, 오막살이.
guci 단지, 자그마한 항아리.
gudang 창고(倉庫)
menggudangkan 창고에 쌓다
pergudangan 창고업.
gudeg (낭까 열매로 만든) 음식의 일종.
guding, gudik ① (양, 소 때로 사람에 생기는) 옴 ② 가려움증.
gugat, menggugat ① 고소(고발)하다 ② 요구하다
penggugat 원고, 고소인
tergugat 피고, 피고소인
gugatan ① 고소 ② 요구.
gugup 겁을 먹은, 당황하는

gugur

menggugupkan 당황하게 만들다, 겁을 주다
kegugupan ① 공포, 당황, 겁먹음 ② 신경과민
penggugup 신경이 과민한 사람.
gugur 지다, 떨어지다
keguguran ① 떨어짐 ② 유산.
gugus, gugusan 무리, 군(群), 집단
bergugus, menggugus (섬들, 별들이) 군(群)을 이루다.
gula 설탕, 당(糖)
gula-gula ① 사탕 ② 애인
menggula 아첨하다, 알랑거리다
menggulai 설탕을 치다[넣다].
gulai 카레 수우프
menggulai 카레 수우프를 만들다.
gulana *gundah-gulana* 내키는 마음이 없는, 낙심한.
gulat, bergulat 씨름하다, 레슬링하다
pergulatan ① 레슬링, 씨름 ② 투쟁, 노력.
guliga ① 우황(牛黃) ② 마법의 돌.
guling 큰 베개, 죽부인
berguling ① 큰 베개[죽부인]를 베고 자다 ② 굴러 넘어지다
mengguling 구르다, 굴러 떨어지다
menggulingkan 굴리다, 굴려 떨어뜨리다
terguling ① 굴러 떨어진 ② 전복된.
gulita *gelap gulita* 캄캄한, 칠흑같이 어두운.
gulung 두루마리, 권축(卷軸)
bergulung-gulung 뒹굴다
menggulung 감다
menggulungkan ① 굴리다 ② 말아 올리다
tergulung ① (둥글게) 말아서 만든 ② 감긴
gulungan 실패, 얼레.
gumpal (흙 따위의) 덩어리
bergumpal (우유 따위가) 엉기(게 하)다
bergumpal-gumpal 덩어리를 이루어
menggumpal(kan) ① 부스러 뜨리다 ② 덩어리로 만들다
tergumpal 덩어리진.
gumul, bergumul 씨름하다
pergumulan 씨름, 격투.
guna ① 쓸모, 이용 ② 용도, 사용 목적 ③ ~을 위하여
guna-guna 마법, 마력
berguna 유용한
menggunakan ① 쓰다, 이용하다 ② 유용하게 사용하다
kegunaan 유용
penggunaan, pergunaan 사용, 이용.
gunawan 덕이 있는, 선량한.
guncang 흔들다 ☞ goncang.
gundah 의기소침한, 낙담한
menggundahkan 낙담하게 들다
kegundahan 의기소침, 낙담.
gundik 첩, 내연의 처
mempergundikkan 첩으로 삼다
pergundikan 일부처첩제.
gundu 견과(堅果), 공기돌
bergundu 공기(돌) 놀이를 하다.
gundul ① 대머리(의) ② 발가벗은, 황폐한
mengunduli ① 삭발하다 ② 영패시키다
menggundulkan 대머리로 만들다.
gung 징.
gunting 가위
menggunting 가위로 자르다, 재단하다
pengguntingan 절단, 자름
guntingan 절단, 재단.
guntur 천둥, 우레
mengguntur 천둥치다.
gunung 산, 산악
bergunung 산이 많은
pegunungan 산맥.
gupernur 주지사 ☞ gubernur.
gurat, guratan 줄, 선
menggurat(kan) 줄[선, 금]을 긋다.

gurau, bergurau 농담을 하다, 익살을 부리다
  memperguraukan ① ~에 대하여 농담하다 ② 놀리다.
gurih 맛좋은.
gurila 게릴라 ☞ gerilya.
gurindam 격언, 금언.
gurita 낙지.
guru 교사, 교원, 선생님
  perguruan ① 교육, 훈육 ② 학교.
guruh 천둥, 뇌성
  berguruh, mengguruh 천둥치다.
gurun 황무지, 황야.
gus 한 순간에 모두 끝내다 ☞ sekaligus.
gusar 화를 내는
  menggusari ~에게 화를 내다
  menggusarkan 화나게 하다
  kegusaran 화냄, 성남.
gusi 잇몸.
gusur, menggusur 끌어당기다, 잡아 채다.
guyah 흔들거리는 ☞ goyah.

H

habis 끝난, 종료한, 완료한
  berhabis 낭비하다, 마구 쓰다
  (ber)habis-habisan 전부, 완전히, 최후의 하나까지
  menghabisi ① 끝내다, 끝마치다 ② 소탕하다, 일소하다
  menghabiskan ① 끝마치다, 끝내다 ② 다 써버리다
  kehabisan ① 남지 않은 ② 잔고
  penghabisan ① 최후, 최종 ② 종료, 종말
  sehabis (=habis) ~한 후에
  sehabis-habisnya 최대한으로.
hablur 수정, 결정(체)
  menghablurkan 결정시키다.
habuk 가루, 먼지.
had 경계, 한계. .
hadang 방해〔저지〕하다 ☞ adang.
hadap 앞, 정면
  di hadap ~앞에, ~전면에
  di hadapan ~앞의, 다음의
  ke hadapan ~에게, ~귀하
  menghadap 면하다, 향하다
  menghadapi ~에 직면하다, 봉착하다
  menghadapkan ① 겨냥하다, 겨누다 ② 배알(拜謁)시키다
  memperhadapkan (법정에서) 대질시키다
  terhadap ① ~에 관하여, 대하여 ② ~의 쪽으로, ~을 향하여.
hadiah ① 상, 상품 ② 선물
  berhadiah 선물하다
  menghadiahi 상을 주다
  menghadiahkan ① 상으로 ~을 주다 ② ~을 선물하다.
hadir 참석한, 참가하는
  menghadiri 참가하다
  kehadiran 출석, 참가.
hadirat 출석, 알현.
hadirin 출석자, 참석자.
hadis 〔이슬람교의〕 전설.
hafal 암기하다, 외우다.
hai 야! (주의를 끌게 하는 말).
haid 월경.
haj 성지〔메카〕 순례.
hajar, menghajar 때리다, 질책하다.
hajat 요망, 욕구, 목적
  berhajat 의도하다, ~할 의향이 있다
  menghajatkan 필요로 하다.
haji 성지〔메카〕 순례자.
hak ① 권리 ② 권한
  berhak ① ~할 권리를 갖다 ② ~할 수 있다
  menghakkan 권한을 부여하다.
hakékat, hakikat 진실, 사실
  pada *hakékat*nya 사실은.
hakiki 사실, 진실.
hakim 재판관, 판사
  berhakim 소송을 제기하다
  menghakimi 재판하다
  kehakiman 법무, 사법.
hal ① 일, 사건, 사태, 문제 ② 상황, 실정
  berhal 어떤 일에 관련되어 있는
  terhal 방해되는.
hala 방향, 방위
  berhala ~로 향하여
  menghalakan ~로 향하다.
halal ① 허락되는, 허용되는 ② 올바른
  menghalalkan 허락하다, 허용하다.
halaman ① 마당, 정원 ② 쪽, 페이지.
halang, menghalang(-halang)i 방해하다, 막다
  halangan 장애, 방해.
halau, menghalau(kan) 쫓아내다, 몰아내다

penghalau 소몰이
penghalauan (소 따위를)모는 행위.
halilintar 번갯불, 벼락.
halimun(an) ① 안개 ② 불투명(의).
halintar ☞ halilintar.
haloba 탐욕, 큰 욕심.
halte 정류소.
halter 아령, 역기.
haluan ① 뱃머리, 방향, 방위 ② 항로, 진로, 노선
 berhaluan 진로를 따르다
 menghaluankan 안내하다, 지도하다
 sehaluan 동일 노선을 따르다.
halus ① 세련된, 정제된 ② 품위 있는, 고상한
 memperhalus 깨끗이 하다, 맑게 하다
 menghalusi 속이다, 기만하다
 menghaluskan 세밀하게 만들다
 kehalusan ① 세련, 섬세 ② 품위, 고상, 우아.
ham 햄.
hama 해충, 병균.
hamba ① 노예, 종복(從僕) ② ≪제1인칭대명사≫ 저, 소인 (자기를 낮추는 말)
 berhamba 노예가 되다
 menghamba 봉사하다, 섬기다
 memperhambakan, menghambakan 노예로 만들다
 kehambaan 겸손, 비하
 penghambaan, perhambaan 노예, 예속.
hambar 맛없다.
hambat 폐쇄음
 menghambat ① 방해하다, 막다 ② 추적하다
 penghambat ① 방해자, 방해물 ② 추적자
 terhambat 방해받는, 지연되는
 hambatan 방해, 지연.
hambur 뿌리다
 berhambur(an) 뿔뿔이 흩어진

menghambur 뿔뿔이 흩다
menghamburi ~에 몸을 던지다
menghamburkan 흗트리다.
hamil 임신한
 menghamilkan 임신시키다
 penghamilan 임신, 함축.
hampa 빈, 없는, 공허한
 berhampa tangan 매손인, 성과가 없는
 menghampakan 비우다
 kehampaan 공허, 무용, 무익.
hampar, menghampari 덮다, 싸다
 menghamparkan 펴다, 펼치다
 terhampar 펼쳐진, 퍼진
 hamparan 양탄자.
hampir ① 가까이, 근접하여 ② 거의, 거진
 menghampiri 접근하다
 menghampirkan 근접시키다
 penghampiran 근접, 접근
 hampiran 이웃
 berhampiran 가까이에 있는.
hamuk 미친듯이 날뛰다.
hancur ① 부서진, 파괴된 ② 용해된, 풀어진
 menghancurkan ① 때려 부수다, 깨뜨리다 ② 용해시키다, 녹이다
 menghancur-leburkan 부수다, 분쇄하다
 kehancuran 파괴, 파기, 용해
 penghancur 분쇄기, 쇄석기
 penghancuran 분쇄
 hancuran 부스러기, 용해.
handai 친구, 동무.
handuk 수건.
hangat (보도 따위가) 새로운, 갓 나온, 뜨거운
 menghangat 격렬해지다, 비판적으로 되다
 menghangati 자극하다, 격려하다
 menghangatkan ① 격렬하게 만들다, 위기에 빠뜨리다 ② 데우다, 따뜻하게 만들다
 kehangatan 열, 긴장, 격노, 따

hanggar 격납고.
hangus 탄, 그을린.
hantam ① 부수다, 파괴하다 ② 때리다, 치다
　berhantam 싸우다, 다투다
　menghantam 때리다
　menghantamkan ~를 때리다, 공격하다
hantar, berhantaran 여기 저기 널려 있는
　menghantarkan ① 가져오다 ② 환송하다, 배웅하다
　terhantar 방치해 둔, 게을리 한.
hantu 유령, 망령.
hanya 오직, 단지
hanyut ① (파도, 급류 따위에) 휩쓸리다, 휩쓸려가다 ② 유랑하다
　berhanyut-hanyut 표류하다.
hapus 없어지다, 사라지다
　menghapuskan ① 일소하다, 소탕하다 ② 면제하다, 면하다
　penghapusan ① 일소, 소탕, 없앰, 닦아냄 ② 면제.
hara 동요, 소란.
haram 금지된, 허락치 않는
　mengharamkan 금하다, 허락치 않다.
harap 부디, 제발
　berharap 바라다
　mengharap(kan) ① 기다리다, 바라다 ② 기대하다, 예상하다
　harapan ① 예상, 예기, 기대 ② 희망, 소망, 바람
　berharapan 바라다.
hardik 엄한, 신랄한.
harfiah 문자적, 문자상의.
harga 가격, 값
　berharga 값진, 값나가는, 가치 있는
　menghargai, menghargakan 값을 매기다, 감정하다
　tidak terharga 값을 매길 수 없는.
hari 낮, 하루, 날
　sehari suntuk 종일, 하루종일
　sehari-hari 매일, 날마다
　sehari-harian 종일토록, 하루종일
　harian 매일의, 일간 신문.
haribaan 무릎.
harimau (動) 호랑이.
harkat 표준, 수준, 가치.
harmoni 조화, 일치, 융화.
harmonika 하모니카.
harta 재산, 부, 재화, 재물
　berharta 부자인, 부유한.
hartawan 재산가, 부자.
haru, keharuan 소동, 혼란
　mengharu-birukan 소란을 피우다
　keterharuan 감동, 감정
　pengharu 선동자, 이간자.
harum 향기, 향기로운
　mengharumkan ① 향기롭게 하다 ② 유명하게 만들다
　keharuman 향기로움, 향기, 명성, 명예.
harus 해야 하다
　mengharuskan 강요하다, 복종시키다
　seharusnya 마땅한, 당연한
　keharusan 필요, 당연, 의무.
hasil ① 수확, 수확고 ② 결과, 성과
　berhasil 성공하다, 이루다
　menghasilkan 생산하다, 제조하다
　penghasilan 수확, 수입.
hasrat 희망, 소망, 욕망
　berhasrat 바라다
　menghasratkan 갈망하다
　kehasratan 원함, 희망.
hasud[1] 질투.
hasud[2]**, hasut** 선동, 자극.
hati ① 가슴 ② 마음, 정신 ③ 흥미, 관심
　berhati-hati 조심하는
　memperhatikan 주의하다, 주목하다
　perhatian ① 관심, 흥미 ② 주의, 주목.
haus 목이 마른, 갈증 나는
　kehausan 갈증, 목마름.
hawa[1] ① 공기, 대기 ② 날씨,

일기.
hawa² *hawa nafsu* 열망, 욕망, 육욕.
hayal 상(像), 모습.
hayat 생명, 삶.
hayati 삶, 살아 있는.
hb [hari bulan] 날짜.
hébat 중대한, 무서운, 무시무시한, 굉장한
  menghébat 악화되다, 심화되다
  kehébatan ① 중대, 거대 ② 격렬, 맹렬.
héboh 야단법석, 소란
  kehébohan 방해, 소송, 교란.
héktar 핵타아르.
héla, menghéla 끌다, 끌어당기다
  menghélakan ① ~을 끌어당기다 ② 겨냥을 하다
  hélaan 견인, 견인력.
hélah 책략, 계략.
helai ~장, ~매 《종이, 옷감, 천 따위를 셀 때 사용하는 수량사》.
hélat 계교, 책략, 속임수.
hélikoptér 헬리콥터.
hémat ① 절약하는, 검약하는 ② 의견, 소견
  menghématkan ~을 절약하다
  kehématan 절약, 검약
  penghématan ① 절약, 검약 ② 경제.
hembalang, berhembalang, terhembalang 넘어지다, 전도하다.
hembus, berhembus 불다.
hempas, menghempas 내려 던지다.
hendak 원하다, 기꺼이 ~하다
  berhendak 원하다, 바라다
  berkehendak 원하다, 바라다
  menghendaki ① ~을 원하다, 바라다 ② 요구하다, 필요로 하다
  kehendak ① 원함, 바람 ② 의도
  hendaknya 바람직스럽다, ~하는게 마땅하다 (명령문을 이끌 때 사용).

hening ① 맑은, 투명한 ② 조용한, 정숙한
  menghéningkan ① 명백하게 하다, 맑게 하다 ② 집중시키다, 한 점으로 모으다
  penghéningan 집중.
henti, berhenti 멈추다, 중지하다
  berhentikan 멈추다, 서다
  memberhentikan 해고하다, 면직하다
  memperhentikan, menghentikan ① 세우다, 멈추게 하다 ② 저지시키다, 정지시키다 ③ 해고하다, 면직하다
  penghentian, perhentian 정류소, 정차지.
héran ① 놀라운, 당황하는 ② 이상한, 신기한
  menghérankan 놀랍다, 놀래키다
  kehéranan 놀란, 놀람, 경이.
héwan 동물, 짐승, 가축.
hianat 사기, 기만 ☞ khianat.
hias 장식, 꾸밈
  berhias 정장하다, 차려입다
  memperhiasi, menghiasi 장식하다, 꾸미다
  (per)hiasan 장식, 꾸밈, 치장.
hibah 선물, 증여, 기증품.
hibur, menghibur(kan) 위안하다, 즐겁게 하다
  (peng)hiburan ① 환대, 대접 ② 위로, 위안.
hidang, menghidangkan 주다, 제공하다
  hidangan ① (접시에 담은) 음식 ② 공연, 연출, 상연 ③ 제공, 공급.
hidayat (신의) 안내, 지도, 지시.
hidmat 봉사 ☞ khidmat.
hidung 코
  kehidung-hidungan, menghidung 코의, 코에 관한, 콧소리의.
hidup ① 살아있는, 생존한 ② (기계 따위가) 움직이다, 돌다, 작동하다

menghidupi 보살피다, 키우다
menghidupkan 살리다, 살게 하다
menghidup-suburkan 번영시키다, 융성하게 하다
kehidupan 생활, 삶, 생계, 생존
penghidupan 수입, 소득
sehidup semati 충성스러운, 충실한.
hijau 초록빛, 미숙한, 익지 않은
menghijaukan 초록빛으로 칠하다
kehijau-hijauan 초록빛이 도는.
hijrah 마호멜의 메카에서 마디나로의 도피(서기 662)년.
hikayat 이야기, 설화, 역사
berhikayat 이야기하다, 설화를 들려주다
menghikayatkan ~한 이야기를 해주다.
hikmah ☞ hikmat.
hikmat ① 슬기, 현명 ② 마력
menghikmati 매혹하다, 황홀케 하다.
hilang ① 사라진, 없어진 ② 죽은, 사망한
menghilangkan ① 잃다, 잃어버리다 ② 제거하다, 일소하다
menghilang-lenyapkan 사라지게 하다
kehilangan 손실, 분실, 상실.
hilap 잘못, 실수 ☞ khilaf.
hilir ① 아래 쪽, 하류 ② 늦은, 이슥한
hilir mudik 이리저리로 움직이는, 왕복의
menghilirkan ① 떠가게 하다, 표류시키다 ② 조종하다, (어떤 방향으로) 돌리다
menghilir-mudikkan ① 조종하다, 지도하다 ② 마음대로 다루다.
himbau, menghimbau 부르다.
himpit, menghimpit 밀착하다, 합치다
himpun, berhimpun 집합하다, 모이다, 회합하다
menghimpunkan 모으다, 소집하다
perhimpunan 협회, 조합
himpunan ① 협회, 회합 ② 집합, 수집.
hina ① 비천한, 초라한 ② 비열한, 경멸하여 마땅한
berhina diri 겸손한, 신중한
menghina(kan) 경멸하다, 모욕하다
kehinaan ① 겸손 ② 비천, 비하
penghinaan 창피를 줌, 굴욕, 창피.
hindar, menghindar 피하다, 도피하다
menghindari, menghindarkan 피하다, 회피하다
penghindaran 도피, 회피, 방지, 예방
terhindar 분리된, 격리된.
hingga ~에 이르기까지, ~할 때까지
berhingga 한정된, 유한한
memperhinggakan, menghinggakan 제한하다, 정하다
perhinggaan 한계, 한정
sehingga 그러므로, 따라서
terhingga *tidak terhingga* 한되지 않는, 한정되지 않는.
hinggap ① (새가) 앉다, 걸터앉다 ② (병이 사람을) 침해하다, 괴롭히다
menghinggap (새가 나무 따위에) 내려앉다
menghinggapi ① ~에 내려앉다, ~에 앉다 ② (병에) 걸리다, 괴롭히다.
hipokrasi 위선(자).
hipoték 저당(抵當), 저당잡힘.
hipotésa 가설, 가상설, 가정.
hirap 사라지다, 보이지 않게 되다
menghirap 사라지다, 보이지 않게 되다.
hirarki 계급 조직.
hirau, menghirau(kan) 유의하다, 마음에 두다.

hiru-hara 동요, 소란.
hiruk 대소동, 혼란, 야단법석; *hiruk* piruk, *hiruk* piruk 동요, 소동, 소음, 법석
  menghiruk 시끄럽게 하다
  menghirukkan ~한 일로 소란을 피우다, ~한 일로 시끄럽게 하다.
hirup, menghirup 들이마시다.
hisab 계산, 셈
  menghisabkan 계산하다, 셈하다.
hisak, menghisak 흐느껴 울다.
hisap, menghisap 들이마시다 ☞ isap.
hitam 검은, 검정색의, 어두운
  menghitam 어두워지다, 캄캄해지다
  menghitam(-hitam)kan 검게 만들다, 흑색으로 칠하다
  kehitam-hitaman 거무스름한.
hitung, berhitung 수를 세다, 계산하다
  memperhitungkan ① 고려하다, 계산하다 ② 중요시하다, 중시하다
  menghitung-hitung 낱낱이 세다, 반복해서 세다
  perhitungan ① 계산, 셈 ② 고려, 참작.
hiu 《魚》상어.
hlm [halaman] (책의) 페이지, 쪽, 면.
hobat (=hobatan) 주문(呪文), 마력.
hop 장(長), 우두머리.
horas 만수무강을!.
hormat ① 명예, 영예 ② 경의, 존경, 존중
  menghormat(i) 존경하다, 경의를 표하다
  kehormatan ① 명예, 영예 ② 경의, 존중
  penghormatan 존경, 경의, 존중
  terhormat 명예로운, 존경받는.
hotél 호텔, 여관.

hoyong, terhoyong 비틀거리다 ☞ huyung.
hubung, berhubung 관계가 있는, 관련있는
  berhubungan ① 관련이 있는, 연관된 ② ~와 접촉하고 있다, ~와 교신하다
  menghubungi 접촉하다, 연락을 취하다
  memperhubungkan, menghubungkan 잇다, 결합하다
  (per)hubungan ① 관계, 관련 ② 교통, 교류.
hujah 중상, 비방, 모략
  menghujah 중상하다, 비방하다.
hujan 비, 강우, 비가 오다
  berhujan-hujan 빗속을 거닐다
  memperhujankan 비를 맞게 하다
  menghujananginkan 비바람을 맞다
  kehujanan 비를 맞다.
hukum 법, 법률
  berhukum 소송을 제기하다, 법정에 출두하다
  menghukum ① 벌하다, 꾸짖다 ② 선고하다, 판결하다
  kehukuman 사법적의, 법률상의
  penghukuman 판결, 처형
  terhukum 유죄 선고를 받은
  hukuman ① 형벌, 처벌 ② 판결, 선고.
hulu ① 상부, 끝 ② 머리, 두부
  menghulu 상류로 거슬러 가다.
hulubalang 지휘관, 사령관, 대장.
huma 논, 천수답.
huni, berhuni 살고 있는, 거주하고 있는
  menghuni 살다, 거주하다
  penghuni 주민, 주인, 수호신.
hunus, menghunus (칼을) 뽑다, 빼다.
hura-hara, huru-hara ☞ hiru-hara.
huruf 문자, 글자.
hutan 숲, 삼림, 밀림, 정글

menghutankan 산림으로 만들다
kehutanan 임업.
hutang ☞ utang

penghutang 채권자.
huyung, terhuyung(-huyung) 비틀거리다, 아장아장 걷다.

I

ia ☞ dia ① 그, 그녀 ② 그를, 그녀를
beria(-ia) 동의하다, 응하다
mengiakan 긍정하다
seia sekata 합의하는, 동의하는
ialah ~이다.
iba 감동하는, 동정하는
mengibakan ① 영향을 주다, 감동시키다 ② ~을 그리워하다
keibaan 감동, 향수.
ibadat 종교, 예배, 숭배
beribadat 종교상의, 믿음이 두터운.
ibarat ① 상징, 표상 ② 보기, 예
beribarat 충고적인
mengibaratkan ① 예를 들다 ② 비유하다.
iblis 악마, 악귀.
ibu 어머니, 모친
beribu 어머니가 있다
keibuan 모성.
id (이슬람교의) 축제일, 경축일.
idam 갈망, 간청
mengidam 갈망하다, 간청하다
mengidam(-idam)kan ~을 몹시 갈망하다, 열망하다.
idap, mengidap 지병을 앓다
idapan 지병, 만성병.
idar, beridar 맴돌다 ☞ édar.
idé 생각, 판단, 상상.
idéntifikasi 동일함, 동일시.
idulfitri 금식기간이 끝나는 날의 축제.
igau, mengigau 잠꼬대 하다, 헛소리하다
mengigaukan 꿈을 꾸다, 잠결에 ~라고 말하다
igauan 흥분, 광란.
ihwal ☞ hal.
ijab (값을) 매김, 확정, 확인
mengijabkan (값을) 매기다.

ijazah 증명서, 면허장
berijazah 유자격의, 증명이 있는.
ijin ☞ izin.
ijo, mengijo 벼가 익기 전에 돈을 미리 지불하여 사다.
ijtihad 의견, 해석, 의도.
ijuk 사탕 종려의 섬유질
mengijuk 털이 억셈.
ikal 곱슬곱슬한, 고수머리의
mengikal 곱슬곱슬하게 하다, (수염을) 꼬다, 비틀다.
ikan 물고기, 생선
berikan 고기가 있는
perikanan 어업, 수산업.
ikat ① 실, 끈 ② 다발, 송이
mengikat ① 매다, 이어 붙이다 ② 짓다, 작문하다
perikatan 약정, 관계
seikat 한 묶음
terikat 묶인, 한정된
ikatan ① 실, 끈 ② 동맹.
ikhlas 성실한, 신중한
mengikhlaskan ~에 전념하다, ~에 몰두하다
keikhlasan 성실, 경직.
ikhtiar ① 솔선, 선창 ② 수단, 노력
berikhtiar 시도하다, 노력하다
mengikhtiarkan ① 시도하다 ② 충고하다 ③ 구성하다, 조정하다.
ikhtiari 임의의, 마음대로의.
ikhtisar 요약, 총괄, 개요
mengikhtisarkan 요약하다, 총괄하다.
iklan 광고, 선전
mengiklankan 광고하다, 선전하다.
iklim 기후, 풍토.
ikrar ① 굳은 약속, 맹약 ② 승인, 인정

berikrar, mengikrar ① 고백하다, 자인하다 ② 약속하다, 약조하다
mengikrarkan ~을 약속하다, ~을 자인하다.
ikut ① 따르다, 쫓아가다 ② 간섭하다, 참견하다
berikut ~이 다음에 오다, 따라가다
berikut-ikut 잇달아서, 연속적으로
mengikut 따르다, 복종하다
mengikuti ① 동반하다, 동행하다 ② (강좌를) 듣다, 수강하다
mengikut-sertakan 동반하다, 동행하다.
ilah 신, 우상.
iler 침, 군침
mengiler (군)침을 흘리다.
ilham 영감, 신령감응
mengilhami 영감을 주다
mengilhamkan ~에게 영감을 주다.
ilir ☞ hilir.
illustratip 예증이 되는.
ilmiawan, ilmuwan 학자.
ilmu ① 지식, 인식 ② 학문
berilmu, keilmuan 학식이 있는, 배운
keilmu(-ilmu)an 유사과학의, 의사(疑似)과학의.
imajinasi 상상, 상상력.
imam 회교의 성직자, 천주교의 신부, 기독교의 목사
mengimami 회교 사원에서 기도를 인도하다.
iman 신앙, 신뢰, 믿음
beriman 믿음이 깊은, 헌신적인
keimanan 신앙, 충심.
imbang 균형잡힌
berimbang(an) 어느 쪽으로도 기울지 않은, 같은
mengimbangi ~와 같다, 필적하다
mengimbangkan 균형을 맞추다
pengimbang, perimbang 대등한 사람, 상대물
perimbangan 평균, 균형
seimbang 같은, 동등한
memperseimbangkan 같게 하다, 평등하게 하다
keseimbangan 균형, 조화
imbangan 평균, 균형, 평형
imbang-imbangan 거의 같은, 대충 균형을 이루는.
imbau, mengimbau 부르다, 신호하다
imbauan 부름, 외침, 신호.
imbuh 부가물, 첨부
mengimbuh 부가하다, 첨부하다
imbuhan 접사.
imigran 이주민, 이주자.
imigrasi 이주, 이민.
imlék (중국의) 달력.
impérialis 제국주의자, 제정주의자.
impérialisme 제국주의, 제정.
impi ☞ mimpi.
impit 밀착된, 밀접한
berimpit 밀착하다, 밀접하다
mengimpit 누르다, 밀착시키다
impitan 압착, 압력.
impor 수입, 끌어들임
mengimpor 수입하다
pengimpor 수입자, 수입상.
imprési 인상
inang 유모, 보모.
inap, menginap 투숙하다, 숙박하다
penginapan 숙박, 투숙.
incar 드릴, 천공기
mengincar (총이나 고무줄 총 따위를) 겨누다, 겨냥하다.
inci 인치(약 2.54cm).
indah 아름다운, 멋진
mengindahkan 주의하다, 관심을 기울이다
memperindah(kan) 미화하다
keindahan 아름다움, 미
pengindahan 주의, 관심
perindahan 흥미, 주의.
indékos 하숙하다, 기숙하다.
indéks 색인(索引).
individu 개인.

Indo

Indo 유러시아(의), 구아(歐亞)의.
induk (주로 동물의) 어미, 어머니; *induk* karangan (법률의) 본문, 사설; *induk* semang 주부, 안주인
　perindukan 집중, 집결
　(se)perindukan 한배 새끼.
indung 어머니, 어미.
industri 산업, 공업
　mengindustrikan 산업화하다
　perindustrian 산업, 공업.
industrialisasi 산업화, 공업화.
industri(a)wan 산업 노동자.
inersi 정력, 힘, 세력.
inféksi 전염, 감염.
inflasi 팽창, 인플레이션.
influénsa (醫) 유행성 감기.
informasi 통지, 보고.
informil 약식의, 비공식의.
ingat 기억하다, 회상하다
　beringat-ingat 조심성 있는
　memperingati 기념하다, 기재하다
　memperingatkan ① ~을 상기시키다 ② 경고하다, 조심시키다
　mengingati 상기시키다, 조심시키다
　peringatan ① 기억, 회상 ② 경고, 충고
　seingat *seingat* saya 나의 기억에 의하면
　ingatan 기억, 추억
　ingat-ingatan 기념품, 추억의 유품.
Inggris 영국(의), 영어의.
ingin 바라다, 원하다
　beringin (akan) 열망하다, 간청하다
　memperingini 흥미를 불러 일으키다
　keinginan 소망, 희망
　berkeinginan 욕망을 가지다
　peringinan 욕구, 욕망.
ingkar 거절하다, 어기다, 부정하다

intéléktuil

　mengingkari 부인하다, 거절하다
　keingkaran 부인, 어김.
ingus 콧물
ini ① 이것, 이 물건, 이 사람 ② 여기, 이곳.
inisiatip 시작, 솔선, 선창.
injak 디딤판, 발판
　menginjak 밟다, 짓밟다
　menginjak(kan) *menginjakkan* kaki 짓밟다, 정복하다
injéksi 주입, 주사.
injil ① 복음, 교의 ② 신약전서.
inplénsa (醫) 유행성 감기, 인플루엔저.
insaf ① 관념, 개념 ② 지각(知覺), 깨달음
　menginsafi 깨닫다, 이해하다
　menginsafkan 확신시키다, 납득시키다
　keinsafan 지각, 깨달음.
insan 인간, 사람.
insang 아가미.
insani 인간.
insidén 일어난 일, 사건.
insinyur 기사, 공학자.
inspéksi 시찰, 감찰
　menginspéksi 시찰하다, 감찰하다.
inspéktur 시찰관, 검사관.
inspirasi 영감, 영감에 의한 착상.
instalasasi 취임, 임명, 설비.
instansi 권위, 권력, 권한, 기관, 조직.
instruksi 교수, 교육.
instruktur 교사, 교수.
insya Allah 신의 뜻대로.
insyaf ☞ insaf.
intai, mengintai 정찰하다, 조심스럽게 조사하다
　pengintai 정찰자, 관찰자
　pengintaian 정찰, 관찰.
intan 다이아몬드, 보석.
intégrasi 완성, 통합.
intélék 지력, 지성.
intéléktuil 지적인, 지력의.

intélijén 지능, 이해력.
inténsip 강한, 격렬한, 철저한.
interlokal 도시간의, 장거리 전화.
internasional 국제상의, 국제간의.
interpélasi 장관에 대한 질문.
interpiu 회견, 대담, 인터뷰.
interprétasi 해석, 설명.
interrupsi 중단, 방해, 중절.
inti 핵, 핵심, 중축.
intip, mengintip 정찰하다.
intonasi (소리의) 억양, 어조.
intuisi 직관, 직각.
invasi 침입, 침략.
invéstasi 투자, 출자.
ipar 처남, 처형제, 매형, 매부.
irama ① 음율, 리듬 ② 주제, 테마.
irasional 불합리한, 이성이 없는
iri *iri hati* 부러워하는, 질투하는
　beriri *beriri hati* 부러워하다, 질투하다
　mengiri 부러워하다, 질투하다
　keirian 질투, 시기.
irigasi 관개, 물을 끌어 들임
　mengirigasikan (토지에) 물을 끌어 대다, 관개하다.
iring, beriring 연속적인, 계속되는
　mengiringi, mengiringkan 수행하다, 동행하다
　pengiring 수행원, 동행자
　pengiringan 수행, 동행
　seiring 나란히, 병행하여
　seiringan *seiringan kapal* 군함의 호위
　iringan 반주
　iring-iringan 호위, 호송
　beriring-iringan 잇달아서.
iris 얇게 썬 조각
　mengiris(kan) 얇게 썰다, 잘라내다.
irit 경제적인, 절약하는.
isak, mengisak 흐느껴 울다.
isap, mengisap (담배를) 피우다, 빨다, 빨아 들이다

(peng)isapan 흡입.
isarat 암시, 표기 ☞ isyarat.
iseng 귀찮은, 성가신, 말이 많은
　iseng-iseng 심심풀이로 하는, 한담하는
　iseng-isengan 무관심, 냉담.
isi ① 내용, 내용물 ② 요점, 요지
　berisi 담고 있다, 포함하다
　mengisi 채우다, 충만시키다
　mengisikan ~을 채워 넣다, ~을 담다
　pengisian (연료의) 주입, 충만
　terisi 채워진, 충만된.
Islam 회교, 회교도.
isolasi 격리, 분리.
istana 궁전, 대궐.
istiadat 관습, 관례
　mengistiadatkan 관례로 하다.
istilah 전문용어, 술어.
istiméwa 특별한, 특수한
　mengistiméwakan 특별하게 생각하다
　keistiméwaan ① 전문, 전공 ② 특색, 특성
　teristiméwa 특별한, 특수한.
istirahat 휴식, 휴양
　beristrahat 잠깐 쉬다
　mengistirahatkan 쉬게 하다
　pengistirahatan, peristirahatan 휴식 장소, 휴게소.
istiwa 적도 ☞ khatulistiwa.
istri 처, 아내, 부인.
isya 저녁, 일몰 후.
isyarat 암시, 신호
　mengisyaratkan 손짓(고개짓, 몸짓 따위)으로 부르다.
itik (鳥)오리, 오리 고기.
itikad 신앙, 신뢰
　mengitikad 믿다, 신뢰하다.
itu 저것, 그것, 저(그); *Itu dia* 맞다, 옳다, 정확하다
　itu-itu 같은, 동종의
　itulah 이것 봐, 자 봐라
　itu pun ① 즉, 다시 말하자면 ② 그럼에도 불구하고.
iuran 기부, 기부금.
izin 허가, 증명.

J

abat, berjabat(an) 악수(하다); *berjabat(an) tangan* 악수하다
  menjabat 잡다, 쥐다
  pejabat 직원, 공무원
  penjabatan ① 공무, 직무 ② 사무소, 사무실.

adi ① 이루어진, 성취된 ② 그러므로, 그 결과
  menjadi ~이 되다, ~로 되다
  menjadi-jadi 증가하다, 악화되다
  menjadikan 시키다, 임명하다, 만들다
  menjadi-jadikan 악화시키다, 나쁘게 만들다
  kejadian 사태, 사고, 사건
  sejadi-jadinya 가능한 한, 되도록이면
  terjadi 발생하다, 일어나다
  jadi-jadian ① 유령, 도깨비 ② 모방, 흉내
  jadinya 결과적으로, 따라서.

adwal 표, 목록, 일람표.

aga ① 잠이 깨다, 일어나다 ② 경계하다, 지키다
  berjaga 보초서다, 경계하다
  berjaga-jaga 조심성 있는, 주의하는
  menjaga ① ~을 지키다, 망보다 ② 간호하다, 돌보다
  menjagai 경계하다, 망보다
  menjagakan 깨우다, 일으키다
  kejaga-jagaan 자지 않는, 깨어 있는
  penjaga 호위자, 수위
  penjagaan ① 경계, 지킴 ② 예방, 보호 ③ 돌봄, 보살핌
  terjaga ① 깨어 있음 ② 경계하는, 지키는.

agal 도살자, 백정, 푸주한
  penjagalan 도살장, 도살.

jagat 세계, 세상.

jago 수탉, 지도자, 챔피언, 제1인자
  menjagoi 선도하다, 솔선하다
  menjagokan 후보로 세우다, 추천하다
  jago-jagoan 무모하게, 개의치 않고.

jagung (植) 옥수수(열매).

jahanam ① 지옥, 황천 ② 저주받을!, 지긋지긋한!.

jahat 나쁜, 사악한
  kejahatan ① 나쁨, 악, 불량 ② 죄, 범죄, 죄악
  menjahatkan 나쁘게 만들다, 더럽히다
  penjahat 죄인, 악한.

jahé (植) 새앙[생강], 새앙의 뿌리.

jahit 바느질
  menjahit 바느질하다
  menjahitkan 바느질해 주다
  penjahit 재봉사, 바느질하는 사람
  (pen)jahitan 바느질, 바느질감.

jaja, berjaja, menjaja 행상하다, 돌아다니며 팔다
  menjajakan ~을 가지고 도붓장사하다
  penjaja 도붓군, 행상인.

jajah 두루 여행을 한, 두루 돌아다니는
  menjajah 식민지화 하다
  menjajahi 두루 여행하다
  penjajahan 식민 통치, 식민지의 지배
  jajahan 식민지, 속국.

jajan 단것, 과자.

jajar 줄, 열, 선
  menjajarkan ① 줄을 세우다 ② 평행하게 만들다
  sejajar 평행의, 같은 방향의
  menyejajarkan ~을 동등하게

jakét

여기다, ~을 동등하게 평가하다
persejajaran 병행론
terjajar 열을 지은, 열 지어 놓은.
jakét 자켓.
jaksa 검사; *jaksa agung* 검찰총장
kejaksaan ① 검찰청 ② 사법부.
jala 그물, 투망
menjala 그물로 고기를 잡다.
jalan 길, 거리, 방법
jalan-jalan 산보하다, 산책하다
berjalan ① 걷다, 걸어가다 ② 움직이다, 작동하다
menjalani 겪다, 경험하다, 받다
menjalankan ① 운전하다, 조종하다 ② 실행하다, 하다
perjalanan ① 여행, 노정 ② 행로, 진로.
jalang 야생의, 거칠은
kejalangan 야생, 야만.
jalar, berjalaran, berjalar-jalar 펴다, 넓히다, 뻗다
menjalar ① 기어가다, 기다 ② 퍼지다, 유포되다
menjalarkan 퍼뜨리다
penjalaran 유포, 널리 퍼짐.
jalin 길게 땋아 늘인 (머리), 편발
berjalin 달라 붙은, 밀착된
berjalin-jalin 얽힌, 복잡한, 난해한
menjalin ① 짜다, 뚫다 ② 엮다, 접다
menjalinkan 짜다, 엮다
terjalin 묶은, 맨, 결합한.
jalur 줄, 선, 열.
jam 시, 시각, 시간, 시계
berjam-jam 오랫동안.
jamaah 교구(教區), 사회, 협회.
jamah 손을 댐, 건드림
menjamah 손대다, 건드리다.
jamak[1] 평상의, 보통의
sejamaknya 적당한, 타당한.
jamak[2] 복수의, 많은.
jaman 시대, 시기.
jambat, jambatan 다리, 교량
menjambatani (강에) 다리를 놓다.
jambrét, menjambrét 낚아 붙잡다, 잡아채다, 강탈하다.
jamin 보증, 다짐, 보장
menjamin 보증하다
penjamin 보증인
penjaminan 보증, 보장
jaminan 보증
terjamin 보장된.
jamu 손님, 빈객
berjamu ① 방문하다, 예방하다 ② 손님을 받다
memperjamu, menjamu 대하다
menjamukan 봉사하다, (음식)을 내다
perjamuan ① 응접, 접견 ② 모임, 회합 ③ 방문.
jamur 진균류(眞菌類).
Jan. [Januari] 1월.
janda ① 과부, 미망인 ② 홀아비
jangan ① ~하지 않다 ② ~해서는 안 된다
jangan-jangan ① 만약 ~하지 않는다면 ② 아마, 형편에 따라서는
jangankan(=**jangan akan**) ~은 고사하고
menjangankan 금지하다.
janggal ① 서투른 ② 독특한, 기묘한
menjanggalkan 서투르게 만들다, 어색하다고 여기다.
janggut 턱 수염.
jangka ① 양각기, 캠퍼스 ② 기한, 기간 ③ 국면, 단계
berjangka ~동안
menjangka(kan) ① 측량하다 ② 계획하다.
jangkah 걸음, 보(步).
jangkau, menjangkau (손 따위를) 내밀다, 뻗다
menjangkaukan 내밀다, 뻗다
se(pen)jangkauan 손이 닿는 거리
terjangkau 닿을 수 있는, 가까운 곳에 있는.

jangkit

jangkit, berjangkit, menjangkit 퍼지다, 유포되다, 전염하다
  menjangkiti 병을 전염시키다
  menjangkitkan (병 따위를) 퍼지게 하다
  kejangkitan 전염되다
  penjangkitan 전염, 감염.
janji ① 약속, 약조 ② 조건, 규정
  berjanji 약속하다, 약조하다
  perjanjian 약속, 동의.
jantan 남성의, 수컷의.
jantung 심장.
Januari 1월.
jarah, menjarah(i) 약탈하다, 빼앗다, 훔치다
  penjarah 약탈자, 도둑.
jarak[1] 거리, 멀기
  berjarak 거리가 ~이다
  menjarak 거리를 ~만큼 두다
  menjarakkan 가르다, 떼어 놓다.
jarak[2] (植) 아주까리, 피마자.
jarang ① 사이가 벌어진 ② 드물게, 좀체로 ~않다.
jari ① 손가락 ② 발가락.
jaring 그물
  menjaring 그물로 고기를 잡다
  jaringan 그물 세공.
jarum, penjarum 바늘, 침
  berjarum 주사를 맞다, 바늘을 사용하다
  jaruman ① 바느질, 재봉 ② 음모, 밀통.
jas 상의.
jasa ① 공적, 공로 ② 봉사, 공헌
  berjasa 공적이 있는, 공헌을 한.
jasad 몸, 신체, 육체.
jasmani ① 몸, 신체, 육체 ② 물질의, 물질적인.
jatah 몫, 분담된 몫.
jati[1] 순수한
  sejati 진실한, 참된.
jati[2] 티이크 나무
jatuh 떨어지다, 낙하하다, ~에 빠지다; *jatuh* cinta 사랑하다; *jatuh* sakit 병석에 눕다

jelajah, menjelajah(i)

  berjatuhan 떨어지다
  menjatuhi ① 쳐 넘어뜨리다, 쓰러뜨리다 ② 부과하다, 지우다
  menjatuhkan ① 떨어지게 만들다 ② 무너뜨리다
  kejatuhan 전도, 화해.
jauh ① 먼, 멀리 떨어진 ② 훨씬, 단연
  berjauhan 멀리 떨어져 있는
  menjauhi 회피하다, 멀리하다
  menjauhkan ~를 멀리하게 하다.
jawab 대답, 회답
  menjawab 대답하다, 답변하다.
  jawaban 응답, 답변.
jawat, berjawat *berjawat tangan* 악수하다
  menjawat 붙잡다, 잡다
  sejawat *(teman) sejawat* (주로 관직, 공무상의) 동료
  jawatan 위계, 작위, 직무, 영업, 부(部), 성.
jawawut (植) 기장.
jaya 승리, 전승, 성공
  berjaya ① 영광스러운 ② 행운의, 성공한
  menjayakan 영광스럽게 하다, 영예롭게 하다
  kejayaan ① 영광, 영예 ② 번영, 번창, 성공.
jazirah 반도, 반도의.
jebak 덫, 올가미, 함정
  menjebak 덫으로 잡다
  penjebak (덫으로 새, 짐승을 잡는) 사냥꾼
  terjebak 덫에 잡힌, 함정에 빠진.
jejak ① 지나간 자국, 흔적 ② 발자국
  berjejak 밟다, 걷다
  menjejak 발을 들여 놓다, 밟다
  menjejaki 밟다, 조사하다.
jejal, berjejal(-jejal), menjejal 군집하다, 몰리다, 몰려들다.
jéjér 줄, 열, 일련.
jelaga 그을음.
jelajah, menjelajah(i) ①

jelang, menjelang 탐험하다, 답사하다 ② 가로지르다, 건너다, 횡단하다
penjelajah 탐험가.
jelang, menjelang ① 방문하다, 심방하다, 보러가다 ② ~경에, ~때에, ~할 즈음에.
jelas ① 명백한, 명확한 ② 해결된, 결정된
memperjelas 명백하게 하다
menjelaskan 명백하게 하다, 설명하다
penjelasan 설명.
jelata *rakyat jelata* 평민, 서민.
jelék 좋지 않은, 나쁜, 보기 흉한
menjelékkan 추하게 만들다, 보기 흉하게 하다
kejelékan 추함, 못생김.
jelita 우아한, 우미한, 아치 있는.
jelma 화신(化身), 권화, 실현
menjelma 새로운 형태로 변하다, 변태하다
menjelmakan ① 창조하다, 만들어 내다 ② 실현하다, 해내다
penjelmaan 화신, 전화, 구체화.
jembatan 교량, 다리.
jémbél 빈곤한, 가난한, 보잘 것 없는.
jempol 엄지 손가락.
jemput, menjemput ① 마중나가다, 마중하러 가다 ② 초대하다, 초청하다
sejemput 한 번 집은 양, 한 줌
jemputan 초대, 초청.
jemu 지루한, 따분한, 권태로운
menjemukan 진절머리 나는, 싫증나는
kejemuan 지루함.
jemur 일광욕
berjemur(-jemur) 일광욕하다
menjemur ~을 햇볕에 말리다, 건조시키다.
jenak, sejenak 잠시, 잠깐.
jenaka 재미있는, 우스운
berjenaka 농담을 하다, 익살을 부리다.
jenazah 시체, 송장, 유해.

jendéla 창, 창문.
jénderal 장군, 육군 대장.
jénggot 턱 수염.
jengkal, sejengkal 한 뼘
menjengkal 뼘으로 치수를 재다, 뼘으로 재 보다.
jengkang, kejengkang 뒤로 넘어지다
menjengkang 눕다, 드러눕다
terjengkang 넘어지다, 뒤로 떨어지다.
jengkau, menjengkau (손을) 뻗다.
jéngkél 화가 난, 성난, 노한
menjéngkélkan 성가신, 지리한, ~를 성가시게 굴다.
jenis 종류, 부류, 종
berjenis-jenis 여러 종류의, 모든 종류의
sejenis 같은 종류의, 동종의.
Jepang 일본, 일본의.
jepit, kejepit ① 압착되다 ② 곤경에 빠진, 진퇴양난의
menjepit 압착하다, 짜다
terjepit 압착된, 압박의.
jera 용기를 잃은, 낙담한, 두려운.
jeram, menjeram 찬물로 몸을 적시다, 찬물로 목욕하다
jerami (벼·보리의) 그루터기〔짚〕.
jerat 덫, 올가미.
menjerat 덫으로 잡다, 올가미를 치다 속이다, 기만하다
terjerat 꾀인, (함정에) 빠진.
jerawat 여드름.
jerembab (=jerembap), menjerembabkan 곤두박질 하게 하다, 거꾸로 떨어뜨리다.
jerih 피곤한, 지친, 피로한.
jeriji[1] 손가락, 발가락.
jeriji[2] 막대기, 격자(格子).
jerit (=jeritan) 절규, 쇳소리, 불평, 불만
menjerit 소리치다, 외치다.
Jerman 독일 사람(의).
jernih 맑은, 투명한, 깨끗한
menjernihkan 맑게 하다, 설명하다

jeruju

kejernihan 맑음, 투명함, 청순, 청결
penjernihan 정화, 정제.
jeruju 격자.
jeruk 감귤, 감 귤류의 식물.
jerumus, menjerumuskan 떨어뜨리다, 걸려 넘어지게 하다
terjerumus 떨어진, 걸려 넘어진.
jét 분사, 사출
jihad 성전(聖戰), 종교 전쟁.
jijik 소름끼치는, 끔찍스런, 진저리나는
menjijikkan 싫은, 지겨운.
jika(lau) ① ~할 때, ② ~할 때에는 ③ 만약 ~이면, ~하는 [인] 경우에는.
jilat, menjilat ① 핥다 ② 아첨하다, 알랑거리다
penjilat 아첨꾼
jilatan 아첨.
jilid 책, 권
menjilid 제본하다, 장정하다
penjilidan 제본소.
jimat¹ 부적, 주물
jimat², berjimat 주의하다, 조심하다.
jin 악마, 악령.
jinak (짐승이) 길들인, 유순한
menjinaki ~와 가깝게 지내다, ~와 친하게 지내다
menjinakkan 동물을 길들이다.
jinjing, menjinjing (큰 힘을 들이지 않고) 손으로 나르다, 운반하다.
jitu 정확한, 옳은.
jiwa 영혼, 혼, 정신, 마음
berjiwa 살아 있는, 생존해 있는.
jodoh 짝, 신랑, 신부
berjodoh (dengan) 결혼한, 짝이 있는
perjodohan 결혼, 혼인
sejodoh 한 쌍의, 한 짝의.
jogét (조겟) 춤, 무용.
jok (자동차의) 좌석, 자리.
joli (중국, 인도의) 사람 타는 가마.
jolok, menjolok 찔러 박다, 심문하다, 질문하다.

jungkir

jongkok, berjongkok 웅크리다, 쪼그리고 앉다.
jorok 더러운, 불결한.
jua 오직, 오로지, 단지 ~일 뿐.
juadah 과자, 떡, 식량, 식료품.
jual 팔다
berjual 팔다, ~한 사업에 종사하다; berjual beli 장사하다, 매매하다
berjualan 행상을 하다.
menjual 팔다, 매매하다
terjual 다 팔린, 매진된
jualan 상품, 팔 것.
juang, berjuang 싸우다, 투쟁하다
pe(r)juang 병사, 전사
perjuangan 투쟁, 전투.
juara 우승자, 챔피온.
jubah (아랍인, 성직자, 법관 등이 입는) 길고 헐거운 겉옷, 예복.
judi 도박, 노름
berjudi 도박하다
menjudikan 도박[노름]으로 재산을 날리다
penjudian 도박, 노름.
judul 표제, 제목.
juga 역시, 또한.
juita 사랑스러운, 귀여운.
jujur 정직한, 공정한, 올바른.
julang, menjulang 높이 솟다, 치솟다.
Juli 7월.
juling 사팔뜨기의, 사팔눈의.
julur, menjulurkan 내밀다, 불쑥 내놓다.
Jumat 금요일.
jumlah 합계, 총액, 총계
berjumlah 숫자가 ~이다
menjumlah 더하다, 보태다.
jumpa, berjumpa (dengan) 만나다, 상봉하다
menjumpai 뜻밖에 서로 마주치다
perjumpaan 만남, 회합
terjumpa 발견되는.
jungkir 전도, 추락
menjungkir, terjungkir 뒹굴다, 굴러 떨어지다.

Juni 6월.
junjung, menjunjung(kan) 우상화하다, 몹시 존경하다.
juragan 선장, 주장.
jurang 좁은 골짜기, 협곡.
juri 배심원, 마차.
juru 숙련가, 전문가.
jurus^1 곧바로, 똑바로, 직접의

menjurus ~쪽으로 가다
jurusan ① 방향, 방위 ② 학과, 분야.
jurus^2 순간
sejurus 잠시, 잠간.
justru 정확하게, 엄밀하게.
juta 백만.
jutawan 백만장자, 큰 부자.

K

kaabah 메카의 회교 성전.
kabar 뉴스, 소식, 보도
  mengabarkan 보도하다, 보고하다
  perkabaran 뉴스, 소식
  kabarnya 사람들이 말하기를, 듣자하니.
kabel 굵은 밧줄, 피복 전선.
kabin 오두막집, 선실.
kabinét 캐비넷, 내각
kabisat *tahun kabisat, sanah kabisat* 윤년(閏年).
kabul (요청, 기도 따위가) 들어짐, 동의를 얻은
  mengabulkan 동의하다, 승락하다, 허가하다.
kabung, berkabung 슬퍼하다, 조의를 표하다
  perkabungan 애탄, 애도.
kabupatén 인도네시아의 행정구역 단위, 군.
kabur 흐린, 희미한
  mengabur 희미해지다
  kekaburan 희미함, 흐릿함.
kabut 안개, 짙은 안개
  berkabut 안개 낀.
kaca 유리, 거울; *kaca* mata 안경
  berkaca 거울을 보다
  berkaca-kaca 눈물이 글썽한.
kacang 콩, 땅콩.
kacau 당황하는, 혼동하는, 어리둥절하는
  mengacau 휘젓다, 교란시키다, 어지럽히다, 방해하다
  kekacauan 혼동, 당황, 무질서, 난잡
  pengacau 선동자, 교란자
  pengacauan 모반, 반란.
kacung 소년, 젊은이.
kadal 도마뱀.
kadang, kadang-kadang 가끔, 종종.
kadar ① 힘, 능력 ② 정도, 등급
  sekadar 오직, 다만
  sekadarnya 최선을 다해서.
kader 간부, 고관, 당직자.
kadét 사관 후보생.
kadi (이슬람교의) 재판관, 심판관.
kado 선물, 선사품.
kafan 수의(壽衣).
kafarat 저주받은, 천벌받은.
kafilah 대상(隊商) (사막의).
kafir 이교도, 사교도
  kekafiran 불신, 불신앙.
kegét 깜짝 놀라는, 놀라서 펄쩍 뛰는
  mengagétkan 깜짝 놀라게 하다, 놀래키다.
kagum (~을 보고) 놀라는, 경이로운
  mengagumi 감탄하다, 탄복하다
  mengagumkan 놀라운, 경이로운.
kaidah ① 규범, 규칙 ② 원리, 원칙.
kail 낚시 바늘
  mengail 낚시질하다
  pengail 낚싯군, 낚싯대
  terkail 갈고리에 걸린.
kain 천, 옷감
  berkain 천을 두르다.
kaisar 황제, 제왕.
kait ① 갈고리 ② 함정, 책략
  berkait(-kait)an 이어진, 연결된
  mengait 갈고리로 걸다, 고리에 걸다.
kaji (주로 종교상의) 지식, 학식
  mengaji 연구하다, 탐구하다.
kak 형, 오빠, 누나, 언니.
kakah, terkakah-kakah

크게 웃다.
kakah 형, 오빠, 누나, 언니.
kakaktua ① (鳥) 앵무새의 일종 ② 집게, 펜치.
kakanda 형, 오빠.
kakap (魚) 바닷 물고기의 일종.
kakatua (鳥) 앵무새의 일종.
kakék 할아버지, 조부.
kaki 발, 족부
  berkaki (kepada) ~에 기대다.
kaku 뻣뻣한, 딱딱한.
kakus 화장실, 변소.
kala 시, 시기, 시대
  berkala 주기적인.
kalah 패한, 패배한
  mengalah 패배하다
  mengalahkan 이기다, 패배시키다
  kekalahan 패배, 굴복
  terkalahkan *tak terkalahkan* 무적의, 이겨내기 어려운.
kalang 지주, 버팀목, 받침
  berkalang, terkalang 받치는, 지탱하는
  mengalangkan 지지하다
  kalangan 원, 집단, 사회.
kalap 귀신들린, 마귀 들린
  kekalapan 혼동, 혼란, 무질서.
kalau 만약 ~이면
  kalau-kalau 아마, 어쩌면
  kalaupun 설사 ~이라 할지라도.
kalawarta 정기 간행물, 잡지.
kalbu 심장, 가슴, 마음.
kaldai (動) 당나귀.
kaldu 육즙(肉汁).
kalembak (植) 버찌 나무.
kaléndér 달력, 월력.
kaléng 야철.
kalérék 사무원, 서기.
kali[1] 강, 하천.
kali[2] 회, 번, 차례
  berkali-kali 반복해서, 되풀이하여
  mengalikan 곱하다
  sekali ① 한 번, 한 차례 ② 매우, 아주
  sekalian 모두, 전부
  sekaligus 다 한꺼번에
  sekalipun 비록 ~일지라도
kalian 당신들, 너희들.
kaliber (총, 포의) 구경, (탄환의) 직경.
kalifah 칼리프(회교의 우두머리).
kalimat 문장, 글.
kalis 순수한, 깨끗한, 순종의, 순결한.
kalkulasi 계산, 타산.
kalkun (鳥) 칠면조.
kalong (動) 큰 박쥐.
kalori 칼로리.
kalung 목걸이
  berkalung 목걸이를 두르다
  mengalungi 목에 걸어 주다.
kamar 방, 실(室).
kambang 부유, 부동, 부양
  mengambang 떠돌다, 떠오르다, 표류하다.
kambing (動) 염소, 양
  mengambing-ngambingkan 떨어뜨리다, 저하시키다
  mengambing-hitamkan 죄를 대신 지우다, 죄를 전가하다.
kaméra 사진기, 카메라.
kami 우리(상대방을 제외한).
Kamis *hari Kamis* 목요일.
kamper 장뇌(樟腦).
kampiun 우승자, 챔피온.
kamprét (動) 박쥐.
kampung 마을, 고을, 촌락
  berkampung 모인, 모여 있는
  sekampung 온 마을 (주민)
  kampungan 시골뜨기.
kamu 너희, 너희들.
kamus 사전.
kan ① [*akan*] ~할 것이다 ② [*bukan*] 이잖니.
kanak-kanak 어린 아이.
kancah 상태, 영역.
kancil (動) 간찔(궁노루의 일종).
kancing (옷의) 단추
  mengancing(kan) 단추를 채우다, 단추로 잠그다.
kanda 형.
kandang 마굿간, 외양간
  mengandangkan 가두어 넣다.

kandas ① 좌초하다, 부딪치다 ② 실패하다.
kandung 자궁
　mengandung 임신한, 포함한
　terkandung 숨겨진, 담겨 있는
　kandungan 임신.
kangkung (왕)개구리.
kanguru (動) 캥거루.
kanji 풀, 전분, 녹말.
kanker 암, 암종.
kantor 사무소, 사무실, ~국(局)
　berkantor 사무실을 갖다.
kantuk 졸음
　mengantuk 졸음이 오다, 졸립다.
kantung 주머니, 가방
　mengantungi 호주머니에 넣다
　mengantungkan ~을 호주머니에 넣다.
kapak 도끼
　mengapak 도끼로 찍다.
kapal[1] 큰 배
　berkapal 배를 타고 가다
　mengapalkan 배에 싣다.
kapal[2] (피부가) 굳어진.
kapan[1] 언제
　kapan-kapan 언제나, 언제라도.
kapan[2] 수의
　berkapan 수의로 덮어 싼
　mengapani (시체에) 수의를 입히다.
kapar, berkaparan 뿔뿔이 흩어진, 산재해 있는
　terkapar 여기 저기 흩어져 있는.
kapas 생면, 원면, (이불)솜.
kapasitas 용적, 용량, 수용력, 재능, 역량.
kapilah (사막의) 대상.
kapir 신을 믿지 않는.
kapitalis 자본가, 자본주.
kapitan 선장, 함장.
kapitulasi (조건부) 항복.
kapsul 캡슈울.
kapt. [Kaptén] 선장, 함장.
kapuk 케이폭(판야 나무의 씨를 싸고 있는 솜, 베개, 구명대에 넣음).
kapung, terkapung-kapung 뜨다, 표류하다.

kapur ① 석회, 소석회 ② 분필
　mengapur 석회석으로 만들다, 석회질이 되다
　mengapuri 석회로 바르다.
karabat 친척.
karam ① 좌초한, 배가 침몰한 ② 실패하다
　mengaramkan ① 가라 앉히다 ② 실패하게 만들다.
karang[1] 산호, 산호충
　berkarang ① 산호가 있는 ② 산호를 따다[채집하다].
karang[2] 정돈된, 배열한
　mengarang 글을 짓다, 저술하다
　pengarang 작자, 작가.
　karangan 작문, 작품.
karang[3], **pekarangan** (집의) 마당, 뜰.
karang[4] 거주지.
karantina 검역, 검역소, 격리.
karat[1] 캐럿 (보석의 형량 단위이며 200mg).
karat[2] 녹
　berkarat 녹슬다
　karatan 녹슨, 낡은.
karbon *kertas karbon* 먹지.
karburator 기화기.
karcis 표.
kardus 판지, 마분지.
karena 왜냐하면, ~이므로, 이유, 원인.
karét ① 고무 ② 탄력있는
karib ① 친척 ② 가까운.
　berkarib ~와 관계가 있다
　kekariban, perkariban 친밀.
karikatur 풍자 만화, 만화화.
kartu 카아드.
karung 자루.
karunia 선물, 은혜
　mengaruniai 보답하다
　mengaruniakan 보상으로 ~을 주다.
karya 일, 작업.
karyawan 작자, 작가, 일꾼.
kas ① 금고, 현금, 통화 ② 출납계.

kasa 창살.
kasar 결이 거친, 굵은
　kekasaran 거칠음, 버릇없음, 야비.
kasi 주다.
kasih 애정, 사랑
　kasihan 동정, 연민
　mengasihani 동정하다.
kasir 출납계.
kasta 카아스트, 계급.
kasur 매트리스.
kata 낱말, 단어, 말
　sekata 동의하는
　memperkatakan ~에 관하여 이야기하다
　mengata-ngatai 꾸짖다
　mengatakan 말하다
　perkataan 말, 보고, 선언.
katak (動) 개구리.
katalogus 목록, 카탈로그.
katégori 범주, 카테고리.
katung, terkatung-katung 떠돌아 다니는, 떠있는.
kaum 인종, 종족
　berkaum 관계가 있는
　perkauman 가족관계, 단체, 집단.
kaus 신, 구두, 양말.
kawah 큰 솥, 분화구.
kawal 보초, 파수병
　berkawal 감시하고 있는
　mengawal(i) 지키다, 호위하다
　pengawal 보초, 파수병.
kawan 친구, 벗, 동무
　berkawan 친구가 있다
　mengawani 동행하다
　kawanan 한 무리의 사람들.
kawat 전보
　mengawatkan 전보를 치다.
kawi 고대 자바어.
kawin 결혼(하다)
　mengawinkan ~을 결혼시키다
　perkawinan 결혼식.
kaya¹ 부유한
　kekayaan 부, 재산
　terkaya 풍부해진.
kaya² ~와 같은, 흡사한.

kayangan 천국, 신의 세계.
kayu 나무, 목재
　berkayu 나무로 된
　perkayuan 목재상, 목재업.
kayuh 노, 발판, 페달
　berkayuh, mengayuh 노를 젓다, 저어 가다.
ke¹ ~로, ~를 향하여.
ke² 수사에 접두되어 서수〔차례〕를 나타내는 말.
kebal 다치지 않는
　kekebalan 면역.
kebas¹ 마비된, 무력한.
kebas², **mengebas(kan)** 흔들다.
kebaya 여자용 블라우스.
kebun 뜰, 정원
　berkebun 정원에서 일하다, 정원을 소유하다
　perkebunan 재배, 경작.
keburu 급히, 서둘러서; *keburu datang* 서둘러서 오다.
kecam, mengecam(kan) 비평하다, 비난하다
　pengecam 비평가.
kecambah (새)싹
　berkecambah 싹트다.
kecap, mengecap 혀를 차다, 입맛을 다시다.
kécap 케찹〔소오스〕.
kecapi 기타와 비슷한 현악기.
kécéng 한 쪽 눈을 감다.
kecéwa 실망한
　mengecéwakan 실망시키다.
kecil 작은
　memperkecil, mengecilkan 작게 만들다, 줄이다
　mengecil 작아지다
　kekecilan 소규모, 너무 작은.
kecuali ~을 제외하고
　mengecualikan 예외로 하다
　pengecualian, perkecualian 제외, 예외
　terkecuali ~을 제하고는.
kecut 놀란, 당황한
　mengecut 움츠러 들다
　mengecutkan 깜짝 놀라게 하다

kedai 가게, 상점.
kedik (몸을) 뒤로 약간 굽힌.
kedip (눈의) 깜박거림
　berkedip-kedip 깜박거리다.
kedok 가면, 탈
　berkedok 가면을 쓰다
　memperkedok 숨기기 위하여 사용하다.
kehendak 의지, 소원.
kejam (눈을) 감은
　mengejamkan 눈을 감다.
kejang 뻣뻣한, 딱딱한
　kekejangan (발의) 경련
　mengejangkan 쭉 뻗다, 펴다.
kejap (눈의) 깜박거림, 눈짓
　berkejap-kejap 눈을 깜박거리다
　sekejap *sekejap mata* 눈깜짝할 사이에
　kejapan 윙크.
kejar, berkejar-kejaran 서로 쫓아다니다, 서로 추적하다
　mengejar 추적하다.
keji 비열한, 부끄러운
　mengejikan 경멸하다, 멸시하다
　kekejian 굴복, 굴종.
kéju 치이즈.
kejut 깜짝 놀라는
　mengejut 갑자기, 불현듯이
　mengejut(i), mengejutkan 놀라게 하다
　pengejut 잘 놀라는
　terkejut 놀란.
kekal 지속적인, 영구의
　mengekalkan 영속시키다
　kekekalan 영원, 영구.
kekang 재갈, 고삐
　mengekang 재갈을 물리다
　terkekang 굴레를 씌운, 억제된, 통제된
　kekangan 통제.
kekar (꽃이) 핀, 개방된
　mengekar (꽃이) 피다, 개방하다.
kekasih 애인.
kékéh, terkékéh-kékéh 큰 소리로 마구 웃다.

kékék, terkékék-kékék 낄낄 웃다.
kéker 쌍안경, 망원경.
kelabu 회색.
kelahi 주먹질 싸움
　berkelahi 싸움질하다
　perkelahian 싸움, 전투.
kelak¹ 후에, 뒤에.
kelak² 고자질하다.
kelakar 농담, 재담, 익살
　berkelakar 농담하다.
kelam 침침한, 어두운.
kelambu 모기장.
kelamin ① (남녀) 한 쌍 ② 성(性), 성별.
kelapa (植) 야자.
kelas ① 학년 ② 교실
　berkelas-kelas 여러 계층의.
kelasi 선원.
kelawar (動) 작은 박쥐.
keledai (動) 당나귀.
ke(le)lawar (動) 작은 박쥐의 일종.

kelengar 졸도하다.
kelenténg, kelenting 중국식의 사원〔사당〕.
keléréng (어린이들의) 공기돌.
keléwang 샤베르, 기병도.
keliar, berkeliaran 빈둥거리다.
keliling 근처, 주위
　berkeliling 돌아다니다
　mengelilingi 둘러싸다.
kelinci (動) 토끼.
keling 인도, 인도 상인.
kelingking 새끼 손가락.
kelinik 진료소, 병원.
kelip, kelip-kelip (動) 개똥벌레.
keliru 틀린, 그릇된
　mengelirukan 갈피를 못잡는
　kekeliruan 실수, 오류.
kélok 곡선, 굴곡
　berkélok-kélok 꾸불꾸불한
　mengélok 돌다
　mengélokkan 회전시키다.
kelompok 송이, 다발, 묶음

kelontong   **kendali**

berkelompok 단체를 형성하다, 모이다
mengelompokkan 모으다
pengelompokan 집단으로 만듦
kelompokan 다발, 묶음.
kelontong 행상인.
keluang (動) 왕 박쥐.
keluar 밖으로 나가다, 나타나다
  keluaran ① ~제품 ② 졸업생.
keluarga 가족
  berkeluarga 가족이 있다.
keluh 한숨, 불평
  keluhan 불평.
kémah 천막, 텐트
  berkémah 천막을 치다
  perkémahan 야영.
kemanakan 조카.
kemarau 마른, 건조한.
kemarin 어제.
kemas 정돈된, 정리된
  berkemas 묶다, 포장하다.
kembali 돌아가다
  mengembalikan 돌려주다
  pengembalian 귀환
  sekembalinya 귀가 후에.
kembang 꽃, 화초
  berkembang 꽃이 피다, 번영하다
  berkembangan ① 꽃이 피는 ② 번영하는
  memperkembangkan 팽창시키다, 확장하다
  mengembang 팽창하다
  pengembang 후원자
  pengembangan 발전, 확장
  perkembangan 발전, 개화, 확장.
kembar 쌍둥이
  berkembar 한쌍이 되다, 모양이 같다
  mengembari ~에 대항하다.
kembara, mengembara 돌아다니다, 방황하다
  pengembara 방랑자.
kembung 부푼, 부풀어 오른
  mengembungkan 부풀게 하다.
keméja 셔어츠.

kemenakan 조카.
kemendur 사령관, 지휘관.
kemis, mengemis 구걸하다
  pengemis 거지, 가난뱅이.
kempés 바람이 빠진, 펑크 난.
kempis 속이 빈, 수축된
  mengempiskan 수축시키다.
kemudi 키, 손잡이
  pengemudi 운전사, 조종사, 지도자.
kemudian 후에, 뒤에.
kena ① ~을 당한 ② (부담이) 지워지다, (피해 따위를) 입다 ③ 겪다, 경험하다
  mengenai 맞다, 명중하다
  mengenakan ~을 입다, 착용하다
  terkena 붙어 있는.
kenal 알다, 친숙하다
  mengenal 알다, ~과 아는 사이다
  mengenali 알다, 알고 있다
  mengenalkan 알려 주다
  pengenal 인식, 인지
  pengenalan 소개, 도입
  terkenal 유명한, 알려진
  kenalan 아는 사람, 친지
  berkenalan (dengan) ~와 사귀다, 교제하다.
kenan, berkenan ① 기꺼이 ~하다 ② 동의하다
  memperkenankan 허가하다
  perkenan(an) 허가, 허락.
kenang 기억, 회상
  mengenang 회상하다
  kenang-kenangan 기념품, 추억의 유품.
kenapa 왜, 무슨 까닭에.
kencang 빠른, 급속한, 신속한
  kekencangan 속도, 팽창력, 긴장
  mengencangi, mengencangkan 속력을 내다.
kencing 오줌, 소변
  mengencingi ~에 오줌 누다
  terkencing (무의식적으로) 오줌 싸다.
kendali 고삐, 지도

mengendalikan ① 고삐를 끌다 ② 수행하다, 통제하다
pengendali 지배자, 관리인.

kendara, berkendara (말, 차량 따위 같은) 올라타다
mengendarai 운전하다, 타다
pengendara 운전사
kendaraan 탈 것, 운송 기구
berkendaraan 탈 것을 소유하다.

kendati(pun) 비록 ~일지라도.

kendi (흙으로 빚어 만든) 물 주전자.

kendur 늘어진, 느슨한
mengendurkan ① 느슨하게 하다 ② 늦추다
kekenduran 늦춤.

kenduri 종교적인 제례, 제사
berkenduri 제사를 지내다, 향연을 베풀다.

kenékér 공기돌.

kening 눈썹.

kenop (문, 서랍 따위의) 손잡이.

kental 진한, 농도가 짙은
mengental (용액이) 응고하다, 굳다.

kentang *ubi kentang* 감자.

kentut 방귀
berkentut 방귀뀌다
terkentut 고의가 아니게 방귀를 뀌다.

kenup¹ 단추.
kenup² 곤봉.

kenyang 만족한, 배가 부른
mengenyangkan 만족시키다
kekenyangan 포만, 충만.

kenyut, mengenyut 빨다, 핥다.

kéong (動) 달팽이.

kepada ~에게.

kepai, terkepai-kepai 펄펄 날다.

kepal ① 주먹 ② 덩어리, 덩이
mengepal 손에 쥐다, 주먹 안에 넣다.

kepala ① 머리 ② 우두머리 ③ 행정 장관
berkepala 머리가 있는, 머리를 쓰는[다]
mengepalai 이끌다, 인솔하다
mengepalakan 우두머리로 임명하다.

képang 끈[줄]
berképang 끈, 땋아 내린.

kepinding 벼룩.

keping 조각, 토막
berkeping-keping 산산조각으로
kepingan 조각.

kepingin 원하다, 바라다.

kepit 겨드랑이 혹은 두 손가락 사이에 낀
mengepit ① 겨드랑이에 끼다 ② 안다, 안고 있다.

kepiting 게.

kepompong (나비의) 유충, 애벌레.

keponakan 조카, 조카딸.

kepundan 용암, 분화구.

kepung, berkepung ~를 중심으로 둘러 앉다
mengepung 둘러 싸다
kepungan, pengepungan 포위
terkepung 포위된.

kera (動) 원숭이의 일종.

kerabat 친척, 인척.

kerah¹ 칼라, 깃.
kerah² 동원, 소집
mengerahkan 소집하다.

keramik 도자기류.

keran (수도)물 꼭지, 물 주둥이.

kerang 조개, 패류.

kerangka 해골, 골격.

kerangkéng(an) 우리, 옥사(獄舍)

kerani 사무원, 서기.

keranjang 바구니, 통.

kerap 자주, 종종; *kerap* kali 자주, 빈번히.

keras 단단한, 견고한, 격렬한
berkeras 주장하다, 고집하다
memperkeras, mengeraskan 강하게 만들다
kekerasan ① 견고함, 강함 ② 힘, 강제, 완력

kerat

kerat 조각, 파편
  mengerat (고기를) 도려내다, 자르다, 절단하다.
keraton (자와의) 궁전, 왕궁.
kerbau (動) 물소.
kerdil 유난히 작은, 난장이 같은, 왜소한.
kerdip *kerdip(an) mata* 윙크(눈짓)
  mengerdipkan 윙크(눈짓)하다.
kerén 인상적인, 강한 인상을 주는.
kerenyut 주름, 구김살, 주름살
  berkerenyut 주름진, 구겨진.
keréta 객차, 화차, 마차, 차량; *keréta* api 기차
  berkeréta 차를 타다, 차를 이용하다.
kericau, berkericau, mengericau 노래하다, (새들이) 지저귀다.
kerikil 자갈, 조약돌.
kering 마른, 물기 없는, 말린
  mengeringkan 말리다, 마르게 하다, 건조시키다
  kekeringan 마름, 건조
  pengeringan ① 배수 ② 건조, 탈수.
keringat 땀
  berkeringat 땀을 흘리다
  mengeringatkan 땀흘리게 하다, 노예처럼 부려먹다.
keriput 주름진, 구겨진, 주름살이 있는.
keris 단도(끄리스)
  berkeris 단도를 차다, 단도를 휴대하다.
keristén 기독(교)의, 기독교도.
kerit 팬이 긁히는 소리
  mengeritkan (gigi) 이를 악물다, 이를 갈다.
keritik 비평, 비판, 비난
  mengeritik 비평하다, 비판하다
  keritikan 비평, 비판, 비난.
keriting (머리가) 곱슬곱슬한, 고수머리의, 엉클린.

kesah

kerja 일, 노동, 작업, 활동
  bekerja 일하다, 노동하다
  mempekerjakan 일을 시키다
  mengerjakan 해내다, 수행하다, 실행하다
  pekerja 근로자, 일꾼, 노동자
  pekerjaan 일, 임무, 직업, 사업
  sekerja, sepekerjaan 동료
  terkerjakan 행해진, 수행된, 실행된.
kerjap, mengerjap (-ngerjap)kan (mata) 눈을 깜빡이다, 윙크하다.
kerlap, kerlapan, mengerlap 반짝거리다, 빛나다
  tekerlap 잠시 졸다.
kerling
  mengerling 곁눈질하다, 곁눈으로 보다, 흘겨보다.
keroncong 질눈덕 거리는 소리, 달랑달랑, 짤랑짤랑.
kerongkongan 식도, 목.
keropos 희박한, 구멍이 많은, 빽빽하지 않은.
kertas 종이, 종이 모양의 것.
keruan 알고 있는, 확실한, 명확한; tidak *keruan* 이치가 닿지 않는, 일정하지 않은.
kerudung 베일, 장막, 덮개
  berkerudung 베일을 쓴, 베일로 가린
  mengerudung 베일을 쓰다, 베일로 가리다, 장막을 치다.
keruh 흐린, 혼탁한
  kekeruhan 혼탁, 흐림
  mengeruh 혼탁해지다, 흐려지다.
keruk, mengeruk 파다, 긁어 모으다, 준설하다.
kerumun, berkerumun 모이다, 운집하다
kerut 주름살, 주름, 구김살
  berkerut 주름살이 있는, 구겨진
  mengerutkan 눈살을 찌푸리다, 찡그리다.
kesah *keluh kesah* 신음(소리) 한숨, 한탄
  berkeluh-kesah, mengesah

késah 이야기.

kesal *kesal hati* 아주 진저리나다, 물리다
kekesalan 악의, 심술궂음
mengesalkan 성가신, 지리한, 귀찮은.

kesan 인상, 느낌, 감명
berkesan 인상을 받다, 느끼다
memperkesankan, mengesankan ~에 대한 인상을 주다, ~에 대하여 감명을 받게 하다.

kesatria (인도 카스트 제도 상의) 제 2계급.

kesebelasan 축구팀.

kesemak (植) 감.

késot, berkésot, mengésot, terkésot-késot 발을 질질 끌며 걷다, 아장아장 걷다.

kesuma 꽃, 화초, 우아한, 예쁜.

ketam 굳게 닫힌, 꼭 다문
mengetam 굳게 닫다, 꼭 다물다
pengetam 족집게, 집게.

ketan (植) 찰벼[찹쌀].

ketat 꼭 끼는, 단단히 달라 붙은
memperketat, mengetatkan 꼭 조이다.

ketawa (소리를 내어) 웃다, 홍소(哄笑)하다
mengetawai ~을 듣고[보고] 웃다.

ketel 붐비는, 혼잡한, 만원의.

ketéla *ubi ketéla* (단) 고구마.

ketemu 만나다, 마주치다
mengetemui 만나다, 마주치다
mengetemukan 발견해내다, 찾아내다.

ketiak 겨드랑이.

ketik 똑딱[재깍]거리는 소리
mengetik ① 가볍게 두드리다, 똑똑치다 ② 타자하다
pengetik 타자수, 타이피스트.

ketika ① 시각, 시점, 시간 ② ~할 때, ~할 즈음에.

ketok 문 두드리기
mengetok (문을) 두드리다, (머리, 공 따위를) 치다.

ketua 의장, 장(長), 회장, 우두머리
mengetuai 사회하다, 의장이 되다
pengetua 지도자, 지휘자, 우두머리.

ketuk (책상, 문 따위를) 가볍게 두드리기[두드리는 소리].
mengetuk 손가락 관절로 두드리다, 노크하다.

ketungging (動) 훅전갈.

ketupat 바나나 잎 따위로 싼(주먹) 밥(사각형 모양).

khabar 소식 ☞ kabar.

khaid 월경.

khalayak ① 창조물, 피조물 ② 대중, 다수, 국민.

khalifah 칼리프(모하멛의 후손), 회교의 교수, 모하멛의 대리자.

khas 독특한, 특수한, 특별한.

khasiat 전문, 명물, 특질, 특색.

khatan 할례
berkhatan 할례 한
mengkhatan 할례하다.

khatib (회교사원의) 설교자.

khatulistiwa 적도.

khawatir 걱정하는, 근심하는, 불안한
mengkhawatiri 걱정하다, 근심하다, 불안해 하다, 염려하다.

khayal 공상, 환상, 망상
berkhayal 허상을 보다
mengkhayalkan 환상으로 보다, 꿈에 보다, 상상하다.

khianat 사기, 배신, 반역, 변절, 위약
mengkhianat(i) 반역하다, 변절하다.

khidmat 존경, 봉사, 충심.

khilaf 실수, 오류, 잘못, 착오.

khitan 할례
mengkhitankan 할례시키다.

khotbah 설교, 법화(法話), 강론
berkhotbah 설교하다, 강론하다
mengkhotbah 선포하다, 설교하다
pengkhotbah 설교자, 강론자.

khusus 특별한, 특수한, 각별한
mengkhususkan 특별화하다

kiai 회교의 율법사, 선생님 따위에 대한 경칭.
kiamat 최후의 심판, 운명.
kian 이와 같은, 그 정도의
  berkian-kian 과도의, 지나친
  sekian 그 정도로, 여기까지
  terkian *tidak terkian* 셀 수 없는.
kianat 속임, 책략.
kias 비교, 비유, 직유, 암시, 언급
  mengias(-ngiasi) 암시하다, 시사하다
  mengiaskan 비교하다, 비유하다
  kiasan 비교, 비유.
kibar, berkibar-kibar (깃발 따위가) 펄럭이다, 나부끼다
  mengibarkan (기를) 달다, 게양하다.
kibas, mengibaskan (개 따위가) 꼬리를 흔들다, 꼬리치다.
kicau (새가) 지저귐, 짹짹거림
  berkicau (새가) 지저귀다, 짹짹거리다.
kidal 왼손, 왼손잡이의.
kijang (動) 사슴.
kikir 인색한, 구두쇠의.
kikis *hilang kikis* 완전히 지워진, 말소된
  mengikiskan 긁어대다, 벗겨내다
  kikisan 긁는 기구, 지우개.
kilah 사기, 간계, 계략.
kilap¹ 잘못, 오류, 실수.
kilap² 광택, 윤기, 광채
  berkilap, mengkilap 빛나다, 윤기나다, 광채나다.
kilat 번개, 번쩍임
  berkilat, mengilat 빛나다
  terkilat 잠시 번쩍이는.
kilau, berkilau, mengilau 불꽃을 튀기다, 번득이다.
kilo 킬로그램, 킬로미터.
kilométer 킬로미터.
kimia 화학.
kimiawi 화학의, 화학적인.
kina (植) 키니네.
kincir(an) 물레(방아의) 바퀴, 양수차.
kini 지금.
kipas 부채, 프로펠러
  berkipas 부채질하다.
kiper 고울 키이퍼.
kira ~라고 생각하다, 믿다
  kira-kira 대략, 대충
  mengira ~라고 믿다, ~라고 생각하다
  perkiraan 견적, 추량
  sekiranya 만약 ~한 경우에, 만약 ~이라면.
kiri ① 왼쪽, 왼편 ② 불행한.
kirim, berkirim 전하다, 전달하다, 보내다
  mengirim 맡기다, 위임하다
  pengirim 발송인, 보내는 사람.
kisah 이야기, 전설.
kisar 회전
  berkisar 회전하다, 변화하다
  kisaran (바퀴의) 회전.
kisut 주름살이 있는, 주름진.
kita 우리, 우리들(상대방을 포함한 우리).
kitab 책, 서적, 독본, 교본.
kitar¹, **berkitar** 돌다, 돌아가다
  sekitar 주위, 둘레.
kitar², **mengitarkan, memperkitarkan** 밀어 제치다, 잡아 떼어 놓다.
kitik, mengitiki 간질이다, 기쁘게 하다.
klakson 경적.
klasifikasi 분류.
klasik 고전의.
klik 찰칵.
klinik 병원, 진료소.
klip (종이 따위의) 집게, 클립.
klisé 원판, 프린트, 사진.
koalisi 연합, 합동.
kobar, berkobar (불꽃이) 타오르다, 맹위를 떨치다
  berkobar-kobar(an) (불꽃이) 막 타오르는
  mengobarkan 부채질하다, 부

kocak¹ 추기다.
kocak¹ 흔들거림, 진동
  berkocak 흔들리다, 진동하다
  mengocakkan ~을 흔들다
  terkocak 흔들리는, 당황하는.
kocak² 즐거운, 멋진.
kocar-kacir 당황.
kocok, mengocok 흔들다, 섞다, 혼합하다.
kode 신호, 암호.
koderat 전능, 무한의 힘.
kodi 쾌, 20(개, 벌).
kodak 개구리.
kodrat 힘, 신의 뜻, 운명, 천성, 성품.
kohir 징세 원부(徵稅原簿).
kokok 꼬꼭(수탉의 울음)
  berkokok 꼬꼭하고 울다.
kol 양배추.
kol. [kolonél] 대령.
kolam 연못.
koléra (醫) 콜레라.
kolom (신문의) 특약 정기 기고란.
kolonel 대령.
kolong 구멍, 밑의 공간.
koloni 식민지.
kolonialisme 식민 정책.
kolonis 해외 이주민, 식민지 개척자, 식민지.
kolonisasi 식민지화.
kolor(an) 허리띠.
kolot ① 구식의 ② 보수적인.
koma 코머, 쉼표.
komandan 지휘자, 사령관.
komando 명령, 지휘, 지배권.
komat-kamit 중얼거리는.
kombinasi 결합, 조합, 단결, 연합.
koméndur 지휘관, 사령관.
komentar 비평, 주석, 해설
  meng(k)omentari 비평하다.
komersil 상업상의, 통상의.
komidi 희극.
komik ① 희극의 ② 코미디언, 희극 배우.
kominiké 공보(公報).
kominis 공산주의자.

komisaris 위원, 이사, 감독관.
komisi 위원회
  mengomisi 시찰하다, 검열하다.
komité 위원회.
komodo (動) 몸집이 거대한 도마뱀.
komodor (udara) 공군 준장.
kompak 치밀한, 꽉 들어찬.
kompas 나침반, (제도용) 컴퍼스.
kompénsasi 배상, 보상, 갚음.
kompléks 콤플렉스, 복잡, 복합.
komplit 완전한, 전적인, 완결한.
komplot ① 공범자, 종범인 ② 음모, 책략, 계획.
komponén 성분, 구성 요소.
komponis 작곡가, 작곡자.
kompor 스토우브, 난로.
kompromi 타협, 화해, 양보, 절충안.
komunikasi 전달, 보도, 의사 소통.
komunis 공산주의자, 공산 당원.
kondéktur (기차, 버스 따위의)차장, 승무원.
kondisi 조건, 규정, 상태, 상황.
konféksi 기성복, 기성 의류.
konflik 투쟁, 충돌, 갈등, 쟁의.
konfrontasi 대결, 대항, 직면.
konggrés 의회.
kongkalikong 음모, 모의, 불법 공모.
kongkol 음모자, 모사꾼, 모함자.
kongkurén 경쟁자, 라이벌, 적대자, 상대.
kongkurénsi 경쟁, 적대, 상대.
kongsi 회사, 공사, 조합.
kongsol 영사(領事).
konon¹ ① 이상하게 여기다 ② 소문에 의하면 ③ 아마도.
konon², memperkonon 속이다.
konperénsi 대회의, 의회, 국회, 평의회.
konsekwénsi 결과, 결말, 귀결, 결론.
konséntrasi 집중, 전심 전력,

konsép 전념.
konsép 초안, 초고, 청사진.
konsérvatif 보수적인, 담보적인, 고전적인.
konsési 허가, 면허, 특허, 이전.
konsol 영사(領事).
konsolat ☞ konsulat.
konsulat 영사관.
konsultasi 상의, 협의, 자문, 협의회, 심의회.
konsumén 소비자, 사용자, 수요자.
konsumsi 소비, 소모, 소진, 폐병.
kontak 접촉, 맞닿음, 교제, 친교.
kontal-kantil 흔들리다, 진동하다.
kontan ① 현금, 돈 ② 신속.
kontérak 계약 ☞ kontrak.
kontra 반대(의견), ~에 반대하여.
kontradiksi 부정, 부인, 반박, 반대, 모순, 당착.
kontrak 계약, 약정, 약혼, 청부.
kontrol 지배, 단속, 관리, 억제.
konyol ① 어리석은, 미친 ② 실패로 끝난 ③ 나쁜, 부당한.
konyong, sekonyong-konyong 갑작스런, 돌연의, 별안간의.
koordinasi 동등, 대등 관계, 공동 작용.
koper 트렁크, 여행용 가방.
koperal 상병.
koperasi 협력적인, 협력, 협동.
kopi[1] 코오피.
kopi[2] 사본, 모사, 복사.
kopiah (일종의) 모자.
kopor 트렁크, 여행용의 큰 가방.
kopra 코프라.
koran[1] 신문, 일간지.
Koran[2] 회교의 경전, 코란.
korban 희생, 희생물.
　berkorban 희생으로 바치다, 산제물을 바치다
　mengorbankan ~를 희생하다, 희생시키다, 잃다
　pengorbanan 희생, 산제물.
kordén 커어튼.
Koréa 한국; semenanjung *Koréa* 한반도.
korék *korék api* 성냥
　mengorék 긁다, 긋다, 파다.
koréksi 정정, 수정, 보정
　meng(k)oréksi 정정하다 수정하다.
korélasi 상호 관계, 상관.
koréspondénsi 통신.
korps 단체, 단(團).
korsi ☞ kursi.
korupsi 타락, 폐풍, 부패, 부정.
koruptor 부패된 것, 타락한 사람.
kosong ① 빈, 비어 있는 ② 효과 없는, 쓸모 없는
　mengosongkan ① 비우다 ② 떠나가다, 물러가다
　pengosongan ① 비움, 철수 ② 고갈, 소모.
kota ① 성(城) ② 도시
　kekotaan 도시화 된.
kotak[1] ① 구획, 간막이 ② 상자.
kotak[2], **kotak-kotak, kotak-katik** (움직이거나 말하는) 소리, 인기척.
kotapraja 자치시.
kotor ① 더러운, 불결한 ② 모두 합친, 전체의, 총
　mengotori, mengotorkan 더럽히다, 불결하게 하다
　kekotoran 오물이 묻은, 오물, 쓰레기.
koyak 찢긴, 찢어진, 쩨진.
koyok[1] 길들이지 않은 개, 들개.
koyok[2] 고약.
kréatif 창조적인, 창작적인, 독창적인.
krédit 신용, 신용 대부, 명성
　mengkréditkan 신용으로 판매하다, 외상으로 팔다
　perkréditan 신용 판매.
kriminil 범죄의, 범죄가 있는.
krisis 분기점, 위기, 중대 국면, 위험한 고비.
kritik(an) 비평, 평론.

kroncong ① 발목고리 ② 유행 음악.
krupuk 전병 ☞ kerupuk.
K.S. [Kepala Staf] 참모 총장.
ksatria 무사 계급.
kuah 국(물), 소오스, 육즙(肉汁)
　berkuah 국물이 있는, 즙이 있는.
kuas¹ ① 화필, 그림, 붓 ② 면도솔.
kuas² 오렌지 쥬스[레몬수]의 일종.
kuasa ① 힘, 능력, 재능 ② 권위, 권력, 권능 ③ 강한, 강력한 ④ 대리인, 대리권
　berkuasa ① 힘을 갖다 ② 권한을 갖다, 권력을 갖다 ③ ~의 담당인, ~가 맡고 있는
　menguasai 통치하다, 지배하다
　menguasakan 권한을 부여하다, 권위를 주다, 위임하다
　kekuasaan 힘, 능력, 권력, 권한
　penguasa 지배인, 권력자, 집행자
　penguasaan ① 권위, 권력 ② 단속, 관리.
kuat ① 힘센, 기운 있는, 강한 ② 능력있는, ~할 수 있는 ③ 시끄러운, 소란스러운
　berkuat 주장하다, 고집하다
　menguatkan 강하게 하다, 공고히 하다
　kekuatan ① 힘, 체력, 능력 ② 에너지, 정력 ③ (확대경의) 배율 ④ 강도
　penguat 강장제, 강력제.
kubah 둥근 지붕, 둥근 천장.
kubis (植) 양배추, 캐비지.
kubur 무덤, 묘지
　mengubur(kan) 묻다, 파묻다
　pekuburan, perkuburan 묘지, 묘소, 무덤
　penguburan 매장, 장례.
kucai (植) 파, 부추.
kucar-kacir 무질서하게, 혼란스럽게, 난잡하게.
kucing (動) 고양이.
kuda (動) 말
　berkuda 말을 타다

memperkuda(kan) ① (남의 약점을) 이기적으로 이용하다, 착취하다 ② 말을 타다, 말에 올라 타다.
kudéta 쿠데타, 무력 정변.
kudis 옴, 개선(疥癬).
kué 과자, 쿠키, 케이크.
kuil (발리의) 절, (힌두교) 사원.
kuku ① 손톱 ② 발톱 ③ 발굽.
kukuh 굳은, 확고부동한
　berkukuh 고집하다, 주장하다, 고수하다
　mengukuhkan 강화하다
　pengukuhan 확고함, 고수, 고집.
kukur 잘게 가는 것, 강판
　mengukur 잘게 갈아내다.
kukus 증기, 스팀, 김
　mengukus (증기로) 짜다, 삶다
　kukusan 증기 기관, 찌는 도구.
kulai, mengulaikan 맥없이 매달리다
　terkulai (머리 따위를) 수그리는, 축 늘어지는, 처진, 풀이 죽은.
kuli 품팔이 일꾼, 노동자, 잡역부.
kuliah (대학의) 강의, 수업
　berkuliah 강의하다.
kulit 피부, 살갗, 살결
　berkulit 껍질이 있는, 껍질을 사용하다.
kulkas 냉장고
kulum, mengulum ① 빨다, 빨아들이다, 핥다 ② 중얼거리다, 얼버무리다, 우물우물 씹다.
kumal 구겨진, 주름이 잡힌, 헝클어진.
kuman 세균, 미생물 박테리아.
kumandang 메아리, 반향.
kumidi ☞ komidi.
kumis 콧수염.
kumpul, berkumpul 모이다, 집합하다
　mengumpulkan 모으다
　perkumpulan 조직, 클럽, 회의, 모임
　terkumpul 모인, 한 덩어리가 된
　kumpulan 수집, 모음, 무리.
kumulasi 쌓아 올림, 축적.

kumur, berkumur 입을 헹구어 내다, 입을 씻어 내다.

kunang-kunang[1] 개똥벌레.

kunang-kunang[2], **berkunang-kunang** 빛나다, 반짝거리다.

kunci 자물쇠, 자물통, 열쇠
  mengunci(kan) 잠그다, 걸다, 열쇠를 채우다
  terkunci 잠겨진, 열쇠가 채워진, 걸린.

kuncup ① (꽃, 잎의) 싹, 꽃 봉오리 ② (꽃이) 시든, (우산이) 접혀진, 닫힌
  menguncup ① 닫다, 접다 ② 줄어들다, 수축하다
  menguncupkan 닫다, 접다.

kuning 노란색(의), 황색(의)
  menguning 노란 빛이 되다, 노란 빛으로 변하다, (과일이) 익다
  kuningan 놋쇠, 황동.

kunjung[1] 쉬, 빨리, 쉽사리.

kunjung[2], **berkunjung** 방문하다, 찾아가다
  mengunjungi ① ∼을 방문하다 ② 참석하다
  (per)kunjungan 방문, 예방.

kuno 옛날의, 고대의 구식의, 낡은.

kuntum ① 꽃 봉오리 ② 소녀, 처녀 ③ ≪꽃을 세는 수량사≫ ∼송이
  menguntum 봉오리를 맺다.

kunyah, mengunyah ① 씹다, 깨물다 ② 숙고하다, 음미하다.

kupas, mengupas ① (껍질을) 벗기다, 까다 ② 분해하다, 해석하다 ③ 비평하다, 탈의하다
  kupasan ① 분해, 분석 ② 심의, 토의 ③ 비평, 주석, 논평.

kuping 귀.

kupon 쿠우폰, 교환권.

kupu, kupu-kupu 나비.

kura, kura-kura (動) 거북이.

kurang ① 적은 양의, 모자라는, 부족한, 부족 ② (시간을 나타낼 때) ∼전 ③ ∼이 아닌, ∼하지 못한(부정을 나타냄) ④ 감소하다, 줄어들다 ⑤ 빼기, 마이너스 ⑥ 결함, 실수, 잘못
  berkurang 감소하다, 줄어들다
  berkurang-kurangan 계속 줄어들다
  mengurangi 줄이다, 감하다, 빼다, 덜다
  mengurangkan 빼다, 덮다
  kekurangan 부족, 결핍, 모자람
  pengurangan 감소, 축소
  terkurang 최하의, 최저의, 최소의.

kurap (醫) ① 백선(白癬), 원선 ② 옴, 개선(疥癬).

kurs 환율, 교환 비율.

kursi 의자, 걸상.

kursus (공부의) 과정, 학습, 교육.

kurung ① 새장 ② 감옥 ③ (=*tanda kurung*) 괄호
  berkurung ∼으로 둘러 싸인
  mengurung ① 새장[우리]에 집어넣다 ② 감금하다, 감옥에 집어넣다 ③ 둘러싸다 ④ 괄호로 묶다
  pengurungan 투옥, 감금.

kurus ① 마른, 여윈 ② (땅이) 황폐한, 불모의
  kekurusan 가늠, 수척함, 여윔
  mengurus 야위어지다, 가늘게 되다
  menguruskan 가늘게 만들다, 날씬하게 만들다.

kusut (=**berkusut**) ① 헝클어진, 난잡한, 엉킨, 얽힌 ② 구겨진, 주름진 ③ 복잡한, 혼란한
  mengusut ① 엉킨 것을 풀다, 결하다 ② 기소하다, 구형하다
  mengusutkan 혼란하게 만들다, 당황케 하다
  kekusutan 혼동, 혼미, 난잡.

kutang *baju kutang* 브래지어.

kutik, berkutik 가볍게 움직이다, 꿈틀거리다
  mengutik-ngutik ① 집적거리다, 요리조리 만져보다 ② 쿡쿡 찌르다, (귀 따위를) 후비다 ③ 흠을

찾다, 트집을 잡다
kutikan 슬쩍 건드림, 슬쩍 찌름.
kutip, mengutip ① 복사하다 ② 인용하다 ③ 따다, 뜯다
   kutipan 복사, 인용.
kutu[1] 이, 벼룩.
kutu[2] 동맹, 연합, 조합.
kutub 극(極).
kutuk 저주, 악담, 독설

mengutuki 저주하다, 욕지거리하다, 악담하다.
kwalitas 질(質), 품질, 특질.
kwantitét 양, 분량, 수량.
kwartal (한 해의) 분기.
kwintal 100킬로그램.
kwitansi 영수증.
kwt [kawat] ① 전선, 피복 전선, 케이블 ② 전보.

L

laba 이득, 이익, 이윤, 소득, 유익
　berlaba 유리한, 유익한, 벌이가 많은
　melabai, melabakan 이익을 주다, 유익하다, 벌이가 많다.
labah-labah 거미.
laberak, melaberak 마구 때리다, 두드리다, 세게 치다
laberakan 구타, 마구 때림, 공격.
labrak, melabrak ① 때리다 ② 심하게 욕하다 ③ 공격하다, 무자비하게 후려치다.
labu (植) 호리병 박
　melabu ① (배가)부른 ② 압축하다 ③ 속이다, (사람을) 꾀다.
labuh ① (커어튼, 발, 모기장 따위가) 내려져 있는, 늘어진 ② 《수량사》 커어튼, 발 따위를 셀 때 사용
　berlabuh (배가) 정박하다
　melabuh(kan) ① (닻을) 내리다, 드리우다 ② (짐승이 새끼를) 낳다
　pelabuhan 항구, 정박소.
laci (책상, 옷장 따위의) 서랍.
lacur ① 부도덕한, 점잖지 못한, 추잡한, 음란한, 불행한 ② 창녀, 매춘부
　melacurkan diri 매춘하다
　pelacur 창녀, 매춘부.
lada 후추
　meladai ~에 후추를 치다.
ladang 농토, 경작지
　berladang 농토를 소유하다
　memperladangkan 농토를 일구다
　peladang 농부.
ladén, meladéni 시중들다, 돌보다
　peladén 시중드는 사람, 하인
　peladénan 봉사, 서어비스.
lafal, lafat, lafaz, lapal 발음, 소리내기
　melafalkan 발음하다, 말하다
　pelafalan 발음, 말, 언급.
lagak 자세, 태도, 차림
　be(r)lagak 젠체하다, 으시대다, 교만하다
　melagak 허풍떨다, 자랑하다
　pelagak 허풍선이, 허풍쟁이.
lagam 스타일, 모양, 태도.
lagi ① ~하고 있는, ~하는 중인 ② 또, 다시, 재차
　selagi ~하는 동안에, ~하는 한.
lagu ① 노래 ② 억양, 말투, 어조
　melagukan 노래하다, 노래 부르다
　pelagu 가수.
-lah 《강조어》 (명령문을 강조하거나 또는 요청, 소망 따위를 나타낼 때 그 의미를 부드럽게 하기 위하여 사용).
lahan, perlahan-lahan 천천히, 느릿느릿, 서서히.
lahap 많이 먹는, 게걸든, 탐내는.
lahar 용암, 화산암 층
　berlahar 분출하다, 분화하다.
lahir ① 외부의, 밖의, 외면의 ② 태어나다, 출생하다
　melahirkan (아이를) 낳다
　kelahiran 탄생, 출생.
la ilaha illa llahu 알라 이외에는 신이 없다.
lain 다른, 딴
　berlain 다르다, 틀리다
　berlain(-lain)an 서로 다른, 다른 종류인
　melaini 위반하다, 위배하다
　melainkan, memperlainkan 구별하다, 차별하다
　kelainan 차이, 편차, 상위
　selain ~이외에도, ~말고도.
laju 빠른, 신속한, 빨리 달리는

melajukan 속력을 내다, 빨리 달리다
perlajuan 가속, 촉진.
lajur 줄, 열, 행.
lak 봉랍(奉蠟)
dilak 봉인된, 봉랍한.
laki 남편, 남자
laki-laki, letaki 남성(의)
kelaki(-laki)an 용기, 용감
memperlaki 남편을 얻다
memperlakikan 결혼시키다.
laknat 저주, 악담
melaknatkan 저주하다, 악담하다.
lakon 연극, 드라마
melakonkan (연극을) 공연하다, (희곡을) 쓰다, 이야기해 주다
pelakon 배우.
laksa 일만(一萬).
laksamana 해군 대장, 해군 제독.
laksana 특질, 품질, 특징
melaksanakan 해내다, 달성하다, 실현하다
pelaksana 수행자, 실행자
pe(ng)laksanaan 실행, 수행.
laku ① 행동, 행위 ② 유효한, 효력 있는
berlaku 유효하다, 효력이 있다
melakukan 행하다, 시행하다
memperlakukan 대우하다, 다루다, 허락하다
kelakuan 태도, 행동
berkelakuan ~한 특질(성질, 기질, 특성)을 가진
perlakuan 대우, 대접
selaku ~처럼, ~와 같이.
lalai 부주의한, 게으른, 태만한
melalaikan (의무, 일 따위를) 게을리 하다, 소홀히 하다
memperlalaikan 연기하다, 늦추다, 미루다
kelalaian 부주의, 무관심
pelalaian 태만, 소홀
terlalai 잊어버린, 잊혀진, 돌보지 않는.
alat 파리.

lalim 포악한, 횡포한, 잔인한
melalimi, melalimkan 학정을 하다, 학대하다, 압제하다
kelaliman 포악, 잔인.
lalu ① 지나가다, 통과하다 ② 지난, 지나간; *lalu* lintas 교통
berlalu 통과하다, 지나가다
melalui ① 가로 질러가다, 통과하다 ② 위반하다, 위배하다
melalukan ① 통과하게 하다, 지나가게 만들다 ② 간과하다, 무시하다
kelaluan ① 통과한, 못보고 지나친 ② 목적, 목표
selalu 항상, 언제나 쉬지 않고
terlalu 몹시, 지나치게
keterlaluan 굉장히, 지나치게.
lama ① (기간이) 긴, (오랫)동안 ② 낡은, 오래된
berlama-lama 오랫 동안, 한참 동안
me(mper)lamakan 연장하다, (시간을) 늘리다
lama-kelamaan 오래면 오랠수록 ~한
selama ~하는 동안에, 하는 한
selamanya 항상, 언제나
selama-lamanya 영원히, 끝없이.
lamar, melamar 청혼하다, 구혼하다
melamarkan 청혼시키다, 지원하다
lamaran 청혼.
lambai, melambai(-lambai) 흔들다, 손짓(고갯짓)으로 부르다
melambai(-lambai)kan ~을 흔들다, 펄럭이게 하다
lambaian 흔들림, 파동.
lambang, pe(r)lambang 상징, 특징, 표상, 심볼
melambangkan 상징하다, 표시하다.
lambat 느린, 늦은
berlambat 늦은, 서두르지 않는
me(mper)lambatkan 늦추다, 지연시키다

lambung   112   **langsung**

kelambatan 너무 늦은, 지나치게 느린
selambat-lambatnya 늦어도
terlambat 너무 늦은, 지나치게 늦은
keterlambatan 지연, 지체.
lambung (높이) 튀어 오르다, 튀다
melambung 튀다, 튀어 오르다.
lampai 가느다란, 엷은
melampai-lampai 흔들리다, 나풀거리다.
lampar, berlamparan 뿔뿔이 흩어진, 흩어져 있는
melampar 퍼지다, 흩어지다.
lampau 지난, 지나간
melampaui 지나가다, 통과하다
terlampau 매우, 몹시
terlampaui 지나쳐 버리다, 벗어나다.
lampir, melampiri 붙이다, 첨부하다, 동봉하다
melampirkan 동봉시키다, 첨부시키다
lampiran 동봉한 것, 동봉물 부록, 부가물, 추가, 별첨.
lampu 등(燈), 등불.
lampung, melampung 뜨다, 떠오르다, 부유하다.
lamun¹ 비록 ~지라도.
lamun², **melamun** 멍한, 정신 나간 듯한.
lancana 휘장, 뱃지.
lancang 무례한, 건방진, 뻔뻔스러운
kelancangan 경솔, 경망.
lancar 유창한, 술술 나오는, 말 잘하는
melancar 미끄러지다, 획 지나가다
melancarkan, memperlancarkan 속력을 내다, 가속화하다
kelancaran 부드러움, 평탄, 평온, 유창.
lancip 날카로운, 뾰족한.
lancong, melancong 여행하다
pelancong 관광객, 여행자
pelancongan 관광, 여행.
lancung 모조의, 가짜의
melancung 위조하다, 모조하다
lancungan 모조, 인조.
landa, melanda (집 따위를) 헐어 넘어뜨리다
terlanda 넘어진, 짓밟힌.
landai 경사진, 비탈진, 비스듬한
melandai 경사지게 하다, 비탈지게 하다
landaian 경사, 비탈.
landas 하층, 토대, 근본
berlandasan ~에 기초를 두고 있다
landasan 기초, 토대.
langganan ① 예약 구독자, 예약자 ② 고객, 손님
berlangganan 예약하다, 예약 구독자.
langgar, berlanggaran 충돌하다, 부딪치다
melanggar ① (차가 사람을) 들이 받다 ② (법률, 규칙을) 어기다, 기피하다
kelanggar (차에) 치다, 충돌하다
pelanggar 위반자, 위배자
pelanggaran 위배, 위반.
langit 하늘, 창공.
langit-langitan 천장.
langkah ① 보폭 ② 수단, 행위
berlangkah, melangkah 걷다, 걸음을 옮기다
melangkahi 넘어가다, 한도를 넘다
melangkahkan 걸어가다, 계획하다.
langsing 가느다란, 얇은, 여윈, 날씬한.
langsir, melangsir 이리저리 왔다 갔다 하다.
langsung 곧장, 직행하여
berlangsung 계속되다, 해 나가다, 수행하다
melangsungkan 열다, 수행하다, 진행하다
kelangsungan 계속, 연속
perlangsungan 진보, 개량

lanjur
  terlangsung 계속된, 진행된.
lanjur 펼쳐진, 펴진
  telanjur 저질러진, 경솔한.
lanjut ① 오래된, (밤이) 깊은 ② 끊임 없는, 계속되는
  kelanjutan (이야기의) 연속, 연결
  melanjut 계속적인, 지속적인
  melanjutkan 계속하다, 지속하다
  pelanjutan 계속, 지속
  selanjutnya 앞으로는, 차후
  telanjur 너무 긴, 지나치게 먼.
lantai (건물의) 층, 마루 바닥.
lantak *emas lantak* 금괴.
lantang 또렷한, 명백한, 맑은.
lantar[1], **melantarkan** ① ~의 원천이 되다 ② 전달하다, 전해주다
  lantaran 이유, 원인.
lantar[2], **te(r)lantar** (길에) 버려진, 돌보지 않는, 무시당하는.
lantas ① 즉시, 곧바로, ~하고 나서 바로 ② ~까지 ③ 그 다음에, 그 후에
  melantas 곧장 가다, 직행하다
  melantaskan 수행하다, 하다, 실행하다.
lantik, melantik 자리에 앉히다, 취임시키다
  pelantikan 취임(식), 임명(식), 임관(식).
lantur, melantur (이야기 따위가) 빗나가다, 본 줄거리를 떠나다
  melanturkan 전환하다, 엇갈리게 하다.
lanun 해적.
lap *kain lap* 수건, 헝겊, 천, 행주.
lapang ① 열린, 넓다란 ② 자유로운, 한가한 ③ 안락한
  melapangkan (=**memperlapang**) ① 늘리다, 확장하다 ② 위안이 되다, 격려가 되다
  lapangan ① 광장, 운동장, 경기장 ② 분야, 영역.
lapar 배고픈
  kelaparan 공복, 주림, 기아.
lapik 기초, 기부, 바닥, 내용
  berlapik 기초를 가진, 바닥이 있는.
lapis ① (=*lapisan*) 층 ② 줄, 열.
lapor, melaporkan 통지하다, 전해주다, 알리다, 신고하다
  laporan 통지, 보고, 소식.
lapuk ① 곰팡이가 핀, 썩은, 부패한 ② 부족한, 약한, 불충분한 ③ 낡은.
lapur ☞ lapor.
larang, melarang 금하다, 허락하지 않다, 막다.
  (pe)larangan 금지, 금기, 금지령.
laras[1] 조화, 일치, 융화
  melaraskan 조정하다, 맞추다, 일치하다, 융화하다
  menyelaraskan 조정시키다, 일치시키다, 융화시키다
  kelarasan, keselarasan 조화, 일치, 융화, 적응, 적합
  selaras ~에 조화하여, ~에 일치하여, ~에 맞추어.
laras[2] ① 원통 모양의 ② ≪수량사≫ (총따위의) 자루, 정.
lari (=*berlari*) 달리다, 뛰다, 도망치다
  berlari 달리다, 뛰다, 도망치다
  memperlarikan ~을 따라 달리게 하다, 빠르게 몰다
  pelarian 경주, 달리기 경주.
laris 수요가 있는, 요망하는, 인기 있는, 평판이 좋은
  pelaris 다른 물건을 많이 팔기 위하여 저렴한 가격으로 끼워 파는 물건.
larut ① 용해되다, 녹다 ② (밤이) 깊어가는, 늦은, (병이) 심해지는
  berlarut-larut 한없이 흐르는(멀어지는), 끝없는.
las 용접, 접합.
laskar 군인, 병사.
latah [특히 여자의] 히스테리, 병적 흥분

latih

kelatahan 신경 과민, 흥분.
latih 숙달된, 훈련된, 익숙한
  melatih 연습시키다, 훈련시키다, 시도하다
  pelatih 지도자, 교수자, 코우치
  latihan 연습, 훈련.
Latin 라틴어(의).
lauk ① 반찬, 부식물 ② 생선, 고기; *lauk* pauk 갖가지 반찬
  berlauk 반찬을 곁들여 밥을 먹다.
laun 늦은, 서두르지 않는, 우물쭈물하는.
laut 바다, 해양, 대양
  pelaut 선장, 항해사, 선원
  lautan 해양, 대해.
lawak 농담, 장난, 희롱
  pelawak 희극 배우, 익살꾼, 어릿광대.
lawan ① (시합의) 적수, 상대방 ② 반대하다, 대항하다
  berlawan 적수가 되다, 다투다, 경쟁하다
  berlawanan ~에 반대되는, ~에 위배되는
  melawan 대항(경쟁)하다, ~에 반대되다
  memperlawankan (닭, 개를) 싸움 붙이다
  pelawan 적수, 반대자, 반대편, 상대방
  perlawanan 저항, 방해, 반대.
lawat, melawat 방문하다, 여행하다, 조문하다
  pelawat 방문객, 여행자
  perlawatan 방문, 여행, 조문.
layak 적당한, 알맞은, 마땅한, 마땅히 ~을 받을만한
  selayaknya 적당히, 마땅히.
layan, melayani ① 봉사하다, 대접하다, 시중들다, 도와주다 ② 공급하다 ③ 사용하다, 운용하다
  melayankan ~을 대접하다, ~으로 봉사하다
  pelayan 조수, 점원, 판매원
  pelayanan, layanan 봉사, 접대, 시중, 서어비스.

lebih

layang, melayang ① 날다, 방황하다, 헤매다 ② 사라지다, 없어지다, 죽다
  melayangkan 날게 하다, 풀어놓다
  terlayang(-layang) ① 방황하다, 헤매다 ② 잠들다.
layar ① 영사막 ② 돛
  be(r)layar ① 항해하다 ② 돛을 가지고 있다
  melayari ① 항해하다 ② 배에 싣다, 선적하다, 배로 나르다
  pelayaran 항행, 항해, 항해줄.
layu 시든, 창백한, 핏기 없는, 희미한.
lazat 맛있는, 좋아하는, 즐기는.
lazim 보통(의), 평상(의)
  kelaziman 관습, 유행, 평범.
lebah 꿀벌.
lebai ① 회교승 ② 느림보, 굼뱅이.
lebam¹ 검푸른 색.
lebam² 「쿵」하고 떨어지는 소리.
léber 넓은, 광대한
  melébar 넓어지다, 확장되다
  melébarkan ~을 넓히다.
Lebaran (회교의) 금식 기간이 끝나는 날에 벌이는 축제(샤왈의 1일)
  berlebaran 르바단[단식절] 축제를 거행하다(축하하다).
lebat 두꺼운, 짙은, 무성한, (머리 따위의) 숱이 많은, 울창한.
lebih ① 더 많은, 더 큰 ② 나머지, 여분, 잔여 ③ 《비교급에서》 꽤, ~보다 더 ~한
  berlebih-lebih 과장된, 지나치게 많은, 엄청난
  melebih ~을 과도하게 하다, 잘난 척하다, 젠체하다
  melebihi ① 능가하다, ~보다 낫다 ② 보태다, 첨가하다
  melebihkan 늘리다, 증가시키다
  berkelebihan ① 남아 도는, 잉여의 ② 과장하는, 젠체하는
  terlebih ① 엄청난, 대단한 ② 가장, 최상의 ③ 특히, 특별히

berlebih-lebihan 과대한.
lebur 용해된, 녹은, 사라진
melebur 녹다, 녹이다
peleburan 용해, 해산, 녹임.
lécét (=**berlécét, melécét**)
① 상처난 ② 젖은.
ledak, meledak 폭발하다, 발발하다, 일어나다
meledakkan 폭발시키다, 터뜨리다, 터지게 하다.
lega ① 넓은, 널찍한, 빈 ② 한가한 ③ 기쁜
melegakan 완화하다, 안심시키다, 위안하다.
légong 발리 지방의 민속춤.
léhér 목.
lekak-lekuk 울퉁불퉁한, 요철의.
lekang 느슨해진, 늦추어진.
lekas ① 빨리, 신속히 ② 서두르다, 재촉하다
berlekas-lekas 서두르다, 재촉하다, 허둥지둥하다.
lekat, berlekat 끈적거리는, 달라붙는, 끈적끈적한, 접착성 있는
melekati ~에 붙다
melekatkan ① 붙이다 ② 투자하다 ③ 입다, 착용하다
terlekat 이미, 고착된, 사용된.
éktor (대학의) 강사, 조교.
ekuk 움푹한 곳, 파인 곳
melekuk 움푹 들어가다, 푹 파이다
melekukkan 움푹 들어가게 하다, 푹 파다.
elah 지친, 기진맥진한, 피곤한
melelahkan, memperlelah 피로하게 만들다, 힘들게 하다.
elaki ☞ laki-laki.
élang 경매, 공매
melélang 경매하다
(per)lélangan 경매, 공매.
elap ① 없어진, 사라진 ② 숙면하는, 정신을 못차리는, 기절한 ③ (기름이) 응결된, 굳은.
éléh, berléléhan 똑똑 떨어지다

meléléh 똑똑 떨어지다.
lelusa 자유로운, 임의로, 재량의
berleluasa 자유롭게 행동하다
keleluasaan 행동의 자유.
lelucon 농담, 익살, 해학.
leluhur 조상, 선조, 선열.
lém 풀.
lemah 약한, 낮은, 허약한, 미약한
melemahkan, memperlemahkan 약하게 하다, 연하게 만들다, 부드럽게 만들다
kelemahan 허약, 무능, 무력, 단조, 무기력.
lemak 지방, 기름진, 기름기 많은.
lemari 찬장, 벽장, 옷장, 책장.
lemas ① 질식한, 숨이 막히는 ② 유연한 ③ 세련된, 교양 있는 ④ 친절한, 융통성 있는
melemaskan 유연하게 만들다, 약하게 만들다.
lembab ① 축축한, 습기 있는 ② 무딘, 둔한.
lembaga ① 조직, 기구, 연합 ② 태아, 싹 ③ 근원, 기원.
lembah 계곡, 골짜기.
lembap ☞ lembab.
lembar ① 실, 줄, 끈 ② 페이지, 쪽, 편 ③ 《수량사》 장, 타래, 가닥
lembaran ① 페이지, 쪽, 면 ② (잡지의) 부수.
lembék 부드러운, 유연한
melembékkan 유연하게 만들다, 느슨하게 만들다, 허약하게 하다.
lembing 창(槍), 투창
melembing 창을 던지다.
lembu (動) 소.
lembur 시간외 근무, 야근, 밤일, 잔업
melembur 시간외 근무를 하다.
lembut ① 부드러운, 매끄러운, 연한 ② 마음씨 좋은
melembutkan 연약하게 하다, 부드럽게 하다
kelembutan ① 부드러움, 유연함 ② 친절함.

lempang 곧 바른, 직선의
  melempangkan 똑 바르게 하다.
lémpar, melémpar 던지다, 팽개치다
  melémparkan ~을 던지다, 투척하다, 퍼붓다.
léna ① (잠을) 곤하게 자는, 숙면하는 ② 멍하고 있는, 얼빠져 있는
  terléna ① 잠이 들다 ② 정신이 나간
léncana ☞ lancana; *lencana jabatan* 공식 휘장
léngah 부주의한, 무관심한, 게으른
  meléngah 부주의하다, 태만하다
  meléngahkan 게을리 하다, 소홀히 하다
  keléngahan 태만, 무관심, 부주의.
lengan 팔, (옷의) 소매.
lenggang 잠시 멈추다, 중단하다.
lénggang 진동하는, 떠는, 움직이는
  berlénggang, melénggang 손을 흔들다, (배 따위가) 진동하다.
lénggok (걸을 때나 춤출 때) 몸을 좌우로 흔들다.
lengkap ① 안전한, 완벽한 ② 준비된
  melengkapi 공급하다
  perlengkapan 채비, 장비.
lengkung, melengkung 활처럼 휜, 만곡한, 굽은
  melengkungkan 구부리다, 휘다
  lengkungan ① 둥근 천장 건축물 ② 개선문.
léngos, meléngos 눈을 돌리다, 외면하다.
léns, lénsa 렌즈.
lentang (등을 대고) 눕다, 기대다.
lentéra 간데라, 각등, 제등, 등, 램프, 등화, 등불.
lenyap ① 없어진, 사라진 ② 곤하게 잠든, 푹 자는
  melenyapkan 제거하다, 없애다.
lepas ① 속박되지 않은, 자유로운, 벗어난, 관계 없는 ② 마치다, 졸업하다, 끝나다
  berlepas 느슨해지다
  melepas 놓아주다, 허용하다, 허가하다
  melepaskan 풀어 놓다, 해방시키다.
léréng 경사, 기울어진 곳, 비탈
  meléréng 경사지게 하다, 비탈지게 하다.
lés¹ 수업, 과업.
lés² 목록, 명부, 표.
lését, melését 미끄러지다, 미끄러 넘어지다.
lesi *pucat lesi* 창백한, 백지장처럼 하얀, 핏기 없는.
lesu 힘 없는, 지친, 피로한.
letak 위치, 장소, 소재
  meletakkan 놓다, 두다
  terletak ~에 있는, ~에 놓인, ~에 위치한.
letih 피곤한, 지친, 기진맥진한
  keletihan 피곤함, 지침, 힘 없음.
létnan ① 육군 중위 ② 해군 대위.
letup, meletup 폭발하다, 터지다
  letupan 폭발, 터짐
  peletupan 폭파.
letus 폭발성의, 터지는
  (pe)letusan 폭발함, 분출, 분화.
léwat ~을 경유하여, ~을 통하여, ~을 거쳐
  meléwati 통과하다, 지나가다
  terléwat 너무, 지나치게.
liang 작은 구멍.
liar 난폭한, 야생의, 거칠은, 야만의.
liat 휘기 쉬운, 잘 휘어지는.
libat, melibat(kan) ① 붕대를 감다, 싸매다 ② 포함하다, 말아 넣다.
libur (=*liburan*) 휴가, 방학.
licik 교활한, 간사한
  kelicikan 교활함, 간사함.
licin 미끄러운, 잘 미끄러지는
  melicinkan 반들반들하게 만들다, 매끄럽게 하다.
lidah 혀, 말씨, 말.

lidi 야자의 엽맥(葉脈).
lihai ① 날카로운, 뾰족한 ② 재치있는, 영리한.
lihat, berlihat-lihatan 서로 쳐다보다, 서로 바라보다
  melihat 보다, 바라보다, 관찰하다, 관람하다
  terlihat 나타나는, 바라다 보이는.
likwidasi 청산, 정리, 일소.
lilin 양초, 촉광.
liliput 난장이 나라.
lilit, berlilit 꼬다, 감다, 비틀다
  melilit ~의 둘레를 감다
  melilitkan ~을 돌리다, ~을 감다, ~을 비틀다.
lim 풀, 아교.
lima 5〔다섯〕.
limas 피라미드 형의.
limau (植) 감귤류.
limbang, melimbang 여기저기 돌아다니다, 빈둥거리다.
limpah 넘치는, 풍부한, 윤택한
  berlimpah-limpah 매우 많은, 풍족한, 유복한
  melimpahi 쏟아 넣다, 넘치게 하다
  melimpahkan 쏟아지게 하다, 많이 주다.
limun 레몬 (과즙 음료).
linang, berlinang(-linang) 똑똑 떨어지다, 줄줄 흐르다, 눈물을 흘리다.
lincah ① 활동적인, 활기에 찬 ② 불안정한, 침착하지 못한
  kelincahan 활동적임, 원만함, 원활함.
lincir 부드러운, 매끄러운, 유창한, 언변이 좋은.
lindas, kelindas (차에) 치인, 으끄러진, 으깬
  melindas 부수다, 으깨다
  pelindas 약연(藥研), 유발(乳鉢), 분쇄기.
lindung, berlindung 대피하다, 은신하다
  melindungi, memperlindungi 보호하다, 막다, 지키다

memperlindungkan, melindungkan 피신시키다, 숨기다, 감추다
  kelindungan 은폐된
  terlindung 보호되는, 피신하는, 은신하는.
linggis 바아, 쇠 지레(돌을 부수거나 땅을 파는 데 쓰임)
  melinggis 쇠 지레로 파다.
lingkar 원, 궤도, 고리
  berlingkar, melingkar 똘똘 감다, 고리 모양을 만들다.
lingkung (=*selingkung*) 주변, 주계(周界), 영역, 범위
  melingkungi 둘러 싸다, 에워싸다, 두르다
  selingkung 주위, 주변, 근처.
lintah 거머리.
lintang ① 폭, 너비 ② 가로의
  melintang ① 가로 질러 놓이다, 가로 지르다 ② 방해하다, 막다.
lintas, kelintasan 지나간, 지나친, 통과한, 극복하는
  selintas 잠시, 잠깐.
liontin 로켓(조그만 사진, 머리카락, 기념물 따위를 넣어 시계줄, 목걸이에 다는 금속제의 조그만 곽).
lipan 지네.
lipas 바퀴벌레.
lipat ① 주름, 접음 ② 곱, 배수(의)
  melipat 접다, 겹치다
  melipatkan ① 접다 ② 곱하다.
liput, meliput(i) ① 덮다, 뒤덮다, 둘러싸다 ② ~에 걸치다, 포함하다
  terliput 뒤덮힌, 둘러 싸인, 동봉된.
lirik¹, melirik 훔쳐보다, 엿보다.
lirik², melirik 꿰뚫다, 구멍을 내다.
lisan 혀, 언어, 발음, 구두의, 구어체의
  melisankan 말하다, 언급하다.
listrik 전기, 전류, 전기의.
lisut 시들은, 약해진, 풀이 죽은, 주글주글한.
liter, literan 리터.

liur *air liur* 침, 타액.
liwat ☞ léwat.
lo 아니!, 아이고!, 이런(놀람 따위를 나타내는 감탄사).
loak 쓰레기통; *tukang loak* 고물 장수.
loba 과욕한, 탐욕스러운, 이기적인
  kelobaan 탐욕, 과욕.
lobak ① 무우 ② 양배추.
lobang 구멍.
logam 금속.
logaritma (數) 대수(對數).
logat 어휘, 단어, 사전, 방언, 억양.
logika 논리학.
lohor *sembahyang lohor* 점심 기도.
lokal 지방의, 지역의, 현지의.
lokan (큰) 조개의 일종.
lokék 몹시 인색한, 돈을 아끼는.
lokét 매표 창구.
lokomotip 기관차.
lolong, melolong 짖다, 울부짖다.
lolos (나사 따위가) 풀리다, 달아나다, 빠지다, 빠져 나가다
  meloloskan 풀어주다, 빼내다.
lomba 경쟁, 경기, 시합, 경선.
lombok 고추.
lompat 뜀, 뛰어오름, 도약
  pelompat 뛰는 사람, 도약 선수
  terlompat (갑자기) 뛰어 오른.
loncat, meloncat (둘 또는 네 다리로)뛰어 오르다, 도약하다
  meloncati 뛰어 넘다
  peloncat 도약 선수
  loncatan 뜀, 뛰어 오름, 도약대, 뜀판.
loncéng 종, 벨, 방울.
longgar ① 헐거운, 느슨한 ② 친하지 않은 ③ 드넓은, 훤히 터진
  kelonggaran ① 완화, 경감, 할인, 공제 ② 기회, 여유.
longgok (쌓아 올린) 더미, 무더기, 퇴적
  longgokan 더미, 무더기.
longsor 미끄러져 내려가다
  longsoran 사태.

lonjak, berlonjakan 뛰다, 깡충깡충 뛰다
  melonjak 뛰다, 뛰어 오르다
  melonjak-lonjak 뛰다, 깡충깡충 뛰다.
lonjong 끝이 뾰족한.
lontar 던지다, 투척하다
  melontar(kan) ~을 던지다, ~을 투척하다
  melontar(i) ~에게 던지다.
loréng, berloréng(-loréng) 줄이 쳐 있는, 줄무늬가 있는.
lorong 통로, 길, 골목.
los 수로(水路) 안내선.
losin ☞ lusin.
losmén 여관, 호텔.
loténg 천장, 고미 다락.
lotong ① 검은 원숭이 ② 검은색의.
lotot (눈을) 부릅 뜬, 노려 보는
  melotot 응시하다, 뚫어지게 뜨다, 노려보다.
lowak ☞ loak.
lowong 빈, 텅 빈, 채워지지 않은, 불충만한, 공허한.
loyang 구리, 동.
luang 빈, 비어 있는, 자유로운, 한가한
  peluang 기회, 호기
  terluang 빈, 비어 있는, 자유로운, 한가한.
luap, meluap 넘치다, 넘쳐 흐르다
  meluapkan 범람시키다.
luar 바깥쪽, 외부.
luas 넓은, 광대한, 광활한
  meluas 퍼지다, 만연이다
  me(mper)luas(kan) 넓히다, 퍼뜨리다, 늘이다, 확장하다
  pe(ng)luasan, perluasan 확장, 팽창, 늘임.
lubang 구멍
  melubangi 굴(구멍)을 파다, 꿰뚫다, 뚫고 들어가다
  pelubang(an) 함정.
lubuk (강, 바다의) 깊은 곳, 심연.
lucu 웃기는, 재미있는, 해학적인.

lucut, melucut (묶음 따위가) 스르르 풀리다, 헐거워지다, 빠져 나가다, 미끄러져 떨어지다
melucuti 무기를 빼앗다, 무장을 해제하다
melucutkan (옷, 가면 따위를) 벗다
terlucut 빠져 나가다.
ludah 침, 타액
berludah, meludah 침을 뱉다
meludahi ① ~을 멸시하다, ~을 모욕하다 ② ~에 침을 뱉다.
luhur 고귀한, 고상한, 고매한, 높은, 숭고한
meluhurkan 영광스럽게 하다, 높이다, 올리다.
luka 상처, 부상, 손해
melukai ~에 상처를 주다, ~에 부상을 입히다.
lukah 새장 또는 바구니 모양의 물고기를 잡는 그물의 일종.
lukis *seni lukis* 미술
melukis 그림을 그리다, 표현하다
lukisan 그림, 초상화, 묘사, 서술.
luluh 부서진, 분쇄된, 용해된.
lulus 통과하다, (시험에) 합격하다
melulusi (옷을) 벗다, 탈의하다
meluluskan ① 허가하다, 양보하다 ② 통과시키다, 합격시키다
lulusan ① 졸업, 졸업생 ② 허가, 면허.
lumayan 일이 잘 되어가는, 상당한, 적당한, 꽤 되는, 충분한.
lumba 경쟁, 시합.
lumbung 창고, 헛간.
lumpuh 마비된, 작동이 안되는
melumpuhkan 마비시키다.
lumpur 진흙, 진창

berlumpur ① 진흙(진창)이 있는 ② 진흙투성이가 된.
lumur, berlumur(an) (~으로) 얼룩진, 더럽혀진, 때묻은, 물든
melumurkan 더럽히다.
lumut 이끼, 곰팡이.
lunak 연한, 온순한, 온화한
melunakkan 부드럽게 만들다.
lunas 지불된, 변제한, 갚은
melunasi, melunaskan 지불하다.
luncur, meluncur 미끄러져 내려가다, 스르르 움직이다
meluncurkan 진수시키다, 물에 띄우다.
lunta, terlunta(-lunta) 계속 고통을 당하다, 어려운 생활을 하다.
luntur, meluntur ① (빛깔이) 바래다, 희미해지다 ② 변심하다
melunturi 퇴색시키다, 변색시키다
melunturkan 변하게 하다.
lupa 잊다, 망각하다
kelupaan 잊어버린
pelupa 잘 잊는 사람, 건망증이 심한 사람.
lurah 촌장, 읍장
kelurahan 마을, 촌락.
lurus 반듯한, 일직선의, 똑바른, 정직한
kelurusan 정직, 성실, 정의, 공정.
lusa 모레.
lusin 다스, 타(拖), 12개.
lutung ☞ lotong.
lutut 무릎
berlutut 무릎 꿇다, 굴복하다.

M

ma 어머니.
maaf 용서하다, 관대히 봐주다
  memaafkan ~을 용서하다.
mabuk 술취한, 취한 상태의
  pemabuk 술고래, 취한, 상습적인 음주자.
macam 종류, 품질
  semacam 같은 종류의, 같은 형태의.
macan (動) 호랑이.
macet 원활히 움직이지 않는, 빡빡한, (길, 도로가) 막힌.
madat 아편
  memadat 아편을 피우다(맞다)
  pemadat 아편장이
  pemadatan 아편을 피움(맞음).
madrasah (종교) 학교.
madu[1] (일부다처제에서) 제 2(3)의 부인
  bermadu 제 2(3)의 부인을 소유하다.
madu[2] ① (=air madu) 꿀, 벌꿀 ② 매우 달콤한.
madzhab (회교의) 종파.
magnét, magnit(an) 자석, 자철.
magrib ① 서쪽, 서방 ② (=waktu magrib) 일몰, 황혼.
maha 큰, 위대한, 비상한.
Mahadéwa ① (인도 신) 시바 (파괴를 상징) ② 하나님.
Mahadéwi ① (인도 신) 바따라 두르가 ② 여왕이나 공주를 부르는 말.
Mahaesa 신, 유일 신(알라 신).
mahaguru 교수.
Mahakuasa 전능한 신(알라 신).
mahal 값이 비싼
  memahalkan 가격을 올리다
  kemahalan 부족, 결핍, 품귀, 희귀, 품절, 매우 비싼.
mahamenteri 고대 말레이 궁전의 대신.
mahaméru 신들이 머물던 산.
mahamulia 고귀한, 숭고한, 최고의, 지위가높은.
mahar (신랑이 신부에게 주는) 결혼 선물.
maharaja 황제, 제왕, 대왕.
maharajaléla, bersimaharajaléla 맹위를 떨치다
maharana 대전.
maharani 여왕, 왕후.
mahasiswa 대학생.
mahasiswi 여자 대학생(여대생).
mahasuci 신성한.
mahatahu (신으로서) 전지의, 박식의.
mahdi 안내자, 인도자, 구세주.
mahir 숙련된, 솜씨가 좋은
  memahirkan, mempermahirkan 숙련시키다, 숙달시키다
  kemahiran 숙련, 숙달, 능통.
mahkamah, mahkamat 법원, 재판소.
mahkota 왕관.
mahligai 궁전, 왕궁.
mahoni 마호가니, 마호가니 재목.
main 놀다, 놀이를 하다
  bermain ~을 가지고 놀다, (악기를) 연주하다
  memainkan 상연하다, 공연하다, 연주하다
  permainan 경기, 상연
  mainan, main-mainan 장난감, 놀이개.
majalah 잡지 (주간·월간).
majelis 회의, 평의회, 위원회, 회의장, 회의소.
majemuk 합성의, 혼성의.
majikan 고용주, 두목, 우두머리.

naju 앞으로 나가다, 전진하다
memajukan ① 발전시키다, 향상시키다 ② 제출하다, 제안하다.
kemajuan 전진, 발전, 번영
pemajuan 발전, 진보.
nak ① 어머니, 모친 ② (자기 가족이 아닐지라도) 연상의 여자에 대한 존칭.
naka 그러므로, 그래서, 그런고
makanya 결과적으로.
nakam¹ 거주지.
nakam² 묘, 묘지
memakamkan 묻다, 매장하다
pemakaman 장례식.
nakan 먹다
memakani ① 음식을 먹이다 ② 계속 먹다, 먹고 살다
termakan ① 먹은 ② 먹을 수 있는.
makanan 음식물, 먹을것.
nakbul 성취된, 실현된.
nakelar (거래상의) 중개인, 부로우커.
nak(e)ruh 나무랄 만한.
nakhluk (신의) 창조물, 피조물.
naki 욕, 욕설
memaki 욕하다
makian 욕, 욕설.
nakin 점점, 더욱 더.
naklum 알다, 인지하다, 이해하다
memaklumi ~에 대하여 알다, 이해하다.
naklumat 선언, 선고, 고지, 통보.
nakmur 번영하는, 번창하는
memakmurkan 번영시키다
kemakmuran 번영, 번창.
nakna 의미, 뜻, 목적, 의도
bermakna 의미를 가진
memaknakan 뜻을 밝히다.
nakota ① 왕관 ② 왕, 통치자 ③ 애인.
nakroni 국수, 마카로니.
naksiat 죄지음, 범행, 죄과.
naksimum 최대한, 최고점, 최대량.

maksud 목적, 의도
bermaksud 의도하다, 계획하다
memaksudkan (~할) 작정이다, 의도하다.
mala 재난, 재앙, 사고.
malaékat 천사.
malah 그에 반하여, 도리어, 오히려.
malaikat 천사.
malaikatulmaut 죽음의 천사.
malam 밤, 저녁, 어둠
bermalam 밤을 지내다, 숙박하다
kemalaman 밤을 맞다, 밤이되다
pe(r)malaman 숙소, 여관
semalam-malaman 밤새도록.
malang 불행한, 불운의, 운이 없는
kemalangan 불행, 불운, 재앙.
malapetaka 재난, 불운, 불행.
malas 게으른, 태만한, 나태한
bermalas-malas 빈둥거리다
memalaskan 나태하게 만들다
kemalasan 게으름, 나태, 태만
pemalas 게으름뱅이.
maligai 궁전, 대궐.
Maliki 회교법 학파 중 Malik ibn Ans의 신자[추종자].
maling ① (=*pemaling*) 도둑 ② 훔치다
kemalingan ① 도둑 맞은 ② 도둑질, 절도.
malu 수줍어하는, 부끄럼타는
memalui 창피를 주다
kemalu-maluan 부끄러운.
malum 유명한, 잘 알고 있는.
mama¹ ☞ *mamak*.
mama² 어머니.
mamah, memamah 씹다, 씹어 먹다
pemamah biak 반추 동물
mamahan 새김질 감, 씹는것, 깨물은것, 잘게 부순것.
mamak ① 외숙, 외삼촌 ② 이모.
mamamda 외숙, 아저씨.
mampat ① 굳은 ② 막힌, 폐쇄된

mampir

memampatkan ① 압축하다, 압착하다, 굳게 하다 ② 지혈시키다, 피를 멎게 하다.
mampir (잠깐) 들르다, 경유하다.
mampu ① 가능한, ~할 수 있는 ② 부유한
kemampuan 능력, 유능, 가능성.
mampus 죽다, 사망하다.
mana ① ≪의문사≫ 어디에(서), 어디로 ② *(yang mana)* 어느 것, 어느사람
di mana-mana, di mana pun juga 어느 곳이든지, 어디든지, 도처에
ke mana-mana 사방으로.
manakala ~할 때에, ~일 때에.
manasuka 임의의, 자유로운, 마음대로의.
mancung¹ 날카로운.
mancung² (야자 따위의) 줄기 겉집.
mancur 내뿜다, 분출하다.
mandi, bermandi 목욕하다
memandikan 목욕시키다
permandian 목욕탕.
mandor 작업 반장, 십장.
mandur 감독자, 관리자
memanduri 감독하다, 관리하다.
manfaat 유용한, 쓸모 있는
bermanfaat 유익한, 유용한.
mangga (植) 망가.
manggan 망간(기호 Mn).
manggar ① 야자꽃 ② 야자잎의 엽맥.
manggis (植) 망기스.
mangkat (왕이) 승하하다, 서거하다
kemangkatan 죽음, 영면.
mangkir 결석하다.
mangkok ☞ mangkuk.
mangkubumi 수상, 재상, 총독.
mangkuk 컵, 잔.
mangsa ① 먹이, 미끼, 유혹물 ② 희생물, 희생자.
mangu, termangu(-mangu) 당황하는, 어쩔 줄 몰라하는.

marhaé

maniféstasi 표명, 표시, 나남.
manik, (manik-manik) 목걸이 따위 장신구용
bermanik-manik ① 목걸이를 두르다 ② 구슬땀을 흘리다.
manikam 보석, 귀금속.
manipulasi 조종, 교묘한 처리
manis ① 단, 감미로운 ② 귀여운, 사랑스러운, 어여쁜
memanis ① 장식하다, 꾸미다 ② 달게 되다, 감미로와 지다
kemanisan ① 단맛, ② 아름다움
manisan, manis-manisan 탕, 캔디.
manja ① (사람을) 버린, 망쳐 못된, 나쁘게 된 ② 친근한, 친밀한
me(mper)manjakan (사람을) 망치다, 버리다, 못쓰게 만들다.
manjur (약이) 잘 듣는, 효과 있는, 효험 있는.
manpaat ☞ manfaat.
mantap ① 단호한, 견고한, 불의 ② 충실한, 충성을 다하는.
mantel 외투, 상의.
mantera 주문, 주술, 마법.
manteri ① (지방의) 주사, 전인, 의사 ② 장관
manusia 인간, 사람
kemanusiaan, perikemanusiaan 박애주의, 인도주의, 인본의, 인문주의.
mara 위험, 재난, 재앙.
marah 화난, 성이 난
memarahi 꾸짖다, 책망하다
kemarahan 분노, 노여움, 성
pemarah 성급한 사람.
maraton 마라톤(경주).
Marét 3월.
marga¹ 야생 동물.
marga² (바딱 지역의) 씨족, 일문.
margarine 마아가린.
margasatwa 야수, 야생 동물 들짐승.
marhaén *kaum marhaé*

민중, 대중, 하층 계급, 천민.
marhum 고, 죽은, 사망한.
marhumah 고, 죽은(여성).
mari ① 여기, 이쪽 ② 자 ~합시다.
markas ① 장소, 부서, 사무소 ② 군대의 주둔지.
marmar 대리석.
marmot, marmut 모르모트, 천축쥐, 돼지쥐.
marsekal 공군 대장.
martabat ① 등급, 지위, 계급 ② 위신, 명성.
martil 해머, 쇠망치.
mas[1] 금.
mas[2] 《호칭》 선생, ~씨, ~님.
masa[1] 시간, 때, 시대, 시기
 semasa ~할 때, ~할 동안에.
masa[2], **masakah, masakan** 불가능한, 그건 안돼, 설마 그럴리가.
masaalah 문제.
masak (과일이) 익은, 무르익은, 요리된
 memasak 요리하다, 음식을 만들다
 memasakkan 요리를 해주다, ~를 위하여 음식을 만들다
 pemasak ① 요리사 ② 요리 도구
 masakan 요리, 음식.
masakan 어떻게, 그럴리가.
masalah 문제, 문제 거리, 질문.
masam ① (맛이) 신 ② 부루퉁한, 샐쭉한, 심술이 난.
maséh(=alması́h) 예수, 그리스도.
masgul 슬픈, 걱정하는, 근심하는.
mashur 유명한 ☞ masyhur.
masih[1] 아직.
Masih[2] 메시아, 구세주. ☞ Maséh.
masin 짠, 소금기가 있는.
masing *masing-masing* 각자, 각기.
masinis 기관사.
masjid (회교) 사원.
maskapai 기업, (무역)회사.
massa 대량, 집단, 다수.

masuk 들어가다〔오다〕
 memasuki 들어가다, 들어오다
 memasukkan 들여 보내다, 가두다, 들여 놓다
 kemasukan ① 홀린, 미친 ② 빠진, (우연히) 들어간
 termasuk 포함된, 들어간.
masya Allah 신의 뜻, 천명.
masyarakat 사회, 세상, 사회생활
 bermasyarakat 단체를 형성하다, 무리를 이루다, 사회를 이루다
 kemasyarakatan 사회의, 사회적인.
masygul ☞ masgul.
masyhur 유명한, 널리 알려진
 memasyhurkan ① 유명하게 만들다 ② 소식을 퍼뜨리다.
mata ① 눈 ② 핵, 핵심, 초점
 mata-mata 간첩, 첩자, 스파이
 memata-matai 조사하다, 세밀히 보다, 취조하다.
matahari 태양, 해.
matang ① (과일이) 익은 ② 요리된.
materai ☞ meterai.
matérial 재료, 원료.
matérialis 유물론자.
mati ① 죽다, 사망하다. ② 멈추다, 정지하다. ③ (불이) 꺼지다.
matros 선원, 선장, 수부.
mau 바라다, 희망하다, ~하고 싶다
 kemauan 원함, 소원, 의향
 semau(-mau)nya 뜻대로, 마음대로, 멋대로.
maut (인간의) 죽음, 멸망, 파멸.
mawar 장미.
maya 환영, 환상, 몽상.
mayangda 지구, 세계, 세상.
mayapada 지구, 세계, 세상.
mayat 시체, 주검.
mayor 소령.
mayur[1] ☞ mayor.
mayur[2] *sayur-mayur* 여러 가지 야채.
mazhab (회교의) 종파.
medali 메달, 훈장.

médan ① 들판, 벌판, 평지 ② 계층, 계.
megah ① 명예, 명성, 영광 ② 긍지, 자랑
kemegahan 고명, 명예, 명성, 긍지.
Méi 5월.
méja 상, 책상, 탁자.
mékanik *ilmu mékanik* 기계학, 역학.
mékanis 기계적인, 자동적인.
mékanisasi 기계화.
mékanisme 기계, 기구, 기계 작용.
mekar (=**memekar**) ① (꽃이) 피다, 열다, 드러나다 ② (빵 따위가) 부풀어 오르다
memekarkan 들다, 들어 올리다.
melainkan ~인 반면에, ~가 아니고, ~을 제외하고.
melarat ① 빈곤, 가난 ② 손해, 손실
kemelaratan ① 빈곤, 가난 ② 불리, 불이익.
melati 소형, 말리, 쟈스민.
Melayu 멀라유, 말레이.
melék 깨어있는, 눈을 뜨고 있는.
melését¹ ① 미끄러지다, 미끄러져 넘어지다 ② 틀리다, 잘못 되다.
melését² 침체, 부진.
mélodi 멜로디, 선율, 곡조, 가락.
melulu 오직, 오로지, 전적으로.
mémang 물론, 당연히, 실로.
mempan ① (무기 따위에) 부상을 당하는, (불에) 타는 ② 느끼기 쉬운, 민감한 ③ 유능한.
mempelai ① 신랑 ② 신부.
mempelam (植) 망가.
mena *tidak semena-mena* 제멋대로, 마음대로, 부당한.
ménak 고위의, 귀족의, 고관의.
menak, kemenakan 조카.
menang 승리하다, 이기다, 이득을 얻다
memenangi 물리치다, 승리하다, 이기다
kemenangan 승리, 우세, 우월
pemenang ① 승리자 ② 이득.
menantu 며느리, 사위
bermenantukan 며느리를 얻다, 사위를 보다.
menara 탑, 회교 사원의 첨탑.
méncerét 설사 ☞ cirit.
mendadak 갑자기.
mendiang 고, 사망한.
mendikai 수박.
mending(an) ① 상당한, 꽤 좋은 ② 보통의, 중간의.
mendung 비구름, 먹구름.
mengapa 왜, 무슨 까닭에.
mengerti 알아 듣다, 이해하다.
mengkal ① (과일이) 익지 않은, 덜 익은 ② 불쾌한, 기분 나쁜
bermengkal hati 화내다, 불쾌히 생각하다.
mengkarung (큰) 도마뱀.
ménstruasi 월경.
mentah ① 익지 않은, 덜익은 ② 끝마치지 못한 ③ 천연 그대로의
mentah-mentah ① 날것의 ② 그저 그렇게, 조건 없이.
mental 나가 떨어지다, (총알 따위가) 적중하지 않는.
méntalitas 정신성, 심성, 지성, 심리.
mentang, mentang-mentang, sementang(-mentang), sementangkan (오로지) ~이기 때문에, ~인 고로, 따라서, 그러므로.
mentéga 버터.
mentera 주문, 마술.
mentéréng ① 단체복, 유니폼 ② 멋진, 훌륭한, 사치스러운, 거대한.
menteri 장관, 고관
kementerian 부(部), 성(省).
mentimun 오이.
mentua 시부모, 장인〔장모〕.
menung, bermenung 숙고하다, 곰곰이 생각하다, 묵상하다

menyan 향, 방향.
menyolok (mata) 현저한, 똑똑히 보이는.
méong 고양이 (울음 소리).
mérah 빨간, 빨간색의
  memérah 빨갛게 되다
  memérahi 빨간색을 칠하다
  kemérah-mérah(an) 붉으스레한.
merak (鳥) 공작 (새).
mercu 봉우리, 정상, 산정.
merdéka 자유의, 독립의, 해방의
  memerdékakan 해방시키다, 독립시키다, 자유를 주다
  kemerdékaan 독립, 자유, 해방.
merdu (목소리가) 듣기 좋은, 부드러운, 낭랑한.
mérék, mérk 상표, 제품, ~산
  bermérék 상표를 가진, ~제품인.
meréka 《주격》 그들, 《목적격》 그들을, 《소유격》 그들의.
meriah 엄숙한, 근엄한 ☞ riah.
meriam 대포, 포.
meriang (말라리아·감기 따위로) 열이 있는.
merica (흰) 후추.
meringis 이를 드러내고 싱긋이 웃다.
merosot ① (값이) 떨어지다, 내리다 ② 미끄러지다, 미끄러져 넘어지다, 헛디디다.
merpati 비둘기.
merta 즉시, 동시에 ☞ serta merta.
mertéga ☞ mentega.
mertua 시부모, 장인[장모] ☞ mentua.
mésan 묘석, 묘비.
mésem 미소 짓다, 빙그레 웃다.
mesin 기계, 기구, 엔진.
Mesir 이집트.
mesjid 회교 사원.
meski(pun) 비록 ~일지라도, ~이기는 하지만.
mesra ① 융합한, 흡수된 ② 친한, 가까운 ③ 열중한, 여념없는.

méstér ① 변호사, 법학자 ② 선생.
mesti 틀림없이, 반드시, 꼭
  kemestian 의무, 필요성
  semestinya 반드시, 꼭, 실제로.
mestika ① 마법의 구슬, 보석 ② 사랑스러운, 어여쁜.
mesum ① 더러운, 불결한 ② 음란한, 외설적인, 추잡한
  kemesuman 불결, 더러움, 외설.
méter 미터.
meterai 우표, 인지, 증지, 인장.
métode 방법, 방식.
méwah 사치스러운, 호화스러운, 풍부한, 윤택한, 아름다운
  keméwahan 사치, 윤택, 낭비.
mikropon 마이크로폰, 확성기.
mikroskop 확대경.
mil¹ 마일.
mil² 우편.
mili(méter) 밀리(미터).
milik 소유물, 소유, 재산
  memiliki 소유하다, 획득하다
  pemilik 소유주, 소유자.
milionér 백만 장자.
milisi ① 군인 ② 국방 의무, 병역 의무.
militér 군대의, 군사상의, 군인의.
milyar 10억.
milyun 100만.
mimbar (회교 사원의) 설교단, 강단, 연단.
mimpi 꿈, 꿈결, 몽상
  bermimpi 꿈을 꾸다
  memimpikan ① ~을 꿈꾸다. ② (너무 큰 것을) 바라다, 희망하다
  mimpian 꿈, 이상.
minat 관심, 흥미, 성향
  meminati ~에 관심을 두다, ~의 성향을 갖다
  peminat 신봉자, 열성가.
minggu ① 주 ② 일요일, 주일
  mingguan ① 주간의, 주 1회의 ② 주간지.
minimum 최소한의, 최저한의.
minoritas 소수, 소수당, 소수민족.

minta 청하다, 부탁하다, 요구하다
  meminta 부탁하다, 요청하다
  permintaan ① 부탁, 요구, 요청, 간청 ② 수요.
minum (=**meminum**) 마시다, 빨아 들이다, 흡수하다
  peminum 마시는 사람
  minuman 음료.
minyak 기름, 지방, 유(油)
  meminyaki 기름을 바르다, 기름을 쳐서 미끄럽게 하다.
miring ① 기운, 비스듬한, 기울어진 ② 이텔릭체, 사체
  memiringkan 비스듬하게 놓다, 경사지게 하다.
mirip 닮은, 유사한, 비슷한.
misal 보기, 예, 실례, 예증
  memisalkan ① 표현하다, 묘사하다 ② 추정하다, 추측하다 ③ 모범으로 여기다.
misan 사촌 형제, 종형제.
misi¹ 전도, 포교.
misi² (사절의) 임무, 사절단.
miskin 가난한, 부족한, 결핍한, 궁핍한
  memiskinkan 가난하게 하다
  kemiskinan 가난, 부족, 결핍.
mistar (대나무) 자, 줄 (자).
mister 법학자 ☞ **méster**.
mobil 자동차.
modal 자본, 자금, 자산
  modalkan 자본가, 금융업자.
mode 양식, 형, 스타일, 유행.
modél 모델, 모형, 모범, 방식, 양식.
modéren ☞ **modérn**.
modérn 현대의, 근대의.
modérnisasi 현대화, 당세화.
moga, moga-moga, semoga ~하기를 바라다, 기원하다.
mogok 동맹 파업을 하다, 농성하다
  pemogokan 동맹 파업, 스트라이크.
mohon 신청하다, 요청하다
  memohon 신청하다, 요청하다, 부탁하다
  permohonan 신청, 지원, 부탁, 탄원.
molék 아름다운, 어여쁜, 사랑스러운
  kemolékan 아름다움, 멋짐, 매혹적임.
molekul 분자, 미분자.
mondar *mondar-mandir* ☞ **mundar(-mandir)**.
mongkok (=**bermongkok**) ① 내밀다, 내뻗다, 튀어 나오다 ② 빼어 나다, 뛰어 나다.
monopoli 전매(권), 독점(권).
montir 기계 조립공, 기술자.
monyét 원숭이.
moral 도덕(의), 도덕상의.
motif 동기, 동인, 목적.
motor ① 모우터, 전동기, 발동기 ② 자동차
  bermotor ① 모우터를 단 ② 자동차를 타고 가다.
moyang 증조부[모].
muai, (=**memuai**) 넓어지다, 팽창하다, 부풀다.
muak ① (음식물을) 싫어하다, 물리다 ② 구토가 나려고 하다
  memuakkan 싫은, 물리는, 지겨운.
mual ① (속이) 메스꺼운, 느글거리는 ② 몹시 싫어하다, 지겨워하다
  memualkan 넌더리가 나는, 구역질이 나는, 지겨운.
mualim ① 종교인 ② 안내자 ③ 운전사.
muara 하구, 강어귀
  bermuara (강이) 바다로 흘러들다.
muat ① 포함하다 ② ~명 탈 수 있다 ③ 두다, 놓다, 설치하다
  memuati 짐을 싣다, 적재하다
  memuatkan ① 짐을 싣다 ② 두다, 놓다, 설치하다
  termuat 담은, 포함된, 게재된
  muatan ① 내용물 ② 수용 능력 ③ 뱃짐.
muda ① (나이가) 어린, 젊은 ② 대리의, 부(副)의 ③ 덜익은 ④ 밝은, 옅은

mudah¹

pemuda 젊은이, 청년.
mudah¹ 쉬운, 용이한, 간단한
memudahkan, mempermudah 쉽게하다, 용이하게 하다.
mudah², mudah-mudahan 기원하다, ~하기를 바라다.
mudi, kemudi (배의) 키, 방향타.
mudik ① 상류로, 강을 거슬러 ② 시골로 내려가다.
memudikkan 배를 상류로 항해시키다(달리게 하다).
mufakat ☞ mupakat.
mufti (종교상의) 고문, 의논 상대자.
Muharam 회교력의 1월.
mujarab 효력 있는, 효험 있는, 유익한
kemujaraban 효력, 효험, 효과.
muka ① 얼굴, 안면 ② 앞쪽 ③ 쪽, 페이지, 면
mengemukakan 제안하다, 제의하다, 제출하다
permukaan 표면, 수면
terkemuka 두드러진, 현저한, 탁월한.
mukim 머물다, 체류하다, 체재하다, 거주하다
bermukim 살다, 거주하다.
muktamar 회의, 회합.
mula ① 처음, 시작, 시초 ② 이유, 원인
mula-mula 처음에, 시초에
mulai 시작하다
memulai 시작하다, 개시하다
permulaan 시작, 시초
semula 처음부터, 시작부터.
mulia 고귀한, 고결한, 저명한, 관대한, 숭고한, 귀족의
me(mper)muliakan 영광스럽게 하다, 찬미하다, 높이다, 고상하게 하다
kemuliaan 고명, 저명, 위엄.
muluk ① (=muluk-muluk) 떠벌리는, 어마어마한 ② 높이 날으는 ③ (목소리 따위가) 높고 낭랑한.
mulut ① 입, 구강 ② 말

bermulut ① 입(트인 구멍)을 갖다 ② 말하다.
munafik 위선자의, 위선을 부리는.
muncul 나타나다, 나오다, 출현하다, 드러나다
memunculkan 보여주다, 보이다, 나타내다.
mundar-mundir 이리저리, 여기저기, 앞뒤로.
mundur 후퇴하다, 후진하다, 감소하다, 쇠퇴하다.
kemunduran ① 후퇴, 후진 ② 감소, 쇠퇴.
mungkin 가능한, 있을 법한
memugkinkan ~할 수 있게하다, 가능하게 하다
kemungkinan 가능성.
mungkir ① 거부하다, 부정하다 ② 불성실한, 성실치 못한 ③ 실패하다.
memungkiri, memungkirkan ① 거부하다, 부인하다 ② 무시하다, 모르는 체 하다.
muntah ① 토하다, 구토하다. ② (빛깔이) 바래다, 희미해 지다
memuntahi ~에 토하다
memuntahkan ~을 토해내다.
mupakat ① 토의, 토론, 협의, 상담, 교섭 ② 동의, 합의
bermupakat 상의하다, 토의하다
memupakatkan ~에 대하여 토의하다, ~을 의논하다
semupakat 동의하다, 합의하다.
murah ① 값싼, 싼, 싸구려의 ② 관대한, 친절한
memurahkan 값을 내리다, 할인하다
kemurahan ① 저렴, 값쌈 ② 관용.
pemurah 관대한 사람.
murba 보통의, 일상의, 평범한, 무산계급의.
murid 학생, 학도, 생도, 제자.
murka 화, 분노, 화난
memurkai ~에게 화를 내다
memurkakan 화나게 만들다

kemurkaan 분노, 화, 격노.
murni 순수한, 깨끗한, 때 묻지 않은
kemurnian 순수, 깨끗함, 순결.
murtad ① 배교자 ② 배교하다.
murung 슬픈, 우울한, (기분이) 언짢은.
musabab *sebab musabab* 이유, 까닭.
musafir 여행자, 방랑자.
musang (kesturi) 고양이과의 동물.
muséum 박물관.
musik 음악, 악곡, 노래.
musim 계절, 때, 시절
bermusim 제 철이 된, 제 철을 만난, 계절이 된.
musium 박물관 ☞ muséum.
muslihat 계략, 책략, 계교.
Muslim(in) 회교도.
muslimat 여자 회교도.
musnah 부서진, 파괴된, 멸망한, 소멸한, 없어진
memusnahkan 부수다, 멸망시키다, 소멸시키다, 파괴하다, 없애다.
mustahil 불가능한, 믿을 수 없는, 믿기 어려운
memustahilkan 불가능하게 하다, ~을 못하게 하다
kemustahilan 믿어지지 않음, 신용할 수 없음.
musuh 적, 상대방
bermusuh(an) 서로 싸우다, 적대시 하다
permusuhan 적대감, 적대시.
musyawarah ☞ musyawarat.
musyawarat 회의, 토의, 토론, 협의
bermusyawarat 회의를 열다
permusyawaratan 토의, 토론, 회의, 협의, 협상.
mutiara 진주.
mutlak ① 절대적인, 전제의, 완전무결한 ② 일반적인, 종합적인.
mutu[1] 진주
mutu[2] ① (금따위의) 순도, 질, 등급, 품질 ② 캐럿.
mutu[3] (슬퍼서) 말이 없는.

N

naas ① 불운, 불행 ② 나쁜.
nabi 예언자.
nada 소리의 억양, 어조.
nadar 맹세, 약속.
nadi 맥박, 고동, 동계.
nafakah ☞ nafkah.
nafas 숨, 호흡, 숨결.
nafkah ① 생활, 생존, 생계 ② 위자료 ③ 생활비용 ④ 월급, 소득
  menafkahkan 지출하다, 생계비로 쓰다.
nafsu, napsu 욕구, 욕망, 갈망, 열정
  bernafsu 갈망하는, 몹시~하고자 하는.
naga 용(龍)
  naga-naga ① (그림 따위의) 모조 용 ② 용 머리 조각품
  naga-naganya 외견상으로는, 보매는, 얼핏 보기에는.
nahas 불행한, 불길한, 나쁜.
naib ① 회교 사원의 역승 ② 대리, 부(副).
naik (산을) 타다, 올라가다
  menaiki ~에 오르다, 올라가다
  menaikkan ① (기를) 올리다, 게양하다 ② 진급시키다, 승진시키다
  penaikan ① 증가, 올림, 인상 ② 승진, 진급.
najis 더러운, 불결한
  menajiskan 더럽히다
  kenajisan 더러움, 불결.
nak 아들(딸) ☞ anak.
nakal 개구장이의, 버릇없는, 무모한
  kenakalan 경박, 무모, 무책임, 천박, 부정.
nakhoda 선장, 함장.
nalam 시, 운문
  bernalam 낭송하다, 시를 읊조리다.

naluri 본능.
nam 여섯(6) ☞ enam.
nama 이름, 명칭, 성명, 명성, 명예
  bernama ~라고 불리우다, 이름이 ~이다
  menamai ~을~라고 이름짓다
  menamakan ~라고 부르다, 말하다
  kenamaan, ternama 알려진, 유명한, 고명한
  penamaan 부름, 호칭.
nampak 볼 수 있다, 보다.
namun ① 아직, 지금은 ~않다 ② 만일 ~이라면 ③ ~에 관하여 ④ ~에도 불구하고.
nanah 화농, 고름
  bernanah, menanah 곪다, 화농하다.
nanas 파인애플.
nangka 낭까, 파라밀수 열매.
nanti 나중의, 다음의
  bernanti, menanti 기다리다
  bernanti-nanti 오래 기다리다, 끈기있게 기다리다
  menantikan (사람이 오기를) 기다리다, 기대하다
  penantian 대기실
  ternanti-nanti, nanti-nantian 몹시 기다리다, 학수 고대하다.
napas 숨, 호흡, 숨격
  bernapas 호흡하다, 숨쉬다
  menapaskan (숨을) 내쉬다, 내뿜다
  pernapasan 호흡, 숨쉬기.
napsu ☞ nafsu.
naraka ① 지옥 ② 재난, 재앙.
naséhat 충고, 권고.
nasi ① 밥 ② 생존, 생활, 생계.
nasib 운, 운명, 숙명, 운세.
nasihat 충고, 권고, 훈계
  menasihati ~에게 충고하다

nasional

menasihatkan ~을 권고하다
penasihat 충고자, 상의자, 고문.
nasional 국민의, 국가의
kenasionalan 민족주의, 국가주의, 국민성.
nasionalis 국가주의자, 애국주의자.
nasionalisasi 국민화, 국유화, 국영
menasionalisasikan 국유화하다, 국가적으로 하다.
naskah ① 원고, 원고지 ② 서류, 원본 ③ 초고, 초안 ④ 계획.
Nasrani 그리스도교인, 기독교도.
nata *sang nata* 왕, 임금.
natal *hari natal* 성탄절, 크리스마스.
naung, (=naungan) 그늘, 그림자, 응달, 음지, 은신처, 보호소, 피신처
bernaung (나무 밑에) 몸을 피하다, 보호(도움)를 요청하다
menaungi ① 그늘지게 하다 ② 보호하다
penaungan 보호, 보호소, 은신처.
negara 나라, 국가
kenegaraan 정부, 행정, 정책.
négatip 반대의, 거부적인, 부정의.
negeri 땅, 나라, 지역, 도시.
nékad ☞ nekat.
nékat ① 무모한, 앞 뒤(물·불)를 가리지 않는 ② 고집센, 완고한
kenékatan ① 무모함 ② 용맹, 대담 ③ 완고, 고집
nékél 니켈.
nenas ☞ nanas.
nénék 할머니.
néon 네온(등).
neraca ① 천칭, 저울 ② 균형, 평형.
neraka ① 지옥 ② 파괴, 파멸 ③ 불운, 불행
nésan ☞ nisan.
nestapa *(duka nestapa)* 슬픈, 비애의, 애처로운
kenestapaan 슬픔, 비애.

nikah

nétral 중립의, 불편 부당의
kenétralkan 중립, 중립상태.
nétto 순, 순수한, 에누리 없는.
nganga 입을 딱 벌린, 아연하여
mengangakan (입을) 크게 벌리고 있다
ternganga ① 입을 벌리고 있는 ② 몹시 놀란.
ngaung, mengaung 반향하다, 메아리치다.
ngeloyor 거닐다, 산책하다 ☞ keloyor, keluyur.
ngengat 좀벌레.
ngéong, mengéong (고양이가) 야옹하고 울다.
ngeram, mengeram 와글와글 떠들다, 으르렁거리다.
ngeri 무서운, 무시무시한, 겁에 질린
mengerikan 두려움을 주는, 무서운, 겁나는.
ngiang, mengiang, terngiang(-ngiang) 윙윙거리다, 와글와글거리다.
ngilu (뼈·이가) 쑤시다, 통증이 있다.
ngobrol 잡담하다 ☞ obrol.
ngumpet 숨다 ☞ umpet.
niaga 거래, 무역
berniaga, meniaga 거래하다, 무역하다
meniagakan, memperniagakan ~을 거래하다, 무역하다, 장사하다
keniagaan 거래, 매매, 무역, 장사
perniagaan 판매, 매매, 거래, 무역.
nian 실제로, 참으로, 정말로.
niat ① 의도, 계획, 목적 ② 바람, 소망
berniat 의도하다, 계획하다
terniat 의도된, 계획된, 고의의
niatan 의도, 의향, 계획, 목적.
nihil 무, 허무, 공허, 무가치한 것.
nikah 결혼, 혼인, 결혼하다
menikahi ~와 결혼하다
menikahkan 결혼시키다

pernikahan 결혼, 결혼식.
nikmat ① 위안, 위로, (신의) 은총 ② 맛있는 ③ 즐거움, 위락
  menikmati, menikmatkan 맛을 보다, 먹다, 음미하다
  kenikmatan ① 행복, (신의) 은총 ② 위안, 위로 ③ 즐거움.
nila 인디고 남, 남색 물감, 파란색의.
nilai 평가, 감정
  menilai(kan) ① 평가하다 ② 점수를 매기다, 채점하다
  penilai 평가자, 감정자
  penilaian 판단, 평가
  nilaian 평가치, 감정가.
ningrat (=*kaum ningrat*) 귀족, 귀족 계층, 귀족적인.
nini 할머니, 노파, 조모.
ninik 할머니, 노파, 조모.
nirwana 열반, 해탈.
nisan 묘비, 묘석, 비석.
nisbi 상대적인, 상관적인, 비교상의.
niscaya 확실히, 틀림 없이, 의심할 바 없이.
nobat ① (왕이 즉위할 때 치는) 큰북 ② 알현, 공식 회견
  menobatkan 왕위에 오르다, 즉위하다
  penobatan 즉위.
noda 오점, 불순물, 불명예
  bernoda 얼룩진, 때묻은, 오손된
  menodai 더럽히다, (명예를) 손상시키다.
nol 영, 제로.
nomor 수, 수효, 숫자, 번호.
nona 미혼 여성, 처녀, ~양.
nonsén 무의미한 말, 헛소리, 넌센스.
nonton 보다, 관람하다.
Nopémber 11월.
norma 규범, 규정, 표준.
normal 정상의, 표준의, 규격대로의, 정규의, 보통의.
normalisasi 표준화, 정상화.
not 악보, 음부.
nota ① 비망록, 수기 ② (외교상의) 통첩 ③ 어음.

notaris 공증인.
notés 공책, 노우트.
nujum ① 별 ② 점성
  menujumkan 예언하다, 예보하다
  pernujuman 점성술, 점성학.
nuklir 핵, 원자핵.
nurani ① 빛나는 ② 순수, 청결, 깨끗한 ③ 내부의.
nuri 앵무새.
nusa ① 섬, 열도 ② 조국, 고국.
Nusantara ① 군도, 열도 ② 인도네시아 제도.
nyala 불꽃, 화염
  bernyala, menyala 타오르다
  menyalai 발화시키다, 불을 붙이다
  menyalakan ~을 태우다.
nyaman 건강한, 신선한, 즐거운, 유쾌한
  menyamankan 신선하게 하다, 맛있게 만들다
  kenyamanan 건강, 신선, 맛있음, 즐거움, 유쾌.
nyamuk 모기.
nyanyi 노래
  bernyanyi, menyanyi 노래하다, 노래부르다
  menyanyikan ~의 노래를 부르다
  penyanyi 가수, 노래 부르는 사람
  nyanyian 노래, 가락, 곡조.
nyaring ① 날카로운, 또렷한, 명백한 ② 잘들리는
  menyaringkan 목소리를 높이다, 잘 들리게 말하다.
nyaris 거의, 하마터면, ~할 뻔한.
nyata 분명한, 명백한, 확실한, 실체의
  menyatakan ① 명백하게 하다, 설명하다 ② 선언하다, 포고하다
  kenyataan ① 명백, 명확 ② 진실, 사실
  pernyataan 선언, 포고.
nyawa 생명, 목숨
  senyawa 의견이 일치된, 하나가 된, 화합된
  mempersenyawakan 화합시

키다
persenyawaan 혼합물, 화합물
bersenyawa (의견 따위가) 완전히 일치하다, 합의하다, 동의하다.
nyelonong (갑자기) 나타나다, 출현하다.

nyenyak *tidur nyenyak* 숙면하다, 잠을 곤히 자다.
nyeri 통증, 고통.
nyiur 야자(나무).
nyonya 부인, 여사, 아주머니.

O

obat ① 약, 약품, 약물 ② 화학품
  berobat ① 치료하다, 투약하다 ② 약을 먹다
  memperobatkan ~에게 ~을 사용하여 치료해 주다
  mengobat(i) 치료하다, 투약하다
  mengobatkan 약으로 ~을 사용하다
  pengobatan 치료, 투약.
obéng 나사 돌리개, 드라이버.
obor ① 횃불 ② 안내자
  mengobori ~에게 횃불을 밝혀 주다.
obral 재고 정리 판매하다, 싼값으로 대량 판매하다
  mengobral(kan) 싸구려로 팔다, (창고정리를 목적으로) 헐값으로 팔아 넘기다
  pengobralan 창고 정리 판매, 싸구려 판매
  obralan 세일 상품〔물건〕.
obrol, mengobrol(kan) 잡담하다, 담소하다.
obyék ① 목적, 대상, 물건, 목표 ② 주제 ③ ≪문법≫ 목적어.
océh, mengocéh 잡담하다, 한담하다
  océhan 잡담, 한담, 담소.
OK [Otomat Kota] 시내 자동 전화
oknum 인물, 사람, 개인
  keoknuman 인격, 개성.
oksid 산, 산화물.
Oktober 10월.
olah[1] ① 태도, 방법 ② 변덕
  berolah, mengolah ① 변덕스러운 ② 속임수를 쓰다.
olah[2], **mengolah** ① 준비하다, 처리하다 ② 개간하다, 가공하다
  pengolahan 생산, 작성, 제조.

olah[3], **seolah-olah** 마치 ~인 것 처럼.
olahraga 체육, 운동
  berolahraga 체육 활동을 하다, 체조하다
  keolahragaan ① 체육 ② 스포츠맨 같은
  pengolahraga 체육인, 운동 선수.
olahragawan 체육인, 운동 선수, 스포츠 맨.
oléh (수동태 문장에서 행위자를 지시해 줌) ~에 의하여
  beroléh 얻다, 받다, 획득하다
  memperoléh 획득하다, 달성하다, (노력하여) 해내다
  peroléhan 결과, 성과, 얻은 것.
oléh-oléh 선물, (여행의) 기념품.
oléng 흔들리는, 흔들거리는
  beroléng-oléng, mengoléng-oléng, teroléng-oléng 흔들리다, 나부끼다, 펄럭이다, 흔들거리다
  mengoléng 흔들다.
oli 기름.
olok, olok-olok ① 풍자 만화 ② 비웃음, 조롱, 조소, 놀림, 농담
  mengolok-olokkan, memperolokkan 비웃다.
om ① 삼촌 ② 아저씨.
ombak 파도, 물결
  berombak 파도치다, 파도가 너울거리다.
ombang-ambing, mengombang-ambing, terombang-ambing ① 진동하다, 흔들리다 ② 표류하다, 떠가다.
omél, mengomél 불평하다, 투덜거리다, 항의하다
  mengoméli ~에 대하여 불평하다, 책망하다

omélan 불평.
omong 말, 언어, 한담, 잡담
(ber)omong-omong 대화하다, 서로 이야기 하다
mengomongkan 토의하다
omongan 잡담, 한담.
ompol (잠잘 때의) 오줌.
ompong 이가 없는, 이가 빠진.
onar 시끄러운, 떠들썩한
keonaran 혼돈, 혼란, 소동.
onderdil 부분, 부품.
ondernéming 농장, 농원.
onggok 더미, 퇴적, 대량
beronggok-onggok 더미를 이룬, 퇴적한
mengonggokkan 쌓다, 쌓아올리다, 퇴적하다
onggokan 더미, 퇴적.
ongkos 비용, 요금, 소요 경비, 운임
memperongkosi, mengongkosi 비용을 들이다, 지불하다
perongkosan 비용, 요금, 소요 경비, 운임.
ons ① 100그램 ② 온스(보통은 1/16 파운드, 금형은 1/12 파운드)
oper *mengambil oper* 인계받다, 떠맡다
mengoper 떠 맡다, 인계받다, 대신하다
pengoperan 전가, 전보, 이동.
opéra 오페라.
operasi ① 운영, 조작, 시행, 작용, 움직임, 작전 ② 수술
beroperasi 작전하다, 작전을 수행하다
mengoperasi 수술하다.
oposisi 반대, 저항, 적대, 방해.
opsir 장교, 사관, 무관.

optimisme 낙천 주의, 낙관.
optimistis 낙천주의의, 낙관적인.
orang ① 사람, 인간 ② ≪수량사≫ 명(사람)
keseorangan 홀로(외로이) 떨어진
perseorangan 개인, 개개인, 개인적으로.
orbit 궤도.
ordonan 전령, 전달자.
organ ① (인체·동물의) 기관 ② (정당이나 단체의) 기관지, 회보.
organisasi 조직, 구성, 편제, 단체, 조합, 협회
berorganisasi 조직된, 체계가 잡힌
mengorganisasi(kan) 계통을 세우다, 조직하다.
organisator 조직자, 구성자.
organisir, mengorganisir 조직하다, 구성하다.
oriéntasi 지도, 적응, 향도.
orisinil 독창적인, 최초의, 원시의 창의성이 풍부한, 원형의.
orkés 오케스트라, 관현악단.
orok¹ *anak orok* 아기, 어린애.
orok², **mengorok** 코를 골다.
otak¹ ① 뇌, 두뇌 ② 지격, 지능.
otak², **otak-otakan** 거만한.
oto 자동차, 승용차.
otobis 버스, 승합 자동차.
otomat 자동(전화기, 판매기 따위의) 기계.
otomatis 자동의, 자동적인.
otonomi 자치.
otoritér ① 권위 있는, 믿을만한 ② 관헌(독재)주의자.
otot 근육, 근력, 근.

P

pabéan 세관.
pabrik 공장, 제조소.
pacal ① (왕의) 노예, 하인, 시종 ② (자신을 낮추어 부르는) 소인, 저.
pacar¹ 봉선화.
pacar² 애인, 여인, 좋아하는것
  berpacar-pacaran 서로 사랑하다, 연인의 관계이다.
paceklik 기근, 결핍, 부족, (추수 전의) 곤궁기.
pacu (말의) 박차, 자극
  berpacu 경주하다, 경마(따위를) 하다
  pacuan 경주, 경마, 경주로, 경마장.
pacul 괭이 ☞ cangkul.
pada¹ ① ~에 ② ~에게.
pada² 충분한.
pada³ 함께, 모두.
padah 전조, 징후, 경고.
padahal ① 그러나 (사실은, 그런데) ② 비록 ~일지라도.
padam¹ ① 소멸된, 꺼진 ② 잠잠해진, (소리가) 약해진.
  memadamkan, memadami ① 끄다, 소멸시키다, 절멸시키다 ② 누르다, 억압하다
  kepadaman 소방, 진화, 소멸
  pemadam (api) 소방관, 소방수.
padam² *mérah padam* (화가 나거나 부끄러워서 안색이) 붉은.
padan ① 적, 상대, 대조 ② 같은, 적당한
  memadankan (dengan) ~와 비교하다, 조화시키다, 일치시키다
  sepadan (dengan) 어울리다, 부합하다, 일치하다
  padanan 유사, 대조, 비교
  berpadanan 일치하다, 부합하다.
padang 들, 평원, 평지.
padas 돌 밭, 돌이 많은 땅.

padasan 물통, 물탱크 (기도 전에 몸을 깨끗이 하는).
padat 치밀한, 올이 밴, 꽉 들어찬
  memadatkan 빽빽하게 채우다
  kepadatan 밀도, 농도, 조밀도.
paderi¹ 신부, 목사.
paderi² *perang paderi* 빠드리 전쟁(1921~1837) (수마뜨라의 Pesisir Barat에서 회교도와 화란의 사주를 받은 비회교도 사이의 충돌).
padi 벼
  padi-padian (불특정의) 모든 종류의 벼.
padri ☞ paderi.
padu ① 빽빽한, 밀집한 ② 녹은, 용해된 ③ 순수한, 불순물이 안섞인
  berpadu 하나가 되다, 합일하다
  memadu 결합하다, 용접하다, 합병하다
  terpadu 하나로 된, 통합된
  (per)paduan ① 함께, 일치 ② 말의 합성.
paduka 각하(존칭어).
paédah 이익, 유용함 ☞ faédah.
pagar ① 울타리, 담 ② 장벽, 장애물
  berpagar 울타리를 두른, 담이 있는
  memagar 울타리를 두르다
  memagari ~주위에 울타리를 치다
  memagarkan ~을 울타리로 사용하다, 담을 설치하다.
pagi 아침, 오전 (10시 경까지)
  pagi-pagi 이른 아침, 아침 일찍
  sepagian 아침 내내.
pagina (책의) 페이지, 면.
pagoda (동양식) 탑.
paha 넓적다리, 허벅다리.
pahala 공적, 공로, 공훈, 보답

berpahala 선행을 하다, (은혜에) 보답하다.
paham 이해, 납득, 파악, 사리를 분별하여 앎
  berpaham 분별 있는, 지각 있는
  memahami, meahamkan 이해하다, 알다, 인식하다
  sepaham 견해가 일치하는, 관점이 같은.
pahat 정, 끌
  memahat 끌로 파다, 조각하다
  pahatan 조각, 새김.
pahit ① (맛이) 쓴, 쓰라린 ② 고통스러운, 어려운
  berpahit-pahit 어려운, 고통스러운
  memahitkan 쓰게하다, 쓰라리게 만들다.
  kepahitan 쓴 맛, 쓰라림
  kepahit-getiran 고통, 고난.
pahlawan 영웅, 호걸, 애국자, 애국 지사
  kepahlawanan 영웅주의.
pailit, kepailitan 파산, 도산, 파탄.
pajak 세, 세금
  memajaki ~의 세금을 내다
  kepajakan 세입, 조세
  pemajakan 과세, 징세
  perpajakan 과세, 징세.
pajang, memajang (의류·포장·꽃따위로) 덮다, 장식하다
  memajangkan 진열하다, (상품을) 전시하다.
pak¹ ① [*bapak*] 아버지, 삼촌 ② ~씨, 선생님 (호칭).
pak² (담배 따위의) 갑, 꾸러미, 소포, 화물
  mempak, mengepak 싸다, 포장하다.
pak³ 소작, 임대, 대여.
pak⁴ 헌장, 조약.
pakai ① 사용, 착용 ② ~을 이용하여
  memakai ① 옷을 입다, 착용하다 ② 사용하다
  memakaikan ① 사용하다 ② ~을~에게 입혀주다
  pemakaian ① 사용, 소비 ② 적용, 응용
  sepemakaian 정장, 옷의 한벌
  terpakai ① 사용된 ② 무효의, 시효가 끝난
  pakaian 옷, 의복, 의상, 정장, 양복, 유니폼.
pakét 짐, 꾸러미, 소포.
pakir 가난한 ☞ fakir.
paksa¹ ① 강압, 강제, 압박 ② 필요, 필연
  memaksa(kan) 강요하다, 강제로 ~시키다, 주장하다, 고집하다
  terpaksa ① 강요된, 강제의 ② 필연적인, 필요한.
paksa² 좋은 시기, 절호의 기회.
pakta 계약, 조약, 협정, 약속.
paku¹ 못
  berpaku ① 못이 있는, 못을 박은 ② (*berpaku pada*) 집착하다, 고정하다
  memakukan 못을 쳐서 움직이지 않게 하다, 못을 박다
  terpaku ① 못이 박힌 ② 부동자세로 서다 [앉다] ③ 고정시키다.
paku² 양치류 ☞ pakis.
palak *ilmu palak* 점성학, 천문학.
palam¹, **memalam** (새는 것을) 막다, (구멍을) 채우다, 메우다.
palam² 종려, 야자.
palang ① 횡목, 빗장 ② 장벽, 방책 ③ 십자
  memalang (대문의) 빗장을 끼우다
  memalangi 횡목으로 막다, 방해하다
  memalangkan ~을 가로질러 방해하다
  kepalang 부족한, 부적당한.
palawija (쌀 이외의) 제 2작물 (옥수수, 감자 따위).
paling¹ 가장, 매우, 최상의.
paling², **berpaling** 흔들다, 회전하다, 돌다
  memaling(kan) (좌·우로) 돌리

다, 회전시키다, 방향을 바꾸다
palingan 변화될 수 있는것.
palit¹ (=pemalit) 연고, 고약, 칠하는 것 (립스틱 따위의)
memalit 바르다, 칠하다
memalitkan ~을 바르다, 칠하다.
palit² 파산, 도산, 파탄
memalitkan 파산을 선고하다.
palsu 그릇된, 거짓의, 허위의, 위조의, 인조의, 모조의
memalsu(kan) 위조하다, 모조하다, 날조하다, 속이다
kepalsuan 허위, 불신, 비열
pemalsu 위조자, 날조자
pemalsuan 위조, 날조, 모조.
palu ① 망치, 해머 ② 타격, 일격
memalu 치다, 때리다
paluan 타격, 일격, 때림.
palut, berpalut 싼, 싸맨, 동여맨
memalut 싸다, 싸매다, 동여매다
pemalut 밴드, 붕대, 싸는것.
paman 아저씨, 숙부, 백부.
pamér (실력·옷 따위를) 내보이다, 자랑하다, 보여주다
memamérkan, memperpamérkan ① (옷을) 입어 보이다 ② 전시하다
paméran 전시, 전람회.
pamflét 팜플렛.
pamili 가족, 식구.
pamit 작별 인사를 하다, 먼저 실례하다.
pamong ① 부양자, 양육자, 보호자, 수호자 ② 교육자, 교사.
pamong praja 행정관, 문관.
pampas 배상, 상환
pampasan 배상, 배상금.
pampat, memampat 압박하다, 누르다
pemampat 압착기.
pan¹ 프라이 팬.
pan² 전(全), 범(汎).
panah ① (anak panah) 화살 ② 활
memanah 활을 쏘다, 시위를 당기다
pemanah 궁수
sepemanah 화살이 나가는 거리, 활의 사정 거리.
panas 더운, 뜨거운
berpanas 말리다, 햇볕을 쪼이다
memanasi 데우다, 뜨겁게 하다
memanaskan 덥게 만들다
kepanasan ① 너무 더운 ② 열, 더위.
panasaran 격분한, 격노한.
panatik ① 열광적인, 광신적인 ② 열광자, 광신자.
panau (인체의 피부에 생기는) 반점.
panca ① 다섯 ② 손 (다섯 개의 손가락).
pancaindra 5감 (시각, 청각, 미각, 촉각, 후각).
pancalomba 5종 경기(100미터 달리기, 높이뛰기, 멀리 뛰기, 투창던지기, 원반 던지기).
pancang 기둥, 막대기, 말뚝
memancang 기둥을 박다
memancangkan 기둥을 땅에 박다
terpancang 땅에 박힌, 땅에 설치된
pancangan 기둥, 말뚝, 표지, 경계표.
pancar (pesawat terbang)
pancar gas 프로펠라 식이 아닌 가스 추진식(비행기)
berpancar 물보라치다, 분출하다, 솟아 나오다
memancar 내뿜다, 물보라를 날리다, 분출하다
memancarkan ① (열·빛 따위를) 사출하다, 방출하다 ② 내뿜다, 분출시키다 ③ 방송하다
pemancar ① 송신기, 송달자 ② 분수 ③ 방열기, 기화기
terpancar 발아한, 생겨난, 내뿜어진
pancaran ① 분사, 사출, 분출 ② 유출 ③ 방송 ④ 생산물 ⑤ 자손.

pancaroba ① 변화기 ② (확정되지 않은, 정착이 안된) 상황.

pancasila 인도네시아 국가 5대 원칙 (신에 대한 신앙, 공정하고 문명화된 인본주의, 단결 및 화합주의와 국회에 의한 민주주의, 사회정의 주의).

panci 남비.

pancing 낚시 바늘, 낚싯대
  memancing 낚시질하다, 낚다
  pancingan 낚시 도구(수단).

pancung ① 옷자락, 셔츠 자락 ② 모서리가 있는, 모가 난
  memancung 자르다, 베다.

pancur, berpancur ① 솟아 나오다, 분출하다 ② 싹트다, 내밀다
  pancuran ① 쏟아짐, 유출, ② 분출, 방출 ③ 주둥이, 꼭지 (수도 따위의).

pandai ① 영리한, 슬기로운 ② 솜씨 좋은
  kepandaian 총명, 영리함, 솜씨 좋음.

pandang 바라 봄, 보는 것
  memandang ① 보다 ② 생각하다
  pandang-memandang ① 서로 처다보다 ② 서로를 존중하다
  pemandang 구경꾼, 목격자
  pemandangan 경치, 경관
  terpandang ① 보이는, 볼 수 있는 ② 발견하다.

pandu 안내인
  memandu 안내하다, 인도하다
  memandukan 수로 안내를 하다, 안내하다
  kepanduan 소년단, 소년단 운동.

panén(an) 수확, (곡식 따위를) 거두어 들임, 수확물.

pangéran 왕자.

pangéstu 축복, (신의) 가호.

panggang 구운, 불에 익힌
  memanggang 굽다, 뜨거운 재에 얹어 익히다
  pemanggangan ① 토우스터 ② 불꼬쟁이.

panggil, memanggil(kan) ① 부르다, 소집하다 ② 이름을 부르다, 호칭하다
  sepemanggil 불러서 알아들을수 있을 정도의 거리
  panggilan ① 부름, 호칭 ② 직업(천직).

panggul, memanggul 나르다, 운반하다.

panggung ① 연단, 교단, 무대 ② 공중, 청중, 관중
  memanggungkan 상연하다, 공연하다
  panggungan 망루, 전망대.

pangkal 기본, 기초, 토대. 원인
  (me)mangkal (행상·택시 따위가) 특정한 장소에 멈추다
  memangkalkan ① (배를) 육지로[에] 운반하다[놓다] ② (군대, 전투기 따위를) 배치하다
  pangkalan 닻을 내림, 정박, 정박소.

pangkas, berpangkas 이발하다
  memangkas 이발하다
  pemangkas 이발사.

pangkat 계급, 등급, 지위, 신분
  berpangkat 주요한 직위를 차하다
  memangkatkan 승진시키다, 진급시키다
  pemangkatan 승진, 진급, 임명.

pangku 무릎
  memangku ① 무릎을 굽히다 ② 지배하다, 경영하다 ③ 지위를 얻다
  pemangku ① 양육자, 지배자 ② 대리의
  pemangkuan 지배, 관리, 양육
  pangkuan 무릎.

pangkur 곡괭이, 괭이
  memangkur 곡괭이질 하다, 괭이로 땅을 파다[일구다].

panglima 사령관, 지휘관.

panitia 위원회.

panjang 긴, (시간이) 긴, 장기의, 길다란

berpanjangan 계속적으로, 매우 오래도록
memanjang 뻗다, 퍼지다, 펼쳐져 있다
memanjangkan, memperpanjang 늘이다, 길게하다, 연장하다
berkepanjangan ① 계속적인, 연속적인 ② 연장된, 늘린
sepanjang ~을 따라서
panjangan 신장, 뻗음, 확장, 연장.
panjar 선불금, 가불금.
panjat, memanjat 오르다, 올라가다, 상소하다, 승진하다
memanjatkan 올라가게 하다, 올라가게 만들다
panji (=panji-panji) 기, 깃발, 표지기.
pantai ① 경사진 ② 해변, 해안, 바닷가.
pantang 금지, 금기, 금제, 금지령
berpantang 절제하다, 삼가다
memantang 거절하다, 절제하다, 그만두다, 거부하다
memantangkan 금기가 되게 하다, 절제하다
pantangan 금지(령).
pantas 적당한, 알맞는
memantas 옷을 입다, 몸치장하다, 정장하다
pemantas 장식, 치장
sepantasnya 온당한, 합당한, 적당한, 알맞은.
pantasi 환상, 영상.
pantat ① 궁둥이 ② 밑바닥 ③ 기초, 근본, 근저.
pantékosta 오순절, 성령 강림제 (부활 후의 제 7 일요일).
pantul, memantul 튀어오다, 튀어 되돌아 오다
pantulan 반동, 반사, 반향, 반격.
pantun 4행시
berpantun(an) 4행시를 읊다
memantunkan 4행시를 짓다.
panu 반점 ☞ panau.
papa¹ 빈곤한, 가난한, 불행한, 불쌍한.
papa² (=papah) 아버지.
papah¹, berpapah 부축받는, 받쳐주는, 후원하는
memapah 부축하다, 받쳐주다, 후원하다, 지지하다.
papah² 아버지.
papak¹ 평평한, 납작한, 부드러운.
papak², berpapakan 만나다, 마주치다
memapak ① 만나다 ② 환영하다, 마중나가다.
papan 판, 판자, 널빤지, 선반, 시렁
memapan 판을 설치하다, 표지판을 달다.
papar 평평한, 평탄한, 납작한
memapar(kan) 평평하게 하다, 납작하게 만들다
paparan 해설, 설명.
papas¹, memapas ① (옷 따위를) 벗다 ② 베어내다, 절단하다.
papas², berpapasan (서로) 엇갈려 지나가다, 만나다, 마주치다
memapas 반대하다, 방해하다, 저항하다.
papaya 파파야.
papilyun 큰 천막, 관람석, 선수석, 누, 각.
para¹ 고무.
para² 복수 형식을 나타내는 형태소, (집단) 모든.
paragraf 절, 항, 단.
parah ① (상처가) 심한, 중상의 ② (상황, 사정이) 어려운.
parak¹ ① 이별, 이혼 ② 차이, 차별
berparak 이별하다, 이혼하다
memarakkan 구별하다, 차별하다, 구분짓다.
parak² *parak siang* 이른 아침, 동틀녘, 여명.
parang (중간 크기의) 칼, 단도
memarang(kan) ① 자르다, 베다, 썰다 ② 말소하다, 취소하다.
parap¹ 머리 글자

parap², memarap memarap 머리 글자로 서명하다.

parap², memarap (칼 따위로) 내리치다, 두드리다, 때리다.

paras 얼굴, 용모, 외모.

parasit 기생충, 기생식물, 기식자.

parasut 낙하산.

parau 목쉰, 쉰 목소리의.

paripurna 완전한, 순전히, 충분히.

parit 운하, 도랑, 개천, 배수로
memarit 도랑을 파다, 참호를 파다, 홈통을 만들다.

pariwisata ① 관광 여행 ② 관광 사업.

parkir 주차장.

parlemén 의회, 국회.

partai 당, 당파, 정당
kepartaian 정당 제도, 당파.

paru-paru 허파, 폐.

paruh 반, 절반, 반분, 1/2
separuh 반절, 절반, 반분.

parut(=pemarut, parutan) ① (눈이 거친) 줄, 강판 ② 상처, 생채기, 상흔
memarut ① 줄로 갈다 ② 할퀴다, 할퀴어 상처를 내다.

pas¹ 정확한, 맞는, 적당한, 알맞은
mengepas, mempas 맞추어보다, 재보다.

pas² surat pas 통행증, 여권, 허가서.

pasak ① 핀, 나무 못 ② 볼트, 나사 못
memasak 나무 못을 박다, 쐐기를 박다
memasakkan 고착시키다.

pasal ① 조항, 절, 항목 ② ~에 관하여 ③ 이유, 원인.

pasang¹ 짝, 쌍, 켤레 (옷 따위의) 벌 (수량사로도 쓰임)
berpasang-pasang (몇몇이) 짝[쌍]을 이루어
memasangkan 짝을 짓다, 쌍을 짓게 하다
sepasang 한 조, 한 쌍
berpasangan, berpasang-pasangan 짝을 이루다[짓다].

pasang² (바닷물, 강물 따위가) 불다, 늘다, 오르다.

pasang³ ① 응용, 적용 ② 장비
memasang 놓다, 설치하다
memasangkan 달다, 설치하다
pemasangan 설치, 장치
terpasang 발사된, 발포된
pasangan 설치물
berpasang-pasangan 서로 쏘다[발사하다].

pasanggrahan (여행자의) 휴식소, 숙박소.

pasar 시장
pemasaran 장보기, 물건구입
pasaran 시장.

pasat *angin pasat* (적도 부근에서 부는) 무역풍.

paselin 와셀린.

pasfoto 여권 사진, 가슴 부위에서 두부까지의 사진.

pasi *pucat pasi* 백지장처럼 하얀, 창백한.

pasién 환자, 아픈 사람, 다친사람.

pasif 수동성의, 피동적인, 활동적이 아닌, 무저항의.

Pasifik 태평양.

pasih 설득력 있는, 달변의.

pasir 모래, 사주.

paspor 여권, 파스포트.

pasta *pasta gigi* 치약.

pasti 명확한, 확실한
memastikan 확정하다, 입증하다, 확실히 말하다, 단언하다
kepastian 명확, 확실, 분명.

pasuk, berpasuk-pasukan 무리를 지어, 떼를 이루어
pasukan ① 군대, 부대 ② 단체, 집단.

patah¹ 부러진, 부서진, 중단된, 깨어진
mematah-matah (jari) 손가락 마디를 잡아당겨 소리를 내다
mematahkan 부수다, 부러뜨리다, 쪼개다
pematah, pepatah 속담, 격언, 금언
pematahan 골절, 좌상, 파손

patahan ① 골절, 좌상, 파손 ② 파편, 부서진 것.
patah² 《수량사》 한마디, 일언.
paték 프람베지아, 인도 두중 (딸기 모양의 종기가 나는 혹인 전염병).
patén 전매 특허(권), 특허증, 특허품.
pateri 납과 주석의 합금, 땜 납
　memateri(kan) 납땜하다, (편지 따위를) 봉하다.
pati 핵심, 본질.
patih¹ 수상, 재상.
patih² 순한, 온화한.
patok 막대기, 기둥
　patokan ① 막대기, 기중 ② 규정, 규범.
patroli 순회, 순시, 순찰.
patuh 말 잘 듣는, 순종하는
　mematuh 순종하다, 잘 따르다
　mematuhi ~에 따르다, 순종하다
　kepatuhan 순종, 온순.
patuk, mematuk 쪼다, 쪼아먹다.
patung¹ 상, 조상, 동상
　mematungkan 조각을 만들다.
patung², patungan 공동 구매〔임대〕.
patut ① 적당한, 합당한 ② 반드시 ~해야 한다
　berpatutan (dengan) 일치하다, 합당하다
　mematut-matut 치장시키다, 꾸미다
　mematutkan 정돈하다, 정리하다
　kepatutan 일치, 부합, 조화
　sepatutnya 적당히, 합당하게.
pauk, memauk (과일 따위를) 갈고리로 걸어 따다.
paus *ikan paus* 고래.
paut¹ 죄어진, 팽팽한, 뻑뻑한
　berpaut 달라 붙어 안 떨어지다
　memaut 달라붙다, 부착하다
　perpautan 관계, 연결
　terpaut 달라붙은, 부착된
　berpautan (dengan) 달라붙다, 집착하다, 매달리다.
paut², terpaut 다른, 상이한.

pawilyun 큰 천막, 관람석, 누, 각.
pawai 행렬, 행진.
pawang 전문가, 숙련가, 조련사.
paya 늪, 수렁.
payah 지친, 피곤한
　berpayah-payah 고생하다, 애쓰다
　memayahkan 피곤하게 하다, 지치게하다
　memayah-mayahkan (diri) 열심히 일하다, 고생하다
　kepayahan 피곤, 피로, 지침.
payung 우산, 양산.
P.B.B. [perserikatan Bangsa-bangsa], 국제연합, UN.
pebéan 세금.
Pébruari 2월.
pecah ① 부서진, 부러진 ② (전쟁 따위가) 발발한
　pecah-belah (=*berpecah-belah*) (사이가) 벌어진, 떨어진
　berpecah 갈라지다, 나뉘다
　memecah(kan) ① 분해하다, 분석하다 ② 해결하다, 풀다
　memecah-belahkan 부수다, 파괴하다
　pemecahan 해결, 해답
　terpecah-pecah 조각이 난
　pecahan 조각, 부분, 파편.
pecat 파면된, 면직된, 해고된
　memecat(kan) 면직하다, 해고하다
　pemecatan 해고, 면직, 파면.
péci 모자.
pecut 채찍
　memecut 채찍질하다, 채찍으로 치다.
pedalaman (항구 도시로부터 멀리 떨어진) 내륙.
pedang 긴 칼, 검
　memedang 칼로 내려치다, 베다.
pedas 매운, 매운 맛의
　kepedasan 매운맛을 보는.
pedati (마소가 끄는) 화차, 우마차.
pedih 날카로운, 매서운
　kepedihan 고통, 슬픔.

pedoman ① 나침반 ② 방위, 방침 ③ 소책자, 편람
berpedoman 나침판을 사용하다, 지침을 사용하다.
peduli (akan) 걱정하다, 근심하다, 주의를 기울이다, 신경쓰다
mempedulikan (diri) ~에 유의하다, 염두에 두다.
pegal ① 뻣뻣한, 딱딱한 ② 지친, 싫증나는
memegalkan 싫증나다, 피곤하다.
pegang 잡다, 붙잡다, 쥐다
berpegang (pada) 쥐다, 붙잡다, 집착하다
memegang ① 잡다, 쥐다 ② 지배하다, 통제하다
pemegang ① 손잡이, 핸들 ② 보유자, 소유주
pemegangan 보유, 지님
pegangan ① 손잡이, 핸들 ② 직무, 직책, 자리.
pegas 스프링, 용수철
memegas 탄력있는, 원상으로 돌아가는.
pegat, memegat 막다, 방해하다.
pegawai 직원, 사무원
kepegawaian 공무원의 특성, 공무(원)에 관한 일(공무).
pejabat ① 공무, 정부 부서 ② 공무원.
pejam (눈을) 감은
memejamkan 눈을 감다
terpejam (눈이) 감긴.
pejuang 전사, 투쟁가.
pekak 귀머거리, 농아
memekak(kan) 귀머거리로 만들다, 귀를 명하게 하다.
pekakas ☞ perkakas.
pekan¹ 시장, 장터.
pekan² 주(週)
berpekan-pekan 여러 주.
pekarangan 정원, 마당.
pekat ① (액체 따위가) 진한, 걸쭉한 ② 캄캄한.
pekerja ☞ kerja.

pekerti *budi perkerti* 행위, 성격, 태도.
pekik 절규, 쳇소리, 외침
pekik-pekuk 여러가지 절규
memekik 절규하다, 외치다
pekikan 절규
terpekik-pekik 계속해서 소리치다.
pekur, memekur 곰곰히 생각하다, 명상하다.
pél 알약, 환약.
pelabuhan 항구 ☞ labuh.
pelahan-lahan ☞ perlahan (-lahan).
pelajar 학생 ☞ ajar.
pelajaran 학과목 ☞ ajar.
pelakat 플래카드, 벽보, 게시 포스터.
pelaku (연극의) 배우.
pelamar (구직) 신청자.
pelambang 상징.
pelamin(an) (신랑·신부의) 좌석, 침상, 침대.
pelan, pelan-pelan 천천히, 느리게.
pelancong, pelancung 여행자, 관광객.
pelanduk 작은 사슴의 일종.
pelangi 무지개.
pelantik¹ 임명자 ☞ lantik.
pelantik² 창 ☞ belantik.
pelanting, berpelantingan 뒹굴다, 구르다
terpelanting ① 내던져진, 내팽개쳐진 ② 곤두박질하다, 고꾸라지다.
pelat 전축 판, 디스크.
pelatuk (총포의) 방아쇠, 제동기
pelaut 선원 ☞ laut.
pelawak 익살꾸러기 ☞ lawak.
pelayan ☞ layan.
pelbagai 여러 종류의, 각양각색의.
peledak *bahan peledak* 폭발물.
pelekat ☞ pelakat.
pelékat *kain pelékat* (사용

을 만드는) 천, 옷감.
pelempap 손바닥.
pelepah (야자 따위의) 앞맥, 줄기.
pelését, terpelését 미끄러지다, 미끄러 넘어지다.
pelesir (pelesiran) ① 소풍, 여행 ② 여가 선용, 레저
 berpelesir 소풍가다, 여행하다
 kepelesiran 즐거움, 기쁨, 오락.
peléster 고약.
peleton 소대.
pelihara, memelihara ① 보호하다, 돌보다 ② 기르다, 양육하다
 memeliharakan (dari) 보호하다
 pemelihara 보호자, 양육자
 pemeliharaan ① 보호, 간호 ② 양육, 사육
 peliharaan 보호물, 간호.
pelik[1] ① 특별한, 특수한 ② 복잡한, 뒤얽힌
 kepelikan 특색, 특성, 곤란, 어려움.
pelik[2] **pelikan** 광물, 광석.
pelipis(an) 관자놀이.
pelita 등불, 발광체, 광원.
pelitur (상 따위에 칠하는) 칠, 광택제, 와스
 memelitur 칠하다, 광을 내다.
pelonco ① 우둔한, 어리석은 ② 미숙한 사람, 풋나기, 신참
 mempelonco (특히 신입회원을) 들볶다, 골탕먹이다
 perpeloncoan 들볶음, 괴롭힘, 골탕먹임.
pelopor 개척자, 선구자, 주창자
 mempelopori 앞서가다, (선두에서) 이끌다, 지도하다.
pélor 탄환, 총알.
pelosok 외딴 곳, 오지, 모퉁이, 구석.
peloton ☞ peleton.
peluang 기회, 호기.
peluh[1] 무기력한, 발기 불능의.
peluh[2] 땀, 발한
 berpeluh 땀이 나다, 발한하다

berpeluh-peluh 열심히 일하다, 땀을 내가며 일하다.
pelut 호각, 싸이렌, 호적.
peluk 포옹, 껴안음
 berpeluk-pelukan 서로 껴안다, 서로 포옹하다
 memeluk 포옹하다, 껴안다
 pemeluk agama 신자, 종교의 신봉자
 pelukan 포옹, 껴안음.
pelukis 화가 ☞ lukis.
peluncur 글라이더.
pelupuh (울타리를 만들기 위한) 대쪽
 memelupuh (대나무 따위를) 쪼개다, 치다.
pelupuk 덮개; *pelupuk* mata 눈꺼풀.
peluru 탄환, 총알.
pemadat 대마초(마약) 대(파이프)
pematang (논 사이의) 둑길, 제방.
pemimpin 지도자, 안내자.
pemuda 청년, 젊은이.
pemudi 젊은 여자, 소녀.
pemuka 선도자, 지지자.
pén(a) 펜.
penanggalan[1] 여자 귀신, 망령, 유령.
penanggalan[2] 달력.
penari 무희 ☞ tari.
penat 지친, 피로한, 피로한
 kepenatan 지친, 피로한.
penatu 세탁부, 세탁소 주인.
pencak 호신술의 일종.
pencar, berpencar-pencar, berpencaran 흩어지다, 산재하다
 memencar(-mencar) 헤치다, 분산하다
 memencarkan 흩뿌리다, 분산시키다
 pemencaran 분배, 분포.
pencét 압착한, 눌러 터뜨린, 부서진
 memencét 압착하다, 눌러 터뜨리다.

pencil 분리된, 격리된, 떨어진
  memencilkan 분리시키다, 격리하다, 절연하다
  kepencilan 분리, 격리
  terpencil 격리된, 떨어진.
pendam, memendamkan 파묻다, 숨기다
  terpendam 숨겨진, 감춘, 은폐한.
pendapa 현관, 입구.
pendaringan 쌀단지, 쌀독.
péndék 짧은, 짤막한, (키가) 작은
  meméndékkan 약하다, 짧게 만들다
  kepéndékan ① 약어, 축어 ② 단축, 간략, 요약.
pendékar 선두, 챔피온, 호전자.
pendéta 목사, 율법사, 학자.
pengacara 변호사, 재판관.
pengacau 반란자, 폭력주의자.
pengalaman 경험, 체험(한 것).
penganan 과자.
pengantin 신랑, 신부
  berpengantin 신랑〔신부〕이 되다, 결혼식을 올리다.
pengap 밀폐된, 숨막히는, 통풍이 좋지못한
  memenagap 밀폐하다, 숨막히게 만들다
  memenagapkan 숨막히게 만드는.
pengarang 작가.
pengaruh 영향, 세력, 위력
  berpengaruh 영향을 끼치는, 세력있는
  mempengaruhi 영향을 끼치다
  terpengaruh 영향을 받은, ~의 영향하에 있는.
pengasuh 부양자, 보호자.
pengasut ☞ penghasut.
pengawal 보초, 파수꾼.
pengembara 방랑자, 여행자.
pengemis 거지, 구걸자.
pengéran ☞ pangéran.
penggal ① 조각, 덩어리, 부분 ② 단편, 권, 책
  berpenggal-penggal 조각으로 된, 부분으로 된
  memenggal 자르다, 조각내다
  penggalan 조각, 덩어리, 부분.
penghulu 촌장, 족장, 이장.
penghuni 주민, 거주자.
penginapan 호텔, 여관.
péngkar (다리가) 구부러진, 휜.
pening 머리 아픈, 머리가 어지러운.
penjahit 재봉사, 재봉침.
penjara 감옥, 감방, 교도소
  memenjara(kan) 투옥하다, 감옥에 집어 넣다
  kepenjaraan 감옥에 관한 일
  terpenjara 투옥된.
penjurit 군인, 사병.
penjuru 구석, 모, 모퉁이.
pénsil 연필, (그림 그리는) 붓.
pénsiun 연금, 은급
  dipénsiun 퇴직하다, 퇴직당하다
  pénsiunan 연금 생활자.
pentas ① (침대, 부엌 따위의) 높은 바닥 ② 무대
  mementaskan 공연하다, 무대에 올리다
  pementasan ① 전시 ② 공연.
pentil 꼭지.
penting¹ 중요한, 의미있는
  mementingkan ① 강조하다 ② 중요시하다
  kepentingan 중요, 가치, 필요성
  berkepentingan 이해관계가 있는.
penting², **mementing** '띵' 소리를 내다, 현악기의 현을 튕기다.
pentung(an) 곤봉, 클럽, 방망이
  mementung 곤봉으로 치다
  pentungan 곤봉, 클럽.
penuh 가득 찬, 충만한, 완전한, 충족한
  memenuhi ① 채우다, 채워넣다 ② (요구에) 응하다, 충족시키다
  pemenuhan 완수, 이행, 충족
  sepenuhnya 전적으로, 완전히
  terpenuhi 충족된, 이행된.

penyair 시인.
penyanyi 가수.
pényok (깡통·자동차체의) 움푹 들어간 곳.
penyu 거북이.
pepat (다듬거나 잘라서) 평평한, 납작한
　memepat 자르다, 잘라내다.
pepatah ☞ patah.
pér¹ 전구.
pér² (시계의) 태엽, 스프링.
perabot 용구, 기구, 세간, 부속품
　mempera boti (집·방에) 가구를 설비하다.
　perabotan (=*perabot*) 용구, 기구, 세간.
peraga ① 멋장이 ② 시청각 교재
　berperaga(kan), memperagakan 보여주다, 전시하다.
peragawati 모델.
perah, memerah 짜다, 압착하다
　pemerahan 압착.
perahu 배.
perajurit 군인, 사병, 투쟁자.
pérak 은(銀), 돈 (루삐아).
peraktik ☞ prakték.
peraktis 실제의, 실용적인, 실질상의.
peram, berperam 칩거하다, 사회와 접촉을 끊고 지내다.
　memeram (집에) 가두다, 감금하다.
peramah 쾌활한(사람), 유쾌한(사람).
peran 연극 배우
　memerankan 역할을 하다, 역을 해내다
　peranan 역할, 구실.
Perancis 프랑스, 프랑스인.
perang 전쟁, 전투, 투쟁
　memerangi ~와 싸우다, ~와 대항하다
　peperangan 전쟁
　perang-perangan 모의전, 대연습.
pérang 적갈색.

perangai 성질, 기질, 본성.
perangkap 함정, 유혹, 올가미.
perangko 우표.
peranjat, te(r)peranjat 놀란, 깜짝놀란, 질겁을 한
　memperanjatkan 놀라게 하다.
peras¹, memeras ① 누르다, 압착하다, 쥐어 짜다 ② 약탈하다, 갈취하다
　pemerasan ① 누름, 압착 ② 약탈, 갈취, 착취
　perasan 우유, 짜낸 것.
peras² 부드러운, 평평한.
perawan 처녀, 소녀.
perbagai 여러 종류의, 각양 각색의.
perbahasa ☞ peribahasa.
perbahasan 격언, 속담.
perbal (법원의) 조서.
perban 붕대
　memerban (상처를) 붕대로 감다.
percaya (akan, kepada) 믿다, 신뢰하다
　mempercayai 믿다, 신뢰하다
　mempercayakan (사람에게 임무를) 맡기다, 위임하다
　kepercayaan 믿음, 신용, 신뢰.
percik 반점, 얼룩
　berpercikan (물, 진창 따위를) 튀기는, 흩뿌리는
　memercik(i) (물, 진창 따위를) 튀기다, 흩뿌리다
　memercikkan ~을 끼얹다, 뿌리다
　percikan 튀긴것, 흩뿌린 것.
percuma ① 덧없는, 쓸모없는 ② 무료의, 무상의.
perdana 으뜸의, 우두머리의, 제일의.
perdata¹ 재판소, 법원.
perdata² 조심스럽게, 세밀히.
perekat 접착제, 아교.
peréman ① 개인, 공민 ② 사적의, 개인의.
perempuan 여자, 여성.
pergi 가다, 출발하다, 떠나다
　bepergian 여행을 떠나다, 여행

가다
kepergian ① 출발, 떠남 ② 여행, 유람 ③ 사망, 서거
pemergian 여행(주로 오랫동안의 먼 여행을 말함).
peri¹ 말, 단어
　berperi 말하다
　memerikan 이야기하다, 묘사하다
　tak terperikan 묘사할 수 없는, 형언할수 없는.
peri² 요정, 선녀.
periang 항상 즐거운 사람, 낙천가.
peribadi ☞ pribadi.
peribahasa 속담, 금언, 교훈.
peribudi 덕, 덕행, 선, 선행.
peribumi ☞ pribumi.
perigi 샘, 우물, 원천.
perihal 사정, 문제, 사건.
periksa 조사, 검사, 조회
　memeriksa ① 조사하다, 검사하다 ② 통제하다, 조정하다
　pemeriksa 검열관, 조사자, 통제관
　pemeriksaan 심리, 배심
　peperiksaan 시험.
perinci ① 계획하다, 고안하다 ② 상술하다, 명세서에서 기입하다
　perincian 분해, 분석, 분류.
perincis, memerinciskan 상술하다, 세분하다
　perincisan 상술, 세분.
perindu *buluh perinduan* 풍명금(바람 부는데 따라서 울리는).
perintah 명령, 지시, 분부
　memerintah(i) 명령하다, 지시하다
　memerintahkan 명령하다, 지시하다
　pemerintah(an) ① 정부, 행정부, 내각 ② 지배자
　terperintah 정복 당한, 압박받는.
perintis 개척자, 탐험가.
période 기간, 시대.
perisai 방패, 막이, 보호구.
peristiwa 사건, 사태, 사실.
periuk (큰) 솥.
perjurit ☞ perajurit.

perkakas 연장, 도구, 기구, 기재
　memperkakasi 가구를 들여 놓다
　perkakasan 연장, 도구, 기구, 기재.
perkara ① 일, 문제 ② 사건, 소송
　beperkara (법원에서) 심리중인
　memperkarakan 소송을 제기하다, 사건을 만들다.
perkasa ① 용감한, 용맹한 ② 힘 있는, 세력 있는
　keperkasaan ① 용감, 용맹 ② 힘, 세력.
perkosa 강렬한, 맹렬한, 거센
　memperkosa 강탈하다, 폭행하다, 강간하다
　perkosaan 폭행, 강간.
perkutut 호도새.
perlahan(-lahan) 느린, 완만한, 서두르지 않는
　memperlahankan 늦추다, 완만하게 하다.
perlénté 멋진, 우아한, 잘 차려 입은.
perlop 휴가, 휴가를 떠나다.
perlu 필요한, 필연의
　memerlukan 필요로 하다, ~이 필요하다
　keperluan ① 필요, 필연 ② 요구, 요망
　seperlunya 필요에 따라.
permadani 양탄자, 융단.
permai 예쁜, 아름다운.
permaisuri 왕비, 여왕.
permata 보석, 귀금속.
permén 박하, 박하향.
permisi ① 허가, 허용, 면허 ② 실례하다, 실례를 구하다
　mempermisikan 허가를 요청하다, 동의를 구하다.
pernah 한 번 해 보다, ~해 본 적이 있다.
péron 승강장, 승차대.
peronda 순찰자, 순시선.
perosok, terperosok 가라앉다, (함정 따위에) 빠지다, 빠져들다.

pérs 신문, 신문지.
persegi 정방형(의).
persekot 선불, 선금, 가불
  mem(p)ersekoti 선불을 지급하다, 선금을 주다.
persén¹ 선물, 사례금, 팁
  memerséni 보답하다, 사례하다
  persénan 선물, 행하.
persén², persénan 백분율, 비율.
perséro 주(株), 주식
  perséroan (주식) 회사, 기업.
persétan 제기랄! 빌어먹을! 저주 받을!
persis 정확히, 꼭, 정밀하게.
personalia 인원의, 사람에 관한.
pertama 으뜸의, 첫번째의
  dipertamakan 우선권이 주어진, 선택된.
pertiwi 지구, 세상, 토지.
perunggu 청동, 브론즈.
perut 배, 복부.
perwira 용감한, 용맹스런.
pés 역병, 전염병.
pesan 주문, 지시, 명령
  berpesan 주문하다, 지시하다, 명령하다
  memesan ① (주로 상품을) 주문하다 ② 요청하다, 지시하다
  pemesanan (상품 따위의) 주문
  pesanan 주문, 메지시, 전언.
pesanggrahan (정부 소유의) 호텔, 여관, 숙소, 휴양소.
pesat 빠른, 신속한, 민첩한
  kepesatan 속도, 속력
  memesatkan 속력을 내다.
pesawat 기계, 기구, 도구, 기관.
peséro ☞ perséro.
pesiar 여행하다, 유람을 떠나다.
pésimisme 비관, 비관론.
pesing 악취, 불쾌한 냄새.
pesisir 해변, 해안.
pesona 마법, 마력, 요술
  mempesonakan ① 요술을 걸다, 마법을 쓰다 ② 매혹적인, 황홀케하는
  terpesona 마법에 걸린, 홀린.

pésta 축제, 연회, 잔치
  berpésta(-pésta) 축제를 열다, 연회를 하다
  meméstakan ~을 위하여 잔치를 베풀다.
péstol 권총
  meméstol 권총을 쏘다, 권총으로 사격하다.
peta 지도, 지형도
  memetakan 지도를 만들다
  perpetaan 지도 작성법.
pétak ① 구획, 구분 ② 방
  berpétak(-pétak) 구획으로 나넌, 간막이 된.
petaka 재난, 사고, 불행.
petang 오후
  kepetangan 저녁 늦은, 해질녘
  memetang-metangkan hari 시간을 허비하다
  sepetang-petangan 오후동안, 오후 내내.
petani 농부 ☞ tani.
petas, petasan 폭죽, 불꽃, 딱총.
peti 상자, 함.
petik, memetik 따다, 뜯다
  memetiki 여러차례 따다
  memetikkan 따주다, 뜯어주다
  pemetikan 채집, 뜯기
  terpetik 이미 딴[뜯은], 인용된
  petikan ① 인용 ② 개관, 요점 ③ 발췌, 초록.
petir 뇌성, 벼락치는 소리, 낙뢰, 번개.
petisi 청원, 탄원, 신청.
petua, petuah (종교상의) 권고, 충언, 조언
  berpetua 권고하다, 충고하다
  dipetuahkan 훈계를 받다.
piagam 헌장, 계약증서, 특허증
  memiagamkan 헌장에 기록하다, 증서로 확인하다.
piala 긴 받침이 달린 컵, 잔, 배.
piama (집이나 잠잘 때 입는) 긴 바지, 파자마.
piano 피아노
piara, memiara 기르다, 양

piatu 고아
육하다, 양성하다
piaraan 가축, 가금.
piatu 고아
kepiatuan 고아가 된.
pici 모자.
picik 좁은, 협소한
kepicikan 협소, 좁음, 소심.
picing 눈을 깜박거림, 눈짓, 윙크
memicingkan 눈을 감다
terpicing (갑자기) 눈이 감기다, 잠이 들다.
picis 10센트의 은화.
picit, memicit (현악기 따위를) 치다, 타다, 퉁기다.
picu (총포의) 방아쇠.
pidana 범죄의, 형사상의.
pidato 연설, 강연, 강론
berpidato, memidatokan 연설하다, 강연하다
dipidatokan 토론되다, 언급되다.
pigura 그림, 초상화.
pihak ① 측, 쪽, 방면 ② 편, 당, 파, 짝
berpihak, memihak (kepada) 편들다, 가담하다, 찬성하다
memihakkan 분리시키다, 격리하다, 고립시키다.
pijak, berpijak ~위에 서다, 밟고 서다
memijak 발을 ~위에 얹다
memijakkan 짓밟다, 내리 밟다, 유린하다
pijak-pijak 발판, 페달
terpijak 고의 아니게 밟힌.
pijar 빛나는, 타오르는, 작열하는
berpijar-pijar (불꽃처럼) 빛나는, 타오르는
memijar(kan) (강철 따위를) 불리다, 달궈 단련하다.
pijat, memijat 누르다, 압박하다, 안착하다,
pijit, memijit 누르다, 압박하다, 안마하다.
pikap 소형 오픈 트럭.
pikat 미끼, 유인하는 물건
memikat 꾀어내다, 유혹하다
terpikat (hati) 홀린, 유혹당한,

꾀임을 당한.
pikét 초소, 경계병.
pikir ① 의견, 주장 ② 생각, 사상
berpikir 생각하다, 간주하다
memikir(i) ~에 관하여 생각하다
memikirkan (골똘히) 생각하다, 숙고하다
pemikiran 생각, 숙고
sepikiran (dengan) 의견이 같은.
pikiran ① 생각, 사상 ② 주장, 의견
berpikiran 생각(지혜)이 있는.
piknik 피크닉, 소풍.
pikul (어깨로 나르는) 짐
memikul (어깨로) 짐을 나르다
memikulkan 부과하다, 떠맡기다
terpikul 견딜 만한, 참을 수 있는
pikulan 짐.
pil 알약, 환약.
pilem ① 필름 ② 영화.
pilih, berpilih-pilih 까다로운, 괴팍스러운
memilih 가르다, 선출하다
memilihkan 골라주다, 선택해주다
pemilihan ① 선택, 구분, ② 선출, 선거
terpilih 뽑힌, 선출된
pilihan 선택, 선발, 선거.
pilin *tangga pilin* 나선형 층계
berpilin(-pilin) 나선형의, 맴도는
memilin 감다, 동이다, 칭칭감다
pilinan 나선형, 감김, 꼬임.
pilot 비행사, 조종사.
pilu 감동된, (마음이) 움직이는, 슬픈
memilukan hati 감동시키다
kepiluan ① 슬픔, 비탄 ② 감동, 감격.
pimpin, kepimpinan 지도력, 안내, 지휘
memimpin(kan) 지도하다, 지휘하다, 안내하다
pemimpin ① 지도자, 지휘자 ② 관리자, 감독자, 경영자

pemimpinan 통솔력, 리더쉽
pimpinan 지도, 안내.
pinang¹ 빈랑 나무
pinang², meminang 청혼하다, 결혼 신청하다, 구혼하다
peminangan 청혼, 구혼.
pincang ① 절름발이의, 불구의 ② 결함이 있는, 균형이 안맞는
kepincangan 불구, 절름발이, 결함.
pindah ① 이전하다, 옮기다 ② 바꾸다, 교환하다
pindah buku, (memindahbukukan) (은행 따위의) 한 구좌에서 다른 구좌로 돈[대금]을 양도하다
berpindah 옮기다, 이사하다
berpindah-pindah 감염시키다, 전염시키다
memindah ① 전근시키다[하다], ② 감염[전염]시키다
memindahi ① 자주 이전하다 ② 전염[감염]되다
memindahkan ① 이동시키다, 양도시키다 ② 전염시키다
kepindahan ① 이전, 이동 ② 전염, 감염
perpindahan ① 이전, 양도 ② 변경, 교체.
pindang (소금에 절여 익힌) 생선요리.
pinggan 접시, 받침 접시.
pinggang 허리, 요부.
pinggir 가장자리, 모, 끝
meminggir 가장자리로 가다, 변두리로 가다
peminggir(an) 경계, 접경
pinggiran 가장자리, 해안.
pinggul 둔부, 엉덩이.
pingit, berpingit 격리한, 가두어 놓은
memingit 격리시키다, 가두어놓다
pingitan 격리, 차단.
pingkal 배꼽을 쥐고 웃다.
pingpong 탁구.
pingsan, terpingsan 정신

을 잃은, 기절한, 졸도한.
pinjal (개)벼룩.
pinjam, meminjam 빌다, 빌어오다
meminjami, meminjamkan 빌려주다, 대여하다
(pe)minjaman 차용, 빌어 옴.
pinsil ☞ pensil.
pinta (=pintaan) 요구, 요청.
pintal, berpintal-pintal 얽힌, 헝클어진
memintal (실 따위를) 잣다, 감다
pemintal (실을 잣는) 물레 바퀴
pemintalan 방적, 방적업
pintar ① 영리한, 총명한 ② 유능한, 잘하는, 능통한
kepintaran 총명, 슬기로움, 유능
terpintar 유능한, 총명한.
pintas *sepintas lalu* ① ~하는 김에 ② 척보고, 일견
memintas(i) ① 줄이다, 단축하다 ② 방해하다, 훼방놓다
memintaskan 차단하다, 가로막다
sepintas 잠시, 잠깐
pintasan 첩경, 지름길.
pintu 문, 대문, 정문.
pionir 선구자, 개척자.
pipa 담뱃대, 관, 도관.
pipi 뺨.
pipih 납작한, 평평한.
pipis 분쇄기, 맷돌
memipis 맷돌로 부수다.
pipit 참새(류).
piramide 피라미드, 금자탑의.
pirang ☞ pérang.
pirik, memirik 분쇄하다, 가루로 만들다, 부수다.
piring 접시, 집기.
pirus 터어키 옥.
pisah, berpisah 가르다, 나누다, 헤어지다
memisah 갈라지다, 끊어지다, 헤어지다
memisahkan 가르다, 떼다, 절단하다, 이간하다, 고립시키다
perpisahan 이별, 헤어짐, 송별

terpisah 분리된, 떨어진.
pisang 바나나.
pisau 칼, 나이프.
piskal 국고의, 회계의, 재정상의.
pistol ☞ *péstol*.
pita 리본, 장식 끈.
pitam 현기증, 두통.
pitamin 비타민.
piut 5대 자손.
piutang 신용 대부, 빚, 외상
  berpiutang 돈을 빌려 주다
  memiutangkan 물품을 외상으로 주다, 외상으로 거래하다.
piyama 파자마(잠옷).
plagiat 표절, 표절물.
plakségel 수입 인지.
platina 백금, 플라티나.
plébisit 국민(일반) 투표.
pléno (회의 따위에) 전원 출석한.
plombir ① (자동차세 따위의)납세 필증판 ② 구멍난 이의 땜.
plonci 여자 신입생.
plonco ① 아직 젊은, 미숙한, 경험이 없는 ② 신입생.
plus 더하기, 플러스, 더한것.
pohon 나무, 수목
  pohon-pohon(=pepohonan) 삼림, 식물계, 각종 수목.
pojok ① 구석, 가장자리, 코너 ② (신문의) 난, 칼럼, 만평.
pokok ① 주요한, 으뜸의 ② 시초, 발단, 기원 ③ 동기, 이유, 까닭
  berpokok (pada) ~에 기초를 두다, ~에 근거하다
  memokoki ~에 자본을 대다, 투자하다
  terpokok (비용이 얼마) 들다, 소요되다.
pokrol 변호사, 대리자
  memokrolkan (사건의 해결을) 위임하다, 청탁하다
  pokrol-pokrokan 입씨름을 잘 하다.
pola 디자인, 도안, 본, 모형, 모양, 무늬.
polang-poléng 반점이 있는, 점박이의.
polang-paling 소용돌이 치다, 팽팽돌다, 선회하다.
polés 광택, 윤, 광택제
  memolés 광을 내다, 윤을 내다.
poliklinik 종합병원.
polisi 경찰, 경찰관, 경관
  kepolisian 경찰, 경찰 업무.
politik 정치, 정치학
  berpolitik 정치에 참가하다.
politikus 정치가, 정객, 직업 정치가.
polos ① 단색의, 꾸미지 않은 ② 순진한, 천박한.
polowijo ☞ *palawija*.
pompa 펌프, 양수기, 흡수기
  memompa 펌프로 뿜어 올리다, 펌프질 하다
  memompakan 펌프질 해주다.
pompong 꼴뚜기(오징어)무리.
pondok 작은집, 오두막집
  memondok 방을 잡다, 유숙하다
  memondokkan 방을 잡아 주다
  pondokan ① 방을 잡음, 유숙 ② 여관, 숙소, 숙박소.
pondong, memondong (아이나 사람을) 두 팔로 안고 가다, 안다.
pongah 건방진, 오만한, 잘난 체하는.
pontang-panting ① 흩어진, 널려있는 ② 서둘러 가다, 급히 뛰다
  berpontang-panting 조급한, 성급한.
popelin *kain popelin* 포플린.
popok (아기의) 기저귀.
popor (총의) 개머리, 개머리판.
populér 대중적인, 통속적인, 인기있는, 유명한
  mempopulérkan 대중화하다, 통속화하다.
porak-parik ☞ *porak-peranda*
porak-peranda(*poranda*) 혼란한, 어수선한, 뒤죽박죽인, 엉망진창인

porok 포로크.

poros ① *(gandar poros)* 축, 차축 ② (기둥 따위의) 꼭대기, 끝.

porselén, porsélin 도기, 토기.

porsi ① 일부, 부분, 몫 ② 그릇, 사발, 접시(수량사로 쓰임)

pos ① 우편, 우편물 ② *(kantor pos)* 우체국.

posisi ① 위치, 장소, 곳, 소재지 ② 문장에서 단어의 위치.

positip (positif) 결정적인, 명확한, 궁극적인.

pospakét 소포 우편.

pospor 인, 인광성 물질.

poswésel 우편 대체, 우편환.

pot ① 항아리, 단지 ② 침실용 변기.

poténsi 힘, 잠재력, 권력.

poténsial 가능한, 가능성이 있는.

potlot 연필.

potong 조각, 일부분

　berpotong-potong 조각내다, 부수다

　memotong ① 자르다 ② 죽이다, 살해하다

　pemotong 자르는 도구, 자르는 사람

　potongan 조각, 일부분.

potrét 사진, 초상화

　memotrét 사진 찍다, 촬영하다

　pemotrét ① 사진사 ② *(alat pemotrét)* 사진기, 카메라.

prabawa ☞ perbawa.

prahoto 화물 자동차.

praja ① 나라, 국가 ② 도시.

prajurit ☞ perajurit.

prakték 실행, 실제, 실시, 실습.

pramugara (비행기의) 승무원.

pramugari (비행기의) 여승무원

Pramuka [(Gerakan) Praja Muda Karana] (인도네시아) 보이스카웃.

prangko ☞ perangko.

prasangka 편견, 선입관.

prasaran 지침서, 작업 지시서, 의견서.

prasejarah 선사 시대, 유사 이전.

préman ☞ peréman.

prémi ① 할증금, 프리미엄, 수수료 ② 보너스, 상여금.

prépéntip 예방적인, 방지적인, 막는, 방해하는.

présidén 대통령, 의장, 사장.

préstasi 성취, 달성, 성공.

pria 사람, 남자, 남성.

pribadi ① 개인의, 개개의 ② 사람, 인물, 개인

　mempribadikan 인격화하다, 인격을 부여하다

　pempribadian ① 인격화 ② 구현, 구체화 ③ 인격주의.

pribumi ① 내국의, 출생지의 ② 원주민, 본국인.

prihatin (=**berprihatin**) (사업의 실패 따위로) 고통(스러운), 슬픈.

primitip 태고의, 옛날의, 구식의, 원시의.

prinsip 원리, 원칙, 주의, 근본, 방침, 본질.

prioritas 우선권, 급선무, 보다 중요한.

produksi 생산, 산출, 제조, 제작, 제품.

produsén 생산자, 제작자, 연출자.

profési ① 직업, 전문 ② 공언, 선언

program(a) 프로그램, 프로, 진행순서, 계획표, 예정표.

progrésip 전진하는, 진보적인, 진보주의의, 점진성의.

proklamasi 선언, 선포, 포고, 성명, 성명서.

prolétar 무산계급의, 프롤레타리아의, 하층 계급의.

propaganda 선전, 선전 방법 [조직, 운동]

　mempropagandakan 보급시키다, 선전하다, 전달하다.

propésor 교수, 선생.
propinsi 주(州), 성(省), 도(道).
prosa 산문, 산문체.
prosén 백분율, 퍼센트.
proséntasi 백분율, 비율, 율.
prosés 진행, 과정, 작용, 변천, 추이.
protéin 단백질, 단백질의.
protés 단언, 주장, 이의의 제기, 불복, 항변서
  memprotés 단언하다, 주장하다, 이의를 제기하다.
protéstan 신교도, 프로테스탄트.
provokasi 집적거림, 들볶음, 노하게 함.
proyék 계획, 기획, 설계, 사업, 기업.
psikologi 심리학, 심리 상태, 심리학서.
pualam 대리석.
puas 만족한, 배부른
  berpuas hati 만족하다
  memuasi 만족시키다, 충족시키다
  pemuasan 만족, 충족, 포만.
puasa (회교의) 금식(기간)
  berpuasa 금식하다, 금식 기간을 지키다.
pucat 창백한, 핏기 없는, (빛깔이) 희미한, 어스레한.
pucuk ① (나무의) 어린 이파리, 싹 ② ≪수량사≫ (편지, 무기 따위의) ~통, ~정
  berpucuk 싹이 트다, 발아하다.
pudar ① 창백한, 핏기 없는, 혈색이 나쁜 ② 희미한, 어스레한
  memudarkan 흐리게 하다, 침침하게 만들다.
pugar *segar pugar* 아주[매우] 건강한
  memugari 회복시키다, 복귀시키다
  pemugaran 회복, 복귀, 복구.
puing 폐허, 폐물.
puisi 시, 운문.
puja 숭배, (신을) 찬양함, 추앙, 경모
  memuja 숭배하다, 경모하다, 추앙하다, 신을 찬양하다
  pemuja 숭배자, 찬양자
  pemujaan ① 예배당 ② 숭배, 찬양
  pujaan 숭배, 찬양, 추앙, 경모.
pujangga 문인, 문학자, 어학.
puji 칭찬, 찬양, 찬미, 숭배
  memuji 칭찬하다, 찬미하다
  memujikan 추천하다, 추거하다
  pemuji 아첨꾼, 찬미자
  terpuji 칭찬되어진, 매우 좋은, 평이 난
  pujian 칭찬, 찬미, 숭배.
pukat 예인망, 땅을 훑는 그물
  memukat 예인망으로 고기를 잡다.
pukul ① 치다, 때리다 ② 시, 시각
  memukul 치다, 때리다, 폭행하다
  memukuli 계속해서 치다, 마구 때리다.
pula 다시, 또, 다시 한 번.
pulang 돌아 가다[오다], 귀가하다
  berpulang 죽다, 사망하다
  memulangi ① 이혼한 부인과 다시 결혼하다 ② (사촌 형제를) 아내로 맞이하다
  memulangkan 돌려보내다, 반송하다
  pemulangan 반환, 상환, 반송.
pulas[1] 곤히 잠들다.
pulas[2], **memulas** ① 꼬다, 비틀어 돌리다 ② 회전시키다.
pulas[3], **memulas** ① 칠하다, 색칠하다 ② (자동차 따위의) 타이어를 수리하다
  pulasan ① 염색 ② 모조(품), 거짓.
pulih 회복된, 다 나은, 복구된, 개선된
  memulihkan 수선하다, 개선하다, 복구하다
  pemulihan 복구, 개량, 수선.
pulpén 만년필.
puluh ① 열개가 한 벌이 된 것 ② 열, 십
  berpuluh-puluh 열개 단위로

수십의
per(se)puluhan 십진산, 십진법.
pulut (새잡는) 끈끈이
　memulut 끈끈이를 사용하다
　terpulut 엮인, 유혹하는.
pun ≪강조·대조≫ ① 역시, 또한 ② ≪양보를 나타내는 문장을 형성할 때≫ 비록~이지만, 아무리 ~일지라도.
punah 파괴된, 제거된, 발본 색원된, 절멸된, 없어진
　memunahkan 파괴하다, 제거하다, 소멸시키다.
punat (종기·부스럼 따위의) 근, (사과·배 따위의) 응어리.
punca ① (실이나 천의) 끝, 가장자리 ② 기초, 입문, 기본, 근저.
puncak 꼭대기, 가장 높은 곳, 절정, 최고도, 정상
　memuncak 최고조에 달하다, 극점에 이르다
　pemuncak 정상, 정점, 챔피언, 정상을 차지한 사람.
pundi, pundi-pundi 지갑, 전대, 돈 주머니.
pung 물체가 물에 떨어질 때의 소리 (퐁덩).
punggah, memunggah 짐을 풀다, 짐을 내리다, 하역하다
　pemunggahan 하역
　punggahan 하역장소, 하역장.
punggal, memunggal (물건의 끝을) 자르다, 잘라내다.
pungguk *burung pungguk* 올빼미의 일종.
punggung 뒤, 뒷면, 둔부, 후부
　punggung-memunggung 서로 (등을) 부딪히다, 충돌하다
　memunggung 뒷면의, 등을 보이다[돌아서다].
pungkur ① 뒤, 후부, 둔부, 엉덩이 ② 나머지, 잔여분.
pungut *anak pungut* 양자, 수양 아들[딸]
　memungut ① 따다, 뜯다 ② 수확하다, 거두어 들이다 ③ 인용하다
　memungutkan 따주다, 뜯어주다, 수집해주다
　pemungutan ① 수확, 결실 ② 모집, 채집
　pungutan ① 수확, 농작물 ② 인용, 차용.
puntal, berpuntal-puntal ① 감겨진, 엉클어진 ② (몇 개의) 무더기로
　memuntal (둥글게) 감다, 줄이다, 간략하게 하다
　puntalan 실패, 얼레.
puntianak 여자의 망령, 요정.
puntul 둔한, 무딘, 뭉툭한.
puntung ① 둔한, 무딘 ② 밑동, 남은 조각, (담배의) 꽁초
　memuntung 무디어지다, 둔해지다
　memuntungkan 무디게 하다.
punya (=empunya) 가지다, 소유하다, 지니다
　berpunya 재산을 소유하다
　mempunyai 소유하다, 지니다, 가지다
　kepunyaan 재산, 소유물.
pupu 조상; *anak sepupu* 친등, 촌수.
pupuh *ayam pupuh* 투계, 싸움닭
　berpupuh ① (닭이) 싸우다 ② 심하게 치고 박고 싸우다.
pupuk ① 비료, 거름 ② (발전·개화의) 밑바탕, 밑거름
　memupuk 비료주다
　pemupuk 경작자, 재배자.
pupur¹ (얼굴에 바르는) 분, 백분
　berpupur 백분을 사용하다.
pupur², **memupur** (닭 따위가) 흙이나 모래에서 뒹굴거나 날개짓을 하다.
pupus 제거된, 쓸린, 사라진
　memupuskan 제거하다, 없애다, 쓸어버리다
　terpupus 이미 없어진.
pura¹ ① 지갑, 작은 가방 ② 기금, 자금 ③ 도시, 시, 성.
pura², **pura-pura** 가장하다,

purba 옛날의, 고대의
체하다, 핑계 삼다.
purbakala 옛날, 고대.
puri 성, 성채, 왕궁.
purnama ① *(bulan purnama)* 만월, 보름달 ② 한달(30일).
puru 종기, 궤양
 berpuru 종기[궤양]로 고생하다.
purut 피부가 거친, 살갗이 꺼칠꺼칠한.
purwa *wayang purwa* 그림자극의 일종.
pusaka 유산, 가보, 가재
 berpusaka 유산을 받다
 memusakai 상속하다, 물려받다
 memusakakan 물려주다.
pusar¹ 배꼽.
pusar², **berpusar(-pusar)** 돌다, 회전하다, 순환하다
 memusar ① 돌다, 회전하다 ② (손바닥으로) 비비다
 pusaran ① 회전, 선회, 순환 ② 핸들, 회전축.
pusat ① 배꼽 ② 핵심 ③ 중심, 중앙부
 berpusat (kepada) 집중하다, 중심으로 하다
 memusatkan 중심으로 향하다, 집중시키다
 pemusatan, perpusatan 집중, 중심지화.
pusing ① 핑핑 돌다, 돌아가다, 현기증이 나다 ② 두통, 고통
 berpusing 돌다, 돌아가다
 memusing ~을 돌리다, 돌아가게 하다
 pemusing 원심 분리기
 terpusing-pusing 빙빙돌다, 방향을 못잡다
 pusingan 회전, 선회.
puspa 꽃, 화초, 화훼.
pusparagam ① 여러가지 색(의), 각양각색(의) ② 각종 음악 모음.
puspawarna ① 꽃의 색깔 ② 각양각색의, 여러가지.
puspita 꽃, 화초.
pustaka ① 책, 서적 ② 점성술의 교본, 주술 책
 kepustakaan ① 문학 ② 문학 서적
 perpustakaan 도서관, 서재.
putar 회전, 선회
 berputar 돌다, 돌아가다
 memutar ① 돌다, 회전하다 ② 감다, 꼬다
 pemutar ① 회전기 ② 회전기사
 putaran 회전, 돌림, 선회.
putra ① 왕자 ② 아들
 berputra 아이를 갖다.
putranda 왕자, 아들의 경어.
putih ① 흰, 하얀, 백색의 ② 순수한, 순
 memutih ① 하얗게 되다 ② 창백해지다
 memutihkan (=memutihi) 표백하다, 흰색을 칠하다
 keputih(-putih)an ① 희끄므레한, 희읍스름한 ② 부인병(냉·대하 따위).
putik 암술, 봉오리, 씨방
 berputik 열매를 맺기 시작하다.
puting (칼의) 자루, 손잡이
putus ① 깨진, 파열된 ② 끝난, 종료한 ③ 결정적인
 putus-putus 여러 차례 끊어지다, 계속 끊기다
 memutus(i), memutuskan ① 결정하다 ② 깨다, 방해하다, 끼어들다
 keputusan ① 끝, 종결 ② 결정, 결론
 pemutusan 절단, 자름
 putusan ① 결정 ② 토막, 파편.
puyu *angin puyu* 선풍, 회오리 바람.
puyuh *angin puyuh* 돌개바람.

R

raba, beraba-raba 손으로 더듬다
  meraba(-raba) 만져보다, 감지하다
  peraba 촉감, 접촉 기관
  rabaan ① 느낌, 감각 ② 추측, 예측.
rabak¹ ① 찢어진 틈, 해진곳 ② 넝마가 된, 누더기가 된
  merabak 찢다, 째다
rabak², terabak 불에 탄.
rabat 할인.
rabik 해진, 찢어진.
rabit 찢어진, 해진, 터진.
Rabu *hari Rabu* 수요일.
rabuk¹ ① 진균류 ② 부싯깃.
rabuk² 비료, 거름
  merabuk(i) 비료를 주다, 시비하다.
rabun¹ 연기, 훈연
  merabuni 연기로 소독하다
  merabunkan 연기를 피우다, 태우다
  perabunan 연기를 피우는 장소 (수단).
rabun² ① 흐린, 침침한 ② 야맹, 시력이 나쁜, 근시의.
rabung 지붕 마룻대, 정상
  perabung(an) 지붕 마룻대, 정상.
rabut (매듭 따위를) 풀다, 끄르다, 늦추다, 풀린, 늦춘, 자유로운
  merabut 잡아당기다, 끌다.
racau, meracau 헛소리를 하다, 정신없이 지껄이다.
racik 새 덫, 새 잡는 올가미
  meracik ① (새 덫으로) 새를 잡다 ② 얇게 썰다.
racun 독, 독극물, 독약
  meracuni, meracunkan 독살하다, 독을 넣다
  keracunan 독해, 중독
  peracunan 중독.
rada(-rada) 약간, 다소, 좀.
radak ① (창 따위로) 찌르기 ② 공격, 습격
  meradak ① 창으로 찌르다 ② 공격하다.
radang ① 격렬한, 달아 오른, 성난, 염증이 있는 ② 홍분한, ③ 격노하다, 분노하다
  meradang ① 염증을 일으키다, 달아 오르다 ② 홍분하다, 분노하다.
radar [radio detecting and ranging] 레이더.
radén 귀족의 존칭, 왕자, 군주.
radiator 방열체, 난방기, 라디에이터.
radikal 근본적인, 기초적인, 급진적인.
radio 라디오.
radium 라듐(방사성 금속 원소).
raga ① (대충 성기게 엮어 만든) 바구니 ② 육체, 신체, 몸
  beraga ① 뽐내다, 허풍떨다, 자랑하다 ② 공놀이 하다
  meraga ① 뽐내다, 허풍떨다, 자랑하다 ② 거친, 털이 많은
  memperagakan ① 허풍떨다, 뽐내다 ② (본에 맞추어) 만들다, 본뜨다
  peraga ① 허풍쟁이 ② 보임, 나타냄, 흥행, 쇼우, 전시.
ragam ① 곡조, 가락 ② 방법, 방식, 태도, 양식 ③ 일치, 단결, 결속, 공동 일치
  meragam 노래 부르다, 색을 칠하다, 물을 들이다
  meragamkan 통합하다, 합병하다, 일체가 되게 하다
  seragam 같은 종류의, 같은 형태의.

ragang, meragang 오르다, 올라 가다
ragangan ① 무대 ② 활동 범위.
ragem, beragem 일치한, 동의한, 동심의.
ragi¹ ① 효모, 이스트 ② 발효작용
beragi 발효하다
meragikan 발효시키다, (빵 따위를) 부풀게 하다
peragian 발효.
ragi² 디자인, 의장, 도안, 무늬
meragi 채색하다, 물들이다.
ragu 주저하는, 머뭇거리는, 망설이는
meragu ① 방해하다, 괴롭히다 ② 주저하다
meragui, meragukan 혼돈시키다, 주저하게 하다
ragu-ragu 의심하다, 어정쩡하다
keragu(-ragu)an ① 주저, 망설임 ② 의심.
rahang 턱.
rahap, merahap 시체를 천으로 싸다
rahasia 비밀, 기밀, 은밀한 일
berahasia 비밀이 있는, 숨기는
merahasiakan 비밀로 하다.
rahim¹ 자궁.
rahim² 자비로운, 자비를 베푸는.
rahmat 자비, 동정심
merahmati 자비를 베풀다.
rahsia 비밀 ☞ rahasia.
raih, meraih 끌다, 잡아당기다
meraih-raih 찾다, 손으로 더듬어 찾다
peraih 도매 상인.
raja 왕, 임금, 통치자, 군주
merajai 지배하다, 통치하다, 군림하다
merajakan 지배하다, 통치하다, 군림하다
merajakan ① 왕으로 만들다, 즉위시키다 ② 왕처럼 대우하다
kerajaan 왕국, 정부, 나라, 제국.
rajam, merajam ① 돌을 던지다, 돌로 치는 형벌에 처하다 ② (몹시) 괴롭히다, 고문하다

rajang, merajang 얇게 썰다, 자르다.
rajin 부지런한, 근면한, 활동적인.
kerajinan ① 공업, 수공업, 공장 ② 근면, 부지런함
rajuk, merajuk 투덜거리다, 불평하다, 비난하다
merajuki ~에 대하여 불평하다, ~을 비난하다, 견책하다
perajuk 불평자.
rajungan 식용 게의 일종.
rajut 네트, 망, 그물
merajut ① 그물로 잡다, 망을 이용하여 잡다 ② 그물을 만들다, ③ 크로세 뜨개질 하다
perajutan 뜨개질.
rak ① '지직', '삐빅'(펜 따위가 긁히는 소리) ② 선반, 시렁.
raka ① 잘 깨지는, 깨지기 쉬운 ② 깨지는 소리.
rakam ① 압인, 날염, 인쇄, 인각 ② 수, 자수
merakamkan 날염하다, 인쇄하다, 수를 놓다
rakét ① 라켓 ② 로켓.
rakit ① 뗏목, 부교 ② 대나무 침상
berakit 뗏목을 타다
merakit ① 뗏목을 만들다 ② 고안하다, 창안하다.
raksa *air raksa* 수은.
raksamata *kayu raksamata* 향목의 일종.
raksasa ① 거인 ② 거대한, 몹시 큰.
rakus 탐욕스러운, 욕심이 많은.
rakut, merakut ① 거미줄을 치다, 함정에 빠뜨리고자 하다 ② 속이다, 기만하다.
rakyat 국민, 대중, 민중
kerakyatan 민주주의.
ralat ① 실수, 오류 ② 오타, 오자, 오식.
ralip ① 매우 졸리는 ② ~에 빠진, 빠져 있는.
rama¹ 아버지.
rama², rama-rama 나비,

호랑나비.

Ramadan 회교력의 9월(금식의 달).

ramah 친한, 친밀한, 친근한

beramah-tamah ① 비공식 회의를 하다 ② 사귀다, 친하게 지내다

meramahi 격이 없이 행동하다

keramahan, keramah-tamahan 친함, 친밀함

peramah 친한 사람.

ramai ① 붐비는, 혼잡한, 만원의 ② 소란한, 시끄러운

meramaikan ① 활기 있게 만들다, 생기를 주다 ② 명랑하게 하다, 흥을 돋구다

keramaian ① 소란 ② 향연, 연회, 잔치

ramal, meramalkan 예언하다, 예보하다

ramalan 예언, 예보.

ramas, meramas ① 반죽하다, 개다, 누르다 ② 섞다, 혼합하다.

rambah, merambah (도끼 따위로) 자르다, 베다, 베어 넘기다, 제거하다

rambahan 베어(쓸어) 버리고 남은것 (잡초, 잡목, 쓰레기 따위).

rambai (쇼울, 테이블 보, 새털 따위의) 술, 가두리, 장식, 머리카락.

rambak¹ merambak 늘다, 증가하다

merambakkan 증식시키다.

rambak² 연한 소가죽, 건어물 따위를 튀겨서 바삭바삭하게 만든 음식.

ramban(an) 염소(먹이) 풀(을 찾다).

rambat, merambat ① 퍼지다, 만연하다 ② 기어오르다, (덩굴 따위가) 뻗어 퍼지다.

rambu, (=rambu-rambu) ① 가두리 장식, 술 ② 기둥, (배를 묶는) 말뚝.

rambut 머리털, 머리카락.

rambutan 람부딴(과일의 일종).

rami 대마, 삼(쐐기풀과).

rampai, merampaikan ① 섞다, 혼합하다 ② (소식을) 퍼뜨리다

rampai-rampai ① 뒤범벅(이 된것) ② 주워 모은것, 잡동사니.

rampak (berampak) 가지가 많고 넓게 퍼진, 그늘진

merampak 공격하다, 미친듯 날뛰다, 난폭하게 굴다.

rampas, merampas 강탈하다, 빼앗다, 탈취하다, 약탈하다

merampasi 공격하다, 미친듯 날뛰다, 난폭하게 굴다.

perampasan ① 강도질, 강탈 ② 몰수, 징발

rampasan 전리품, 약탈품.

ramping¹ 가느다란, 호리호리한.

ramping², meramping 끝이 닳아 빠진, 누더기가 된.

rampok, merampok 강도질하다, 빼앗다, 약탈하다, 강탈하다

kerampokan 강도가 든, 약탈당한

perampok 강도, 약탈자

perampokan 강도질, 약탈, 강탈.

rampung ① 끝나다, 완성하다 ② 상처난, (귀에) 구멍이 뚫린

merampungkan 끝내다, 완성하다.

rampus (ramput) (말이) 거친, 조야한, 무례한.

ramu, meramu 찾다, 수집하다, 모으다 (필요한 약초 따위를)

ramuan 성분, 요소.

rana, merana ① 만성적으로 아픈, 고질을 가진 ② 계속 걱정다, 근심하다.

ranah 평지, 평원, 목초지.

ranap (지면처럼) 납작한, 평평한

meranap (지표면처럼) 납작해지다, 평평해지다, 폭삭 가라앉다.

rancang 말뚝, 막대기 기둥

merancang ① 말뚝을 박아 구분하다, 막대기를 박다 ② 시험하다 ③ 계획하다, 기획하다

perancang ① 계획자 ② 기획부

서.
rancung 날카로운, 뽀족한, 예리한
  merancung 날카로운, 뽀족한.
randa ① 과부 ② 홀아비
  meranda 과부처럼 살다, 과부가 되어 살다.
randai¹, merandai (개천 따위를) 걸어서 건너다, 도섭하다.
randai² (여러 사람이 둥글게 모여 노래하고 박수치며 추는) 춤.
randu 판야나무.
rang¹ 계획, 초안, 설계도.
rang² 종소리(의성어).
rang³ 지위, 계급, 위치.
rangah, merangah ① 허풍떨다, 자랑하다 ② 교만한, 건방진.
rangas 흰개미.
ranggah, meranggah (과일을) 따다, 털다.
ranggas 시든, 메마른, 건조한
  meranggas 시들다, 메마르다.
ranggung (다리 따위를) 벌린
  meranggung ① (다리 따위를) 벌리고 앉다 ② (팔과 발로) 기어가다
  meranggungkan 끌어 올리다.
rangka ① 골격, 구조, 뼈대, 틀 ② 도안, 청사진, 설계 도면
  merangkakan 설계하다, 도안하다, 청사진을 그리다.
rangkai 다발, 묶음, 결합, 조합
  berangkai(-rangkai) 서로 묶인, 엉킨, 연결된
  merangkai(kan) 서로묶다, 연결시키다
  rangkaian ① 일련, 연속 ② (문학 따위의) 잡집, 모음.
rangkak, merangkak (손과 무릎으로) 기다, 기어가다
  merangkak-rangkak (겁이 나서) 벌벌 기다, 움씰하다
  merangkaki ~을 따라서 기다, ~위를 기어가다
  merangkakkan 기어가게 하다.
rangkang, merangkang 기다, 기어가다.

rangkap¹, merangkap 손을 오므려 (메뚜기 따위를) 잡다, 손을 휘둘러 잡다.
rangkap² 중복의, 이중의, 겹치는
  merangkap ① 겸임하다, 겸직하다 ② (옷을) 껴입다
  merangkapkan ① 위에 놓다, 덮어 씌우다 ② (의무 따위를) 이중으로 부과하다
  perangkap 겸임자, 겸직자
  serangkap 짝, 쌍
  rangkapan 중복, 겹침.
rangkét, merangkét 매질하다, 두들기다, 때리다, 치다.
rangkul, merangkul 껴안다, 끌어안다.
rangkum, merangkum 껴안다, 포옹하다, 에워싸다
  merangkumi 끌어안다
  rangkuman ① 포옹 ② 요약, 총괄.
rangkup ① (손바닥을 모아) 움푹하게 만든곳 ② 움푹한 곳 ② 덮개, 싸개 ④ 포옹
  merangkup ① (두 손을 모아) 컵 모양을 만들다 ② 덮다, 싸다 ③ 포옹하다.
rangkus, merangkus 모두 갖다.
rangsang¹ 흥분 시키는, 기를 북돋우는
  merangsang(kan) 자극하다, 흥분시키다
  perangsang 자극, 유인, 동기
  perangsangan ① 흥분, 자극 ② 화, 성화.
rangsang², merangsang(-kan) 공격하다
  perangsang 공격대.
rangsum 정액, 정량, 배당, 배급.
ranjang 침대, 침상.
ranjau 바리케이트.
ranjing, keranjingan (악령 따위에) 홀린, 미친, 빠져든.
rantai ① 쇠사슬 ② 일련, 연속 ③ 유대, 연줄
  berantai ① 줄이 달린 ② 일련

rantak 의, 연속으로, 계속
merantaikan 쇠사슬로 잇다[매다]
perantaian 감금, 투옥
rantaian 시리즈, 연속물.
rantak 뿔뿔이 흩다.
rantam, berantam 함께, 떼를 지어.
rantang 바구니, 광주리.
rantau ① 만(규모가 작은), 후미 ② 외국, 해외, 국외
merantau 외국으로 나가다, 출국하다
perantauan ① 외국, 국외, 해외 ② 이민간 나라.
ranting 작은 가지, 지맥, 지사, 분과, 부문
beranting ① 연쇄적으로 되다 ② 가지가 있는
meranting ① 가지를 치다 ② 내밀다, 내뻗다.
ranum 너무 익은, 지나칠 정도로 익은.
rapah, merapah 짓밟다, 밟다.
rapat ① 가까운, 친근한 ② 빽빽한, 촘촘한 ③ 회의, 모임
berapat 회의를 개최하다[열다]
merapat 접근하다
merapati ① ~와 친하게 지내다 ② ~에 접근하다, 다가가다
merapatkan, memperapat ~을 붙잡아 매다, 계류시키다, 가깝게 만들다
kerapatan 회의, 모임, 대회.
rapi ① (질서)정연한, 정돈된 ② 정확한, 시간을 어기지 않는
kerapian 정연함, 정돈됨
merapikan 정돈하다.
rapor 보고 ☞ lapor.
rapot 보고 ☞ lapor.
rapuh 약한, 연약한 부서지기 쉬운, 깨지기 쉬운
merapuhkan 약하게 만들다, 여리게 만들다
perapuh 약하게[여리게] 만드는 것, (적이나 무기를) 약하게 만드는 주술.

rapung, merapung 뜨다
merapungkan (물에) 뜨게 하다.
rasa¹ ① 감정 ② 의견, 주장 ③ 맛 ④ 느끼다, ~라고 생각하다
berasa ① 느끼다, 느낌이 들다 ② ~한 맛이 나다
merasa 기분이 들다, 느낌이 들다
merasai ① 맛보다 ② 경험하다
merasakan, memperasakan 느끼게 하다 깨닫다, 자각하다
perasaan ① 의견, 주장 ② 감정, 느낌, 기분
terasa 느껴지는, ~한 생각이 드는.
rasa² *air rasa* 수은.
rasai, merasai(kan) (어려움·고난을) 겪다, 경험하다
perasaian 고배, 불행, 실패.
rasi 별자리, 성좌
merasi(kan) 점성하다, 운세를 보다
perasian ① 점성 ② 운명
serasi 어울리는, 일치하는.
rasialis 인종주의자, 민족 주의자.
rasialisme 민족성[정신·주의].
rasian ① 꿈 ② 점성술, 점성학 ③ 예언, 예보.
rasionalisasi 합리화, 합리화 상태.
rasuk¹ 횡목, 빗장.
rasuk² 홀린, 미친
merasuk 들어가다, 들어 박히다, 떠오르다
merasuki (마음을) 사로 잡다, 밀려 닥치다
kerasukan 홀린, 미친.
rasul (신의) 사도, 예언자.
rata 평평한, 편편한, 균일한, 동등한
rata-rata ① 평균하여 ② 일반적인
merata ① (수면 따위가) 고요해지다, 평온해지다 ② 퍼지다
serata ① 어디든지, 도처에 ② ~처럼 평평한
menyeratakan 펴다, 넓히다.
ratah (특히 반찬을) 섞지 않는, 곁

들이지 않는
meratah 한가지만 먹다, 반찬만 먹다(밥은 없이).

ratap 비탄, 애도
meratap 슬퍼하다, 비탄하다
meratapi ~을 슬퍼하다.

ratifikasi 비준, 보옥.
ratna 보석, 보옥.
ratu ① 왕, 임금 ② 왕비, 여왕.
ratus[1] 백, 100
ratusan 100단위의, 수백의.

ratus[2], **meratus** (새가) 지저귀다, (개구리가) 개굴거리다, (오리가) 꽥꽥 거리다, 재잘거리다.

ratus[3] 향, 향료.
raun 순회, 순찰
meraun 순회하다, 순찰하다.

raung, meraung ① 큰 소리를 내다, 으르렁 거리다 ② 신음하다, 끙끙대다
meraung-raung 엉엉 울다.

raup, meraup 손으로 물을 푸다(뜨다)
seraup 양손으로 뜰 수 있을 만큼의.

raut 자른것; 옆모습, 측면; 형태
meraut 칼로 자르다, 깎다
rautan (칼 따위로) 자른것, 조각.

rawa 소택지, 늪.
rawan[1] ① 걱정되는, 불안한 ② 감동, 감정
merawani ~에 대하여 걱정하다
merawankan ① ~의 마음을 어지럽게 하다 ② 감격시키다.

rawan[2] *tulang rawan* ① 연골 ② 갈비뼈.

rawat *juru rawat* 간호사
merawat(i) ① 돌보다, 간호하다 ② 되찾다, 회복하다
perawat 간호사
(pe)rawatan ① 치료 ② 간호.

rawit[1] 작은, 미세한.
rawit[2], **(ke)rawitan** 서곡, 전주곡(연극의).

rawon 비빔밥 ☞ naso.
raya 큰, 위대한, 거대한
merayakan 축제하다, (의식·제전을) 행하다
perayaan 축하, 경축, 의식.

rayah, merayah 약탈하다, 빼앗다, 훔치다.

rayap ① 흰개미 ② 뇌물을 받다
merayap ① 기어가다, (담쟁이 덩굴류가) 휘감겨 붙다 ② 집단으로 이동하다.

rayu *rayuan, sayu rayu* ① 슬픈 ② 감정적인
merayu ① 슬퍼하다 ② 아첨하다, 부추기다
rayuan ① 슬픈노래 ② 간청.

réaksi 반응, 반작용, 반발, 반동.
réaksionér 반동의, 반동주의의.
réalis 현실주의자.
réalisme 현실주의, 사실주의.
rebab (자바 가믈란 악대의) 두 줄 바이올린.

rebah (땅에) 엎어짐, 자빠짐
rebah-rebah(an) 눕다, 휴식하다
merebah ① 땅에 엎드리다, 눕다 ② 쉬다, 휴식을 취하다
rebahan ① 엎어져 있는 것, 휴식 ② 눕는(엎어지는) 장소.

rebak, perebak 눈물을 흘리다.
rébak 깊은 상처, (길게) 찢어진.
rebana (가죽이 한 쪽만 붙은) 북, 탬버린.
rébewés 운전 면허증.
Rebo 수요일 ☞ Rabu.
rebung (대나무 따위의) 새싹, 새순, 죽순
merebung 싹트다, 새순이 돋아나다.

rebus, merebus 삶다, 끓이다
rebusan 삶은 것.

rebut, berebut ~위하여 투쟁하다, 강점하다, 강탈하다
merebut(kan), memperebut(kan) ① 내뻐채다, 강탈하다 ② ~을 위하여 투쟁하다
perebutan 투쟁, 싸움, 경쟁
rebutan 투쟁, 싸움, 경쟁.

reca 초상화, 동상, 우상.
recik 반점, 얼룩, 점

merecik (물·진창 따위를) 흩뿌리다, 튀기다
perecik 분무기, 스프링 쿨러.
recup, merecup 봉오리를 맺다.
reda (비바람이) 잠잠해진, 줄어든, 가라앉은
  bereda ① 가라앉다, 줄어들다, 잠잠해지다 ② 은신하다
  meredakan 덜어주다, 진정시키다, 달래다.
réda 동의하는, 기꺼이 ~하는
  kerédaan 동의, 허가, 묵인.
redah[1] 조용한.
redah[2], **meredah** 베다.
redah[3], **meredah** (위험 따위를) 당면하다.
redaksi 편집부.
redaktur 편집자.
redam[1] 희미한, 침침한, 약해진, 둔해진
  meredamkan (소리·고통·광택·향기 따위를) 끄다, 덜다, 약하게 하다
  peredam *peredam letus* 소음기, 소음 장치.
redam[2] *remuk redam* 전파된, 분쇄된
  meredamkan 파괴하다, 부수다.
redap 작은 북, 탬버린.
réduksi 축소, 삭감, 할인.
redup, meredup ① (하늘이) 흐린, 우중충한, 구름낀 ② (소리 따위가) 지워진, (흐름·혈액 따위가) 멈춘
  meredupkan ① 불빛을 희미하게 하다 ② (소리 따위를) 지우다, 소음하다, 약하게 하다
regang 긴장된, 팽팽한
  beregang 긴장된〔팽팽한〕 상태로 되다
  beregang-regang ① 펼치다, 잡아 늘이다 ② 싸우다
  meregang ① 펼치다, 잡아 늘이다 ② 세게 하다, 강력하게 만들다
  regangan 긴장, 팽팽함.
regat 지름길, 첩경.
regén 섭정.
regi 정부 독점, 전매.
régister 기록부, 등록부, 명부.
régistrasi 등록, 등기, 기명.
réglemén 규칙, 규정, 법규, 단속.
regu 집단, 무리, 단체
  meregukan 조로 나누다, 교대조로 나누다, 무리를 이루다.
réhabilitasi 복구, 부흥, 재건, 복권, 복직.
rejah, merejah 돌진하다, 내닫다, 뛰다
  merejahkan (한계를) 넘다, (법규 따위를) 범하다
  perejah (풍습·예의 범절을) 어기는 사람, 무례한.
rejan, merejan 긴장시키다, 과로 시키다, 짜내다.
rejasa ① 주석 ② 담팔수과.
rejeki 생계 ☞ rezeki.
rék[1] 칼로 나무 판자를 긁을 때 나는 소리(의성어).
rék[2] 선반 ☞ rak.
réka 꾸며낸 일, 우화, 고안, 발명, 책략, 계략
  réka-réka 이야기
  meréka(-réka), meréka(-réka)kan 고안하다, 연구하다
  réka(-réka)an 계획, 고안, 연구, 상상.
rekah 깨진, 부서진, 금이 간.
rekam ① 기록, 등사, 복사 ② 수자수.
rekan 벗, 친구, 동료, 동업.
rekat, merekat 아교〔풀〕로 붙이다
  merekatkan 밀봉하다, 밀폐하다
  perekat 아교, 풀.
réken, meréken 세다, 계산하다, 계산에 넣다
  rékenan 셈, 계산.
rékening 계산, 청산, 결제, 계산서.
rekés 청원, 간원, 탄원, 상소; 신청서.
réklame 광고, 선전.
rékor 기록, 등록, 경력, 이력.

rékréasi 휴양, 오락, 유희, 레크리에이션.
réktor 교장, (대학의) 총장[학장].
rél 철로, 레일.
réla ① 기꺼이 ~하는, 동의하는 ② 승인하다, 따르다.
  merélai 동의하다, 승인하다
  merélakan ~을 허락하다
  kerélaan 동의, 허가, 승인.
rélasi ① 고객, 손님 ② 관계, 연관.
rélatif ① 친척, 일척, 일가 ② 상대적인, 상관적인.
relung (=relungan) (화병·장식품을 놓기 위한) 벽의 오목 들어간 곳, 움푹 패인 곳
  merelung 움푹 패인, 오목한.
rém 브레이크, 제동기
  merém, mengerém 제동을 걸다, 브레이크를 밟다.
rémah (음식물·빵의) 부스러기, 찌꺼기
  merémah-rémah 부수다, 가루로 만들다
  merémah-rémahkan 부수다.
remaja ① 다 큰, 결혼 적령기의 ② 젊은, 청춘의, 한창 때의
  meremajakan 젊어지게 하다, 원기를 회복시키다
  peremajaan 다시 젊어짐, 원기 회복, 회춘.
remang¹ 솜털, 잔털
  meremang (머리칼 따위가) 곤두서다.
remang², meremang (땀·눈물 따위가) 흐르다, 흘러내리다.
remang-remang³ 흐린, 우중충한, 우울한.
remas, meremas 주무르다, 안마하다, 누르다.
rembah, merembah (눈물 따위를) 흘리다
  rembah-rembah (눈물이) 흘러내리다, 똑똑 떨어지다.
rembang 정점, 꼭대기, 절정.
rémbés, merémbés ① 새다, 새어 나오다, 흘러 나오다 ② 잠입하다, 몰래 빠져나오다
  perémbésan 침입, 침투, 누설, 누수
  rémbésan 누수 구멍, 새는 곳.
rémbét 방해를 받는, 장애물이 있는
  merémbét ① 방해하다 ② 포함하다
  merémbétkan ① 방해하다 ② 포함시키다.
rembih, merembih 똑똑 떨어지다, 졸졸 흐르다.
rembuk, berembuk 토의하다, 협의하다, 논의하다
  merembuk(kan) ~에 대하여 토의하다.
reméh 사소한, 하찮은.
rémét, merémét ① 빈둥거리다, 게으름을 피우다 ② 철부지 소리를 하다, 말도 안되는 소리를 하다.
rempah 양념, 고명, 향료, 성분, 소성분
  rempah-rempah ① 양념류 ② 약품류
  perempah ① 양념하는 사람 ② 양념(으로 쓰이는 것).
rémpah *rebah rémpah* 비틀거리다.
rempak, berempak 열을 지어 줄을 이루어
  serempak 일치하여, 조화하여
  menyerempak 동시에 함께 공격하다.
rempelas 무화과 나무의 일종.
rempuh, merempuh 뒤집어 엎다, 때려 넘어 뜨리다, 습격하다.
remuk 파괴된, 부서진
  meremuk(-redam)kan 부수다, 파괴하다.
renang, berenang 수영하다, 헤엄치다
  merenangi ~에서 수영하다
  merenangkan 수영하게 만들다
  perenang 수영 선수, 헤엄치는 사람.

rencah¹, merencah ① 빠져 나가다, 헤쳐나가다 ② 밟다, 밟고 지나가다.

rencah², merencah 민첩한, 재치있는, 변하기 쉬운.

rencah³ (=perencah) 조미료, 양념.

rencana 계획, 플랜
　berencana 계획을 갖다
　merencanakan 계획을 세우다, 고안하다, 기획하다
　perencana 기획자, 고안자.

rencéng ① 가느다란, 호리호리한 ② 한 줄, 일련.

rencik 작은 얼룩, 작은 반점.

rencis, merencis 흩뿌리다, 끼얹다, 튀기다.

rencong (아쩨 지역의) 칼, 단도.

rénda 레이스, 끈
　merénda 뜨개질하다.

rendah¹ ① 낮은, 아래의 ② (값이) 싼, ③ 나쁜, 좋지 못한
　merendah 내려가다, 내리다
　merendahkan 낮추다, 내리다
　rendahan 하급자, 부관.

rendah² *riuh rendah* 야단법석대는, 번잡한.

rendam, berendam ① 잠수하다, 물 속에 가라앉아 있다 ② (일정한 장소에) 머물러 있다, 칩거하다
　merendam(kan) ① 적시다, 담그다 ② (하천이) 범람하다 ③ 가라앉히다
　terendam ① 물에 담그어진, 적신 ② (한 장소에) 처박혀 있는.

rendang (=*pisang rendang*) 바나나 튀김
　merendang 야자 기름으로 요리하다(튀기다), 튀김요리(른당)를 하다.

réndéng 줄지어 ~하다, 연속하여 ~하다.

rénék, merénék 흔들리다, 진동하다, 떨리다.

rengas 거목의 일종
　merengas 와니스를 칠하다, 광택을 내다.

réngéh (말의) 울음.

réngék, meréngék 구슬피 울다, 흐느끼다.

renggang 간격이 있는, 떨어져 있는, 거리감이 있는
　merenggang 떨어지다, 간격이 있다
　merenggangi 피하다, 비키다
　merenggangkan, memperenggangkan 간격[거리]를 유지하게 하다.

rénggék, merénggék(-rénggék) 킹킹거림(개따위가), 구슬피 울다.

renggut, merenggut 끌다, 잡아당기다
　merenggutkan 쥐어 뜯다, 잡아 뜯다.

rengit 모기.

rengkah 째진, 터진, 벌어진
　merengkah ① 째다, 찢어열다 ② 부풀다, 부풀어 오르다.

réngkét, meréngkét (두려워서) 떨다, 벌벌 떨다.

rengking 헛간, 광 (벼를 보관해 두는).

rengkuh, merengkuh 잡아당기다, 끌다.

rengus, merengus 부루퉁한, 샐죽한, 심술이 난.

rengut, berengut 시무룩해지다, 침울해지다
　merengut(-rengut) ① 투덜거리다 ② 시무룩해지다.

renik 가느다란, 섬세한, 작은
　merenik-renik ① 이슬비가 내리다 ② 섬세하게, 가느다랗게.

renjana ① 갈망하는 ② 사랑에 빠진 ③ 감정.

renjis 점, 반점, 얼룩
　merenjis(kan) 흩뿌리다, 끼얹다, 뿌리다.

rentak, berentak 짓밟다, 밟다
　merentak ① 발로 밟다 ② 힘껏 당기다

serentak ① 갑자기 ② 함께, 같이
menyerentakkan 함께 행동하다
terentak 당겨진, 끌어 당기는.
rentang, merentang ① 늘이다, 연장하다 ② 세우다, 짓다
merentangi ① ~을 잡아 늘이다 ② 방해하다
terentang ① 펼쳐진, 연장된 ② 방해를 받는.
rentas, merentas 지름길을 택하다, 첩경을 택하다.
rénté, réntén 이자
merénténkan 이자놀이를 하다.
rénténg, serénténg 일렬로, 한줄로, 연속으로
berénténg(-rénténg) 열을 짓다.
réntét, beréntét-réntét 일렬로, 한줄로, 연속으로
réntétan 시리이즈, 연속물.
renung, merenung ① 곰곰이 생각하다 ② 응시하다, 뚫어지게 보다
merenungi, merenungkan ① ~을 생각하다 ② ~을 응시하다, 뚫어지게 쳐다보다
renungan 묵상, 숙고, 응시.
renyap (잠을) 곤히 자는, 숙면하는.
rényéh, berényéh ① 진흙으로 더럽혀지다 ② 이슬비[가랑비]가 내리다.
renyuk 구겨진, 구김살 투성이인.
réot 병약한, 허약한, 황폐한, 무너져가는.
repah 짓밟다, 밟고 가다.
repak 부서지기 쉬운, 깨지기 쉬운.
repang 고른, 반듯한, 정돈된
merepang 고르게 쌓다, 반듯하게 배열하다.
réparasi 수선, 고침, 교정
diréparasi 수선된, 고친.
repas 푸석푸석한, 부서지기 쉬운.
répék, merépék 푸념하다, 우는 소리하다.

répét, merépét 잡담하다, 재재거리다, 군말을 지껄이다.
repih 부서지기 쉬운, 푸석푸석한
merepih ① 부스러뜨리다 ② (꽃 따위를) 따다.
repis ☞ repih.
répolusi 혁명, 변혁.
repot, merepotkan 보고하다, 보도하다, 공표하다, 발표하다
repotan 보고서.
répot 바쁜, 분주한, 일거리가 많은
merépotkan 어렵게 하다, 복잡을 주다
kerépotan 요동, 소동, 야단법석.
républik 공화국.
reput 썩은, 부패한.
réputasi 명성, 평판, 덕망.
rerak, bererakan 갈기갈기 찢어진
mererak 갈기갈기 찢다.
reruntuh 부스러기, 파편, 잔해.
resa (태아가 뱃속에서) 놀음, 움직임.
resah 안절부절 못하는, 조바심하는, 안달하는.
meresah 불안해 하다
meresahkan 불안하게 만들다.
resan, meresan 마음아프게 하다.
resap, meresap 꿰뚫다, 스며들다, 깊이 감명시키다, 강한 인상을 주다
meresapkan 없애다, 꿰뚫게하다.
résék, merésék(-résék) ① 더듬다, 더듬어 찾다 ② 검사하다, 조사하다.
résénsi 서평.
resép ① 조리법 ② 처방, 약방문.
resépsi 환영회, 리셉션.
resi[1] 은둔자, 도인, 성인.
resi[2] (=**surat resi**) 영수증.
résidén 거주자, 살고 있는 사람 군수
kerésidénan 저택, 군(郡), 군청
resik, meresik ① (목소리가) 또렷한 ② 속삭이다 ③ 소문.
résimén 연대.

resmi 공적인, 공무상의, 합법적인
　meresmikan 공언하다, 공식적으로 선언하다
　peresmian, pengresmian 공식 선언, 공식 임명.
résolusi 결의, 결정, 결심, 결의문.
réstoran 식당, 음식점.
restu ① 축복 ② 마법
　merestui ① 축복하다 ② 마법을 걸다.
restung 코의 궤양.
retak 갈라진 금, 틈사이
　meretak 금이 가다, 틈이 생기다
　keretakan 갈라진 금, 틈, 사이.
retas, meretas ① 째다, 찢다 ② 부수어 열다
　peretas ① 여는 사람 ② 여는[째는] 기구.
retih¹ *retih api* (불이) 우지직우지직[딱딱]하며 타는 소리.
retih² (땀 따위가) 피부에 방울방울 보이다.
retna 보석.
révolusi 변혁, 개혁, 혁명.
réwak 널리 퍼진, 보급된, 만연된.
réwél ① 성가신, 귀찮은, 힘든 ② 까다로운
　keréwélan ① 성가심 ② 까다로움.
réyot ① 부서진, 망가진 ② 비스듬한, 기울어진.
rezeki ① 살림, 생계, 호구지책 ② 운, 행운.
ria 즐거움, 기쁨
　beria(-ria) 즐겁게 보내다.
riah 위엄 있는, 장엄한, 당당한.
riak ① 잔물결, (물의) 찰랑거림 ② 점액, 가래
　beriak ① 파문이 일다, 잔물결이 일다 ② 가래를 뱉다
　meriak 잔물결이 일다.
riam 급류, 분류.
riang¹ ① 즐거운, 유쾌한 ② 현기증 나는
　meriangkan ① 즐겁게 해주다 ② 자극하다

　keriangan 즐거움, 기쁨.
riang², **riang-riang** 귀뚜라미.
riap, meriap 증식하다, 성장하다, 번성하다.
rias¹ (바나나 나무 줄기의) 부드러운 속 부분.
rias² 치장, 단장, 장식
　berias 곱게 꾸미다, 장식하다
　merias 곱게 꾸미다, 단장하다.
riba¹ 무릎
　meriba 무릎 위에 두다, 무릎에 앉히다.
riba² 이자, 고리, 폭리.
ribu 일천; dua *ribu* 이천.
ribut 대소동, 야단법석, 소란
　meributkan 바쁘게 하다, 소동을 일으키다
　keributan 분주, 소동.
ricau, mericau 잡담하다, 지저귀다.
ricu 혼란한, 혼동된, 소란을 피우는.
rigi, rigi-rigi 톱니바퀴(의 이), 톱니
　berigi-rigi 톱니가 있는.
riil 진정한, 진짜의, 진실의, 명백한.
rikuh 어쩔줄을 모르다, 부끄러워하다.
ril 철로 ☞ rél.
rimas 몸이 찌뿌드드한
　merimaskan 유쾌하지 않게 하다.
rimba 정글, 밀림
　merimba 정글로 되다, 황무지로 변하다.
rimbas 까뀌, 작은 손도끼
　merimbas 까뀌로 자르다.
rimbu 밀림, 원시림, 숲.
rimbun ① 잎이 무성한 ② 빽빽한.
rimpuh 피곤한, 지친
　merimpuhkan 지치게하다.
rimpung, merimpung 발을 묶다.
rinci, merinci 계획을 세우다
　perincian 계획, 의안
　terperinci 상술한, 연결된, 세분한.

rindang ① 잎이 무성한, 울창한 ② 응달진.
rindu 갈망하는, 그리워하는
  merindu 향수에 젖다, 회향병에 걸리다
  merindukan ~을 갈구하다
  kerinduan 바람, 욕구, 원함.
ring 반지, 링, 고리, 바퀴모양의 것.
ringan 가벼운
  me(mpe)ringankan 가볍게 하다
  keringanan 너무 가벼운
  peringan 가볍게 함.
ringgit ① 2½루삐아 ② 은동전.
ringik 구슬피 울다.
ringis, meringis 이를 드러내다, 이를 드러내고 싱긋이 웃다.
ringkai (나뭇잎 따위가) 마른, 말라 비틀어진.
ringkas 간단한, 간결한
  meringkaskan 줄이다
  keringkasan ① 개요 ② 생략
  ringkasan 요약, 줄임.
ringkuk ① 구부림 ② 감금된
  meringkuk 굽히다, 구부리다.
ringkus, meringkus ① (손·발을) 묶다 ② 잡다.
rintang 방해하는
  merintangi 방해하다
  terintang 방해되는
  rintangan 방해, 장애.
rintas, merintas 지름길로 가다.
rintih, merintih 신음하다, 끙끙거리다
  rintihan 신음, 끙끙거림.
rintik 점, 반점, 이슬비
  berintik-rintik ① 작은점이 있는 ② 이슬비가 내리는.
rintis 밀림〔숲〕의 좁은길
  merintis 길을 열다, 개척하다
  perintis 선구자, 개척자.
risalah 논문, 작문, 소책자.
risalat 논문, 작문, 에세이, 공문서, 서한.
risau 불안한, 침착지 못한, 싱숭생숭한

  kerisauan 불안함
  perisau 방랑자, 부랑자
risauan 방해, 소동.
risik¹ (=*risikan*) 비밀, 비밀 연구〔조사〕.
risik², berisik 속삭이다.
risiko 위험, 모험.
riuh (=**rendah**) 시끄러운, 소란한, 법석대는.
riwayat ① 이야기, 설화, 객담 ② 역사, 유래, 내력
  beriwayat ① 이야기하다 ② 역사적인
  meriwayatkan 말하다.
robah, merobah 바꾸다, 변화시키다.
robak-rabik 넝마가 된, 다 떨어진.
robat-rabit 찢어진, 해진.
robék 찢어진, 떨어진
  merobék 찢다, 째다.
roboh 무너지다, 넘어지다, 쓰러지다
  merobohkan 넘어지게 하다
  kerobohan 붕괴.
roda 바퀴, 수레바퀴.
rodan 매우 고통스러운.
rodi 부역, 노역, 강제 노동.
rodok, merodok ① 찌르다 ② 목을 빼고 달리다 ③ 허겁지겁 달리다.
rodong *rodong sahabat* 절친한 친구, 동반자.
rogol, merogol 강탈하다, (여자에게) 난행하다, 강간하다.
roh (=**ruh**) 정신, 영혼, 혼.
rohani 정신의, 정신적인
  kerohanian 정신의, 영적인.
rojol, merojol 내밀다, 돌출시키다.
rok (여자용) 드레스, 스커트.
rokét 로켓트.
rokok 담배, 궐련
  merokok 흡연하다
  perokok 흡연가.
rol ① 역할, 임무 ② 두루마리.
roma 솜털, 잔털.

roman¹ (=peroman) 모양, 모습.
roman² *buku roman, cerita roman* 소설, 소설책.
romantikus 낭만주의자, 낭만파 작가.
rombak 해체된, 파괴된, 붕괴된
merombak 부수다, 파괴하다
perombakan 파괴, 붕괴, 해체.
rombéng 찢어진, 누더기가 된
merombéng 중고품을 웃돈을 더 주고 바꾸다
merombéngkan 중고품으로 팔다.
rombong¹ 쌀을 담는 큰 바구니.
rombong², rombongan 단체, 집단, 모임.
rompak¹ 해적 행위, 저작권 침해
merompak 해적 행위를 하다
perompak 해적.
rompak², merompak 파괴하다. 부수다, 초토화시키다.
rompang 치아의 새가 벌어진, 틈이난.
rompéng 끝이 떨어져나간, 가장자리가 부서진.
rompés 가볍게 부서진, 끝이 떨어져나간.
rompi 조끼.
rompok 작은집, 오두막집.
rompong 절단된, 불구가 된, 부서진
merompongkan 부러뜨리다, 절단하다.
rona ① 색, 색깔 ② 안색.
roncé, meroncé 약탈하다.
ronda (=perondaan) 순시, 정찰, 순찰
meronda 순시하다, 정찰하다
peronda 순찰자.
rondah-randih 혼돈된, 혼란한.
ronde 라운드.
rongga 우묵 파진 곳, 구멍
berongga 움푹 패인, 들어간
merongga 움푹 패이다.
rongkok, merongkok 몸을 낮추고[구부리고, 웅크리고] 걷다.
rongrong, merongrong 유혹하다, 흘리다, 꾀다
perongrongan 해침, 뒤집어 엎음
rongrongan 유혹.
ronta(k), meronta(k) 버둥거리다, 몸부림치다.
rontok, merontok 떨어지다, 내리다.
ronyéh, meronyéh 투덜거리다, 불평하다.
ronyok 구겨진, 뒤틀린.
rosot, merosot 미끄러져 내리다, 헐거워져 흘러 내리다
merosotkan 삭감하다, 줄이다.
rotan 등, 등나무
merotan ① 등나무를 모으다 ② 등나무로 때리다.
roti 빵, 빵조각.
rotok, merotok 불평하다, 중얼거리다.
royak, meroyak (옴 따위가) 퍼지다, 퍼져 나가다, 유포되다.
royal ① 관대한, 도량이 넓은 ② 낭비하는, 사치스런
beroyal-royal (dengan), meroyalkan 낭비하다, 사치스럽게 쓰다.
royan 산후의 진통, 경련.
royong *gotong royong* 협력, 상부 상조.
ruah¹ (ber)tumpah ruah, (me)limpah ruah, penuh ruah 넘치는, 가득찬
meruahkan ~을 비우다, 비워 없애다.
ruah², meruah (멀리서) 부르다, 외치다.
ruak, meruak 넓히다, 확대하다.
ruang(an) 넓은방, 홀, 공간.
ruas ① 관절 ② (척)추골
beruas(-ruas) 마디가 있는.
ruat ① (이가) 성긴 ② (마음이) 흔들리는, 동요하는
ruba, (=ruba-ruba) 뇌물,

증물.
rubah 변하다 ☞ ubah.
rubiah 비구니, 여승, 수녀.
rubrik (기사·페이지 따위의) 표제.
rubuh 무너지다, 좌절되다.
rudus (아쩨 지방의 기병도) 칼, 검.
rugi 손실, 불리, 불이익
 berugi 손해를 보다
 kerugian 손해, 손실.
ruh 정신, 넋, 영혼.
ruhani 정신적인.
ruing (방직기의) 얼레, 실패(실감는)
 meruing (얼레, 실패에) 실을 감다.
rujah, merujah (아래로) 찌르다, 쑤시다.
rujak 과일 생채〔루작〕(날 과일로 만든 음식).
ruji[1] (일일) 양식(특히 밥 따위).
ruji[2] 격자, 격자세공.
rujuk[1] 화해, 재결합
 merujuk(i) (이혼 후 전처와) 재혼하다.
rujuk[2] 참고, 참조
 merujuk 참고하다, 참조하다
 rujukan 참고, 참고 문헌.
rukam 나무의 일종(가시가 있는 온갖 나무).
rukun 일치하여, 융화하여
 merukunkan 일치시키다
 kerukunan 조화, 일치.
rum[1] 향기로운.
rum[2] 크림.
Rum 로마, 로마 사람.
rumah 집, 가옥, 주택
 berumah 살다, 거주하다
 memperumahkan 결혼시키다
 perumahan 주택, 주택공급.
Rumawi 로마의.
rumbai (실·새털 따위의) 술.
rumbia 사고 야자의 일종.
rumit ① 느린, 꾸물거리는 ② 어려운, 힘든 ③ 복잡한
 merumitkan ① 어렵게 만들다 ② 복잡하게 하다
 kerumitan ① 어려움 ② 복잡.
rumpun 동일 종족
 berumpun-rumpun 송이가 되어, 떼를 지어
 serumpun 한무리, 집단, 군체.
rumput 풀, 목초, 잡초
 merumput ① 풀을 뽑다 ② (소가) 풀을 뜯어 먹다
 perumputan 목초지, 초원.
rumus ① 약자, 약어 ② 공식, 법식
 merumuskan ① (낱말을) 줄여쓰다 ② 공식화하다 ③ (논리를) 전개하다
 perumusan ① 약어화 ② 공식화.
runcing 날카로운, 뾰족한
 meruncingkan 뾰족하게 하다, 깎다.
runding ① 계산 ② 토론, 토의
 perunding 상담인, 협상자
 perundingan 회담, 토의
 rundingan ① 토의, 토론 ② 회담.
runduk, (=merunduk) (머리·등 따위를) 숙이다, 굽히다, 절하다.
runggas, merunggas 갑자기 낚아채다, 홱 잡아당기다.
rungkup (자막 따위가) 접힌, 겹친
 merungkup(i) ① 덮다 ② 포함하다.
rungut, merungut 투덜거리다, 불평하다.
runjang, merunjang 손으로 더듬다, 더듬어 찾다, 캐다, 찾다.
runtuh 허물어지다, 붕괴하다
 meruntuhkan 허물다
 runtuhan 파괴물, 폐허.
runtun[1]**, meruntun** 끌다, 끌어 당기다.
runtun[2]**, beruntun-runtun** 계속하여, 연속해서
 runtunan 줄, 열, 연속.
runut 자취, 자국, 발자국
 merunut(i) 추적하다, 뒤를 밟다.

runyam 어려운, 복잡한, 실패하다.
rupa 형채, 모습, 생김새, 외모
merupakan 형성하다, 구성하다
serupa 유사한, 비슷한
berserupa 닮은, 똑같이 생긴
menyerupa ~으로 나오다
menyerupai ~을 닮다
terupa (모습을) 떠올리다
rupa-rupanya 아마도, 보기에는.
rupawan 멋진, 예쁜, 매혹적인.
rupiah 루뻐아(인도네시아의 화폐 단위)
merupiahkan 루뻐아 화를 사용하다, 루뻐아 화로 바꾸다.
rusa 사슴.
rusak 부서진, 망가진, 파괴된
merusak 손해를 입히다
merusakkan 망치다, 부수다
kerusakan 파손, 손해
perusak 방해자
perusakan, pengrusakan 파괴, 박멸, 손상.
rusuh 불안한, 편치않은
merusuh 불안하게 하다
merusuhi 불안하게 만들다
perusuh 교란자.
rusuk 측면, 옆
merusuk 측면에서 접근하다.
ruwet 복잡한, 뒤얽힌
beruwet 복잡해지다
keruwetan 복잡, 혼돈, 혼란.
ruyup, (=meruyup) 졸리운, 졸려 눈이 감기는
meruyupkan (mata) (눈을) 감다.

S

saat 순간, 찰나.
saban 매, ~마다.
sabana 사반나(나무 없는 대초원, 열대 및 아열대의 아메리카와 동·서 아프리카에 위치함).
sabar 인내심이 있는, 끈기 있는
  bersabar 인내심 있는
  menyabarkan 참아내다
  kesabaran 인내.
sabda (신·모하맛 또는 왕 따위와 같이 신성한 존재의) 말씀
  bersabda 말씀하시다.
sabit 낫
  menyabit 낫질하다.
sabot 사보타지, 태업.
Sabtu *hari Sabtu* 토요일.
sabuk 허리띠, 혁대.
sabun 비누
  menyabun(i) 비누칠을 하다.
sabung 동물의 싸움
  bersabung 싸우다
  menyabung (닭)싸움을 붙이다
  sabungan (닭)싸움.
sabut 껍질.
sadap *pisau sadap* 수액을 받는 칼
  menyadap 수액을 받다
  penyadap (고목 나무 따위의) 수액을 받아내는 사람
  penyadapan 수액 받아내기.
sadar¹ 의식이 있는, 알고 있는
  menyadari 깨닫다
  kesadaran 의식
  penyadaran 인식.
sadar² 가슴, 앞, 시작.
sadik 성실한, 진실한, 정직한.
sado 바퀴가 둘 달린 수레의 일종.
sadur 도금, 칠
  menyadur 도금하다
  saduran 각색, 도금.
saf 줄, 열.

safar (회교력의) 2 번째 달.
safir 여행자, 방랑자.
sago 사고 야자(식물의 일종).
sagon 맛있는 음식을 일컫는 말.
sagu ☞ sago.
sagun 쌀 야자, 설탕 따위로 만든 과자.
sah¹ 합법적인, 확실한, 정당한
  mengesahkan, mensahkan 합법화하다, 인가하다
  pengesahan 합법화.
sah² (장기에서) 장군!
sahabat 친구
  bersahabat (~와) 친교를 맺다
  mempersahabatkan 소개시키다.
sahadat 신앙, 고백, 신조.
sahaja ① 단지, 뿐 ② 검소한
  bersahaja 검소한, 소박한
  mempersahajakan 일부러 하다
  kesahajaan 단순, 평이, 무지.
saham 몫, 분담.
sahara 사막, 사하라.
sahaya ① ≪제 1인칭 대명사≫ 나 ② 노예.
sahbandar 항무원.
sahib 신사, 주인.
sahid 증인, 목격자.
sahur (라마단월〔금식월〕에 금식자가 밤 12시부터 새벽녘 사이에 먹는) 야식(주로 죽 따위).
sahut, menyahut(i) 대답하다(불리워지거나 질문 받았을 때)
  sahutan 대답, 응답.
saing¹, **bersaing(an)** 함께〔같은 방향으로〕 항해하다〔가다〕
  menyaingi 함께 가다.
saing², **bersaing(an)** 경쟁하다
  menyaing 경쟁하다

sair 시 ☞ syair.
penyaing 경쟁자.
sais 마부, 운전사.
saja ① 단지, 오직 ② ~(조차)도.
sajak 시
  bersajak 시작하다
  penyajak 시인
  persajakan 시, 운문.
sajarah 역사.
sajén 제물.
saji 차려 놓은 음식
  menyajikan 대접하다, 차려 내 놓다
  sajian 요리, 식사 (한 접시).
sak¹ 부대, 자루.
sak² 의심.
saka¹ 선조 때부터 내려오는 가보.
saka² (집의) 기둥, 주석.
sakal ① *(angin sakal)* 역풍 ② 가격, 때림, 충돌.
sakarat ☞ sakrat.
sakit 병에 걸린, 병든
  bersakit-sakit 병들다
  menyakiti 상처를 내다, 고통을 주다
  kesakitan ① 병든 ② 병
  penyakit 질병.
sakrat 죽음과의 투쟁, 죽음의 고통.
sakratulmaut 거의 죽을 지경의.
saksama 정확한, 빈틈없는
  kesaksamaan 정확, 정밀.
saksi 증인, 목격자
  bersaksi kepada ~를 증인으로 호출하다
  mempersaksikan, menyaksikan 증언하다
  penyaksian, persaksian 증거, 증언, 증명, 입증.
sakti 초능력
  kesaktian 초자연적인 힘.
saku, menyakukan 격리하다.
sal¹ 방, 홀.
sal² 숄, 어깨 걸치개.
salah 잘못된, 틀린
  salah-salah 비록 잘못이 있더라도
  bersalah 잘못하다
  bersalahan 어긋나는, 다른
  menyalahgunakan, mensalahgunakan 오용하다, 남용하다
  menyalahi 상반되다, 충돌하다
  tersalah (고의가 아니게, 실수로) 잘못된, 잘못되어진.
salai 구워진, 구운
  menyalai 굽다.
salak¹ 개짖는 소리
  menyalak (개가) 짖다
  menyalaki ~에게 짖어대다.
salak² 과일의 일종.
salam¹ ① 평화 ② 인사
  bersalam ~에게 인사하다
  bersalam-salaman 서로 인사를 나누다.
salam² 월계수.
salap (피부 질환에 사용되는) 연고, 고약.
salat (회교도들이 행하는 1일 5회의) 기도.
saldo 대차의 차액.
saléh 경건한, 신앙심이 깊은
  kesaléhan 경건.
salep 연고.
salib 십자가, 열십자 기호
  menyalib(kan) 십자가에 못박거나 잡아 매어 죽이다.
salih ☞ saléh.
salin, bersalin ① (이름·옷 따위를) 바꾸다, 갈다 ② 출산하다
  menyalin ① 바꾸다 ② 번역하다 ③ 복사하다
  penyalinan 번역
  persalinan ① 옷 선물, 옷 사주기 ② 출산, 해산
  salinan 복사물, 사본, 번역물.
saling 서로, 상호.
salju 눈(雪).
saluir 인사, 경례.
salur, menyalurkan (경로를 통해) 보내다, 인도하다
  penyalur 분배기, 배급자
  penyaluran 분배, 배급
  saluran 수로, 도랑, 통로.

salut 포지, 봉투.
sama 동일한, 같은, 같이, 함께
　sama-sama 함께, 모두
　bersama-sama 함께, 다같이
　bersamaan 동시에, 동등한
　mempersama-samakan (사람들을) 잘못 알아보다
　menyamai (~에) 필적하다
　menyamakan 비교하다, 동등하게 만들다
　penyamarataan 일반화, 평준화
　persamaan 유사, 동등.
samadi 명상, 묵상.
samar 흐린, 분명히 보이지 않는, 어두운
　memyamar 변장하다
　menyamarkan 감추다, 속이다
　samaran 변장, 위장.
sambal (고추 따위로 만든) 매운 양념
　menyambal 삼발(양념)을 만들다.
sambar, menyambar 낚아채다, 잡아채다.
sambat¹, bersambat ~와 관련한
　menyambat 연결시키다.
sambat², bersambat, menyambat (어떤 일을 하기 위해) 도움을 청하다.
sambil ~하는 동안, ~하면서
　menyambilkan 동시에 행하다
　tersambil 덤으로 ~하는
　sambilan ① 부업 ② 종속물, 보조물[자].
sambit, menyambit(i) 던지다, 팽개치다.
sambuk 회초리, 채찍
　menyambuk 회초리로 때리다.
sambung *sambung tangan* 도움, 원조
　bersambung 계속되는
　bersambung-sambung 계속, 연속적으로
　menyambung 계속하다, 연장하다
　penyambung 연결자, 고리
　sambungan 계속, 연속, 연결.

sambut, bersambut 대답하다
　bersambutan ~와 관련하다, 일치하다
　bersambut-sambutan 서로 응수하다
　menyambut ① 접수하다 ② 잡다, 막다 ③ 영접[환영]하다.
samin *minyak samin* 지방.
sampah 쓰레기
　menyampah 쓰레기 같은(너무 많은, 가치없는)
　persampahan ① 쓰레기 더미 ② 쓰레기 통.
sampai¹ ① ~까지 ② 도착하다
　menyampaikan ① 전달하다 ② 배달하다
　kesampaian 달성하다
　penyampaian 받음, 수취, 수령.
sampai², menyampai ① 걸어 놓다 ② (=*bersampaian*) 걸려 있는
　tersampai 걸려 있는
　sampaian 선반, 시렁.
sampak 칼 손잡이 부근의 둥그런 금속 막.
sampan 거룻배, 돛을 달지 않은 작은 배
　bersampan 거룻배를 타다
　bersampan-sampan 뱃놀이하다.
sampar 역병, 전염병, 페스트.
samper, menyamperi ① 접근하다 ② 들르다, 머무르다.
samping 옆, 측면
　bersampingan 늘어 붙다, 늘어서다, 곁붙다, 나란히
　menyamping 가장자리[해변]를 따라 걷다
　menyampingkan, (mengesampingkan) 나란히 놓다, 곁붙여 놓다
　tersamping 소외되다, 무시되다, 냉대받다.
sampir, menyampirkan (의복 따위를) 널다, 걸쳐놓다

sampiran (모자, 옷) 걸이.
sampuk, menyampuk
~에 달려들다, 공격하다
menyampukkan 들이받다, 치다, 때리다.
sampul 껍질, 포장지, 봉투
bersampul 포장이 된
menyampuli 포장하다.
sampurna, ☞ sempurna.
samudra 대양, 큰바다.
samum 사막에서 부는 뜨거운 바람, 열풍.
samun¹ *semak samun* 덤불.
samun² *samun sakal* 강탈, 약탈
menyamun, menyamuni 강탈하다, 약탈하다
penyamun (노상) 강도, 약탈자
penyamunan, samunan (노상에서의) 약탈 행위.
sana (화자로 부터) 먼 장소, 저쪽, 저기
di sana 저기에, 저쪽에
ke sana 저쪽으로
dikesanakan 저리로 옮겨지다.
sanak 혈연, 친족
bersanak-saudara 친척이 있다, 가족이 있다
menyanak 친척(친족)으로 행동하다.
sanca 뱀(논뱀).
sandal 샌들(신)
bersandal 샌들을 신다.
sandang 어깨 띠, 가슴 띠
menyandang(kan) 어깨에 메다.
sandar, bersandar 기대다, 의존하다
mempersandari (=**menyandari**) ~에 의지시키다
menyandarkan 의지하다.
sanding¹ 옆, 근처
bersanding ① 나란히 ② 동등하다
mempersandingkan, menyandingkan 나란히 곁붙여 놓다
menyanding ~옆에 서다.

sanding² 좁다란 구석 또는 예각
bersanding 모난, 모서리진.
sandiwara 극, 연극
bersandiwara (연극)무대에 서다
menyandiwarakan 각색하다, 극으로 꾸미다.
sandung, menyandung
(발이 어떤 것에) 걸리다, 부딪치다
tersandung (발이 걸려) 비틀거리다, 부딪치다, 방해를 받다.
sang ① 존경 또는 경칭의 명사화 형태소 ② 의인화 형태소.
sangat 매우, 대단히
mempersangat 심화시키다, 과장하다
menyangatkan 과분하게 하다
tersangat 굉장히, 대단히.
sangga 지주대, 받침대
menyangga 받치다, 유지하다
penyangga 지지물(자), 받치는 물건, 지지.
sanggah, menyanggah 반대하다, 반박하다
penyanggah 적수, 상대
sanggahan 항의, 대항.
sanggan ① 금속제 쟁반 ② 바구니.
sanggerah (더러운 피를 빼내기 위하여) 혈관을 찔러서 짜내는 것.
sanggup 용의하다, ~하기를 기꺼이 마음 먹다
menyanggupkan 할수 있도록 하다
kesanggupan 힘, 능력
sanggupan 약속.
sanggurdi (=**sanggawedi**) (마구의) 등자, 말을 탔을때 두발로 디디는 제구.
sangka 생각, 의견, 사고
bersangka 생각하다
menyangka 추측하다
menyangkakan ~의 모습을 ~으로 잘못 알다, 여기다
persangkaan, sangka-sangka 의심, 억측, 추측, 대충
tersangka 의심받다, ~로 여겨지다.

sangkal, bersangkal (akan) ~을 생각하지 않다, ~할 용의를 갖지 않다
menyangkal 부인하다
penyangkalan 반대, 모순
sangkalan 부인, 거절.
sangkar[1] (=sangkaran) 새장, 조롱.
sangkar[2] *bujur sangkar* ① 직사각형 ② 평방.
sangkur *(mata sangkur)* 총검.
sangkut *sangkut paut* ① 관계, 관련 ② 단서
bersangkut ~와 관련이 있는
menyangkut ~와 관련되어 있다
persangkutan 관계, 관련
tersangkut 관련된, 관계있는
sangkutan 관계.
sangsang, menyangsang (~에) 걸리다.
Sangsekerta 산스크리트, 범어.
sangsi (=bersangsi) 의심하다, 의심스럽다
menyangsikan 의심하다.
sangyang 힌두교에서 일컫는 신의 명칭 앞에 붙이는 존경을 나타내는 형태소.
sanjak 시 ☞ sajak.
sanjung, menyanjung (kan) 아첨하다, 알랑거리다, 극구 칭찬하다.
santan 야자유.
santap (=bersantap) 먹다, 마시다, 식사하다
menyantap 먹다, 마시다
persantapan ① 식사 ② 연회, 잔치.
santri ① (회교의) 수도승 ② 독실한 신자.
santun 몸가짐이 단정한, 우아한, 예의 바른
penyantun 친절한, 인정 많은
penyantunan 원조, 협력.
sanubari *hati sanubari* 마음, 감정.

sap[1] *kertas sap* 압지.
sap[2] 열, 층, 선
bersap-sap 늘어선.
sapa[1] *tegur sapa* 말을 붙이기 위한 말
bersapa-sapaan 서로 말을 나누다
menyapa (친절히) 말을 걸다.
sapa[2] 누구.
sapa[3] 하얀, 깨끗한.
Sapar 회교력으로 두번째 달.
sapi 소.
sapih, menyapih 젖을 떼다
sapihan *anak sapihan* 막 젖을 뗀 아이.
sapir 여행객, 방랑자.
sapta (합성어 속에서) 7, 일곱의.
sapu 비
menyapu 비질하다, 쓸다
menyapukan 비로 쓸어 내다
penyapu 비, 청소기.
saput 막, 덮개, 표지
menyaput(i) 덮다.
saraf[1] 단어들의 변화.
saraf[2] *urat saraf* 신경.
saran 건의, 제의, 제안
menyarani ~에게 의견을 제출하다
menyarankan 제안하다
saranan 제의, 제안, 선전.
sarang (새, 곤충 따위가 사는) 집, 둥지, 숨는곳, 은둔처
bersarang ① 둥지를 틀다 ② 거처하다.
sarap[1] 쓰레기, 폐물
menyarap ① 널려져 있는 ② 효용이 없는.
sarap[2], **menyarap** 밑창을 깔다
sarapan ① 밑창, 판 ② 아침 식사.
sarap[3] 아이들의 피부병.
sarap[4] ☞ saraf.
sarat[1] 꽉차고 무거운
menyaratkan 채워넣다.
sarat[2] 조건.
sardén(cis) 정어리.

sarékat ☞ serikat; *Sarékat Islam* 이슬람 연합.
sari¹ ① 핵심, 골자 ② 꽃가루
  menyarikan 빼내다, 요약하다.
sari² 꽃.
sari³, **sari-sari** *saban sari* 매일.
sari⁴ (인도 여성들의 얼굴을 가리는) 베일.
saring, menyaring 여과하다, 정제하다
  penyaring 여과기
  saringan 체, 여과기.
sarjana 석학, 학자, 학사, 대학 5년 수료자.
saru 희미한, 불명료한
  menyaru 변장하다
  penyaruan 변장.
saruk, menyaruk ① (경기·시합 따위에서) 이기다 ② 발이 걸리다.
sarung 사룽(고유 의상의 일종), 하반신에 두르는 천.
sasar¹ 미친, 정신나간.
sasar², **menyasar** 길을 잃다
  tersasar, kesasar 길을 잃은, 빗나간.
sasar³, **menyasar** 겨누다, 겨냥하다, (무차별) 조준하다
  sasaran 목표, 표적.
sastra ① 문어 ② 문학, 문학 작품.
sastrawan 문학자, 작가,
sastrawati 여류 작가.
satang 삿대.
saté 꼬치, 적, 대꼬챙이에 꿰어서 불에 구운 어육
  menyaté 사례를 준비하다.
satelit 인공위성, 위성.
satin 공단(천), 견직.
satu 일, 하나(의)
  bersatu 하나가 되다
  mempersatukan, menyatukan 통일시키다, 합병하다
  menyatupadukan, mempersatupadukan 통일시키다
  kesatusegian, kesatusisian 편향, 불공평, 일방적인 말
  penyatuan 통일, 단일화
  satuan 일〔단〕 자리수.
satwa 동물.
saudagar 상인.
saudara ① 형제〔자매〕 ② ≪호칭으로써≫ 여보세요, 여보게! ③ (동년배에 대한) 제 2인칭
  bersaudara 형제〔자매〕관계가 있다
  mempersaudarakan 형제〔자매〕로 삼다.
saudari ① 자매, 여자 친구 ② (여자인 동년배 상대방에 대한) 제 2인칭.
sauh¹ 닻
  bersauh 정박하다.
sauh² ☞ sawo.
sauk¹ 물을 푸는 데 사용되는 물건
  menyauk (물을) 푸다, 뜨다
  saukan 물통, 양동이.
sauk² 한숨, 신음.
saur (이슬람의) 단식 기간동안 자정이 지나서 먹는 식사.
saut 대답하다.
sawa *ular sawa* 큰 뱀의 일종.
sawah 논, 수전
  bersawah 논을 갈다〔경작하다〕
  persawahan 논 경작, 농사.
Sawal 이슬람력의 10 번째 달.
sawan 간질, 발작, 경련.
sawi (=*sawi-sawi*) 야채의 일종(배추과).
sawit *kepala sawitan* 유야자.
saya ≪제 1인칭 대명사≫ 나, 저 (주격).
sayambara 경기, 경주.
sayang ① 가엾게도, 유감스럽게도 ② 사랑하다
  menyayangi 동정하다
  menyayangkan 후회하다, 유감으로 생각하다
  kesayangan 유감, 동정
  penyayang 애정이 깊은, 자비로운.
sayap 날개

sayat, sesayat 얇은 조각 하나
  menyayat 얇게 베다
  sayatan 저민 조각, 얇게 자른 조각.
sayembara 현상 모집, 퀴즈.
sayu 슬픈, 기운 없는
  menyayukan 감동시키다, 슬프게하다.
sayup, sayup-sayup 불명료한, 희미한.
sayur 야채
  menyayur 야채(수프)를 장만하다, 요리하다
  sayur-sayuran, sayur-mayur 여러 종류의 야채, 야채류.
se- ≪접두사≫ ① 모든, 전; *se-Indonésia* 전 인도네시아 ② 일, 하나(의) ③ 같은.
sebab 동기, 이유, 원인
  bersebab 이유가 있다
  menyebabkan ~의 원인이 되다
  tersebab 야기되다.
sebagai ~로서, ~처럼.
sebagaimana ~처럼.
sebal¹ 불만족한, 불평스러운
  menyebalkan 후회하다.
sebal² (=**sebel**) 불행한, 불운한.
sebal³, **menyebal** (~에서) 벗어나다.
sebar, menyebar(kan) 흩뿌리다, 퍼뜨리다, 유포시키다
  penyebaran 유포, 전파
  persebaran 전파.
sebelah 반, 한 쪽(측).
sebelas 열하나, 십일(의)
  kesebelasan 축구팀.
seberang 건너편, 대안
  berseberangan, seberang-menyeberang 양쪽의, 서로 마주하고 있는
  menyeberangi 건너가다.
sebut, menyebut(kan) 언급하다, 말하다
  kesebutan 이름이 잘 알려진, 유명한
  tersebut 언급된, 지적된.
secara ☞ cara.
sedak, kesedakan, tersedak (음식물 따위를 잘못 삼켜) 목이 메다, 숨막히다.
sedan 흐느낌, 목메어 울기.
sedang ① 중간, 보통(의) ② ~하는 동안
  menyedang 시험 삼아 입어[신어]보다
  menyedang(-nyedang)kan 근근히 수지를 맞추다.
sedangkan ① ~하는 동안 ② ~반면 ~조차
sedap ① 맛좋은, 맛있는 ② 향기 좋은
  menyedapkan 기쁘게 하다
  kesedapan ① 향기 ② 쾌적, 유쾌함 ③ 맛, 멋.
sedar ☞ sadar.
sedari ☞ dari.
sedekah 공물, 공양
  bersedekah ① 공양하다 ② 자선을 베풀다
  menyedekahkan ~에게 ~을 자선으로 베풀다.
sederhana 수수한, 간단한, 간소한, 검소한
  menyederhanakan 간소화 하다, 절약하다
  kesederhanaan 간소, 단순.
sedia 준비가 된
  bersedia 준비되다
  mempersediakan, menyediakan 준비하다
  kesediaan 준비, 용의
  persediaan 재고(품), 저장(품), 공급
  tersedia 준비된
  sediaan 준비, 저장.
sediakala ① 이전의, 과거의 ② 늘, 언제나.
sedianya 사실상, 실은.
sedih 슬픈, 비극적인
  menyedihkan 슬프게 하다
  kesedihan 불행.

sedikit 조금, 약간, 좀
  sedikit-sedikit 조금, 조금씩
  sedikitnya (=sedikit-dikitnya) 적어도, 최소한
  mempersedikitkan, menyedikitkan 절약하다, 감소시키다.
sedot, menyedot 빨다, 핥다.
sedu¹ 훌쩍거리며 울기
  tersedu(-sedu), bersedu(-sedu) 훌쩍거리며 울다.
sedu² 슬픈.
seduh, menyeduh (더운 물을) 붓다, 따르다.
segala 모든, 모두, 전부
  segala-galanya 모든, 전부.
segan ① 마음이 내키지 않는, 싫어하는 ② 공경하고 어려워하다, 경외하다
  menyegani 존경하다
  segan-menyegani 상호 존중하다.
segar 신선한, 싱싱한, 기분이 좋은
  menyegarkan 건강하게 만들다
  kesegaran 신선함, 강건함, 건강
  penyegar (몸을) 강하게 하는.
segara 대양, 해.
ségél 인지, (배급) 표
  menyégél 조인하다, 보증하다
  penyégélan 봉인.
segera 빨리, 급히, 조속히
  bersegera 빨리
  mempersegera(kan), menyegerakan ① 촉진시키다 ② 재촉하다.
segi 측, 측면, 각, ~각형
  bersegi 각(변·면)이 있는
  persegi 각(변·면)이 있는.
segini ≪회화체에서≫ 이 만큼.
segitu ≪회화체에서≫ 저(그) 만큼.
séhat 건강한, 튼튼한, 위생적인
  menyéhatkan 건강하게 만들다
  keséhatan 보건, 건강.
séher 피스톤.
sehingga ☞ hingga.
seia 동의하는, 의견이 일치하는.
seimbang ☞ imbang.

sejahtera ① 평온한 ② 번영하는
  menyejahterakan 안전(평온)하게 하다
  kesejahteraan 번영.
sejak 이래, 그뒤로, ~부터.
sejarah 역사, 계보
  bersejarah 역사적인
  menyejarahkan 역사에 관해 이야기하다.
sejati 순수한, 본래의, 진실한.
sejuk 서늘한, 선선한, 시원한
  menyejukkan 시원하게 하다
  kesejukan 서늘함, 추위.
séka, berséka 몸을 닦다, 목욕하다
  menyéka 문지르다, 닦다.
sekak ≪회화체에서≫ 서양 장기를 두다.
sekal (=sekala, skala) 규모, 정도.
sekali ① 한번 ② 매우.
sekalian ① 전부 ② 동시에
sekaligus 동시에.
sekalipun 비록~하더라도.
sekam (벼, 보리, 조 따위의) 겨.
sekap, menyekap ① 감금하다, 집어넣다 ② (과일을) 익히다
  sekapan ① (인공적으로) 익힌 과일 ② 형무소
  penyekapan 감금.
sekarang ① 지금 ② 오늘.
sekat¹ ① 간막이 ② 장해, 성가심
  bersekat-sekat 구획별로 나누다
  menyekat(i) 분할하다, 구획하다
  sekatan 장애, 방해.
sekat², **tersekat** (이물질이) 걸리다, (시야가) 가리우다.
sekelat 양털로 두껍고 빽빽하게 짠 모직물, 나사.
sekian 이(그)만큼, 이상(의).
sekitar 사면에, 둘레에.
sékjén [sékretaris-jénderal] 사무총장, 서기장.
sekoci ① 거룻배, 보트 ② (재봉틀의) 실패, 얼레.
sekolah 학교, 학업, 수업

bersekolah 학교에 다니다
menyekolahkan 입학시키다
persekolahan 학사
sekolahan 교사, 학교의 건물.
sekon 초.
sekongkol 공모하다, 나쁜 일을 꾀하다.
sekonyong-konyong 갑자기, 돌연히.
sekop 가래, 쟁기, 삽.
sékretariat 사무국, 비서실.
sékretaris 비서, 서기관.
séksi ① 사후의 검시 ② 과, 부,
sekutu 동료, 짝
 bersekutu 동맹을 결성하다
 menyekutui ~에 참가하다
 persekutuan ① 연방 ② 제휴, 협력.
sél ① 세포 ② 감방.
sela (=sela-sela) ① (두 물체 사이의) 여백 ② (가느다란) 깨진 금
 bersela 간격[금·틈]이 있다
 sela-menyela 번갈은, 교대의.
selada 샐러드, 생채.
seladri (생채를 만드는 데 쓰이는) 화란 반디, 셀러리.
selai 잼, 젤리.
selain ☞ lain.
selak¹, menyelak 재촉하다, 독촉하다.
selak² 문, 빗장
 menyelak 빗장을 걸다, 잠그다.
selak³, terselak, keselak (음식이 기도로 들어가서) 기침을 하다.
selak⁴, seluk-seluk ☞ seluk-beluk.
selakangan ☞ selangkangan.
selaku ☞ laku.
selalu 늘, 항상.
selam¹ *juru selam* 잠수부
 menyelamkan 물속에 빠뜨리다
 penyelam 잠수부(기구).
selam² 이슬람교(의).
selama 항상 ☞ lama.
selamat ① 안전한, 무사한 ②

행복·번영 따위를 비는 기도[염원] ③ 축하
 menyelamatkan ① 구하다 ② 매장하다
 keselamatan ① 행복, 번영 ② 안전
 selamatan (종교 행사 후의) 연회.
selang¹ (시간·공간의) 사이, 간격
 (ber)selang-seli(ng) 번갈아, 교대로
 berselang 간격을 두다.
selang², (ber)selang tenggang 서로 빌려주다, 서로 돕다
 menyelang 빌리다
 menyelangi, memperselangi 빌려주다.
selang³, selangan ~하는 조건이라면.
selang⁴ 현관.
selangka *tulang selangka* 쇄골.
selangkang(an) ① 사타구니 ② 샅 ③ 회음.
selaput 막, 얇은 막
 bersepaput 얇은 막이 있는.
Selasa *hari Selasa* 화요일.
selat 해협
 menyelat 해협을 항해하다.
selatan 남쪽(의).
selé 잼, 젤리.
selédri 양미나리, 참나물.
seléksi 선택, 선별.
selempang¹ 겁먹은.
selempang², terselempang (양 다리를 벌리고) 떨어지다.
selémpang 어깨 띠.
seléndang 어깨걸이, 쇼올, 슬렌당
 berseléndang 슬렌당[어깨띠]을 착용하다
 menyeléndangkan (슬렌당 이) 어깨에 둘러메다.
selenggara, menyelenggarakan ① 경영하다, 관리하다 ② 주최하다
 penyelenggara 집행자, 지배인
 penyelenggaraan 집행, 실행,

경영
selenggaraan 양육, 보살핌.
selépang ☞ selémpang.
seléra 식욕.
selesai 완료되다, 끝나다, 종결되다
  menyelesaikan 종결짓다
  penyelesaian 완성, 종결.
selesma, selésma 고뿔(들리다), 감기들다.
seletuk, menyeletuk 간섭하다, 가로막다.
seléwéng, menyeléwéng 빗나가게 하다, 탈선하다
  menyeléwéngkan 탈선시키다
  penyeléwéng 일탈자.
selidik 정밀한, 조심스러운
  menyelidiki (면밀히) 조사하다, (진지하게) 연구하다
  penyelidik 조사자, 연구원.
selimut 담요, 모포
  berselimut 덮다, 담요를 사용하다
  menyelimut 담요를 (덮어)주다.
selinap, menyelinap 빠져 나가다, 도망치다
  menyelinapkan 재빨리 또는 몰래 집어 넣다, 숨기다.
seling, berseling 교대하다, 번갈아 나타나다
  menyelingi 교체하다.
selip¹ 옆으로 미끄러지다
  terselip (ke luar) (구멍이나 입으로 부터) 밖으로 빠져나간.
selip², **menyelipkan** 끼워 넣다
  terselip 동봉된.
selisih 차이, 격차
  berselisih 차이가 있다
  perselisihan 견해차.
selisip, menyelisip 끼워넣다, 삽입시키다.
selit *selit belit* 복잡한, 어려운
  menyelitkan 끼워두다
  terselit 끼워진.
eloka
  berseloka ① 격언시를 음송하다 ② 격언시를 짓다.
elokan 하수구(도).

seloki (독한 술을 마실때 사용하는) 작은 잔.
selongsong 덮게, 뚜껑, 막, 봉투
  menyelongsongi 덮다,
selop 슬리퍼.
selubung ① 표지, 껍데기 ② 장막, 가리개
  berselubung 복면을 쓰다
  menyelubungi 싸다, 포장하다, 가리다, 은폐하다.
seluduk, menyeluduk (살금살금) 기다, 기어가다;
seludup, menyeludup 밀수하다
  menyeludupkan 숨기다, 감추다, 밀수하다.
seluk, menyeluk 구멍 속에 손이나 손가락을 집어넣다.
seluk-beluk (=*seluk jumbai*) 관계, 관련
  berseluk-beluk 관계가 있는.
selundup ☞ seludup.
seluruh 전부(의), 전체(의), 모두(든)
  menyeluruh 확산되다, 퍼지다
  keseluruhan 전체, 총계.
selusup, menyelusup 침투하다, 잠입하다.
selusur, menyelusur 미끄러지다, 흐르다.
semadi 정신을 맑게하고 모든 생각을 집중하다.
semai (=semaian) 모종, 옮겨 심기 위해 기른 온갖 씨앗의 싹
  menyemai(kan) 모종내다
  persemaian 못자리.
semak¹ (=semak-semak) 덤불, 잔풀숲
  menyemak ① 잡초와 같이 되다 ② 뒤엉키다.
semak² [seemak] 같은 어머니, 한 어머니.
semakin ☞ makin.
semalam ① 하룻 밤 ② 어젯밤
semampai 날씬한.
semang *anak semang* 고

용원, 점원.
Semang (말레이 반도의) 삐락, 께다, 말라까 등에 거주하는 종족.
semangat ① 생명, 영혼 ② 의욕, 마음 ③ 정신, 의식
  bersemangat 열렬한, 열심인
  menyemangati 의욕(용기)을 불어 넣다.
semanggi 야채의 일종.
semangka 수박.
semarak 장려, 광택, 명성
  bersemarak 빛나는
  menyemarakkan 빛나게 하다.
semat 핀, (나무)못, 고리
  menyemat(kan) 추가하다, 첨부하다
  penyemat 핀, (연결)고리
  sematan 추가, 부록.
semata(-mata) 오직, 단지, 완전히.
semayam (=**bersemayam**) 왕좌에 앉다, 통치하다
  persemayaman 거주지.
sembah 존경, 복종
  bersembah (임금·왕후에게) 말씀을 올리다
  mempersembahkan, menyembahkan 보고하다(보고드리다)
  menyembah 존경하다.
sembahyang 기도
  bersembahyang 기도드리다
  menyembahyangi, menyembahyangkan ~를 위해 기도드리다
sembarang 누구(어느 것·무엇·언제)이든지 간에, 마음대로의 임의의
  sembarangan 누구든지, 되는대로
sembelih, menyembelih 도살하다
  sembelihan (소·닭 따위의) 도살용 물건(가축).
sembelit 변비(증).
semberani *kuda semberani* (신화에 나오는) 날개 달린 말.
semberip (다리가 붙은) 구리쟁반.
sembilan 아홉(9).
sembilang 바닷 물고기의 일종 (지느러미에 독이 있음).
sembilik *puru sembilik* 치질.
semboyan 표어, 경보, 신호, 암호
  bersemboyan 표어를 사용하다.
sembuh 회복되다
  menyembuhkan 치료하다
  penyembuhan 치료.
sembul, menyembul, tersembul 출현하다, 나타나다
  menyembulkan 내밀다, 내놓다.
sembunyi 숨은, 숨겨진, 비밀의
  bersembunyi 숨다
  menyembunyikan 숨기다
  persembunyian 피난처, 은신처.
sembur ① (뱉어 낸) 침 ② 주문
  bersemburan 내뿜다
  menyembur(kan) 내뿜다.
semén 양회, 시멘트.
semenanjung 반도.
semenjak ~이래 ☞ **sejak**.
sementara ~하는 동안
  kesementaraan 무상.
semerbak ① 향긋한 ② 퍼지다.
semesta 전체의, 모두의.
semi 새싹, 싹.
sémi 절반, 어느 정도(다소)의.
séminar 세미나.
semir ① (*semir sepatu*) 구두약 ② 윤활유
  menyemir ① 구두약을 칠하다 ② 기름칠을 하다.
semoga 바라건대(부디).
semokal 밀수입.
sempal¹, menyempal 찢어지다, 걸리다.
sempal² 부러진.
sempat 시간이 있다, 여유가 있다, 기회가 있다
  menyempatkan 기회를 부여하다

sempelah ... senduk

다
kesempatan 기회
berkesempatan 기회를 갖다.
sempelah 찌꺼기, 쓰레기.
semperah ☞ sempelah.
semperit ☞ semprit.
semperong ① 램프의 등피 ② 굴뚝.
semperot ☞ semprot.
sempit ① 좁은, 가는 ② 꼭끼는
mempersempit, menyempitkan 좁히다, 제한하다
kesempitan 궁핍, 곤란, 궁색.
sempoa (중국식) 주판.
semprit, menyemprit (=**semperit**) 호각[휘파람]을 불다.
semprot 분무기, 소화기, 주사기
menyemprot(i) 분무하다
menyemprotkan 분출시키다.
sempurna 완벽한, 완전한
menyempurnakan (완전히) 수행하다, 실행하다
penyempurnaan 완료, 완성, 실행.
semu 사기, 술책
semu-semu 다소 약간, 좀
menyemui, menyemukan 사기하다, 술책을 쓰다, 속이다
penyemu 사기꾼
tersemu 사기 당한.
semua 모두의, 모든
kesemuaan 전체, 총계
kesemuanya, semuanya 전부.
semudera 대양 ☞ samudera.
semur (약한 불로 끓인) 고기 요리, 스튜우 요리.
semut 개미
menyemut 무리짓다, 들끓다
semutan(=kesemut(-semut)an) (팔·다리 따위가) 마비됨, 저림.
sén 1/100루피아, 센.
séna 군대.
senak 막힌, 답답한
menyenak 압박하다
menyenakkan ① 압박하다 ② 숨이 막힐듯한

tersenak 말문이 막힌, 숨이 막힌.
senam 체조
bersenam 체조하다.
senandung 콧노래
bersenandung 콧노래를 부르다.
senang 즐거운, 기쁜, 유쾌한
bersenang-senang 즐기다
mempersenang 즐겁게 하다
menyenangi 유쾌하게 생각하다, 만족하다
kesenangan 쾌락, 오락, 안심.
senantiasa 항상, 언제나.
senapan 소총; **senapan** angin 공기총.
senapati 군 지휘관, 사령관.
senar (악기의) 현, 줄.
senat, sénat 국회의 상원, 의회.
senda *senda gurau* 농담, 익살
bersenda gurau, bergurau senda 농담하다
mempersendakan ~와 농담하다.
sendal¹ 샌들.
sendal², menyendal ① (*menyendalkan*) 훔치다 ② 세게 잡아 당기다.
sendat 막히다, 침체되다
tersendat 막힌, 침체된.
sendi¹ *tulang sendi* 관절, 연결부.
sendi² *batu sendi* 토대, 기초
bersendikan 기초로 하다
persendian 기초.
sendiri 자신, 본인(의)
sendiri-sendiri 각각, 각자
bersendiri ① 홀로 ② 고립된, 유리된
menyendiri ① 혼자(앉아) 있다 ② (자신을) 격리시키다
penyendiri 혼자있기를 좋아하는
penyendirian 격리, 고립
tersendiri 고립된, 별개의, 단독의
tersendiri-sendiri 개개의.
séndok 숟가락.
sénduk 숟가락
menyenduk 숟갈질하다.

Senén ☞ Senin.
séng 아연.
sengaja *dengan sengaja, disengaja* 일부러, 의도적으로
menyengajakan 의도적으로 ~하다.
sengal¹ 쑤시고 아픈.
sengal² *sengal-sengal (napas)* 숨이찬, 가슴이 답답한.
sengat (벌 따위의) 침
menyengat (침 따위로) 쏘다
penyengat 침을 가지고 있는 각종 동물.
sengau 비음, 콧소리
menyengaukan 코맹맹이 소리로 말하다.
sengit 날카로운, 맹렬한, 잔인한.
sengkak, menyengkak 배를 쓰다듬다.
sengkalan (향료 따위를) 빻는 판.
sengkang 횡목
menyengkang 횡목을 대다
tersengkang (막대기가) 가로 받쳐진.
sengkayan 회오리 바람에 의해 빙글빙글 돌면서 위로 치솟는 물.
sengkéta 소송, 사건, 분쟁
mempersengkétakan 논쟁하다
persengkétaan 분쟁.
sengsara 비애, 불행, 고통, 고뇌
menyengsarakan 고통을 주다.
seni 예술
kesenian 예술.
seniman (남자) 예술가[인].
Senin *hari Senin* 월요일.
seniwati (여자) 예술가[인]
senja 황혼, 땅거미.
senjakala 석양 무렵.
senjata 무기, 병기
mempersenjatai 무장시키다.
senonoh 적당한, 적합한.
sénsasi 감정, 감동, 평판.
sénsor¹ 검열관, 검사관.
sénsor² 감지기, 센서.
sénsur 검사, 검열
menyénsur 검열하다.

sénsus 국세 조사, 인구 조사.
sentak¹, menyentak 욕하다, 꾸짖다.
sentak², menyentak(kan) 세게 잡아끌다, (칼 따위를) 잡아뽑다.
sentana 왕족, 귀족.
sentausa 안전한, 고요한.
sénter 회중전등, 후래쉬
menyénteri ① 회중 전등으로 비추다 ② 노출하다.
senteri (종교 학교의) 학생.
sénti ① 센티미터 ② 1/100.
sentil¹, menyentil ① 손가락으로 톡 건드리다[치다] ② 질책하다
sentilan 질책.
sentil², tersentil 약간 튀어나온.
séntimén 감정, 정조, 정취.
séntiméntil 감정적인.
sentosa 평화로운, 안전한
bersentosa 평화로운
kesentosaan 평화, 평온, 안전, 안녕.
séntral 중앙의.
sentuh, bersentuh(an) dengan ~와 접촉하다, ~와 맞닿다
menyentuh 건드리다, 접촉하다
tersentuh 조금 부딪친.
senyap (=*sunyi senyap*) 매우 조용한.
senyum, (senyuman) 미소
tersenyum 미소하다, 미소짓다.
sepada 누구 계세요? 주인계세요? (상점·집 따위에 들어설 때 하는 말).
sepah (사탕수수 따위 처럼) 입으로 씹어 놓은 찌꺼기
menyepah 씹다.
sépak 차기, 발로 때리기[치기].
sepakat 동의하는, 일치하는
bersepakat 토의하다
menyepakati 찬성하다
persepakatan 찬성, 협정.
sepanyol 스페인(의).

separo ☞ separuh.
separuh 반, 절반.
sepat (과일 따위가) 맛이 신.
sepatbor (바퀴의) 살.
sepatu 신, 구두
　bersepatu 신을 신다.
sepéda 자전거
　bersepéda 자전거를 타다.
seperai 요에 까는 천, 홑이불, 침대 시트.
seperitus 주정.
seperti ~와 같게, ~처럼
　sepertinya 예를 들면, 만약에 ~한다면.
sepésial 특별한[히].
sepi 조용한, 고요한
　menyepi 조용한[한가한] 곳으로 가다
　kesepian 한적.
sepintas lalu 흘끗, 우연히.
sepion 간첩, 탐정.
sepiritus 주정.
sepit ① 좁은 ② (=penyepit) 젓가락
　menyepit 꼬집다, 집다
　penyepit 족집게, 핀셋, 젓가락
　tersepit 꽉 끼인.
sepoi, bersepoi-sepoi (산들 바람이) 살살 불다
sepoi-sepoi (basa) (바람이) 부드러운, 상쾌한.
Séptémber 9월.
sepuh (=sepuh emas) (금)도금
　menyepuh 도금하다
　penyepuh 금박
　sepuhan 금으로 도금한 것.
sepur 기차.
serabut 섬유, 섬유질(의).
seragam 제복, 유니폼.
serah, berserah, menyerah 항복하다, (몸을) 맡기다, 전달하다
　menyerahkan 양도하다
　penyerah 운명론자
　penyerahan 위양, 위임, 양도, 항복

terserah 맡겨지다[진].
serak (목소리가) 쉰.
sérak, bersérak-sérak 흩어지다, 혼란하다
　tersérak 흩어진, 혼란한.
serakah 탐욕스러운, 욕심 사나운.
seram 무시무시한, 소름 끼치는
　menyeramkan (털을) 곤두세우다, 매우 무서운.
serambi 현관, 베란다.
serampang¹ (고래 잡이용) 작살.
serampang², (sirampang), terserampang (연 따위가 나무에) 걸린.
serampang³, menyerampang 마구 때리다
　serampangan 되는대로, 엉터리로.
serang, menyerang 공격하다, 습격하다
　penyerang 공격자
　(peny)serangan 공격.
serangga 곤충, 벌레.
serani 기독교 신자.
sérap 저장, 예비
　menyérapkan 저장하다.
serasi 일치하는, 필적하는
　menyerasikan ① 적응시키다 ② 개조하다.
serat 섬유.
seraya 동시에, ~동안, ~하면서.
serba ① 전부, 전체, 모두 ② 아주 ③ 가지가지의
　serba-serbi 여러가지의, 각종의, 모든, 전부.
serban 두건, 터어번.
serbi ☞ serba serbi.
serbu, menyerbu, menyerbukan diri 공격하다, 습격하다.
serbuk ① 가루, 분말 ② 꽃가루
　menyerbuk 빻다, 찧다, 가루로 만들다
　menyerbukkan ~에 수분하다
　penyerbukan 수분(작용).
serdadu 병사.

serempak 갑자기, 한꺼번에, 동시에
  menyerempak 동시에 공격하다.
serémpét 살짝스치다.
serentak 한꺼번에, 동시에.
serep, menyerep 흡수하다.
sérét, menyérét ① 질질 끌다 ② 연루시키다.
sergap, menyergap ① 기습하다 ② 호통치다.
seri ① (왕이나 높은 사람에 대한 존경의 호칭) 폐하, 전하 ② 빛, 광휘, 광채
  berseri 반짝〔번쩍〕이는
  berseri-seri 반짝〔번쩍〕이다.
seri², menyeri 빨다, 핥다.
seri³ 무승부.
séri 연속(의)
  berséri 연속되다, 시리즈의.
seriawan (구강염과 설사를 병발하는) 열대병의 일종.
seribu 1000, 일천 (의).
serigala 늑대.
serikat 연합, 동맹, 조합
  berserikat 연합하다
  perserikatan 조합, 연합, 협회.
serimpi 궁중의 무희, 무용수.
sering 종종, 자주
  keseringan 빈도, 회수.
seringai (얼굴·입 따위의) 찡그리기
  menyeringai 얼굴〔입〕을 찡그리다.
serkap (물고기를 잡는) 덫〔어항〕의 일종
  menyerkap ① 덫〔어항〕으로 고기를 잡다 ② 습격하다.
séro 주식
  peséro 주주
  perséroan 회사.
serobot tukang (kaum) serobot (훔치거나 약탈하는 것과 같이) 다른 사람의 권리를 침해하기 좋아하는 사람
  penyerobotan 횡령.
sérokan 운하, 하수도, 하수구.
sérong ① 비뚤어진 ② 야비한, 부정직한
  menyérong 비뚤어지다.
sérsan 하사관.
sérsi¹ 비밀, 경찰, 형사.
sérsi² 양털로 만든 얇은 천.
serta 그리고, 및, 또한
  beserta ① ~와 함께 ② 참가하다
  menyertai 참석하다, 동반하다
  peserta 참가자, 동반자
  pesertaan 참가, 관여.
sértipikat 증명서.
seru¹ 외침, 고함
  berseru 큰소리로 부르다(외치다)
  menyerukan 선언하다, 공표하다.
seru² 심한, 지독한.
seruling 피리.
sérum 혈청.
serunai ① 클라리넷 ② 식물의 일종.
serupa ~와 같은 (모양).
serutu 엽권련.
sesak ① 협소한, 비좁은 ② 여유가 없는; penuh *sesak* 입추에 여지없는
  bersesak(-sesak) 매우 가득한
  menyesak(kan) 곤란하게 하다, 어렵게 하다
  tersesak 숨막히는, 곤란한.
sesal 유감, 후회
  bersesal (hati), menyesal 유감으로 생각하다(여기다)
  bersesal(-sesal)an, sesal-menyesal 서로 상반되다, 모순되다
  menyesalkan 후회하다
  kemenyesalan 유감, 후회.
sesama 동료, 동포, 동등한 것.
sesat ① 길을 잃다 ② 타락한, 어긋난
  bersesat 길을 잘못들은
  menyesatkan 그릇 인도하다, 탈선시키다
  kesesatan 비행.
seseorang 어떤 (한)사람.
sesuai ① 적당한, 적합한 ② 일치하는

bersesuaian, berkesesuaian 일치하다, 조화하다
  menyesuaikan 조화시키다
  kesesuaian 적합, 일치
  persesuaian 동의, 일치.
sesuatu 어떤 것.
setabil ☞ stabil
  kesetabilan 안정.
setadion 경기장.
setahu 아는 한[만큼].
setal[1] 마굿간.
setal[2] 철강.
setambul ① 이스탄불 ② 연극의 일종.
sétan 악마, 사탄
  kesétanan 악마에게 홀린.
setandar 표준, 본위.
setang (자전거, 자동차 따위의) 손잡이 핸들.
setasiun 정거장, 소.
setater (운동 경기의) 출발 신호계, 시작하는 사람, (기계의) 시동 장치.
setél (옷이나 그릇 따위의) 벌, 조, 세트
  menyetél ① 설치하다 ② (라디오 따위를) 틀다, 켜다
  setélan ① 한 벌, 한조 ② (라디오, 시계 따위의) 스위치.
setelah ~한 후에.
setém ① 투표(권) ② 조화를 이루는
  menyetém ① 투표하다 ② 조율하다.
setémpel 도장, 인, 소인.
setén (gun) 자동 소총.
etengah 반 ☞ tengah.
eténsil 원지 ☞ stensil.
eterika 다리미
  berseterika 다리미질 된
  menyeterika 다리미질 하다.
eterip ① 줄, 줄무늬 ② 휘장.
eteru 적, 반대자
  berseteru 적의가 있는
  memperseterukan 아주 싫어하다
  menyeterui ~를 적대시 하다

perseteruan 적의, 적대.
seterum 전류.
seterup 시럽, 당밀.
setia 충실한, 신의 있는
  bersetia 충성스러운
  kesetiaan 충성.
setiap 매.
setimbang 균형, 평형.
setinggi ① (바람의 조정을 위해) 접을수 있는 돛의 부분 ② ~만큼 높은.
setip 지우개, 고무.
setir (배의) 키, (자전거 따위의) 손잡이, 핸들
  menyetir (=memegang setir) 운전하다
  penyetir 운전수.
setiwal, setiwél 장화, 각반.
setop 정지하다, 멈추다
  menyetop 정지시키다
  penyetopan 정지
  setopan 정류소[장].
setor (돈을) 맡기다, 지불하다
  menyetor(kan) 돈을 맡기다, 지불하다
  penyetoran 불입, 납부.
setrip ① 줄, 줄무늬 ② 휘장(군인의 계급장).
setuju 동의하다 ☞ tuju.
séwa (uang séwa) 임대료, 임차료, 셋돈
  menyéwa 세내다
  memperséwakan, menyéwakan 세놓다, 임대하다
  penyéwaan 임대차, 임대
  séwaan 임대하거나 임대 되는 것〔집·땅 따위〕.
si 《명사화 형태소 또는 의인화 형태소의 일종》 ① 사람의 이름 앞에 쓰일 때는 주로 경멸의 뜻이 포함됨. ② 뒤에 위치하는 단어와 관련된 사람을 나타냄(동화 속에서는 종종 동물을 나타내기도 함).
sia, sia-sia 쓸 데 없는, 헛된, 보람 없는
  bersia-sia, tersia-siakan 무익한, 쓸 데 없는

menyia-nyiakan ① 게을리하다, 무시하다 ② 낭비하다
kesia-siaan 쓸 데 없음.
sial 불행한, 불길한, 재수 없는.
siamang 텅스텐, 중석.
siang¹ 낮, 주간(오전 11시부터 오후 3시경까지)
kesiangan ① 늦은, 지각한 ② 늦잠자다.
siang² 깨끗한, 풀이 없는
menyiang 청소하다, 제초하다.
siap 준비된
bersiap 주의하다, 경계하다
bersiap-siap, bersiap-sedia 준비하다
bersiap-siaga 경계 태세를 갖추다, 각오하다
menyiapi 준비하다, 갖추다, 장비하다
persiapan ① 준비 ② 구성 ③ 설립
siap-siapan 항상 준비가 되어 있는, 상비의.
siapa 누구
siapa-siapa 누구든지.
siar¹, bersiar(-siar) 산보하다.
siar², menyiarkan ① 전하다, 전파하다 ② 발표하다 ③ 방송하다
penyiar ① 아나운서 ② 출판자 [인]
(peny)siaran ① 방송 ② 발표 ③ 출판, 발행 ④ 전파.
siarah, siarat *bintang siarah* 혹성, 유성.
siasat¹, (=siasah) ① 조사, 검사 ② 책략, 정책
bersiasat ① 전술의 ② 조사하다
menyiasat(i) 조사하다
menyiasat(kan) ① 처벌하다 ② 심문하다.
siasat² 고문, 벌, 징벌
menyiasat(kan) 고문하다, 징벌하다.
sibuk 분주한, 활동적인
kesibukan 매우 바쁨, 활기.

sidang 회의
bersidang 회합하다, 회의하다
persidangan 회합, 회의.
sidik *sidik jari* ① 지문 ② 지문 조사
menyidik (상세히) 조사하다.
sifat 특질, 특징, 성질, 성격
bersifat ~한 성격[성질·특징·형태]을 지니다
menyifatkan ① 기술[서술]하다 ② 특징[특색]을 나타내다.
sigap 능률적인, 능숙한
bersigap 각오하다.
sih 어조사의 일종(문장의 의미를 확실히 나타내거나 또는 부드럽게 바꾸는 기능을 한다).
sihir 마법, 요술
menyihir(kan) 마법을 걸다.
sikap 태도
bersikap ~한 태도[자세]를 지니다.
sikat ① 솔, 브러시 ② 《수량사》 송이[다발·묶음]
menyikat 솔질하다.
siksa 형벌, 고문
menyiksa(i), menyiksakan 벌주다, 고문하다
siksaan 고문, 학대.
siku ① 팔꿈치 ② *(sudut siku-siku)* 직각(90도) 각, 예각
bersiku 각[곡선]을 지니다
menyiku 구부러지다
menyikukan 팔꿈치로 찌르다.
sikut 팔꿈치
menyikut ① 팔꿈치로 밀고 나가다[찌르다] ② 속이다.
sila¹ (=silakan, silakanlah) 아무쪼록, 부디, 어서(~하여 주십시오)
mempersilakan, menyilakan 권유[간청]하다, 요청하다.
sila² (=bersila) 책상다리를 하고 앉았다, 단정하게 앉다.
sila³ 원칙, 기초, 근거.
silaf 잘못된.
silam¹ ① (해 따위가) 떨어지다 ② 어두운

silam²

menyilam 사라지다
menyilamkan ① 현혹시키다 ② 침몰시키다
tersilam 어둠을 맞이한.
silam² *kapal silam* 잠수함.
silang ① 교차하는 ② 십자형(의)
bersilang 교차하는
silang-menyilang 교차하다
mempersilangkan, menyilang(kan) 교차시키다
persilangan 교차(점), 십자로
tersilang 교차된.
silap ① 환각, 망상 ② 요술
bersilap ① 마법(요술)을 부리다 ② 속이다
menyilap 속이다.
silat 검무(검술)의 일종
bersilat 검무(검술)을 하다.
silaturahim *tali silaturahim* ① 우정, 우애 ② 호의, 친절.
silau 눈부신
menyilaukan 눈부시게 만들다
kesilauan 현혹, 눈부심.
silét *pisau silét* 면도칼.
silih *silih ganti, silih sambut* 서로 번갈아
bersilih 교환하다, 바뀌다
menyilih 바꿔 입다.
silinder 원통(형), 실린더.
silsilah 계보, 족보, 기록.
siluman ① 유령, 눈에 보이지 않는 요괴 ② 불가사의한.
simbol 상징.
simbur, bersimbur 덮치다, 튀기다
menyimbur (물을) 뿌리다
menyimburi 물을 뿌리다
tersimbur 튀긴, 갑자기 치솟은.
simpan, menyimpan 보존(보관)하다, 저축(저장)하다
menyimpankan 보존(보관)시키다
penyimpan 예금자
penyimpanan 보관(저장)소
tersimpan 보관된
simpanan ① 저금, 예금 ② 보관(저장)된 물건 ③ 보관(저장)소.

simpang 빗(나)가다, 분기하다
bersimpang 빗(나)가다, 분기하다
menyimpang 빗나가다, 이탈하다, 벗어나다
penyimpangan 이탈
persimpangan 교차로
bersimpangan 교차하다.
simpati 동정, 연민.
simpatik 동정심이 있는, 마음에 맞는.
simponi 심포니, 교향곡.
simpul 매듭, 마디
menyimpul ① (옷에) 단추를 달다 ② 매듭을 짓다(만들다)
menyimpulkan 매듭을 짓다, 결론을 내리다
kesimpulan ① 결론 ② 요약 ③ 추론
simpulan 매듭, 마디.
sinar 광선
bersinar (빛을) 방사하다, 빛을 발하다
menyinari 비추다, 조명하다
penyinaran ① 조명 ② 발광, 방사.
sindir, menyindir(kan) 암시하다
penyindir 풍자가
sindiran 암시.
sing¹ (벌·기계처럼 빠른 속도로) 윙윙하는 소리.
sing² 골among.
singa 사자.
singgah 기항하다, 머무르다, 들르다
singgah-menyinggah 항구마다 기항하다(들르다)
menyinggahi 들르다
persinggahan 일시적인 체재지, 기항지.
singgasana 왕좌, 왕위, 옥좌.
singgung *garis singgung* 접선
menyinggung 접촉시키다
tersinggung ① 감정이 상한 ② 접촉된

singgungan 접촉.
singkap, menyingkap 폭로〔누설〕하다, 밝히다
menyingkapkan 들추어 내다
tersingkap 열려진.
singkat 짧은.
singkir, menyingkir 비켜 서다, 물러나다, 피하다
menyingkiri ~로부터 피신하다, 피하다
penyingkir 피난민
tersingkir dari ~로 부터 피하다.
singkong 카사아바(열대식물; 뿌리의 녹말로 전분(tapioca)을 만듬).
singsing, menyingsing 개다, 걷히다, (동이)트다
menyingsing(kan) 걷어〔말아〕올리다
tersingsing 걷어 올려진.
sini 여기
dikesinikan 여기로 보내(지)다.
sinis 비웃는.
sinisme 빈정댐.
sinonim 동의어.
sintaksis 문장 구성법, 통사론.
sintétis 합성(의), 인조의.
sinting 기울어진, 경사진.
sintuh (살짝) 대다, 건드리다.
sinyo 유럽 또는 구아 혼혈의 남자 아이.
sipat¹ 특성, 특질, 성질.
sipat² 방향
menyipat(kan) 곧은 지 않은 지를 측정하다.
sipat³ *sipat mata* 속눈썹을 그리는 안료.
sipi 약간 빗나간〔어긋난〕, 스치고 지나간.
sipil 시민(의), 문관(의), 일반사람(의).
sipit (눈이) 크지 않은.
sipu¹, (malu) tersipu-sipu, kesipu(-sipu)an 당황한, 매우 부끄러워하는.
sipu², tersipu-sipu 황급히, 급하게.

siput 달팽이.
siram, bersiram 샤우어하다, 목욕하다
menyiram (물을) 뿌리다
menyiramkan 뿌리다, 끼얹다
persiraman 목욕탕, 샤우어장.
sirap¹ menyirapkan 들썩거리게 하다, 들썩이다.
sirap² 지붕 판자.
sirap³ (=sirep) 조용한.
sirat¹ 그물(의 눈)
menyirat 그물[매듭]을 짓다
tersirat ① 매듭이 있는 ② 내포된.
sirat² 다리, 교량.
siréne 싸이렌.
sirih ① 빈랑 나무(의 열매·잎), 시리 ② (말레이 부인들이 좋아하는) 잎담배의 일종.
siriné 사이렌.
sirip 물고기의 지느러미.
sirkus 서어커스, 곡마단.
sirop, sirup 당밀, 시럽.
sisa 나머지, 여분
bersisa 남다, 나머지가 되다
menyisa(kan) 남기다.
sisi 옆, 측면, 곁, 변두리, 가장자리
bersisi(-sisi)an 나란히
di sisi 옆(쪽)에
mengesisikan 무시하다
menyisi 비켜서다[나다].
sisih, menyisih 멀리 떨어지다, 고립되다
menyisihkan ① 분리하다 ② 냉대하다
penyisihan 격리, 분리.
sisik (물고기·뱀 따위의) 비늘 ② 거북이의 외피〔껍질〕
bersisik 비늘〔껍질〕이 있는
menyisik(i) 비늘〔껍질〕을 벗기다.
sisip, kesisipan 파편이 박히다, 가시가 박히다
mempersisipkan 삽입시키다
menyisipi 꿰매다, 수선〔수리〕하다
sisipan 삽입사, 접요사.

sisir ① 빗 ② 써레 ③ 다발
  bersisir 빗질하다
  menyisir ① 빗다 ② 써레질하다.
sistém 체제, 체계, 조직.
sistématis 조직[계통]적인, 분류상의.
siswa 학생, 생도.
sita 차압, 몰수, 압수
  menyita, mensita 차압하다
  penyitaan 차압하다
  sitaan 차압물()
siti ① 결혼하지 않은 처녀 ② 고귀한 여인을 일컫는 명칭.
situ 저기, 저곳(장소, 위치)
  ke situ 저기로, 저곳으로.
situasi ① 지위 ② 경우, 입장.
siul (=siulan) ① 휘파람(소리) ② 새 소리, 뱀소리.
siuman (기절했다가) 정신을 차리다, 의식을 회복하다.
siur, berkesiuran (바람이) 불다, 윙윙거리다.
skéts(a) 초안, 약도, 스케치.
S.M.A. [Sekolah Menengah Atas] 고등학교.
soak (축전지 따위가) 약한.
soal 문제
  bersoal 질문하다
  mempersoalkan 문제로써 제기하다
  menyoal 질문하다
  persoalan ① 토론, 논쟁 ② 문제.
sobat 친구, 연인
  bersobat 친구가 되다
  menyobati 친구로 사귀다
  persobatan 친선, 우정.
sobék 찢어진
  menyobék 찢다.
soda 소다.
sodok (=penyodok) 삽, 괭이
  menyodok 삽으로 푸다.
sodor, menyodorkan 내밀다, 내뻗다
  penyodoran 제공.
soga (바틱 천의 염료로 쓰이는) 나무의 일종.
sogok (=sogokan) *wang sogok* 뇌물
  menyogok 뇌물을 주다
  penyogokan 증(수)회.
sohor, kesohor, tersohor 유명한.
sok ~척하다, 마치 ~인듯이.
sokoguru 기둥, 받침다리.
sokong 지주, 지지대
  menyokong 지지하다, 원조하다
  sokongan 지지, 지원, 후원.
sol 신(구두) 바닥.
solar *minyak solar* 디젤 엔진에 사용하는 기름(경유).
solder 땜납, 백랍
  menyolder 땜납으로 붙이다.
solék (의상·치장 따위가) 멋진, 잘 차려입은
  bersolék 잘차려 입다
  pesolék 멋장이.
solidaritas 결속, 일치, 단결.
solokan 하수도, 도랑.
sombong 거만한, 자만심이 강한, 건방진
  menyombong 건방지다
  penyombong 거만한[건방진] 사람, 허영장이.
somprét 제기랄.
sondol, menyondol 머리로 받다, (축구에서) 헤딩하다.
songsong¹ ~에 대항하여, 거슬러, ~을 마주보고
  bersongsong 마주보고 가다
  menyongsong ① 환영하다 ② 대항하다.
songsong² 의식[례]용 양산.
sonték, menyonték 밀어 제끼다.
sontoloyo ① 좋지않은 ② 멍청이, 바보.
sop 국, 수우프.
sopan 공손한, 정중한
  menyopani 예절 바르게 대하다
  kesopanan 품행 방정, 예절.
sopir 운전수(사)
  menyopir(i) 운전하다.
sorak (=sorak-sorai) 고함, 환호, 갈채, 응원

soré 오후.

bersorak(-sorai) 환호하다, 응원하다
penyorak (운동 따위의) 팬
sorakan 갈채, 응원.
soré 오후.
sorga 하늘, 천국.
sorong 이동하는, 미는
menyorong 밀다
menyorongkan (앞으로) 밀다, 제출하다
tersorong 강요당하다.
sorot 섬광, 빛
menyoroti 조명하다, 밝히다.
sosial 사회의, 사회적인.
sosiawan 사회 사업가.
sosiologi 사회학.
sosis 소시지.
sosoh, menyosoh 정미하다
penyosohan (beras) 정미소.
sosok 골격, 형체, 모습.
soto 고기 스우프의 일종.
sotong 오징어의 일종.
spasi 간격, 공간.
spatbor (자동차 따위의) 흙받이.
spékulan 투기군[기]
spékulatif ① 사색적인 ② 투기적인.
spésial 특별의, 특수한.
spésifik 특별의, 특수의.
spésifikasi 명세서, 명세, 상술
mengspésifikasi 상세히 기술하다.
stabilisasi 안정화.
stadion 경기장.
staf 직원, 부원, 간부, 참모.
stagnasi 침체, 부진, 불경기.
statis 정적인, 정지 상태의.
statistik 통계(학).
status 지위, 신분, 자격.
stén, sténgun 자동 소총(경기관총)의 일종.
sténo(grafi) 속기(술).
sténsil (글자·무늬를 뜨는) 원판, 스텐슬, 등사판 원지
sténsilan 등사물.
stépa 초원지대, 대초원.
stéril 불모의, 불임의, 내용이 빈약한.
stok 재고(품).
stratégi 전략, 전술, 병법.
stratégis 전략(상)의, 계략의.
stratosfer 성층권.
struktur 구조, 조직, 체제.
studi 연구, 조사, 공부.
stupa 자탑, 솔도파.
sua, bersua 만나다, 마주치다
mempersuakan, menyuakan 대면시키다
persuaan 회합, 조우
tersua 만나다, 마주치다.
suak 소규모의 만.
suaka 수용소, 은신처, 피난처.
suam 열이 있는, 따뜻한.
suami 남편
bersuami 결혼하다, 시집가다
mempersuamikan 시집보내다, 결혼시키다.
suap 한 입, 한 숟가락
bersuap (손으로) 밥을 먹다
menyuap 손으로 먹다
menyuapkan 음식을 먹이다.
suar 횃불, 등화 신호, 집어등
bersuar 횃불을 사용하다
menyuar 횃불을 켜다.
suara 음성, 목소리
bersuara 말하다, 소리를 내다
menyuarakan ① 말하다, 언급하다 ② 노래하다
penyuaraan 연설, 낭독
sesuara 만장일치로.
suargaloka 천국.
suasa (금과 구리의) 합금.
suasana ① 대기 ② 세계, 세상 ③ 정세
menyuasanai 둘러[에워]싸다.
suatu 하나, 어떤 한~(확실하지 않은 사물을 언급할 때)
sesuatu 어떤, 한~(부정 관사의 역할).
subang 귀엣고리, 귀고리
bersubang 귀고리를 착용하다
menyubang 얇게 자르다(썰다).
subsidi 보증금, 장려금.
subuh *waktu subuh* 새벽.

subur 비옥한, 기름진
  menyuburkan 성장시키다
  kesuburan ① 비옥 ② 번영.
subvérsif 전복시키는, 파괴하는.
subyék ① 주제, 제목 ② 주어.
subyéktif 주관적인, 본질의.
suci ① 깨끗한, 청결한 ② 신성한
  bersuci (기도 전에) 몸을 깨끗히 씻다
  menyucikan ① 정화하다 ② 신성하게 하다
  penyuci 청정제.
sudah 이미, 벌써
  bersudah 끝나다
  bersudah-sudah (가족·부부·우정 따위의 관계가) 끝나다, 중지되다
  menyudahi 끝내다, 마치다
  kesudahan 종결, 맺음
  penyudahan 종말, 결론
  sesudah ~한 후.
sudara 형제 ☞ saudara.
sudi ~할 용의가 있는
  bersudikan ~하기를 좋아하다, 기꺼이 ~하다
  menyudikan, mempersudikan 기꺼이~하도록 만들다
  kesudian 용의, 준비.
sudut ① 구석, 모퉁이 ② 방향, 방면
  menyudut ① 각을 형성하다 ② 구석으로 피하다[가다].
suf 양모, 털실.
sugésti 제안, 암시.
sugi ① (=*kayu sugi*) 이쑤시개 ② (씹는 담배의) 한입
  bersugi ① 이쑤시개를 사용하다 ② 담배 한 입을 씹다
  pesugi 이쑤시개.
suguh, menyuguh(kan) 제공하다, 대접하다
  menyuguhi 향응하다
  suguhan 향응, 대접.
suhu 체온, 온도, 기온.
suit, bersuit 휘파람을 불다
  suitan 휘파람.

suji (sujian) 수놓기, 자수
  bersuji 수놓아진
  menyuji 수놓다, 자수하다.
sujud 무릎을 꿇고 머리를 땅에 대고 행하는 이슬람교의 절[기도].
suka 좋아하다, 기뻐하다
  bersuka-suka 즐기다, 재미있게 지내다
  bersuka-sukaan 즐기다
  menyukakan 기쁘게 하다
  kesukaan ① 쾌락 ② 취미
  sesuka (hati), sesuka-suka ~의 마음대로, 본인의 뜻에 따라서.
sukacita 즐거운, 기쁜
  bersukacita 기뻐(즐거워)하다.
sukar 어려운, 곤란한
  mempersukar, menyukarkan 걱정시키다, 괴롭히다, 어렵게 만들다.
sukaréla ① 자원봉사자 ② 자발적인
sukaria 기쁜, 즐거운, 명랑한, 유쾌한
  bersukaria 기뻐하다, 명랑하다.
sukma 혼, 영혼, 정신.
suksés 성공(하다)
  mensukséskan 성공시키다.
suku ① 다리 ② 종족
  bersuku 다리를 소유하다
  bersuku-suku 종족[집단]별로 나뉘다
  sepersukuan 동족, 친족.
sukur (신에 대한) 감사.
sulam¹ 수놓기, 자수
  menyulam 수놓다, 자수하다.
sulang², bersulang-sulangan 서로 먹을 것[마실 것]을 주고 받다
  menyulang(i) 음식[음료]을 주다[권하다]
  sulang-menyulang 사이좋게.
sulap (=*sulapan*) 요술, 마술
  bersulap 마법을 쓰다
  penyulap (tukang sulap) 마법[마술]사.
suling ① 피리 ② 휘파람
  menyuling ① 피리를 불다 ②

휘파람을 불다.
sulit 어려운, 곤란한, 복잡한
  mempersulit, menyulitkan 어렵게 만들다
  kesulitan 어려움, 곤란.
sultan 술탄, 군주, 제후
  kesultanan 술탄이 통치하는 지역, 회교국.
sultanat 군주국, 왕국.
suluh 횃불
  bersuluh 횃불을 밝히다
  menyuluh(i) 횃불을 이용해 잡다.
sulung 맏아이의, 맏이의.
sumbang[1] 부도덕한
  menyumbangkan (langkah) 부도덕한 짓을 저지르다
  kesumbangan 무례함.
sumbang[2], **menyumbang** 기부[기여]하다, 공헌하다
  menyumbangkan 기여[공헌]하다, 바치다
  penyumbang 기부[기고, 투고]자, 공헌자
  sumbangan 기부(금), 의연금.
sumbat 마개, 뚜껑
  menyumbat (틀어)막다.
sumber ① 우물, 샘 ② 원천, 출처 ③ 자원.
sumbing ① (톱날 모양으로) 뾰족 뾰족한 ② 찢어진.
sumbu[1] 신관, 도화선
  pesumbuan 심지 또는 신관이 있는 장소.
sumbu[2] 바퀴의 굴대, 축축.
sumbu[3] *sumbu badak* 코뿔소의 뿔.
sumpah 맹세, 맹서, 선서
  bersumpah 맹세하다
  menyumpah 맹세하다, 선서하다
  persumpahan 선서, 서약.
sumpit[1], **menyumpit** 취관으로 이용해 쓰다
  sumpitan 취관.
sumpit[2] 젓가락.
sumpit[3] 마대, 자루.
sumsum 뼛골, 골수.
sumur 우물, 샘.

sunah (회교에서) 의무가 부여되지 않아도 잘 행하여지는 일.
sunam, menyunam ① 침투하다 ② 급강하하다
  nenyunamkan 밀수(입·출)하다.
sunan 수난, 왕.
sunat *sunat rasul* 할례
  menyunat(i), menyunatkan 할례를 행하다.
sundal ① 창녀, 매춘부 ② 부도덕한, 음탕한
  bersundal, menyundal 매음 행위를 하다.
sungai 강.
sungguh 진실한, 참된, 맞는
  bersungguh-sungguh 최선을 다하다
  mempersungguhi, menyungguhi 성심성의를 다하여 행하다
  penyungguhan 입증, 증명
  sesungguh(nya) 실은, 사실상.
sungguhpun (비록) ~라 할지라도.
sungkit[1] (=**bersungkit**) 수예품을 만들다
  menyungkit 수놓다, 자수하다.
sungkit[2], **menyungkit** 마개를 뽑다[따다].
sungkup (=**penyungkup**) 뚜껑, 덮개, 마개
  bersungkup 덮이다
  menyungkup(i) ~을 덮다
  tersungkup 덮인.
sungkur, menyungkur 땅에 닿을듯이 머리를 잔뜩 낮추다
  tersungkur 엎어지다.
sunglap 마법, 마술, 요술
sungsang 거꾸로, 반대로
  menyungsang 거꾸로 하다.
sungsum ☞ **sumsum**.
sungut[1] ① 더듬이 ② (볼)수염, 콧수염.
sungut[2], **bersungut(-sungut)** 투덜대다.
sunnah 훌륭한, 추천할만한.
suntik *jarum suntik* 주사 바늘

sunting

menyuntik 주사하다
(peny)suntikan 주사, 주입.
sunting (머리 또는 귀 뒤에 다는) 장식품
bersunting 머리 또는 귀 뒤에 장식품을 달다
mempersunting 장식하다
menyuntingkan ~을 장식물로 착용하다.
suntuk 너무(아주) 늦은
tersuntuk 연착하다, 늦게 도착하다.
sunyi 외로운, 고요한, 조용한
bersunyi(-sunyi) 고독을 즐기다
kesunyian 고독, 고요.
sup 수프, 국.
supaya ~하도록, ~하기 위하여.
supit 젓가락 ☞ sumpit.
suprémasi 지상권, 주권.
Sura 회교력의 첫번째 달.
suralaya 천국.
suraloka 천국.
suram 희미한, 흐린
menyuram 희미해지다
menyuramkan 어둡게[희미하게] 하다.
surat 편지, 증명서, 증서
bersurat 글씨가 쓰여진[새겨진]
menyurat (글씨를) 쓰다
menyuratkan (편지를) 쓰다
tersurat 쓰여진
suratan 글씨.
surau (회교도의) 작은 예배당.
surban 터어번 ☞ serban
surga 천당.
suria 태양.
suruh, menyuruh(kan) 명령하다
penyuruh 명령자
pesuruh 사절, 사령
suruhan 위임, 명령.
suruk, menyuruk (몸을) 숨기다
menyuruk-nyuruk 숨기다, 감추다
menyuruki ~의 밑을 기어가다
tersuruk 숨겨진

susup

surukan 피난.
surut 물러나다, 퇴각하다
menyuruti ① 줄이다, 덜다 ② 되돌아 오게하다
menyurutkan 퇴각(후퇴)시키다
tersurut ① 뒤진하다, 물러나다 ② 줄어들다.
surya 태양.
susah 곤란, 어려움, 문제
bersusah-susah, bersusah payah 어렵게[힘들게] ~을 하다
mempersusah(kan) 어렵게[곤란하게] 만들다
menyusahi 걱정시키다
kesusahan ① 어려움, 곤란 ② 슬픔, 비통.
susastra, kesusastraan 문학
susila 도덕상의, 예절바른
kesusilaan 도덕, 예의 바름.
suster 간호원.
susu¹ ① (=air susu) 우유, 모유 ② 젖통, 젖가슴
menyusu 젖을 빨다
menyusui ~에게 젖을 먹이다.
susu², kesusu 급히.
susuk¹ 잔돈, 거스름돈.
susuk², susukan 운하.
susuk³ susuk tubuh 몸집, 체격.
susuk⁴ 못, 징.
bersusuk 편을 꽂다
bersusuk-susuk(an) 꽉 차다
menyusuuk 찌르다, 꽂다.
susul, menyusul 뒤따르다, 쫓다
menyusuli 동반하다, 함께가다
menyusulkan 추가[첨가]하다
penyusul 추적[추종]자.
susun 무더기, 더미
bersusun 쌓아 올린
menyusun(kan) 쌓다, 정리하다
penyusun 구성자, 조직자, 편찬자
tersusun 쌓인, 작성[구성].
susup susup sasap 이곳 저 곳으로 가다

menyusup ① 기다 ② 침투(침입)하다
menyusupkan ① 밀어넣다 ② 침투시키다
penyusupan 침입, 침투.
susur 가장자리, 테두리
menyusur(i) 가장자리를 따라가다.
susut, menyusut 감소하다
menyusuti 감소시키다
menyusutkan 감소시키다.
sutan 수마트라지방의 귀족에게 붙이는 칭호
bersutan(-sutan) 귀족 신분을 자랑하다.
sutera 비단, 실크.
sutradara 연출가.
swadaya 자력, 자율.
swapraja 자치 지역.
swasta 사립, 개인, 민간.
swatantra 자치, 자치권, 자치 단체.
syah 통치자, 왕.
syahadan ☞ syahdan.
syahadat ① 신앙 고백 ② 증거, 증언.
syahbandar 항무관.
syahdan 그리고 나서, 그동안.
syahid 순교자.
syair 시, 운문
bersyair 시를 짓다

penyair 시인.
syaitan ☞ sétan.
syak 의혹, 의심
mensyak 추정(가정)하다
mensyaki 의심하다.
syal 어깨 걸치개, 숄.
syarah 설명, 해설
bersyarah 설명하다
pensyarah (대학의) 강사
syarahan 강의, 선전.
syarat ① 규정 ② 요건, 조건
bersyarat 조건있는
mensyaratkan ~을 조건으로 정하다.
syarekat ☞ syarikat.
syariat 회교의, (종교) 규율.
syarif 최고 통치자, 지위(신분)가 높은, 고귀한, 군주.
syarifah 예언자 모하맛의 여자 후손.
syarik 친구.
syarikat 연합, 조합.
syék, (=syéh) ① 아랍인에 대한 호칭(특히 모하맛의 후손에 대해서) ② 회교 지도자(종교학자)에 대한 존칭.
syorga, syurga ☞ surga.
syukur (신에게) 감사하다
bersyukur 감사드리다
mensyukuri ~에게 감사하다.

T

taala 숭고한, 장엄한.
taat 복종하다, 순종하다, 따르다.
tabah¹ ☞ tebah.
tabah² *tabah hati* 굳게 결심한, 단호한
　ketabahan 결단, 단호.
tabél 표, 목록, 일람표.
tabiat ① 성격, 성질 ② 행위, 행동.
tabib 의사
　ketabiban 의학, 약제술.
tabir 커어튼, 막, 장막, 간막이 천
　bertabir 장막을 두르다
　menabiri 장막(커어튼)으로 덮다.
tablét 알약, 환약.
tablig (이슬람교의) 설교, 전도.
tabrak *tabrak tubruk* 각종 (차량의) 사고
　tertabrak 들이 받는, 부딪치는
　tabrakan 충돌.
tabu 금기, 금제
　menabukan 금기로 여기다.
tabuh (회교 사원에서 치는) 큰 북
　menabuh 북을 치다
　penabuh 북 치는 사람.
tabun, menabun (연기 따위가) 피어 오르다, 태우다
　tabunan (쓰레기 따위의) 소각.
tabung 저금통
　menabung(kan) 저축하다
　tabungan 저금통, 저축.
tabur, betabur(-tabur)an 흩어지다, 퍼지다
　menabur 뿔뿔이 흩다, 뿌리다
　menaburi ~에 뿌리다
　menaburkan 씨뿌리다, 파종하다.
tadah ① 그릇 ② 저장소, 저수지
　menadah ① (떨어지는 것을) 받다, 도둑질한 물건을 받다
　menadahkan (떨어지는 물건 따위를) ~에 받다.
tadbir 관리, 감독, 지배
　men(t)adbirkan 관리하다
　pertadbiran 관리, 감독, 지배.
tadi 방금 전, 조금 전.
taékwondo 태권도(한국의 국기).
taf(a)kur 심사숙고, 묵상.
tafsir 해석, 번역
　men(t)afsirkan ~을 번역하다, 해석하다
　pentafsir 해설자
　tafsiran (=tafsir) 번역, 해석.
tagar 천둥, 뇌성.
tagih¹ 탐닉하는, 몰두하는, 갈망하는.
tagih², menagih (빚을) 독촉하다, 지불을 요구하다.
-tah 의심을 표시하는 의문 접미사.
tahan 참다, 참아내다
　menahan 제지하다, 억제하다
　ketahanan 견딤, 참아냄
　penahanan 구류, 구치, 구금
　pertahanan 방어, 방위
　tertahan 방해받는
　tahanan 저항, 저지.
tahap(an) 계급, 등급, 지위.
tahar, bertahar (악천후 속에서도) 계속 항해하다, 나아가다.
tahi 지꺼기, 똥, 배설물.
tahniah 축하, 경하.
tahta ☞ takhta.
tahu¹ 알다, 알고있다, 이해하다
　mengetahui 알다, 알아채다
　ketahuan 알아 차린, 발각된
　pengetahunan 지식, 학문.
tahu² 두부.
tahun 해, 년, 년도
　bertahun-tahun 여러 해 동안
　menahun ① 오랫동안 머물다 ② 만성의

tahunan ① 연간 ② 연, 일년에 한번씩.
tahyul ☞ takhyul.
taipun ☞ taufan, topan.
tajak 괭이
  menajak 괭이질 하다.
tajam 예리한, 날카로운
  mempertajam(kan) 예리하게 하다, 갈다
  menajamkan 심하게 하다.
taji 쇠발톱(투계의 발톱에 다는)
  bertaji 쇠발톱을 단.
tajin 풀, 전분.
tajub 놀람, 경악.
tajuk 돌출부
  menajuk 내밀다, 내뻗다.
tak 《부정사》 ~이 아니다.
takabur 교만한, 버릇없는.
takar ① 솥 ② (액체 따위를 재는) 용적의 단위 ③ 수병, 유리병
  menakar 재어서 나누다, 측정하다
  takaran 측정, 도량.
takdir 신의 뜻, 숙명, 운명
  menakdirkan (신이 사람을) 예정하다, 운명짓다.
takhayul 미신, 믿음.
takhta 왕위, 권좌, 왕좌
  bertakhta 통치하다
  men(t)akhtakan 왕위에 올리다.
takjub 놀람, 경악 ☞ tajub.
taklim 존경, 경의.
takluk 준수하는, 따르는, 지키는
  men(t)aklukkan 정복하다, 복종시키다
  taklukan 종속된, 정복된.
taksi 택시
  menaksikan ① (자동차를) 택시로 사용하다 ② 택시를 태워주다.
taksir¹ 평가, 견적
  men(t)aksir 평가하다
  taksiran 평가, 견적.
taksir² 결점, 부족, 실패
  men(t)aksirkan 태만하게 하다, 소홀히하다.
taktik 전술, 전략.

takut 무서워 하다, 두려워하다
  menakutkan ~을 무서워하게 만들다
  ketakutan 두려움, 무서움
  penakut 겁장이.
takzim 존경, 경의.
tala, menala (악기를) 조율하다, 조정하다
  penala 음차, 소리 굽쇠
  setala 가락이 같은, 장단이 같은.
talaah, menalaah ① 연구하다 ② 해독하다.
talak 이혼, 이별
  men(t)alak(i) 이혼하다, 이별하다.
talam 쟁반, 소반.
talang¹ 바닷 물고기의 일종.
talang² (지붕의) 홈통, 물받이.
talang³ 중개인.
talas 타로 토란 (남양산 토란의 일종).
talén, setalén 25전.
tali 끈, 줄, 실, 로우프
  bertali 줄이 달린, 끈이 있는, 관련된
  pertalian ① 관계, 연관 ② 연결
  setali 서로 관련된.
talibun 송시.
talu¹, bertalu-talu 계속해서.
talu² (그림자 극의) 개막 연주.
talun, bertalun 되울리다, 반향하다, 공명하다.
tamak 탐욕, 큰 욕심.
taman 정원.
tamasya 경치, 경관
  bertamasya 소풍가다, 구경가다, 관광을 하다.
tamat 끝난, 완료한, 졸업한.
tambah 더하기, 가산 ② 추가, 부가
  bertambah 증가하다
  menambah 더하다
  tambahan 부가, 추가
tambak 둑, 제방
  menambak 댐을 막다.
tambal 헝겊, 누더기 조각, 부스러기

tambang¹

menambal (석고를 넣어) 고치다, 수선하다

tambang¹ 광산, 광업소, 탄광
pertambangan 광업, 채광.

tambang² 나룻배
menambang 배를 이용하다
menambangkan (짐·승객 따위를) 운송[수송]하다
penambangan 운송, 수송.

tambang³ 밧줄
menambang 밧줄로 묶다.

tambang⁴ 말뚝, 기둥
menambangkan (소·염소 따위를) 말뚝에 매다.

tambat, bertambat (밧줄로) 매인, 묶인, 속박된.

tambur 북.

tampa *salah tampa* 오해 (하는), 잘못 받아들이는
menampa 추측하다.

tampak 보이는, 볼수 있는
menampakkan 보여주다, 나타내다
tampaknya (실제로는 어떻든간에) 보기에는.

tampal ① 헝겊, 누더기 ② 수선
menampal 수선하다
menampalkan (풀 따위로) 붙이다.

tampan 적당한, 적절한, 알맞은.

tampang ① 뭉치, 더미 ② 외모, 외관
penampang 얼굴.

tampar 찰싹(치기), (손바닥 따위로) 침, 때림.
tamparan 치기, 때리기, 강타.

tampél, menampél 접촉시키다, (운동 경기에서) 터치 다운하다.

tampi, menampi 까부르다, 키질하다
tampian ① 까부른 것 ② 키.

tampik ☞ tempik; *tampik* sorak 외침, 소리를 지름
menampik 거부하다
tampikan 거부, 거절.

tampil (앞, 표면으로) 나타나다, 출현하다
menampil 출현하다
menampilkan 내보이다.

tampuk 권력, 권좌
bertampuk 통치하다.

tampung, menampung ① (비를) 맞다, (폭풍우가) 엄습하다 ② 가로채다 ③ 수용하다
penampung 가로채는 사람[것]
penampungan 수용.

tamsil 예, 실례
men(t)amsilkan 비유해서 말하다
tamsilan 비유, 비교.

tamtama 사병, 병사.

tamu 손님, 방문자, 방문객
bertamu 방문하다, 찾아가다
ketamuan 손님의 내방.

tamzil ☞ tamsil.

tanah ① 땅, 토지, 육지 ② 나라, 국토, 국가; *tanah* air 조국
bertanah 토지[땅]를 갖다.

tanak, bertanak (밥 따위를) 짓다, 끓이다, 익히다
menanak 밥을 짓다.

tanam, bertanam 심다, 재배하다, 뿌리다
tanam-menanam 식물 재배, 농사
menanami ~에 심다, 재배하다
penanaman ① 경작, 재배 ② 투자; *penanaman* modal asing 외자(外資)
tanaman ① 작물, 수확 ② 경작.

tancap, menancap(kan) 깊숙이 박다, 파묻다, 내리 꽂다.

tanda 표시, 기호, 부호
bertanda 표시된, 표시하다
menandai 표시를 해 놓다
tertanda 표시된, 서명된.

tandak (여자 무용수가 추는) 자와 지방의 춤
bertandak, menandak 춤추다, 무용하다

tandan *setandan pisang* (바나나 따위의) 한 묶음.

tandang 방문, 찾아감

tandas¹ 198 **tangki**

  bertandang 방문하다
  menandangi ~에 찾아가다.
tandas¹ 당진한, 거덜난, 일소한
  menandaskan 당진하다, 낭비하다.
tandas² (특히 개울에 설치한) 화장실, 변소.
tandas³ 굳은, 단호한, 확고한.
tandatangan 서명, 사인
  menandatangani 서명하다
  penandatanganan 서명.
tanding¹, (=tandingan) 호적수, 상대, 필적하는 사람
  bertanding 경쟁이 되다
  menandingi ~에 대항하다, ~와 경쟁하다
  pertandingan ① 시합 ② 경쟁.
tanding², tandingan 더미, 무더기, 무리
  menanding 더미[무더기]로 나누다.
tandu 가마, 인력거
  bertandu 가마를 타다
  menandu 가마에 실어 나르다.
tanduk¹ (동물의) 뿔
  bertanduk 뿔이 있는
  menanduk 뿔로 밀다, 들이 받다.
tanduk² 행동, 활동, 행동 방향.
tang¹ 집게, 족집게.
tang² 탱크, 수조.
tang³ ~에 관하여, ~에 대한.
tangan ① 손 ② (앞) 팔
  menangani ① (일·문제의 해결을 위하여) 바짝 달려 들다 ② 손으로 때리다.
tangas 증발, 기화, 증기 요법
  bertangas 증기욕을 하다
  menangas 증기로 찌다[삶다]
  penangas 증기욕.
tangga ① 사다리 ② 계단
  bertangga 계단이 있는.
tanggal¹ 떨어지다
  menanggalkan ① ~을 벗다(게 하다) ② 뽑다, 빼다.
tanggal² 날짜, 기일, 시일
  bertanggal 날짜가 있는, 날짜가 기록된

  tertanggal 날짜가 적힌.
tanggap, menanggap 관찰하다, 주의를 기울여 ~하다
  menanggapi 반응하다
  tanggapan 의견, 주장.
tangguh¹ 연기, 지연, 늦춤
  bertangguh 연기하다
  mempertangguhkan 연기시키다
  menangguhkan 연기하다
  penangguhan, pertangguhan 연기, 늦춤.
tangguh² 강인한, 힘센, 굳은.
tangguk 어망
  menangguk 어망으로 고기를 잡다.
tanggul ① 댐 ② 제방 축조
  menanggul 댐을 쌓다.
tanggung¹ (=ditanggung) 보장된, 확실한
  menanggung 보증하다
  penanggung 보증, 보장 보증인, 보장자
  tanggungan 책임, 보증, 보장.
tanggung² 불충분(불완전)한.
tanggung jawab 책임, 의무
  bertanggung jawab 책임지다
  menanggung jawab 책임지다
  penanggung jawab 책임자, 보증인.
tangis 눈물을 흘리는, 우는
  bertangisan 울다, 눈물을 흘리다
  menangis 울다
  menangisi ~때문에 울다.
tangkai ① 줄기, 대, 잎 자루 ② 자루, 손잡이 ③ (꽃을 세는 수량사로 쓰여) ~송이.
tangkap, ketangkap 잡힌, 붙잡힌, 체포된
  menangkap 붙잡다, 붙들다
  menangkapi 붙들다, 체포하다
  penangkapan 붙잡음, 체포.
tangkas 솜씨 좋은, 손재주 있는
  ketangkasan 솜씨 좋은, 재주 있음.
tangki 탱크, 수조, 유조 탱크.

tangkis *bulu tangkis* 배드민턴(올하다)
menangkis(kan) ① 받아 넘기다 ② 반격하다, 반박하다
tangkisan 방어, 방호, 저항.
tangkup, bertangkup, menangkup 닫다, 폐쇄하다
setangkup (좌우) 대칭적인, 균형이 잡힌
tertangkup 닫친.
tanglung (종이로 만든) 랜턴.
tangsi ① 병영, 막사 ② 감옥.
tani 농부, 재배자, 경작자
bertani 재배하다
petani 농부
pertanian 농업, 재배, 경작.
tanjak 경사진, 비스듬한
menanjak 경사지다
tanjakan ① 경사, 비탈 ② 상승, 올라감.
tanjung 곶, 갑, 반도
menanjung ① 곶처럼 튀어 나오다 ② 곶을 따라 항해하다.
tanpa ~없이, ~이 없는.
tantang, menantang 도전하다, 맞서다, 대항하다, 저항하다
tantangan 도전, 대항.
tante 아주머니.
tanur 노, 아궁이, 화덕.
tanya (질문, 성명의) 요청
bertanya 질문하다
menanya 물어보다
menanyakan ~에 대하여 물어보다
pertanyaan 질문, 물음.
tanzil 하늘 또는 천국에서 내려온 것, 코란.
taoco 두부의 일종(중국인의)
taogé 숙주나물.
tapa 고행, 금욕생활, 고난
bertapa 금욕 생활을 하다
pertapaan ① 은거처, 고행을 한 장소 ② 금욕주의.
tapai 발효시킨 타피오카(카사아버 전분).
tapak ① 길이의 단위(뼘, 족장) ② 흔적, 자국

menapak ① 뼘으로 재다 ② 밟다, 디디다
setapak ① 단계, 계단 ② 한 뼘.
tapal[1] 치약.
tapal[2] 편자.
tapal[3] *tapal batas* 경제, 국경 지역, 한계.
tapelak 테이블 보, 책상 보.
tapioka 타피오카(카사아버에서 만든 식용 전분).
tapis *kertas tapis* 여과지
menapis 여과하다
penapis 여과기, 체.
taplak ☞ tapelak.
tapuk[1] ☞ tampuk.
tapuk[2] (얼굴의) 흉터, 얽은 자국.
tara 같은, 동등한
bertara (=tertara) 필적하는, 대등한
setara 같다, 대등하다.
taraf, tarap 표준, 기준, 규범
setaraf 같은 등급의.
tarah, bertarah 평평한, 평탄한
menarah 평평하게 하다
tarahan 평평한 것.
tarap ☞ taraf.
terbus 페스모(붉은 색이며 양동이를 엎어 놓은 것 같은 모양, 검은 술이 달려 있음).
tari 춤, 무용, 댄스
menari-nari (즐거워서) 둥실둥실 춤을 추다
penari 무용수
tari-tarian 춤, 무용.
tarif ① 정의, 한정 ② 세율표, 정가표.
tarik, bertarik-tarikan 끌다, 끌어 당기다
menarik 끌다, 끌어당기다
penarik 끄는 사람, 당기는 사람, 뽑는 도구
tertarik ① 뽑힌, 뽑아낸 ② 관심을 가지는, 끌리는.
tarikat 길, 방법, 생활방식.
tarikh 연대, 시대, 시기, 기원
men(t)arikhkan 역사적인 사건

taring 길고 뾰족하게 난 이, 송곳니.
tarip (=tarif) 요금, 시세, 값, 정가표.
taruh (내기에) 건돈, 상금, 판돈
bertaruhkan ~을 맡기다, 위임하다
mempertaruhkan 담보로 잡히다
menaruh 두다, 놓다, 맡기다
menaruhi ~에 두다, 놓다
pertaruhan ① 내기 ② 저금, 예금.
tarum (잎으로 인디고를 만드는) 나무의 일종.
taruna ☞ teruna.
tarung, bertarung 싸우다, 투쟁하다, 논쟁하다
mempertarungkan 싸움을 붙이다
menarung 싸우다, 다투다
penarung 장애물, 방해물
tertarung 충돌되다.
tas¹ (가죽 따위로 만든) 가방, (부인용) 핸드백.
tas² (갑작스럽게 나는 날카로운 소리) 탕, 우지끈, 찰칵.
tasbéh ☞ tasbih.
tasbih ① 신을 찬미함 ② 묵주
menasbihkan 신을 찬미하다.
tasik 호수, 내해.
tata 질서, 순서, 조직, 제도.
tatabahasa 문법(文法).
tatah 상감, 새김, 박아 넣음
bertatah(kan) 새긴, 박아 넣은
menatah 입히다, 아로 새기다.
tatang, menatang (손으로) 나르다, 운반하다.
tatap, menatap 자세히 보다, 열심히[뚫어지게] 바라보다
menatapi ~을 주의해서 보다, 응시하다
tatapan 관찰, 주시.
tatih ① (어린아이가) 아장아장 걷다 ② 흔들흔들하는, 동요하는.
tating ☞ tatang.
tatkala ~할 때, ~할 즈음에.

tau ☞ tahu.
taubat ① 후회, 회한 ② 포기, 금지.
taufan 폭풍, 허리케인.
taufik 신의 가호, 도움.
tauge ☞ taoge.
tauké ① 주인, 고용주 ② 화교에 대한 존칭.
tauladan 예, 보기, 모델.
taulan 친구, 동료.
taun ☞ tahun.
taup (상처가) 아물다.
taurad, taurat, tauret 모세의 율법, 구약 성서.
taut¹, bertaut ① (상처가) 아물다 ② 결합하다
mempertautkan, menautkan 결합시키다, 맞물리다
pertautan 접촉, 결합.
taut² 주낙.
tawa ☞ tertawa, ketawa.
tawakkal, tawakkul (신에게) 복종함, (신을) 따르고 믿음.
tawan, menawan 포획하다, 사로잡다, 생포하다
tertawan ① 감금된, 투옥된 ② 마음이 사로잡힌
tawanan 포로, 억류자.
tawar¹ 맛없는, 무미건조한
menawar 살균하다, 소독하다
menawari 중화시키다, 지우다
menawarkan ① 낙담시키다, 용기를 잃게 하다 ② 중화시키다
penawar ① 해독제, 중화제 ② 살균제, 소독제.
tawar² (값·조건 따위를) 깎다, 할인하다
tawar-menawar (값을) 흥정하다
menawarkan (어떤 값으로 물건을) 팔려고 내놓다
tawaran 입찰, 입찰 가격.
tawas 백반, 명반.
tawfik (신의) 도움, 보살핌.
tazim 존경, 경의.
tebah, menabah 때리다, 치다, 두드리다.

tebak 추측, 짐작
menebak 추측하다, 짐작하다
tebakan ① 추측, 짐작 ② 수수께끼.

tebal 두꺼운, 굵은, 거칠은
menebal 짙어지다, 빽빽해지다
menebalkan 강화[증강, 보강]하다, 북돋우다.

tebang, menebang (나무를) 베다, 베어 넘기다, 벌목하다
penebang 나뭇군
penebangan 벌목.

tébar, bertébar(an) 퍼지다, 보급되다
mempertébarkan 퍼뜨리다, 뿌리다
menébar(kan) ① (냄새 따위를) 피우다 ② 펴다, 펼치다.

tebas¹, menebas 베어버리다, 치워 없애다
menebaskan ~으로 베다, 자르다.

tebas², menebas 도매로 사들이다
menebaskan 도산매하다, 도매로 팔다
tebasan 도매 구입.

tebat ① 제방, 둑 ② 연못.
tébécé 결핵.
tébéng 병풍, 막, 휘장
menébéng 간막이 하다, 휘장으로 가리다.

tebing ① 제방, 둑 ② 절벽.
tebu ① 사탕수수 ② 관절
bertebu-tebu 관절[마디]로 잇다 (이어지다)
menebu-nebu 관절[마디]로 잇게하다.

tebuk, menebuk 구멍을 내다, 뚫다, 꿰뚫다.
tebus, menebus(i) 배상하다, 이행하다
penebus 속죄자, 배상자
tebusan 속죄, 배상.

tedeng 막, 휘장, 덮개
bertedeng(an) 가리다, 덮다.
teduh ① 조용한, 잠잠한 ② 은신처, 보호소
berteduh 피하다, 대피하다
keteduhan ① 조용해짐 ② 대피소.

tedung *ular tedung* 독사 (코브라의 일종).
tefakur ☞ tafakur.
téga 차마 ~하다, 견디다.
tegah, menegahkan 금지하다.
tegak 똑바로 선, 서있는
menegakkan 세우다, 짓다
penegakan 유지, 보존
tertegak 곧바로 선.

tegal¹ (=*tanah tegalan*) 밭, 화전, 마른 논.
tegal² 왜냐하면, ~때문에.
tegang (밧줄·돛이) 팽팽하게 쳐진
bertegang 견디다, 버티다
menegang 단단해지다, 팽팽해지다
menegangkan 죄다, 팽팽하게 하다
(per)tegangan 긴장, 신장.

tegap (몸이) 탄탄한, 굳은, 확고한, 단호한
menegapkan 강화하다
ketegapan 탄탄한, 굳음.

tegar 뻣뻣한, 굳은
ketegaran 완고, 고집셈.
tegas 분명한, 명백한
menegaskan 설명하다
(pen)tegasan 설명
pertegasan (=*penegasan*) 정의, 확인.

tegor ☞ tegur.
teguh 견실한, 견고한, 고수하는
memperteguhkan, meneguhkan 확인하다, 굳게하다
keteguhan 견고, 견실.

teguk 한 입, 한 번에 마시는 양
meneguki 마시다, 삼키다.
tegun, tertegun 갑자기 정지하다, 돌연 멈추어 서다
tertegun-tegun (계속) 중지해 있다, 멈추어 서다.
tegur *tegur sapa* 인사(말)

bertegur 서로 인사하다
menegur 인사(말을)하다
meneguri ~에게 인사(말을) 하다.
téh 차, 홍차.
téhnik 기술, 수법, 기교.
téhnis 공업의, 공예의, 기술의.
téja 저녁 놀, 해가 질때의 붉으스레한 빛.
téji *kuda teji* 준마.
ték ☞ tik.
teka, meneka 추측하다, 짐작하다.
tékad 의지가 굳은, 확고한, 단호한
bertékad 결심을 한.
tekak¹ 맛, 미각
menekak (맛이) 입에 달라 붙다, 입에 맞다.
tekak² 고집센.
tekan 압력, 압박
bertekan, bersetekan 기대다, 기대고 서다
menekan 누르다, 압박하다
penekanan 누름, 압박.
tekap 덮개, 커버, 싸는 물건
bertekap 덮다, 싸다
menekap(i) ~을 덮다, 싸다.
tekat 자수, 수
bertekat(kan) 수놓다.
tékat ☞ tékad.
teka-teki 수수께끼.
tekebur ☞ takabur.
tékén 서명, 사인
menékén 서명하다, 사인하다.
teki ☞ teka-teki.
téknik ☞ tehnik.
téknis ☞ tehnis.
téko(h) 차 탕관, 주전자.
tekor (=ketekoran) 부족한, 모자라는.
téks 본문, 원문, 원본.
tékstil 직물, 방직, 섬유
pertékstilan 직물공업.
tekuk, bertekuk 굽은, 굽힌, 뒤틀린
menekuk 접다, 겹치다, 굽다
tekukan ① 접은 주름 ② 머리를 조아림.

tekukur 산비둘기의 일종.
tekun 근면한, 부지런한
bertekun 부지런히 ~하다
menekunkan 집중시키다
ketekunan, pertekunan 근면, 부지런함.
tekur, (bertekur) 머리를 숙이다.
telaah 연구, 분석
men(t)elaah 연구하다
penelaahan 연구, 분석.
teladan 예, 모형, 모범, 실례
meneladan 모범으로 삼다
meneladani 모범을 보이다.
telaga 호수, 연못, 못.
telah¹ 이미, 벌써
setelah (~한) 후에, 뒤에, 다음에.
telah², menelah(kan) 예측하다, 예상하다
penelahan 예측, 예상.
telan, menelan (꿀떡) 삼키다, 삼켜버리다
penelanan 삼키기
tertelan 삼켜진.
telangkai (결혼의) 중매장이, 중개인
menelangkai 중매하다.
telangkup ☞ tangkup.
menelangkupkan 뒤집어 놓다, 거꾸로 놓다.
telanjang, bertelanjang 발가벗은, 노출된, 나체의
menelanjangi 벗다, 벗기다
penelanjangan 벗김, 노출.
telanjur (목적지보다) 더 가다, 지나치다, 과하게 하다
ketelanjuran 지나침, 과도함.
telantar 버려진, 관심 밖에 있는
telap 상처를 입은, 부상을 당하는.
telapak(an) ① 손바닥 ② 발바닥 ③ 바닥, 밑.
telat 늦은, 연착한.
télé¹, bertélé-télé 허튼 소리를 하다, 횡설수설하다.
télé², télé-télé 어리석은, 아둔한.
teledor 태만한, 부주의한, 등한히 하는

meneléd orkan ~을 태만히 하다
keteléd oran 태만.
télégram 전보.
télégrap 전신기.
telempap 손의 폭, 손폭 치수, 뼘.
téléng (한 쪽으로) 뒤틀린, 비뚤어진, 기운
menéléngkan (고개를) 기울이다
tertéléng(-téléng) (고개를) 기울인, 경사진.
telentang, menelentang 눕다, 드러눕다
menelentangkan 눕히다
tertelentang 누워있는.
télépisi ☞ télévisi.
télépon 전화
menélépon 전화하다.
téléskop 망원경.
télévisi 텔레비전 수상기.
télgram 전보.
telinga 귀.
telingkah, bertelingkah 다투다
teliti 정확한, 정밀한, 세밀한
meneliti 신중히 조사하다
ketelitian 정확, 정밀, 세밀
peneliti 조사자.
telor ☞ telur.
teluk 만.
telukup ☞ telungkup.
telungkup 엎드리는, 얼굴을 아래로 파묻고 있는
menelungkupkan 엎드리게 하다.
telunjuk 집게 손가락.
telur 알; *telur ayam* 달걀
bertelur, menelur 알을 낳다
menelurkan (알을) 낳다.
telut, bertelut 무릎을 꿇다, 항복하다.
téma 주제, 제목, 테에마.
teman 친구, 동료, 벗
berteman 벗하다, 친구와 함께
menemani 동반하다, 동행하다.
tembaga 구리, 동
menembaga 구리빛으로 되다.
témbak *hukum témbak* 총살형
menémbak (=bertémbak-témbakan) (총을) 쏘다, 발사하다, 사격하다
menémbaki 사격하다, 발사하다
penémbak 사수
témbakan 사격, 발사.
tembakau 담배, 잎담배, 연초
pertembakauan 연초업.
tembang (암송하는) 시, 가락, 노래
menembang (가믈란 음악에 맞추어) 시를 암송하다, 노래하다.
tembékar ☞ tembikar.
témbél[1] 다래끼.
témbél[2] 헝겊 조각, 천조각
témbélan 수선한 것, 땜질한 것.
tembelang (계란이) 썩은, 곯은, 부패한.
tembikai 수박.
tembikar (잿물을 칠한) 오지 그릇, 자기, 도기, 토기.
témbok (벽돌 따위로 쌓아 올린)벽
menémbok(i) 벽을 쌓다, 쌓아 올리다.
témbuk 구멍이 난, 뚫린
menémbuk 구멍을 내다.
tembus (총알 따위가) 뚫은, 관통한
bertembusan 구멍이 많은
menembus 꿰뚫다
menembusi ~을 뚫다, 통과하다
tembusan 통로, 터널.
temenggung 고관의 칭호.
tempa *besi tempa* 연철
menempa 금속 제품을 만들다
penempa 대장장이
tempaan 만들어 놓은, 기성품의.
tempah, menempah (kan) 주문하다
tempahan 주문.
tempalak 꾸짖다, 책망하다.
témpang 절름발이의, 불구의.
tempap 한 뼘의 폭[넓이].
tempat 장소, 곳
bertempat 살다, 머물다
menempatkan 두다, 놓다

tempawan

penempatan 지명, 고용, 보임
setempat ① 지방의 ② 동일 장소의
menyetempatkan 한 곳에 제한하다, 국한하다.

tempawan *emas tempawan* 금 세공.

tempayak 유충, 애벌레.

tempayan 항아리, 독.

témpé 두부.

témpél, bertémpél 달라붙다, 고착하다
menémpél 붙다, 달라붙다
menémpéli ~에게 매달리다, 달라붙어 떨어지지 않다
menémpélkan ~을 붙이다
témpélan ① 붙이는 것, 스티커, 포스터 ② ~에 매달리는.

tempelak 책망, 비난
menempelak 책망하다, 비난하다.

tempéléng 따귀 때림
menempéléng 따귀를 때리다.

temperas, bertemperasan (혼비 백산하여) 퍼지다, 산개하다, 도망치다.

tempiar, bertempiar(an) 뿌리다, 뿔뿔이 흩다.

tempias (비가) 흩뿌리다, 후드득거리다.

tempik 환호, 환호성, 절규
bertempik 소리를 지르다.

témpo 시간, 틈, 때.

tempolong 타구, 담통, 침뱉는 곳.

tempuh¹, bertempuh-tempuh 서로 공격하다, 싸우다
menempuh 공격하다.

tempuh² 손해(파손(품))배상
menempuhkan 책임을 묻다
ketempuhan ~에 대하여 책임이 있는, 손해배상을 하는.

tempur, bertempur 싸우다, 대항하다
menempur 공격하다
penempur 공격자.

tempuras 무질서한, 혼란한.

tempurung 야자 열매 껍질의 일부분.

temu, bertemu 만나다, 마주치다
mempertemukan 연결시키다, 결합시키다
menemu 발견하다, 찾아내다
menemui 만나다, 마주치다, 발견하다
penemu 발견자
pertemuan 모임, 회합, 만남.

temuran 세습의, 전해 내려오는.

tenaga 힘
bertenaga 힘센, 세력 있는.

tenang 조용한, 고요한, 평온한
menenangkan 가라 앉히다(노여움·흥분 따위)
ketenangan 조용, 고요.

tenar (널리) 알려진, 유명한, 시끄러운
ketenaran 소음, 시끄러운 소리

ténda 텐트, 천막.

tendang, menendang (발로) 차다, 발길질하다
tendangan 차기, 걷어차기.

téng¹ 탱크, 물통, 유조.

téng² 랜턴, 등.

téng³ (종 따위의) 소리.

tengadah, menengadah 올려보다, 쳐다보다
menengadahkan 들어 올리다.

tengah 가운데, 중앙
ke tengah ① 앞으로 ② 제안하다
mengetengahi 중재하다, 조정하다
mengetengahkan 제시하다, 내놓다
pertengahan 중기, 중반기
setengah 반절, 절반, 중도.

tenggala 쟁기.

ténggang, berténggang 도움(원조)을 구하다(요청하다)
menénggang 존경하다, 중요시하다
ténggang-menénggang 신중히 생각하다, 이해심(동정심)이 많다
terténggang 애쓰는, 요청되는

tenggara 남동쪽(의)
  menenggara 남동쪽의[으로].
ténggék, berténggék, menénggék (원숭이나 새가 나뭇가지에 앉는 것처럼) 웅크리고 앉다.
tenggelam 가라앉다, 침몰하다
  menenggelamkan ~을 물에 가라 앉히다
  penenggelaman 침몰, 가라앉음.
ténggér, berténggér (새가) 앉다
  ténggéran (새의) 횃대.
tenggiling 개미 핥기.
tenggiri 동갈 삼치.
tenggorok(an) 목구멍, 후두부.
tengik 썩은, 부패한, 악취가 나는.
tengkalak (고기를 잡는) 그물.
tengkaluk 덜 익은 망가 열매.
tengkar 분쟁, 논쟁, 투쟁, 다툼
  bertengkar 다투다, 싸우다
  pertengkaran 논쟁, 싸움.
tengkawang 나무의 일종(용뇌 향과).
téngkél ① (염소 똥, 쥐똥 따위와 같이 작고 단단한) 배설물 ② 환약, 알약.
tengking 방울 소리, 땡땡, 달랑달랑
  bertengking, mengengking 으르렁거리다, 으르렁 거리며 말하다, 딱딱거리다.
tengkolak 중개인, 거간.
tengkolok 두건.
tengkorak 두개골, 해골, 골통.
tengku 주인, 나리, ~님(윗 사람에 대한 존칭어).
tengkuk ① 목 ② 목덜미.
tengkulak 중개인, 거간, 중매인.
tengkuluk 두건, 머리 장식으로 쓰는 것.
tengkurap 엎드리는, 머리를 조아리는.
tengkurup ☞ tengkurap.

téngok 보다, 바라보다
  menéngok(i) ① 조사하다, 관찰하다 ② 방문하다
  penéngok 방문자.
téngténg¹ 과자의 일종(땅콩과 설탕을 섞어 만든).
téngténg² (손으로) 나르다, 운반하다.
ténis 테니스, 정구.
ténong (음식물 따위를 담는) 둥근 광주리.
téntamén (학과목의) 예비 시험.
tentang ~에 관하여, ~에 대하여
  bertentang 정면에 위치하다
  bertentangan 모순되는, 상치되는, 틀리는
  menentang 응시할, 뚫어지게 바라보다
  menentangi 대항하다
  pertentangan 투쟁, 충돌
  setentang 바로 건너 편에, 마주보고
  tertentang 보이는, 관측되는
  tentangan 저항, 반대.
téntěng, menéntěng (손으로) 나르다.
tentera ① 육군 ② 군대의, 군인의
  ketenteraan ① 군대의, 군인의, 군사상의 ② 군사력.
tentram 고요한, 평화로운, 안전한
  menentramkan 고요해지다, 평온하게 하다
  ketentraman 평화, 안전.
tentu 확정된, 일정한
  menentui 조사하다, 검토하다
  menentukan 결정하다
  ketentuan 확실, 틀림없음
  penentuan 결정, 확정
  tertentu 확실한, 분명한.
tenun, bertenun, menenun (피륙을) 짜다, 짜서 만들다, 뜨다.
  tenunan (직물의) 뜬것, 짠것, 짜는 방법.
tenung 예언, 예측, 점, 점성술
  menenung(kan) 예언하다, 예측

하다
penenungan 점, 길흉 판단.
téologi (그리스도교) 신학, 종교 심리학.
téori 이론, 학리, 논의, 공론.
tép 타자를 치다.
tepak (손바닥으로) 가볍게 치기 〔두드리기〕
　menepak (손바닥으로) 가볍게 치다, 두드리다.
tepam, menepam ① 손바닥으로 치다, 때리다, 두드리다 ② 잡다, 쥐다.
tepas (대나무로 만든) 울타리, 가로장, 난간
　bertepas 대나무로 엮은 것을 두르다〔치다, 막다〕
　menepasi ~을 가리다, 막다.
tepat ① 정확한, 적확한 ② 정각, 정시
　menepat (길이) 통하다, 연결되다
　ketepatan 정확, 적확, 정밀
　ketepatgunaan 능력, 능률
　berketepatan (~와 꼭) 일치〔부합〕하는
　pertepatan 일치, 부합
　tepatan 목적지, 행선지
　bertepatan 일치, 부합, 일이 동시에 일어남.
tepaut 차이, 차이점, 차액.
tepekur 생각에 잠긴, 회상에 잠긴.
tepi 가장자리, 물가, 강기슭, 해안
　menepi 변두리로 가다
　tepian 변두리, 가장자리.
tepis¹, menepis (수면 따위를) 스쳐 지나가다, 스치다.
tepis², menepiskan (공격 따위를) 손등으로 받아 넘기다, 막다.
tepuk, bertepuk (tangan) (손뼉을) 치다, 박수치다, 박수 갈채하다
　menepuk 치다, 때리다.
tepung (밀)가루, 분말
　menepung 가루로 만들다.
tér 타르(석탄·목재를 건류하여 얻은 검은 색의 기름같은 액체).
tera 인장, 압인, 고무인, 봉인
　menera 도장을 찍다
　menerakan 찍다, 날인하다
　perteraan 인쇄.
terajang 공격하다, 차다.
terali (베란다·다리·배 따위의) 난간
　berterali(kan) 난간을 이용하다.
terang 밝은, 맑은, 화창한
　menerang (하늘이) 훤해지다
　menerangi 밝혀주다, 밝게하다
　menerangkan ① 설명하다 ② 언명하다, 선언하다
　keterangan ① 설명, 해명 ② 증명서 ③ 소식, 정보
　penerangan ① 정보, 보도 ② 설명.
terap *juru terap* 직공, 기계공, 수리공
　menerap 세공을 하다, 조립하다
　penerapan 상감 세공, 조립.
teras 요점, 핵심
　meneras 핵심을 파악하다.
téras 테라스.
teratai 수련.
teratak 우수막집, 은신처.
terawang 내어 비치게 한 세공, 뜨개질, 뇌문 세공
　berterawang 뜨개질하다, 뇌문 세공하다
　menerawang (손수건 따위에) 수실로 무늬를 놓다.
terban 붕괴하다, 무너지다.
terbang 날다, (바람에) 날라가다, 비행하다
　beterbangan 이리저리 날아가가, 날아다니다
　menerbangi 날아가다
　penerbang 비행사
　penerbangan 비행, 날아감.
terbit 떠오르다, (해·별·달 따위가) 뜨다
　menerbitkan 출판하다, 발행하다, 발간하다
　penerbit 출판업자
　terbitan 출판, 출간, 발행물.
terbus 페스모(붉은 색이며 양둥이

를 엎어 놓은것 같은 모양, 검은 술이 달려 있음).
terentang 확장되다, 늘어나다, 넓어지다.
teri *ikan teri* 고너리.
teriak 절규, 쇳소리, 비명, 외마디 소리
  berteriak 절규하다, 소리치다
  meneriakkan 큰 소리를 지르다, 소리치다.
terigu 밀.
terik 가득찬, 빽빽한, 촘촘한
  menerikkan 죄다, 단단하게〔탱탱하게〕하다.
teriko *kain teriko* 트리코(이랑 모양으로 짠 피륙의 일종, 부인복 옷감).
terima 받다, 받아들이다
  menerima 받아들이다
  menerimakan 넘겨주다, 전달하다
  penerima ① 수취인, 받는 사람 ② 수신기
  penerimaan 받아들임, 영입.
teripang 해삼.
teritik 나무의 일종.
teriwulan 3 개월.
terjal 가파른, 경사가 급한.
terjang, menerjang 공격하다, 습격하다
  menerjangkan ~로 차다
  (pen)terjangan 공격.
terjemah, menterjemahkan *(ke dalam)* 번역하다, 옮기다
  penterjemah 번역가
  (pen)terjemahan 번역.
terjun 뛰어 들다, 다이빙하다; *air terjun* 폭포(수)
  menerjun(i) ~에 뛰어 들다
  menerjunkan 떨어 뜨리다
  keterjunan 떨어지는〔어떤〕것에 맞다.
terka (=**terkaan**) 추측, 짐작
  menerka 추측하다
  penerka ① 수수께끼 ② 의심하는 사람

penerkaan 추측, 생각.
terkam, menerkam 갑자기 달려들다, 와락 덤벼들다, 덮치다
  terkaman ① 잡음, 쥠, 붙잡음 ② 권력, 세력.
terlalu 지나치게, 과도하게, 너무, 몹시
  keterlaluan 대단히, 유별난.
terlampau 몹시, 매우, 대단히.
terlanjur (목적지보다) 더가다, 지나쳐 버리다.
terlantar 버려진.
terlentang 눕다.
términologi 술어학, 용어론.
termométer 온도계.
térmos 진공병, 보온병.
ternak 가축, 축우, 짐승
  beternak 가축을 기르다
  menternakkan 기르다, 사육하다
  peternak 사육자.
terobos, menerobos 뚫다, (뚫고) 빠져 나가다, 돌파하다
  penerobos ① 꿰뚫는 사람〔것〕, 송곳 ② 강도.
teromol ① 북, 드럼, 북처럼 생긴 것 ② 상자.
terompah 샌들, 나막신.
terompét 트럼펫.
térong 가지(나무).
terongko 감옥, 형무소.
teropong 망원경, 쌍안경
  meneropong(i) 망원경〔쌍안경〕으로 보다
téror 공포, 두려움, 테러.
téroris 폭력 혁명 주의자.
terowongan 터널, 굴, 지하도.
terpa, menerpa 덮치다, 갑자기 와락 덤버들다, 공격하다, 습격하다.
terpal *kain terpal* 범포, 올이 굵은 삼베.
tertawa (소리내어) 웃다
  menertawakan 비웃다, 조롱하다, 웃기다
  tertawaan 웃음거리.
tertib 질서, 정돈

mentertibkan 정돈하다
ketertiban 질서, 정돈
penertiban 조정, 통제.
terubuk 철갑 상어.
teruna 젊은이, 청년, 젊음.
terung 가지(나무).
terungku 감옥, 형무소.
terus ① 곧바로, 직접, 곧장 ② 즉시, 바로 ③ 계속해서
terus-menerus 계속해서, 끊임없이
menerus(i) 빠져나가다, 뚫다, 뚫고 나가다
menerusi, meneruskan 계속하다, 계속해서 ~하다
seterusnya 앞으로, 그 이후로
terusan 연속물, 속편, 후편.
terusi 녹청, 유산동, 황산동.
térwélu 토끼.
tesbih ① (신의) 찬미, 찬양 ② 묵주, 염주.
tetak¹, menetak (잘게) 썰다, (도끼 따위로) 마구 패서 자르다.
tetak², menetak(kan) 확실하게 하다.
tetamu 손님, 빈객.
tetangga 이웃(집) 사람.
tetap¹ 고정된, 고정의, 정착된, 확정된, 조정된, 결정된
menetap 거주하다, 주재하다
menetapi (약속을) 지키다, 이행하다
menetapkan 결정하다, 확정짓다
ketetapan 결정, 확정.
penetapan ① (약속의) 이행 ② 결정, 확정.
tetap², menetap (젖어 있는 것을) 마르게하다, 말리다
penetap 압지, 흡수지, 빨아들이는 것[종이 따위].
tetapi (=akan tetapi) 그러나.
tetas, menetas 깨다, 부수다, 가르다, 쪼개다, 깨지다
menetaskan (알을) 부화시키다, 까다.
tétek¹ 젖, 유방, 젖가슴
menétek 젖을 빨다
menétékkan, menétéki 젖을 먹이다.
tétek² 사소한 것들, 쓸모 없는 것.
tétés ① 방울, 물방울 ② 당밀
menétés (액체가) 똑똑 떨어지다
menétési ~에 흩뿌리다, 뿌리다
tétésan 방울.
tetirah, bertetirah 요양을 떠나다.
tetua (얼굴에 난) 검은 반점, 여드름, 주근깨.
téwas ① 죽다, 살해되다 ② (전쟁·싸움에서) 패하다
menéwaskan 물리치다, 이기다
ketéwasan 패배.
tézi 준마 ☞ (kuda) teji.
tiada ~이 아닌, ~하지 않은
meniadakan (=mempertiadakan) 끊다, 중지하다, 중단하다
ketiadaan 부족, 부족액
peniadaan 부정, 부인.
tiaga, meniaga 장사(하다), 교역(하다).
tiang 장대, 기둥.
tiap 매~, ~마다, 각각의
tiap-tiap, setiap 매~, ~마다, 각각의.
tiarap, bertiarap 엎어지다, 엎드리다
meniarapkan 엎어놓다, 엎드리게 해놓다
tertiarap 엎어진, 엎드린.
tiba 도착하다, 닿다.
tidak ~이 아니다, ~하지 않다
setidak(-tidak)nya 하여튼, 어쨌든, 적어도.
tidur 잠자다, 눕다, 잠들다
meniduri ~에서 자다[잠들다], ~와 동침하다
menidurkan 재우다, 잠재우다
ketiduran ① 침대, 침상 ② 늦잠, 숙면
penidur 잠꾸러기, 잠보
seketiduran 함께 잠, 동침
tertidur 잠들다, 자버리다.
tiga 3, 셋, 세개

bertiga 셋 모두
ketiga ① 세번 째(의) ② 셋 모두(의)
pertiga 셋으로 나눈 몫.
tik (시계·타자기 따위의) 소리.
tikai 차이, 상이, 다름, 상이점
bertikai 의견의 차이를 보이다
pertikaian 불일치, 의견의 차이.
tikam 일침, (칼 따위로) 찌름
menikam (날카로운 것으로) 서로 찌르다
tertikam 찔린, 찔림을 당한
penikaman 찌름, 쑤심
pertikaman 칼 싸움.
tikar (야자 잎 따위로 만든) 거적, 돗자리, 매트.
tikét 표, 입장권, 승차권.
tikung, menikung (좌 또는 우로) 커브를 틀다, 좌〔우〕회전하다, 구부러지다
tikungan 커어브 길.
tikus 쥐, 생쥐.
tilam (침대의) 짚으로〔털로〕된 깔개, 매트리스
bertilam 천을 깔다.
tilik, menilik 응시하다, 자세히 들여다 보다
penilik 감독관, 관리인
penilikan 감독, 관리, 통제
tilikan 관찰, 응시.
tim *nasi tim* 질게〔부드럽게〕끓인 밥.
timah 주석.
timang, menimang-nimang 손에 놓고 자세히 들여다 보다, 손에 들고 위아래로 훑어보다
menimangkan 숙고하다, 들다.
timba ① 물통, 바께쓰, 양동이 ② 국자
bertimba 물통을 이용하다
menimba (배에 괸 물을) 퍼내다, 푸다, 뜨다.
timbal 평형, 균형, 비교
bertimbal 균형을 유지하다
setimbal 평형을 이루는, 대등한
timbalan 평형, 균형, 평형량
bertimbalan (dengan) ~와 대등하게.
timbang 균형, 평형, 무게가 같은
bertimbang 교환하다, 주고 받다, 바꾸다
mempertimbangkan 심사숙고하다
menimbang 숙고하다
menimbangi 보답하다, 은혜를 갚다
pertimbangan 판단, 의견
setimbang 균형이 잡힌
kesetimbangan 조화, 균형
timbangan 천칭, 저울
bertimbangan (dengan) ~에 어울리는, 맞는.
timbil (눈)다래끼.
timbul 나타나다, 나오다, 출현하다
menimbulkan 일으키다, 야기시키다.
timbun 더미, 무더기, 퇴적, 무리
bertimbun(-timbun) 쌓인, 쌓여진
menimbuni 채우다, 메우다
menimbun(kan) 쌓다
penimbun 저장자
penimbunan 축적
tertimbun 쌓인, 퇴적된
timbunan 무덤, 더미, 퇴적.
timbus, menimbus(i) (구멍 따위를) 메우다, 채우다, 묻다
timpa, betimpa-timpa, timpa-bertimpa 쏟아지다, 쏟아져 들어오다
menimpa ① 내리치다, 치다 ② 들이닥치다
menimpakan ① 떨어 뜨리다 ② 나무라다, 비난하다, 책망하다.
timpal, setimpal 평형, 균형, 비교.
timpang 절름발이의, 절뚝거리는, 불구의
menimpang(-nimpang)kan 다리를 저는 체하다
ketimpangan ① 파행 ② 결점, 결함.
timpas, bertimpas-timpas

계속해서, 이어서, 끊임없이.
timpuh (무릎을 꿇고) 앉다.
timun 오이.
timur 동, 동쪽, 동쪽의, 동양의
  ketimuran 동쪽의.
tin 주석, 주석 깡통.
tindak ① 걸음 ② 행위, 짓
  bertindak 조치를 취하다, 하다, 행동하다, 실행하다
  menindakkan 수행하다, 실행하다
  tindakan ① 조치, 단계 ② 행위.
tindas, menindas 압박하다
  penindasan 압박, 억압
  tindasan 압박, 억압, 압제.
tindih, bertindih(-tindih) 포개져 있는, 밀집한, 붐비는
  menindih 내려 누르다, 밀어서 펴다
  ketindihan 짓눌린, 억압을 받는, 압박받는
  penindihan 내리 누름, 압박, 억압
  tindihan 압력, 압도.
tindik, bertindik 뚫다, 꿰뚫다
  menindik (telinga) 귀를 뚫다.
tindis, menindis 압박하다, 누르다, 억제하다
tinggal 살다, 머물다, 체류하다
  meninggal (dunia) 죽다, 사망하다
  meninggali ~에 살다, 머물다
  meninggalkan 남기다, 두고 가다, 남기고 죽다
  ketinggalan 나머지, 잔여분
  peninggal 사망, 죽음
  peninggalan 유산, 재산, 유물
  sepeninggal 출발 후에, 떠난 뒤에
  tertinggal 남겨 놓은, 두고온.
tinggi 높은, (신분·지위가) 고귀한
  mempertinggi 높이다
  mempertinggikan (diri) 허풍 떨다
  meninggi 솟아오르다, 높게 떠오르다
  meninggikan 높이다, 올리다
  ketinggian 너무[지나치게] 높은
  peninggian 높임, 진보, 증가
  tertinggi 가장 높은.
tinggung, bertinggung 웅크리다, 쪼그리고 앉다.
tingkah[1] 행위, 행동, 태도, 품행
  bertingkah 바보 짓을 하다, 어리석게 행동하다.
tingkah[2] 큰북의 일종
  bertingkah-tingkah, tingkah-meningkah 교대로 하다
  meningkah(i) 반주하다.
tingkap 작은 창문, 들여다 보는 구멍
  meningkap 창문으로 들여다 보다.
tingkat ① (건물의) 층 ② 계층, 등급, 급
  bertingkat(-tingkat) 여러층으로 된
  meningkat 오르다, 올라가다
  setingkat 한 등급, 직급, 계층
  tingkatan ① 층 ② 수준, 계층.
tinjau, bertinjau-tinjau 관찰하다, 지켜보다, 감시하다
  meninjau 관찰하다
  peninjau 관찰자
  peninjauan 관찰, 응시
  tinjauan 관찰, 조사, 응시.
tinju 주먹, 철권, 권투
  bertinju, meninju 권투하다, (주먹질하며) 싸우다
  petinju 권투 선수
  pertinjuan 권투 시합.
tinta 잉크.
tinting, meninting (띵 소리가 나도록) 은(동)전을 두드리다.
Tionghoa 중국(의), 중국인, 중국말.
Tiongkok 중국.
tipes 장티푸스 ☞ **tifus**.
tipis 얇은, 가는, 가느다란
  menipis 얇아지다
  menipiskan 얇게[가늘게]하다.
tipu 계교, 책략, 속임수, 트릭, 사기, 기만
  menipu 속이다

penipu 사기꾼.
tirah 치료하다[받다].
  petirahan 요양소, 보양소.
tirai 커어튼, 휘장, 장막.
tirakat, bertirakat ① 금욕 생활을 하다 ② 은거하다.
tiram 굴
  petiraman 굴 양식장.
tiri *anak tiri* 의붓 아들, 의붓 자식
  menganaktirikan, memperanaktirikan 의붓 자식 취급을 하다.
tiris (지붕·배가) 새다, 새어 들다
  ketirisan ① (빗물 따위가) 새어 들어와 젖다 ② 누수
  meniriskan 새게 만들다, 누출시키다.
tiru, meniru(kan) 모방하다, 흉내내다
  tiruan 모방, 흉내, 위조.
tisik, menisik(i) 깁다, 꿰매다
  tisikan 기움, 꿰맨 곳.
titah (왕의) 말, 어명
  bertitah 말하다, 지시하다
  menitahkan 명령하다
titar, bertitar-titar 전후(좌우)로 움직이다, 흔들리다
  tertitar-titar 좌우(전후)로 흔들거리다.
titel 표제, 제명, 서명, 타이틀.
titi (목재나 대나무로 만든) 다리, 좁은 길
  meniti 좁은 길[다리]을 통과하다.
titik (액체의) 방울, 소량
  bertitik (액체가) 똑똑 떨어지다, 흐르다
  menitik (액체가) 똑똑 떨어지다, 흐르다
  menitikberatkan 강조하다, 역점을 두다
  menitiki 흩뿌리다, 끼얹다,
  menitikkan 떨어뜨리다.
titip, menitip(kan) 맡기다, 위임하다, 위탁하다
  titipan 위탁, 예금, 공탁.
titir 경보, 경종, 큰북

menitir 큰 북을 울리다, 경보(경종)을 울리다.
titis (액체의) 방울, 한 방울의 분량
  menitis 똑똑 떨어지다
  menitisi 흩뿌리다, 끼얹다
  titisan 낙수.
tiup ① 부채, 부채꼴의 물건 ② 한바탕 불음
  bertiup 불다
  meniup 불다
  meniupkan 부채로 부치다, 부채질하다.
tiwas 죽다, 살해되다, 패하다.
tobat ① 어머나, 야단났네, 저런! ② 실증나는, 물리는 ③ 후회, 회한
  bertobat 후회하다, 반성하다
  menobatkan 속죄하게 만들다.
toberos 돌파하다, 빠져나가다, 침입하다.
toblos ☞ tobros.
tobros, menobros ① 돌파하다, 빠져 나가다 ② 침입하다
  penobrosan ① 돌파 ② 침입, 습격.
todong, menodong(kan) ① 겨누다, 조준하다 ② 협박하다.
tofan 태풍, 강풍.
togé 숙주 나물.
togok ① 줄기, 몸통, 동체 ② 남포, 등불
  bertogok 잠자코 앉아 있다.
toh¹ 피부의 (검붉은) 반점.
toh² (뜻을 강조하여) 그럼에도 불구하고, 더욱, 그래도 (역시).
tohok 투창, 던지는 창
  menohok (창으로) 빗겨 찌르다
  menohokkan 창을 (빗겨)던지다 [찌르다].
tojok 밀다.
tokcér 곧바로 출발하다 [움직이기 시작하다].
tokh, toh 그럼에도 불구하고, 그렇지만.
toko 가게, 상점
  bertoko 가게를 하다, 상점을 소유하다.

tokoh¹ ① 모양, 꼴, 형상, 형태 ② 인물, 주인공
bertokoh 한 형태〔모양〕를 지닌.
tokoh² 계략, 속임수, 사기
menokoh 속이다, 기만하다.
tokowan ① 가게 점원 ② 상점 주인.
tolak 밀다
bertolak 출발하다, 떠나다
menolak(kan) 거절하다, 물리치다
penolak 예방법, 해독제
penolakan 거절, 각하, 퇴짜.
tolan 친구, 동료, 벗.
toléh, menoléh (좌·우 또는 위를) 돌아보다
menoléhkan (muka) 고개〔얼굴〕를 돌리다
toleransi 관용, 관대, 아량.
tolok 상대, 같음, 동등
menolok 비교하다
penolok 동등〔대등〕한 사람
setolok (dengan) ~와 동등한, 같은.
tolol 우둔한, 어리석은, 멍청한
ketololan 우둔한, 어리석음.
tolong 도움, 조력, 원조, 구조
menolong(i) 돕다, 조력하다
ketolongan 도움을 받은
(per)tolongan 도움, 원조
tertolong (이미) 도움을 받은, 안전하게 된.
tomat 토마토.
tombak 창, 투창
menombak(i) 창으로 찌르다.
tombol ① 문의 손잡이 ② 단추, 버튼.
tompang 퇴적한, 쌓인.
ton ① 톤(중량의 단위) ② 소대.
tong¹ 큰 통, 드럼.
tong² 쾅하는 소리.
tong³ (=**entong**) 남자 아이에 대한 호칭.
tonggak¹ 줄기, 근간, 지주, 기둥.
tonggak² menonggak 병채로 들고 마시다, 폭음하다.
tongkah *papan tongkah* (축축한 땅에 놓는) 디딤판
menongkah 디딤판을 놓다
tongkahan 디딤판.
tongkang (바닥이 편편한) 짐배, 거룻배.
tongkat 지팡이, 막대기
bertongkat 지팡이를 사용하다
bertongkatkan 받침이 되다
menongkat(kan) 위로 치켜들다, 받치다.
tongkol¹ 참치.
tongkol² 옥수수의 한 본, 이삭.
tongkong 나무 토막, 나무 쪽.
tongkrong, menongkrong ① 웅크리다, 쪼그리고 앉다 ② 빈둥빈둥 놀다.
tonil 무대, 연극, 쇼우
menonilkan 상연하다, 공연하다.
tonjok, menonjok (주먹 따위로) 딱 때리다, 후려 갈기다.
tonjol 덩이, 뭉치, 혹, 돌출부, 덩어리
bertonjol 부풀다, 부풀어 오르다
menonjol 부풀어 오르다
menonjolkan 내밀다, 돌출시키다
kemenonjolan 부풀어 오름.
tonton, menonton 보다, 바라보다, 관찰하다
menontoni 지켜보다
mempertontonkan, menontonkan 보여주다
penonton 관람객, 구경군
tontonan 공연, 쇼우.
topan 태풍, 강풍, 허리케인.
topang 지주, 버팀목, 받침
bertopang 의지하다, 기대고서다
menopang 받치다, 내려 앉지 않게 지탱하다
penopang 지주, 버팀목
topangan 지주, 버팀목, 지지.
topas 수정.
topéng 가면, 마스크.
topi (서구풍의) 모자.
toréh, menoréh (살짝) 자르다, 후벼파다, 잘라내다, 가르다
toréhan 새긴 금, 쩬〔벤〕데, 절개

torék 한 곳.
penoréh 절단기, (수술용) 칼.
torék 귀병, 귀앓이.
torés ☞ toréh.
torné (공무) 여행, 출장.
torpédo 수뢰, 어뢰, 공뢰.
total 합계, 총계, 총액.
totalisator (경마, 축구 따위에) 건돈, 판돈.
totok 순혈종의, 순수한.
totol 점, 반점, 얼룩.
tradisi 전통, 관습, 관례.
tragédi 비극적인 연극(또는 극).
tragis 비극의, 비극적인.
traktir, mentraktir 대접하다, 한턱을 내다, 향응하다.
traktor 트랙터, 견인차.
trampil, ketrampilan 솜씨, 기술, 숙련.
transaksi 처리, 처치, 업무, 거래.
transmigran 식민자, 이민, 이주자, 개척자.
transmigrasi 재식민, 이주, 이민.
trayék 길, 노정, 항로.
trém 전차, 궤도차.
tri 3, 셋(의).
triplék (삼겹의) 합판.
tritunggal 셋으로 나누어진(세 부분으로 된) 것.
triwindu 24년(간).
triwulan 3개월(간).
tropika 열대(지방, 회귀선).
trotoir 인도, 보도.
truk 트럭, 화물 자동차.
tu¹ 그것, 저것.
tu² 하나의, 첫번째.
tua ① 늙은, 나이를 먹은 ② 낡은, 오래된
  tua-tua 노년, 노쇠, 고령
  ketua 우두머리, 의장, 대장
  menuakan 익게 하다, 원숙하게 만들다
  ketuaan 너무 늙은, 고령의
  tertua 가장 늙은, 최고령의.
tuah 운, 행운, 행복
  bertuah 행운의, 운 좋은

ketuahan 운 좋은, 행운의.
tuai, menuai 획득하다, 수확하다
  penuai (벼를 베는) 낫.
tuak 야자 술, 팜 와인.
tuala 수건.
tualang 방랑자, 뜨내기
  bertualang 방랑하다, 방황하다
  petualangan 모험, 방랑
  petualang 방랑자.
tuam 찜질.
tuan ① 씨 ② 선생, 선생님
  bertuan 가장(주인) 역할을 하다
  mempertuan(kan) 존경하다, 존중하다
  pertuanan 종주권, 지배권.
tuang, menuang 붓다, 따르다, 쏟다
  menuangi ~에 따르다, 붓다
  menuangkan ~을 붓다, 따르다
  tuangan 주형, (주조용의)틀, 거푸집.
tuangku (=tuanku) (왕에 대한 존칭) 폐하.
tuas 지레, 레버
  menuas 들어올리다, 들다.
tuba ① 덩굴 식물의 일종 ② (덩굴 식물에서 추출한) 마취제.
tuberkulosa 결핵.
tubi, bertubi(-tubi) 계속하여, 반복해서
  mempertubi-tubi 세게 하다
  menubi 반복하다, 계속해서 ~하다.
tubir 좁은 골짜기, 산골짜기, 계곡.
tubruk, bertubrukan 충돌하다, 부딪치다
  menubruk 부딪치다
  tubrukan 충돌, 부딪침.
tubuh 몸, 신체, 사람
  menubuhkan 실현하다, 현실화하다
  setubuh 조화하여, 일치하여
  bersetubuh, menyetubuhi 성교하다, 성관계를 갖다
  persetubuhan 교접, 성교.
tuduh, menuduh 고소하다,

tudung

고발하다
penuduh 원고, 고발인, 고소인, 비난자
tuduhan 비난, 고소, 고발.
tudung 덮개, 가리개, 장막
  bertudung 덮은
  menudung(i) ~을 덮다
  menudungkan ~을 덮개로 사용하다.
tugas[1] 의무, 본분, 직분, 과제
  bertugas 임무〔직무〕를 이행하다〔완수하다〕
  menugaskan 위임하다, 임무를 주다
tugas[2] 비방, 중상모략.
tugu 기둥, 지주, 기념비.
Tuhan 신, 하느님
  bertuhan 신을 믿다
  ketuhanan 신을 믿음, 신앙, 신념
  mempertuhan(kan) 신으로 섬기다〔떠받들다〕.
tuil 지레, 레버
  menuil (지레로) 움직이다.
tuju 방향, 진로, 목적, 취지
  ketuju 일치한, 동의한
  menuju(i) ~을 향하여, 쪽으로
  menujukan 겨누다, 겨냥하다
  setuju (dengan, kepada) 동의하다, 동조하다, 찬성하다
  persetujuan 조약, 약정
  tujuan 목적, 의도, 대상
  bertujuan 목적하다, 의도하다, 지향하다.
tujuh 7, 일곱
  menujuh (bulan, hari) 임신 7개월을 기념하다, 사후 7일제를 지내다.
tukang 직공, 장인, 기계공, 공장
  bertukang, menukang 숙련가〔직공〕가 되다
  pertukangan 직업, 기술 직업 (손으로 하는).
tukar, bertukar 변하다, 바뀌다
  bertukar-tukar 계속 변화하다
  mempertukarkan 바꾸다, 변화시키다

menukar 교체하다, 갈다
menukari (돈 따위를) 교환하다, 바꾸다
penukaran 변화, 바뀜
pertukaran 교환, 교역.
tukas[1] 비방, 중상(모략)
  menukas 비방하다.
tukas[2] 반복, 중복
  menukas 반복하다.
tukas[3] 등나무의 일종.
tukik[1] 벤자국, 새긴 금
  menukik (베어서) 자국〔상채기〕을 내다, 새기다.
tukik[2], **menukik** (밑으로) 뛰어들다
  menukikkan 뛰어들게 하다, 급강하 시키다, 아래로 들이대다.
tukul 망치, 해머.
tulah[1] 저주, 비방, 재난
  ketulahan 비난받은, 저주받은.
tulah[2] 급여 인상, 수당.
tulang 뼈, 골격
  menulang 뼈가 되다
  menulangi 뼈〔가시〕를 빼내다
  ketulangan (목구멍에) 가시가 걸린
  tertulang 뼈가 쑤시다, 뼈까지 아프다.
tular, ketularan 전염된, 감염된
  menular 전염성의
  menulari ~에 전염되다
  menularkan 병을 옮기다
  penularan 전염, 감염, 퍼뜨림.
tulén 순수한, 진짜의, 원래의, 순종의
  ketulénan 순수, 확실성.
tuli 귀머거리
  menulikan 귀머거리로 만들다.
tulis, bertulis (비석 따위에) 새긴, 판, 쒸어있는
  menulis 쓰다, 적다
  menulisi ~에 쓰다, 적다
  menuliskan ~을 적다
  penulis (편지 따위를) 쓰는 사람, 기입자, 작가
  penulisan 쓰기, 글을 씀, 집필

tertulis 쓰인, 써 있는.
tulus 정직한, 곧은, 올바른, 착한
ketulusan hati 정직, 올바름.
tuma 이, 벼룩.
tumang¹ (나무나 금속의) 못, 쐐기 받침목.
tumang², **menumangkan** 주저하다, 망설이다, 두려워하다.
tumbak (자루가 긴) 투창.
tumbang 와지끈 부서지다, 넘어지다, 기울다
menumbangkan 넘어뜨리다, 쓰러뜨리다.
tumbén 이상한, 기묘한.
tumbuh ① (식물이) 자라다, 성장하다 ② 발전하다
bertumbuh 자라다, 성장(생장) 하다
menumbuhi ~에 (무성하게) 자라다
menumbuhkan 자라게 하다
pertumbuhan 성장, 발달.
tumbuk, bertumbuk 충돌하다, 들이받다
menumbuk ① 갈다, 갈아 부수다, 빻다 ② 치다, 때리다
penumbukan 부딪침, 충돌
tertumbuk 부딪히다, 충돌되다.
tumenggung 고위 공직자, (자와)촌장의 호칭.
tumis 야채 요리의 일종 (기름에 볶은 것)
bertumis 기름으로 튀기다.
tumit 신발의 뒤축.
tumor 종양.
tumpah 엎지르다, 흩어지다, 흘리다
menumpahkan 쏟다, 흘리다
ketumpahan 엎질러진, 흘린
penumpahan 흘림, 쏟음
tertumpah 엎질러진, 쏟은
tempahan *tumpahan darah* 피를 흘림, 출혈.
tumpang, bertumpang tindih 퇴적한, 쌓인
menumpang 타다, 타고 가다, 승차하다

menumpangi ~에 타다, 타고 가다
menumpangkan 태우다, 태우고 가다
penumpang 승객, 여객, 여행자.
tumpas 파괴된, 부서진
menumpaskan 파괴하다, 부수다.
tumpil 지지, 지탱, 유지, 원조, 후원.
tumpu 발판, 발디딤
bertumpu, menumpu 얹혀있다, 받쳐져 있다
bersetumpu (발을) 버티다
menumpukan 기대다, 의지하다.
tumpuk ① 쌓은 더미, 무더기 ② 단체, 집단
bertumpuk(-tumpuk) ① 무더기로, 쌓여 있는 ② 집단으로
menumpuk(kan) 쌓다, 쌓아올리다
ketumpukan 집단, 단체
tumpukan ① 쌓아 놓은것 ② 집단, 단체.
tumpul 무딘, 둔한
menumpulkan 둔하게 하다.
tuna 상처, 부상
tertuna 상처 입은.
tunai 현금, 현찰
menunaikan 현금으로 지불하다
penunaian, pertunaian (현금) 지불, 변제.
tunang, bertunang(an) 약혼한
mempertunangkan, menunangkan 약혼 시키다
penunangan, pertunangan 약혼
tunangan 약혼자.
tunas (식물의) 싹, 새순, 새로 나온 봉오리
bertunas 싹이 트다
menunas(i) (소용없는 가지를) 베어내다.
tunda¹ (배를) 밧줄로 끎, 잡아당김
bertunda (배를) 끌다
menunda 밧줄로 끌다
penunda 예인선.

tunda², menunda(kan) 연기하다, 늦추다
  penundaan 연기.
tundang, bertundangan 약혼하다.
tunduk, ketundukan 복종, 항복, 굴복
  menunduk (고개 숙여) 절하다
  menundukkan 정복하다, 이기다, 물리치다
  penundukan 항복, 복종, 굴복.
tundung, menundung 추방하다, 몰아내다, 제거하다.
tunggak¹ 그루터기, 밑동줄기
  menunggak 지불을 늦추다, 미납하다.
tunggak² 곧바로 세워놓은 (대)들보.
tunggal 혼자의, 독신의, 단 하나의
  menunggal 하나가 되다
  ketunggalan 홀로 남은
  ketunggalandaan 단조로움
  penunggalan 집중.
tunggang¹ 전복된, 뒤집힌
  menunggangbalikkan 고꾸라지게 하다, 곤두박질하게 만들다
  menunggangkan 뒤집다, 뒤엎다
  penunggang 승객, 타는 사람
  tunggangan ① (말 따위에) 올라 탐 ② 탈것.
tunggang² *tunggang gunung* 해가 산허리를 넘어 갈 때〔저녁〕를 나타냄.
tunggik 미추〔엉덩이〕를 치켜 올리는.
tungging 후미〔미추〕를 들어 올리고 있는, 엉덩이를 치켜 올린
  menunggingkan 엎어 놓다, 뒤집어 놓다.
tunggit 뒤집힌, 뒤집어진, 거꾸러진.
tunggu, bertunggu 지키다, 감시하다
  menunggu 기다리다, 만나려고 기다리다, 대기하다.
  menunggui ~을 지키다, 감시하다
  menuggukan ~을 기다리다
  penunggu 감시인, 보초, 망보는 사람.
tunggul (나무의) 그루터기, 줄기.
tungku¹ 난로, 화덕.
tungku² 주인, 소유주.
tungkus 짐, 꾸러미
  menungkus 짐을 꾸리다, 싸다.
tunjang, menunjang 지탱하다, 지지하다, 받치다
  penunjang 지원자
  tunjangan 지원, 지지.
tunjuk 집게 손가락
  mempertunjukkan 보이다, 보여주다, 상연하다
  menunjuk 가리키다, 지시하다
  penunjuk 지시자
  penunjukan 지시, 지적
  petunjuk 지시, 안내
  pertunjukan 전시, 전람.
tuntun, bertuntun 안내받는, 유도되는
  menutun 안내하다, 유도하다, 인도하다
  penuntun ① 안내자 ② 지침서
  penuntunan 예, 보기.
tuntut, menuntut 요구하다, 요청하다, 청구하다
  penuntut 추구자, 수행자
  tuntutan 요구, 요청.
tupai 다람쥐.
turis¹, menuris 금을 긋다, 새기다, 파다.
turis² 여행자, 여행객.
turné 공무 여행, 출장.
turun 내리다, 내려오다, 하산하다, 계통을 잇다
  menurun (값이) 떨어지다, 기울다
  menurunkan 떨어뜨리다
  keturunan 내력, 후예, 세대
  penurunan ① (비용, 봉급의) 감액, 줄임 ② 경사, 비탈.
turut 합류하다, 동참하다, 참가하다, 복종하다, 순종하다
  berturut(-turut) 연속해서, 잇달아서

memperturutkan 따르다, 순응하다
menurut ① 따르다 ② ~에 의하면, ~에 따르면
penurut 추종자, 순종자
seturut ~에 따라서, ~와 일치하여.

tusuk 핀, 꼬챙이, 꼬치
  menusuk (사람을) 찌르다, 찔러 죽이다, (바늘을) 꽂다
  menusukkan ~을 찌르다.

tuter (자동차의) 경적, 크락숀.

tutuh, menutuh (소용없는 가지를) 베어내다.

tutup 닫힌, 폐쇄된, 마감된
  menutup 덮다, 닫다
  menutupi 덮다, 싸다
  menutupkan ~으로 덮다
  penutup 덮개, 마개, 뚜껑
  tertutup 닫힌, 마감된.

tutur, bertutur (kata) 말하다, 이야기하다
  menuturkan 이야기하다, 말하다
  penuturan 토의, 의논, 토론.

U

uang 돈, 금전, 통화, 비용; *uang* cicilan 할부금; *uang* kembali 거스름 돈; *uang* tunai 현금
beruang ① 돈을 가지고 있다 ② 부유한
keuangan 금융상의, 재정적인.

uap[1] 증기, 김, 스팀, 발산기
menguap 증발하다, 소산하다
menguapi ① (의류를) 드라이크리닝 법으로 세탁하다 ② 찌다
menguapkan (증기로) 찌다〔삶다〕
(peng)uapan 증발(작용), 발산.

uap[2], **menguap** 하품하다.

ubah 차이, 상이
berubah 변하다, 변화되다
berubah-ubah 변하기 쉬운
mengubah 바꾸다, 변경하다
pengubahan 정정, 교환
perubahan 변화, 변경
terubah 변하기 쉬운.

uban ① 백발, 흰머리 ② 늙은
beruban (머리가) 희어지는, 흰 머리가 나는
ubanan 백발의, 머리가 희어진.

uber, menguber(-uber) 추적하다, 쫓아가다
pengiberan 추적, 뒤쫓음.

ubi 고구마.
ubin 마루(바닥) 타일.
ubun-ubun 정수리, 숫구멍.
ubur-ubur 해파리.
ucap, mengucap(kan) 표현하다, 말하다, 발언하다, 언급하다
ucapan 말, 표현.

uda[1] *pak uda* 젊은이.
uda[2] 형〔누나〕.
udah ☞ sudah.
udak, mengudak 추적하다, 쫓아가다, 뒤를 쫓다.

udang 새우.
udap, udap-udapan (여러 종류의 야채로 만든) 야채 샐러드.
udara 공기, 대기.
udik (강의) 상류.
udo 형, 누나 ☞ uda.
udu[1] 적
berudu 적대시하다.
udu[2] ☞ wudu.
uduk[1] ☞ udu, wudu.
uduk[2] *nasi uduk* 야자의 즙을 섞어 지은 밥.
udur ☞ uzur.
ufti ☞ upeti.
ufuk 지평선.
ugahari 검소한, 절약하는.
ugama ☞ agama.
uir-uir 풀벌레의 일종.
ujan ☞ hujan.
ujang 젊은 총각〔남자 아이〕에 대한 호칭.
ujar 말, 표현.
uji 시험, 시도, 실험, 평가
menguji 분석〔시험·감식〕하다
pengujian 시험, 시도, 실험
ujian 시험, 실험, 평가, 분석.
ujud 의도, 목적
berujud 의도를 가지고 있다
mengujud(kan) ~을 목적으로 하다.
ujung 끝, 첨단, 말, 꼭대기
berujung 끝이 있는, 첨단이 ~한
mengujung ① 날카로워 지다 ② 날카롭게 만들다.
ukir *juru (pandai, tukang) ukir* 조각가
berukir 새긴, 새겨진
mengukir 새기다, 조각하다
mengukirkan ~을 새기다
pengukir 조각가

ukiran 조각, 조각술.
ukup 향기, 방향, 향내, 향수
　mengukup 향기를 풍기다
　ukupan 향기, 방향, 향내.
ukur 측정, 계량, 측량
　mengukur 측정하다, 치수를 재다
　ukuran 측량, 측정.
ulak, mengulak 가루로 만들다, 부수다, 갈다.
ulama (회교의) 신학자, 법학자.
ulang 반복(하는), 되풀이(하는)
　berulang 반복하다, 되풀이하다
　berulang-ulang(an) 반복해서, 되풀이하여
　mengulangi 반복하다, 되풀이하다
　pengulang 선생, 지도자
　terulang (이미) 반복된, 중복된
　ulangan 반복, 되풀이.
ular 뱀
　ular-ular ① *(=ularan)* 고무 호오스, 튜우브 ② 장난감 뱀.
ulas¹ 싸개, 싸는 것, 덮개
　berulas 덮개가 있는, 덮혀 있는.
ulas², seulas 한 조각[쪽].
ulas³ *juru ulas* 해설자
　mengulas 분석하다, 해설하다.
ulas⁴ 계속, 연속
　berulas 계속하다, 계속되다
　ulasan 계속, 연장.
ulat¹ 모충, 벌레, 곤충
　berulat 벌레 먹은, 벌레가 파먹은.
ulat² ☞ ulet.
ulayah, ulayat ☞ wilayah.
ulek 고추 따위를 빻는 돌[나무]로 된 도구(일종의 작은 절구).
ulekan 소용돌이.
ulet 질긴, 강인한.
uli¹ 찹쌀로 만든 과자의 일종
　menguli 반죽하다.
uli² 좋은, 멋진, 아름다운.
ulir 나사의 나선줄, 나삿니.
ulit, berulit (자장가를 부르며) 아이를 재우고 있는, 아이와 함께 자는.
ultra (의견·주의 따위가) 극단적인, 과격한, 지나친.
ulu ☞ hulu.
ulung¹ 첫 번째 태어난, 가장 나이 먹은
　keulungan 탁월, 우위, 최고, 최상.
ulung² *(=ulung-ulung)* 매.
ulur¹ 노예, 종(살인, 절도 따위의 죄를 범하고 피해자에 대한 손해를 보상할 수 없어서 종이 됨).
ulur², mengulur (밧줄 따위를) 풀다, 풀어내다
　mengulur-ulur 연장하다, 연기하다
　mengulurkan ~을 넘겨주다
　terulur 내뻗은, 돌출된.
umanat 전갈, 지시, 훈령.
umang-umang 소라게(작은 바닷 게).
umat ① 신자 ② 인간.
umbai¹ (쇼울·옷단 따위의) 술, 가두리 장식
　berumbai 테두리에 술이 달린.
umbai² 사기.
umban, pengumban
　umban tali 돌팔매질 끈, 투석기, 고무 새총.
umbang, berumbang-ambing (찌 따위가) 상하로 움직이다, 까딱까딱 움직이다, 요동하다
　mengumbang-ambingkan 표류시키다, 떠가게 하다.
umbar, mengumbar 풀어주다, 방목시키다, 자유롭게 해주다.
umbara, mengumbara ☞ embara.
umbi 뿌리, 구근
　berumbi 뿌리 있는, 뿌리 박은.
umbuk 사기
　mengumbuk 속이다
　pengumbuk 사기꾼.
umbun 여자 수도사.
ummat 종단, 사회, 집단, 공중, 계.
umpak¹ 토대, 기초, 대좌
　mengumpak(-umpak) 극구

칭찬하다, 하늘 끝까지 추어 올리다
umpak² 발, 발걸음.
umpama 예, 보기, 선례
  berumpama 예를 들다
  mengumpamai 닮다
  mengumpamakan 비교하다, 비유하다
  perumpamaan ① 격언, 금언, 속담 ② 은유.
umpan 미끼, 먹이, 유혹물, 밥 (동물이 잡아먹는 딴 짐승)
  mengumpan 미끼로 낚다, 꾀다.
umpat¹ 중상, 욕설, 비훼
  mengumpat 중상하다, 욕질하다
  pengumpat 중상모략을 일삼는 자, 욕하는 사람.
umpat² ☞ umpet.
umpet, mengumpet 숨다, 몸을 숨기다.
umpil, mengumpil (지렛대로) 들다, 들어 올리다
  pengumpil 지레, 바아.
umum¹ 일반의, 총체적인, 공중의 공공의; pada *umumnya* 일반적으로
  mengumumkan 알리다, 공고하다, 통지하다
  pengumuman 공고, 통지, 알림.
umum² 밝지 않은, 어두운.
umur 나이, 연세
  berumur 나이가 ~이다.
undak¹, undak(-undakan) 계단, 층층대.
undak², mengundak (배가) 속도를 내지 못하다, 표류하다.
undang¹, mengundang 초대하다, 부르다
  undangan 초대, 초청.
undang², undang-undang 법률, 규정.
undi 제비, 제비뽑기, 추첨
  berundi 추첨으로 정하다
  mengundi 주사위를 던져서 정하다
  pengundian 복첨, 제비뽑기.
undur ① 후퇴하다, 퇴각하다 ② 돌다, 방향을 바꾸다

mengundurkan 돌리다, 방향을 바꾸다
pengunduran 퇴각, 철수.
unggas 새, 조류.
unggul 최상의, 최고의, 우수한
  keunggulan 우세, 우월, 탁월
  mengungguli 낫다, 능가하다, 탁월하다
unggun (나무·짚단 따위의) 더미, 무더기
  berunggun(-unggun) 무더기(더미)를 이룬
  unggunan 모닥불, 캠프화이어.
ungkai, mengungkai (줄 따위를) 풀다, 부수다, 해체하다.
ungkap¹, mengungkap 헐떡거리다, 숨이 막히다
  terungkap-ungkap 헐떡거리는, 숨이 차는.
ungkap², mengungkap (말·표정 또는 몸짓 따위로) 마음을 나타내다
  ungkapan 용어, 관용어 (직유의 의미로 어떤 의도를 나타내는 말).
ungkat, mengungkat-ungkat 옛날 일〔잘못·오류〕을 끄집어 내다.
ungkil, mengungkil (지레 따위로) 들어 올리다, 올리다
  pengungkil 지레.
ungkir, mengungkiri 부인〔부정〕하다, 거절하다.
ungkit, ungkit-ungkit, ungkang-ungkit 위아래로 움직이다
  mengungkit (지렛대로) 들다, 들어올리다.
ungsi, mengungsi 도망치다
  mengungsikan 탈출시키다, 피난시키다
  pengungsi 피난민.
ungu 자주, 보라색.
uni¹ 언니, 누나.
uni² 연합, 결합, 동맹.
uni³ 사람이 살고 있는, 거주하는.
universitas 대학, 대학교.
universitét 대학, 대학교.

unjuk¹ *unjuk beritahu* 알려주다, 통지하다
mengunjuk (손 따위를) 쭉 내뻗다, 내밀다
mengunjukkan ① 손을 위로 내뻗다 ② 주다
pengunjukan 제출.
unjuk², mengunjuk 가리키다
pengunjukan 지시, 설명.
unjur, belunjur, terunjur 펼친, 내뻗은
mengunjur 양발을 쭉 펴고 앉다 (눕다)
mengunjurkan (앉거나 누울 때) 양발을 쭉 펴다.
unsur 요소, 성분, 원소.
unta 낙타.
untai (구슬이나 염주알을 꿰기 위해 사용되는) 끈, 실
beruntai(an) ① (끈 따위가) 헐겁게 걸려 있는 ② 줄에 매인
teruntai (달랑달랑) 매달린.
untal 환약, 알약
mengungtal 환약을 만들다, 알약으로 만들다.
unting¹ (실의) 타래, 토리, 가닥.
unting², unting-unting 측연추
mengunting (연추로) 수직임을 검사하다.
untuk ~하기 위한, ~하기 위하여
memperuntukkan, menguntukkan (어떤 목적·용도로) 예정해두다, (목적에) 쓰고자하다
teruntuk (어떤 목적·용도로) 예정해 둔.
untung 운, 행운, 재수
untung-untung 운이 좋으면, 아마도
beruntung 행운의, 운이 좋은
menguntungkan 호의를 보이다, 편들다, 찬성하다
keuntungan 이익, 이득
peruntungan 운명, 숙명.
unus (칼집에서 칼을) 뽑다.
upacara 식, 예식, ~회.

upah 봉급, 임금, 월급, 급료
berupah 보수를 받다
mengupah 임금을 지불하고 일을 시키다
mengupahi 봉급을 주다
upahan 보수, 봉급.
upak, mengupak ① (거의 꺼져가는) 불을 살리다 ② 화를 돋구다.
upam 광택, 윤, 닦음
mengupam 닦다, 윤을 내다
upaman 광을 낸것.
upama ☞ umpama.
upaya 수단, 방법, 방편, 방책
berupaya 최선을 다하다, 방책을 강구하다
mengupayakan ~을 위하여 노력하다.
upeti 공물.
upih (야자의) 줄기 겉집, 꼬투리
mengupih (옷이) 닳다, 낡아 빠지다.
upik *si upik* ~양 (여자의 성명 앞에 붙여 처녀의 뜻을 나타내는 말).
upuk 지평선 ☞ ufuk.
urai 떨어진, 격리된, 풀어진
berurai (묶여 있는 것이) 풀어지다, 떨어지다
menguraikan 풀어 헤치다
terurai 흩뜨러진, 퍼진
uraian ① 분석, 해부 ② 설명.
urap 향료, 연고, 향긋한 냄새
berurap-urap(an) 향료를 몸에 바르다
mengurap(i) ~에 향료를 바르다.
urat (=*urat daging*) 근육, 신경, 혈관, 정맥
berurat 근육이 잘 발달된.
urdu 인도(우르두)어.
uruk, menguruk 묻다, 파묻다.
urung¹ 실패한, 이루지 못한
mengurungkan 실패하도록 만들다, 실패를 초래하다.
urung², berurung 우글거리다.
urus¹ *tidak urus* 돌보지 않는, 무시되는

urus²

berurusan 접촉하다
mengurus(kan) 준비하다, 마련하다, 관리하다
pengurus 지배인, 관리인, 이사진
pengurusan 관리, 행정, 준비.
urus², urus-urus 하제.
urut¹ *tukang urut* 안마사
mengurutkan 닦아내다.
urut² *angka (nomor) urut* 일련 번호
berurut-urut(an) 연속하여, 계속
urutan 순서.
usah *tak (tidak) usah* 필요 없는, ~하지 않아도 되는.
usaha 노력, 진력, 분발
berusaha 노력하다
mengusahakan 경작하다, 재배하다
pengusaha 사업가, 기업가
pengusahaan ① 노력 ② 사업, 기업
perusahaan 사업, 기업.
usahawan 기업가, 경영자.
usai 흩어진
mengusai 흩어지다, 해산하다
usang 낡은, 낡아빠진, (낡아서) 시든, 말라빠진
mengusang 시들다, 마르다.
usap, mengusap ① 문지르다, 치다 ② (땀 따위를) 닦다.
usia 나이, 연령.
usik, mengusik (남을) 성가시게 굴다, 괴롭히다, 방해하다
pengusik 교란자, 방해자.
usil 괴롭히는, 성가시게 구는, 간섭하는.
usir, berusir-usiran 서로 뒤를 쫓다, 추적하다
mengusir 몰아내다
pengusiran ① 축출, 추방 ② 유형 ③ 추적.

uskup 승정, (천주교의) 주교
keuskupan 교구.
usul 제의, 제안, 건의, 안(案)
mengusulkan 제의하다
pengusul 제안자, 발의자
pengusulan 조사, 조회.
usung, berusung 여러 사람이 함께 짊어지다
mengusung (여럿이 어깨에 짊어져) 나르다, 옮기다
usungan 들것, 가마.
usus 장, 내장, 창자.
usut¹, usut-usut, mengusut 만지다, 더듬다.
usut², mengusut 조사하다, 검사하다
pengusutan 조사, 검사, 취조.
utama 가장 좋은, 현저한, 탁월한, 두드러진
mengutamakan 강조하다, 중요시하다
keutamaan 탁월, 현저, 두드러짐
terutama 특히.
utang 빚, 채무
berutang 빚을 지다
utangan 빚, 신세, 은혜.
utara¹ 북, 북쪽(의).
utara², mengutarakan 상세히 설명하다, 해설하다
pengutaraan 설명, 해설.
utas 실, 끈, 풀.
utopi 유토피아, 이상향.
utuh (처음 상태) 그대로의, 완전하게
mengutuhkan (처음 상태) 그대로 유지하다
keutuhan 완전, 완비, 전체.
utus, mengutus(kan) 파견하다, (대표로) 보내다
utusan 사절, 대표.
uzur 방해, 장애.

V

vak 교과목, 학과.
valuta 화폐의 가치.
varia ① 변화, 다양성 ② 여러가지의.
variasi 변화, 변동, 변이.
véem 창고, 선창 하륙[양륙] 사업.
véntilator 환기 설비, 통풍 설비.
vérifikasi 확인, 조회, 입증, 증명.
versenéling 기어, 전동 장치, 톱니 바퀴.
vétéran 베테랑, 퇴역 군인, 노련가.
véto 거부권, 거부행사

memvéto (제안·의안 따위를) 거부하다.
via ~을 거쳐, 경유하여.
villa 별장, 별장식의 집.
violét 보라색.
virus 병독, (여과성) 병원체, 바이러스, 세균.
visa 사증, (여권 따위의) 이서, 비자.
visum ① 사증 ② 진단서.
vital 생명의, 살아있는, 생생한.
vitamin 비타민, 영양소.
vokal 모음, 모음자.

W

wabah 전염병, 유행병.
wadah 주발, 식기, 대야, 그릇.
wadas 돌이 많은 땅, 암석 지층.
wadi 아라비아 지방의 개울(우기 이외에는 말라 있는).
waduh 《감탄사》 아야쿠.
waduk ① (배, 위, (반추 동물의)제 1 위 (=*waduk air*) 저수지.
wafat 사망하다, 죽다.
wagon 짐마차, 광차.
wah 《감탄사》 와! 오, 하느님.
wahai 《감탄사》 아아!, 어이!
wahid 유일성, 단일성(신의).
wahon 객차, 화차.
wahyu 환상, 천계, 계시
  mewahyukan 계시하다, 묵시하다.
waisya (인도의 카스트 제도에서) 세 번째 계급 (상인·농부 따위).
waja 강철, 쇠.
wajah 얼굴, 외모, 모습, 용모.
wajan (대형) 프라이 팬.
wajar 진실의, 진정한, 본래의, 자연의
  kewajaran 자연스러움, 천연성
  kesewajaran 참됨, 틀림 없음
  sewajarnya 자연스러운, 온당한, 당연한.
wajib 의무적인, 의무로서 지워지는
  ber(ke)wajib(an) 반드시 ~해야 하는, 의무가 있는
  mewajibkan 요구하다, 명하다, 의무화하다
  kewajiban 의무, 책임.
wakil 대리인, 대리역
  berwakil 대리인을 쓰다
  mewakili 대리하다
  mewakilkan 권한을 부여하다
  perwakilan 대표, 임명.
waktu 시간, 때, 기간
  sewaktu ~할 때, 그 때, 그당시
  sewaktu-waktu 언제고, 아무때나.
walang *berwalang hati, berhati walang* 괴로운, 착잡한.
walau(pun) 비록 ~일지라도, ~이기는 하지만, ~에도 불구하고.
waledan (월급·임금 따위가) 체납의, 미불의, (지불이) 늦어진.
walhasil 그리고 그 결과는.
wali¹ ① (법적) 후견인 ② 행정의 우두머리
  perwalian 후견(직·권), 보호, 수호.
wali² *pisau wali* (조각용의) 작은 칼.
wallahualam ① 신이 알고 있다 ② 《감탄사》 난 모른다, 모르겠다, 될대로 되어라.
wang 돈 ☞ uang.
wangi 향, 방향, 향기
  mewangi 향기로운
  wangian 향, 향기, 방향
  wangi-wangian 여러 종류의 냄새(향), 향기로운 냄새.
wangsa ① 민족, 종족 ② (왕·왕손의) 가족.
wanita 여성, 여자
  kewanitaan ① 여성다움 ② 여성의.
warasa 유산, 상속인.
warga ① (단체의) 정회원, 일원 ② 신분
  kewargaan 회원 자격
  kewargaduniaan 세계주의의, 전세계적인
  kewarganegaraan 공민권, 시민권, 국민의 자격.
waris¹ 유산 상속인, 후사
  mewarisi 상속하다, 물려받다

waris²

mewariskan 상속해주다
warisan 상속 재산, 유산.
waris² (=**warisan**) 이익.
warkah, warkat ① 편지 ② (편지의) 내용, 본문.
warna 색, 색깔
　berwarna 색깔이 있는
　mewarnai, mewarnakan 색깔을 칠하다, 채색하다.
warta 통지, 통신 소식, 뉴스
　mewartakan 소식을 알리다, 통지하다, 보도하다
　pewarta 통신원, 기자.
wartawan 통신원, 기자
　kewartawanan 신문 잡지업, 저널리즘.
wartawati 여기자, 여자 통신원.
warung 노점, 가게, 상점.
was ☞ **waswas**.
wasangka *syak wasangka* 의심.
wasiat 유언, 유서
　berwasiat 유언하다
　mewasiatkan 유언으로 남기다.
wasir 치질 ☞ **bawasir**.
wasit 중재자, 조정인.
waskom 세수 대야, 세면기.
waspada 조심성 있는, 주의 깊은
　kewaspadaan ① 경계, 불침번 ② 주의, 조심.
wassalam 평온이 깃들기를! (편지·연설 따위의 끝에 쓰는 경구).
waswas¹ 의심, 의구심, 망설임.
waswas² 마음속에서 생겨나는 나쁜생각.
wat 절.
watak 성격, 성질, 기질, 특성
　berwatak ~한 성격[성질]을 갖다[소유하다].
watas 경계, 한계
　mewatasi 제한하다
　perwatasan 제한, 한정.
waterpruf 방수제.
wati ① (여러 가지 합성어에서의 의미로) 자연, 대기[하늘] ② 명사의 여성 어미로 사용됨.
wayang ① 꼭두각시, 인형 ② 자와 지방의 그림자극
　mewayangkan (인형극을) 상연하다, 공연하다.
wazir 수상, 총리.
W.C. [wésé] 화장실.
wedana 지역의 장, 군수
　kewedanaan 지역, 군.
wejang, diwejang 충고[교육·지시]를 받다
　wejangan 지시, 가르침, 교훈.
wenang (wewenang) 권한[권리·자격](이 있는)
　berwenang ~할 권한[자격]을 가지다, 관할하다
　sewenang-wenang, bersiwenang-wenang 독단적으로, 좋을대로
　kewenangan 권한, 권능
　kewenang-wenangan 독단, 독력, 압제.
wésel (=**poswésel**) 우편, 송금(우편환).
wewenang 권한, 권능.
wibawa 권한, 권능, 힘, 세력
　berwibawa 권한을 가진, 세력이 있는
　kewibawaan 권한, 권능, 힘
　wibawa-wibawaan 권한, 권능.
wijaya 승리.
wijén 참깨.
wiladah *mandi wiladah* 임신부에 대한 목욕 의식.
wilayah, wilayat 지역, 지구, 관할, 주.
windu 8년 주기.
wirawan 영웅.
wisata 여행, 관광.
wisatawan 여행자, 관광객.
wiski 위스키(귀리·밀·옥수수·보리 따위를 증류하여 만든 술).
wisma 집, 건물.
wortel 당근.
wudu (기도하기 전에) 몸을 씻다.
wuduk *nasi wuduk* 코코

낫 크림으로 요리한 밥.
wujud 존재, 있음, 실재
  berwujud ~한 형태[모양]를 가지다
  mewujudkan 구체화하다, 실현하다
  perwujudan ① 형태, 형체, ② 실현, 달성.

Y

ya (질문에 대한 답으로서 긍정 형식의 대답을 할경우) 예, 네.
y.a.d. [yang akan datang] 다가올, 장래의.
Yahudi 유태인(의).
yaitu 즉, 말하자면, 다시말하면.
yakin 확실한, 틀림 없는
  meyakini 굳게 믿다, 확신하다
  meyakinkan 납득시키다, 확신시키다
  keyakinan 확신
  berkeyakinan 확신하다.
yakni 즉, 말하자면, 다시 말하면.
yalah 그렇다 ☞ ialah.

yang ① yang 다음에 따르는 문장〔성분〕이 선행사의 설명을 나타냄 ② 《관계 대명사》 ~한 것〔사람〕 ③ mana 와 함께 쓰여 부정대명사를 나타냄.
yatim 어머니 또는 아버지를 잃은 아이, 고아.
yayasan 재단, 설립.
y.b.l. [yang baru lalu] 지난, 지나간.
yu^1 상어.
yu^2 누나, 언니.
yuda 전쟁.
yuyu 게의 일종.

Z

zabah 죽이다, 살해하다, 도살하다
zabaniah 지옥의 사자, 저승사자.
zadah *anak zadah, haram zadah* 서자.
zahid 고행, 수도 생활.
zakar 남자의 성기, 남근.
zakat (르바란 축제일에) 회교 신도가 가난한 사람들에게 의무적으로 주는 보시.
zakiah 순수한, 순진한, 깨끗한.
zalim 잔인한, 혹독한, 잔악한, 포악한.
zaman 시대, 시기, 때.
zamrud 에메랄드, 취옥.
zamzam ① (메카에 있는) 성천 ② (메카에서 떠돈) 성수.
zan 의심, 의구심, 의혹.
zarafah 기린 ☞ zurapah.
zariah, zariat ① 종자, 씨앗 ② 자손, 후예.
zat ① 신의 본질 ② 물질, 물체, 질료, 내용.
ziarah, ziarat 참배, 성묘, 순례
 berziarah 참배하다, 성묘하다
 menziarahi ~을 참배하다, 성묘하다, 순례하다.
zib¹ (뱃머리의) 삼각 범포.
zib² 자깔(여우와 늑대의 중간형).
zikir ① la ilaha illallah라고 거듭 암송함 ② 기억, 회상.
zina(h) 간통, 간음, 밀통
 berzinah 간통하다, 간음하다
 perzinahan 간음, 간통.
zirafah 기린.
zohor 오후(1시 반 경) 기도.
zuhur 오후(1시 반 경) 기도.
zurafah 기린 ☞ zarafah.
zuriah, zuriat 자손, 후예.

부록
한국어-인도네시아어 사전

ㄱ

가 pinggir, tepi; 해변~ tepi laut
가게 toko, kedai
가격 harga; 정찰~ harga pas
가공 pengolahan
가구 perkakas, perabot rumah, mebel
가까스로 baru saja, nyaris, hampir
가깝다 dekat
가꾸다 memelihara, membesarkan
가끔 kadang-kadang, sering kali
가난 kemiskinan; ~한 miskin
가냘프다 ① (목소리가) lemah, sayup ② (몸이) lamping, langsing, lampai
가누다 mengendalikan, menguasai, mengatur
가늘다 sempit, tipis, lemah
가늠 ① 겨냥 bidikan ② 어림 perkiraan, dugaan, terkaan; 눈으로 ~하다 mengira dengan mata
가다 pergi, berjalan ke, berlalu
가다듬다 ① (정신을) menahan, memperkuat, menjadi segar ② (목소리를) mengatur, memodulasi
가닥 ① pantai ② untai, unting ③ helai; 실~ helaian benang
가동 operasi; ~중 berjalan, bekerja; ~하기 시작하다 mulai bekerja / berlaku
가두다 mengurung
가득 penuh, lengkap, padat, tumpat, sempurna; 사람을 ~ 태운 버스 bis yang penuh dengan orang-orang; 돈이 ~든 지갑 dompet yang penuh dengan uang

가라앉다 ① (물속으로) tenggelam, terbenam ② (잠잠해지다) (me)reda, ketenangan ③ (진압하다) menenangkan, membereskan ④ (마음이) menenangkan
가락 irama, lagu, nyanyian
가락지 cincin; ~를 끼다 memakai cincin; ~를 빼다 membuka cincin
가랑비 hujan rintik-rintik, gerimis
가랑이 sela pukang, kangkang, kelangkang
가랑잎 daun yang tumpang
가래 ① (농기구) sekop, sodok ② (담) dahak, lendir
가량 ① (쯤) kira-kira, agaknya, lebih kurang ② (어림) perkiraan, taksiran, terkaan
가렵다 gatal, gelisah; 가려운 손가락 tangan yang selalu ingin menembak
가령 ① (예를 들어) misalnya 예; misal, umpama, contoh ② (가정) 가령 ~라면 kalau, jika, bila
가로 ① (폭) lebar, keluasan ② (옆으로) jarak lintas
가로막다 mengganggu, menyela, menyelang; 대화를~ menyela percakapan
가로맡다 mengambil (회사 따위를) ~ mengambil-alih
가로채다 menangkap, meraih, mencuri, mencoleng, menculik (지갑을)~ merampas; (재산을) ~ menyita, merampas
가루 pupur, bedak, bubuk; 옥수수~ pupur jagung; ~비누 sabun bubuk
가르다 ① (분할하다) membagi,

가리마 belah, kuak; 머리에 ~를 타다 menyibak

가마 ① (벽돌따위를 굽는 ~) kompor, tungku, perapian ② (탈것) tandu, joli, pelangkin

가만히 ① (조용히) dengan diam-diam, dengan tenang ② (몰래) secara rahasia, dengan diam-diam

가면 topeng, kedok, penutup atau pelindung muka; ~을 쓴 bertopeng; ~을 벗다 membuka topeng; ~무도회 pesta bertopeng

가물거리다 ① (불빛이) berkelip-kelip, berkedip ② (정신이) menjadi kabur, merasa pusing

가물다 kekeringan, kemarau

가뭄 masa kekeringan, musim kemarau

가방 kantong, karung ① (여행용~) koper, kopor ② (부인용 ~) tas

가볍다 ① (무게가) ringan ② (수월하다) sederna, mudah, gampang ③ (중요하지 않다) remeh temeh, sepele, tak penting, tak berharga

가보 pusaka, harga benda keluarga

가뿐하다 ① (물건이) tidak berat ② (행동이) ringan, ringan-halus, gembira

가쁘다 megap-megap, mengap-mengap, sesak nafas

가사 pekerjaan rumah tangga; ~를 돌보다 mengurus pekerjaan rumah tangga; ~를 정리하다 mengatur pekerjaan rumah tangga

가소롭다 menggelikan, menjadi tertawaan, menertawakan

가수 penyanyi, biduan, pelagu; 여자~ biduanita; 유행가~ penyanyi yang terkenal baik

가슴 ① (흉부) dada ② (여자의 ~) buah dada, tetek, payudara ③ (마음) hati, batin ~아프다 sakit hati

가시 duri, onak; 손에 박힌~ ada duri di dalam jari; ~가 있는 berduri

가시다 ① (입안을) mencuci bersih-bersih ② (없어지다) hilang, tiada, hapus

가열 pemanasan; ~하다 memanaskan, menjadi panas; 물을 ~해 주십시오 tolong panaskan air itu; ~기 alat pemanas; 전기~ alat pemanas listrik (dengan tenaga)

가엾다 menyedihkan, kasihan, sayang; 가엾어라! Alangkah sayangnya!

가요 lagu, nyanyi, nyanyian; 대중~ lagu yang terkenal baik, lagu yang populer

가운데 ① (중앙) pinggang, pertengahan, setengah 길~ ditengah-tengah jalan ② (중에서) di antaranya (둘~), among (셋이상) ③ (~하는 동안에) selama, ketika, semasa, waktu

가위 gunting; ~로 자르다 menggunting

가을 musim gugur/rontok/runtuh ~걷이 pemungutan musim gugur

가입 pemasukan, pengikutsertaan, keanggotaan; ~자 anggota, pengikut; ~신청 lamaran untuk pemasukan

가장 ① kepala keluarga, tuan rumah ② penguburan sementara; ~하다 menyamar, menyaru

가정 keluarga rumah tangga; ~이 있다 berkeluarga/berumah tangga; ~교육 pendidikan

가족 rumah; ~부 pembantu rumah (tangga)
가족 keluarga, sanak saudara, batih, kerabat, wangsa; ~있다 berkeluarga; ~관계 ikatan keluarga; ~계획 rencana berkeluarga
가죽 kulit, jangat; ~이 있는 berkulit; ~을 벗기다 menguliti; ~제품 barang-barang dari kulit; ~자켙 jaket kulit
가지 ① cabang, jipang; ~를 내다 bercabang; ~가 많은 bercabang-cabang ② terong
가지다 ① (손에 쥐다) membawa ② mempunyai, memiliki ③ (임신하다) mengandung, bunting, hamil
가지런하다 seragam, sama; ~하게하다 menyeragamkan
가짜 peniruan, tiruan, imitasi, barang palsu; ~다이아몬드 intan imitasi/palsu; ~돈 uang tiruan; ~증서 surat tanggungan palsu
가축 hewan ternak, hewan piaraan, binatang, marga satwa; 식용~ hewan bentai; ~병원 rumah sakit kehewanan
가치 nilai, harga; ~있는 bernilai; ~를 높이다 mempertinggi nilai; 구매~ nilai beli; 영양~ nilai gizi
가파르다 curam, terjal, sangat menurun; ~른 길 jalan yang curam
가호 perlindungan Tuhan, penjaga Tuhan
각 ① tanduk, cula ② (모퉁이) sudut ③ (사각) segi; 삼~ segi tiga; 사~형 segi empat; ~이 있는 bersegi
각도 sudut, ukuran sudut, derajat sudut; 28도(각도) 28 derajat sudut
각박 tak punya hati, kejam, keras; 얼마나 ~한 세상인가! Alangkah dunia yang kejam dan keras!
각별 ① (특별하다) istimewa, utama, khusus ② (깍듯하다) sopan, santun; ~한 사이 hubungan yang istimewa; ~히 대하다 menyopani
각본 naskah drama, skenario
각성 kesadaran, kebangunan; ~하다 sadar, bungun; ~시키다 menyadarkan
각오 kesiapan, ketetapan hati, kesediaan, kesanggupan; ~하다 bersiap untuk, bersiap-siaga
각자 masing-masing, sendiri-sendiri, setiap
각종 berbagai jenis, segala macam, serba aneka
간(肝) ① hati, cita rasa ② rasa asin, kesedapan
간간하다 berasa asin, sedap
간결 keringkasan, kesingkatan
간계 rencana jahat, muslihat, kelicikan, akal bulus
간단 keringkasan, kesederhanaan, kesingkatan
간드러지다 mempesona
간부(幹部) anggota terkemuka, eksekutif, para pemimpin, para kepala
간섭 intervensi, campur tangan, turut campur
간소 kesederhanaan; ~화 penyederhanaan
간수하다 memelihara, menjaga
간악 kejahatan, kelicikan, tipu muslihat
간장 ① kecap asin ② hati dan usus, kalbu, sanubari
간절 ~하다 ingin sekali, berhasrat besar, sungguh-sungguh; ~히 dengan sungguh-sungguh, dengan tulus
간접 ~적으로 secara tidak langsung, melalui tangan kedua

간지럽다 geli, rasa tergelitik; 간질거리다 menggelikan

간직 ~하다 menyimpan

간청 permohonan, permintaan; ~하다 meminta supaya

간판 papan; ~을 달다 memapan, memasang papan

간편 ~하다 sederhana, sedang ~함 kesederhanaan

간행 penerbitan, publikasi; ~하다 menerbitkan, mengeluarkan; ~물 terbitan, edaran

간호 perawatan; ~하다 merawat; ~사 juru rawat, perawat

갇히다 terkurung, terpenjara, terkungkung

갈기 surai, bulu tengkuk, rambut tengkuk; 말~ bulu tengkuk (dari) kuda

갈기갈기 berkeping-keping; ~찢어진 menjadi robek / sobek / cabik

갈기다 ① (주먹 따위로) memukul, menonjok ② (채찍으로~) mencambuk, mencemeti ③ (갈겨쓰다) tulisan cakar ayam

갈다 ① (칼 따위를 ~) mengasah ② (옥수수 따위를 ~) menggiling, menggilas ③ (이를 ~) menggertakkan gigi

갈대 buluh, gelagah

갈등 ① (마음의 ~) kesulitan, conflikasi ② (누구누구 사이의 ~) perselisihan, perbedaan

갈라서다 berpisah, bercerai, berjauhan

갈라지다 membagi, bercerai, pisah, larai, putus, pecah; 둘로 ~ membagi dua

갈래 bagian, cabang; ~지다 bercabang

갈리다 terbagi, pecah; (칼 따위를 ~) diasah; (가루로 ~) menyuruh giling

갈망 ~하다 berhasrat besar, ingin sekali, kerinduan panjang

갈무리 penyimpanan

갈비 tulang rusuk

갈색 warna coklat

갈수록 semakin lama; 날이 ~ 예뻐진다 makin hari makin cantik

갈아내다 mengganti, menukar, mengubah

갈아입다 mengganti pakaian

갈증 kehausan; ~이 나다 haus, dahaga, sangat ingin

갈채 sorak-sorai, pekik, tepukan tangan, sorakan; 환호~ sorak semarai

갈피 ruang antarlapisan, sela-sela; ~를 못잡다 tidak dapat menangkap arti

갉다 menggerogoti, menggigiti, menggerumis

감 kesemek

감 (옷~) bahan, material

감(感) perasaan, kesanan

감(減) pengurangan; ~하다 mengurangi

감각 rasa, perasaan; 미~ perasaan lidah

감감하다 ① (소식이 ~) tidak tahu kabarnya ② (기억이 ~) lupa sama sekali

감기다 ① (눈이 ~) tertutup mata ② (머리를 ~) memandikan / mencucikan rambut

감다 ① (눈을 ~) menutup ② (머리를 ~) mencuci ③ (실 따위를 ~) memutar/menggulung

감도 daya sentibilitas

감독 pengawasan; 총~ pengawasan tertinggi

감미 rasa manis; ~롭다 merasa manis

감사 ① terima kasih, rasa syukur ② inspektur penyelia, pemeriksaan

감상 perasaan halus, sentimen; ~적인 sentimentil

감수 ① pengawasan ② ~하다 bersikap menerima dengan rela

감싸다 melindungi
감언 bujuk rayu, perkataan manis; ~이설로 꾀다 merayu dengan perkataan manis
감옥 penjara, kurungan, bui, sel
감응 pengaruh, simpati, rasa setuju; ~하다 bersimpati dengan
감정(感情) ① perasaan, emosi; ~적으로 dengan perasaan ② penilaian, penaksiran; ~하다 menilai, menaksir
감추다 menyembunyikan, merahasiakan
감탄 kekaguman, ketakjuban; ~하다 mengagumi, menakjubi
감화 pengaruh, pembaruan; ~하다 mempengaruhi
감회 kesanan, kenangan
감흥 minat, kesenangan, kesukaan; ~을 자아내다 menimbulkan minat
갑갑하다 merasa sesak
갑부 orang terkaya, milyuner
갑자기 tiba-tiba, mendadak, serta merta, seketika
값 harga, ongkos, biaya; ~어치 nilai, harga; ~이 ~이다 berharga
값지다 bernilai, berharga, berguna, bermanfaat
갓 ① topi Korea ② masih baru, baru, yang baru
갓난아이 bayi yang baru lahir, bayi merah
강 sungai, kali, batang air; ~가 tepi/pinggir sungai
강건 kejantanan, keberanian; ~한 berani, gagah, jantan
강경 ketegaran, kekuatan; ~한 tegas, kuat, tegar, keras, kaku
강권 kekuasaan sewenang-wenang; ~을 발동하다 berkuasa sewenang-wenang
강당 aula, pendapa, auditorium
강대 (~하다) berkuasa besar, kuat, adidaya

강도 ① tingkat kekuatan ② todongan, perampokan; ~자 perampok; ~질하다 merampok, menggarong
강력 kekuatan; ~하다 kuat, bertenaga, teguh, kukuh
강박 paksaan; ~관념 kompleks takut, obsesi
강산 sungai dan gunung
강습 ① kursus latihan ② ~하다 menyerang dengan keras
강아지 anak anjing
강연 ceramah, kuliah, pidato; ~하다 berceramah, berpidato
강자 orang kuat
강점 ① ~하다 merebut, merampas, mengambil paksa ② kelebihan, keunggulan
강제 paksaan, desakan, tekanan, kekerasan; ~적인 terpaksa; ~적으로 dengan kekerasan
강조 penekanan; ~하다 menekankan, menegaskan
강직 ~하다 jujur, lulus hati, tulus, ikhlas hati
강짜 cemburu buta, kecemburuan; ~부리다 memperlihatkan kecemburuan
강철 baja, waja, besi keras; ~판 pelat baja
강타 pukulan deras, tumbukan, tamparan, tiam; ~하다 menumbuk, menampar, menebok
강탈 perampasan, perambokan; ~하다 merampas, merampok
강하다 kuat, kukuh, bertenaga, teguh, tahan
강행 pemaksaan, pelaksanaan keras; ~하다 memaksa
강호 veteran, purnawirawan
강화 ① ~하다 memperkuat, memperkukuh ② perdamaian, perundingan damai; ~하다 berdamai dengan
갖추다 melengkapi, menyiapkan

같다 ① sama/mirip dengan, serupa, seperti ② (마치 ~같다) kelihatan

같이 ① seperti ② (~와 같이) bersama dengan, sekalian

갚다 mengembalikan; 빚을 ~ membayar uang, mengganti rugi

개 anjing

개(個) satuan

개가 perkawinan/pernikahan lagi

개간하다 ① (책을 ~) mencetak kembali ② (산림을 ~) memulihkan, membuka tanah

개개 ~의 individu, pribadi

개괄 ringkasan, ikhtisar, rekapitulasi; ~하다 meringkas

개구리 katak, kodok

개근 kehadiran yang sempurna/teratur; ~하다 hadir dengan teratur

개념 konsepsi, pikiran, ide, pendapat

개다 ① (날씨가 ~) menjadi terang ② (이불을 ~) melipat ③ (진흙을 ~) menguli, merewas

개량 perbaikan, perbetulan; ~하다 memperbaiki, membetulkan

개막하다 menaikkan layar, memulai pertunjukan

개미 semut, geramang

개발 pengembangan, eksploitasi; ~하다 mengembangkan, mengeksploitasi

개방 ~하다 membuka; 문호~ pembukaan pintu

개별 secara individu, masing-masing, sendiri-sendiri

개봉하다 membuka; 필름을 ~ mengedarkan film

개비 sepotong, tongkat, batang; 성냥~ batang korek api

개선하다 ① memperbaiki, meningkatkan ② kembali/pulang dengan kemenangan

개성 kepribadian, karakter

개시 awal, mulai, pembukaan; ~하다 membuka, mengawali, memulai

개업하다 memulai usaha/bisnis

개요 garis besar, ringkasan, ikhtisar, singkatan

개운하다 merasa segar/nyaman/lega

개울 anak sungai kecil, bandar, aliran air

개인 perseorangan, individu, pribadi

개입 intervenci, campur tangan; ~하다 campur dalam, turut campur, mencampuri

개정 perbaikan, peninjauan kembali

개조 penyusunan kembali, pemulihan, rekonstruksi; 사회~ pemulihan masyarakat

개찰 pemeriksaan karcis; ~하다 memeriksa karcis

개혁 pembaruan, perubahan; ~하다 memperbaiki

개화하다 ① beradab, berbudaya ② berkembang, mekar

개회하다 membuka (rapat); ~식 upacara pembukaan

객관 pandangan objektif; ~적으로 secara objektif

객실 kamar tamu/penumpang, penginapan

객원 anggota tamu; ~교수 dosen tamu/luar biasa

객지 tanah asing, negara asing

객혈 haemoptisis, penyemburan darah; ~하다 batuk darah

갱년기 masa uzur

갱부 pekerja tambang, tukang tambang, penambang

갱생 rehabilitasi hidup baru; ~하다 memulai hidup baru lagi

갱신 pembaharuan; ~하다 memperbaharui

갸륵하다 terpuji, hargai, hormati

거간 usaha makelar/broker; ~하

다 bertindak sebagai perantara; ~군 makelar, perantara
거기 tempat itu, di sana
거꾸러뜨리다 menjungkirkan, menumbangkan
거나하다 setengah mabuk/pusing/puyeng
거느리다 memiara, melindungi
거닐다 berjalan-jalan, berkeluyuran, mengeluyur
거덜나다 bangkrut, sudah habis hartanya, jatuh miskin
거동 kelakuan, tingkah laku
거두 pemimpin, kepala, ketua
거두다 memungut, mengambil, menarik; 세금을 ~ memungut pajak
거들다 menolong, membantu
거들떠보다 menaruh perhatian, memperhatikan
거듭 lagi, berulang-ulang; ~하다 mengulang
거뜬하다 ① ringan ② senang
거래 transaksi, perdagangan, jual-beli; ~하다 berdagang, berjual-beli
거론하다 membahas/mendiskusi (masalah)
거룩하다 suci, kudus, murni ~하게 하다 menguduskan
거르다 berselang, meloncati, mengabaikan; 식사를~ meloncati makan
거리 ① jalan ② bahan, penyebab
거리끼다 takut, tidak suka, ragu-ragu, bimbang
거만하다 sombong, angkuh, kurang sopan
거매지다 menjadi hitam
거머쥐다 meraih, menarik, memegang
거멓다 hitam pekat
거무죽죽하다 kehitam-hitaman, gelap
거물 tokoh terkemuka, orang yang luar biasa, pembesar; 재계

의 ~ pembesar dalam ekonomi
거미 laba-laba, kawa-kawa; ~줄 benang laba-laba, sawang
거반 ☞ 거의
거부 orang yang kaya sekali, milyuner
거북하다 merasa tidak enak badan, merasa tidak segar
거성 bintang besar; 문학의 ~sastrawan besar
거세 kebiri, pengebirian; ~하다 mengebiri
거세다 kasar, keras, kuat, kukuh
거스르다 menentang, memerangi, melawan
거액 jumlah yang besar sekali (uang)
거의 hampir
거점 kedudukan, posisi; ~하다 menduduki; 전략적 ~ posisi yang strategis
거주 kediaman; ~하다 bertempat tinggal, bermukim
거죽 muka, permukaan/kulit
거지 pengemis, peminta-minta
거짓 kedustaan, kebohongan, kepura-puraan; ~말 cerita bohong
거창하다 akbar, besar, kolosal
거처 rumah, tempat tinggal; ~하다 bertempat tinggal, berdiam
거추장스럽다 agak mengganggu
거취 sikap; ~를 정하다 bersikap
거치다 melewati; ~을 거쳐 lewat, melalui
거칠다 kasar, keras; 숨결이 ~ sesak napas/bernapas dengan sulit
거침 ~없이 tanpa keraguan
거푸 lagi dan lagi, terus-menerus
거품 gelembung, busa, ruap, buih; ~이 일다 berbusa, berbuih, bergelembung
거행 pertunjukan, perayaan;

걱정 ~하다 menyelenggarakan, mengadakan

걱정 kecemasan, was-was, rasa khawatir; ~하다 merasa cemas/khawatir, bergelisah

건 ① peci, tutup kepala ② urusan, perkara ③ urat daging

건각 kaki yang kuat

건강 kesehatan, kesegaran, kenyamanan

건너 seberang

건너다 menyeberang, melintasi

건널목 penyeberangan

건네다 menyerahkan, menyampaikan (kepada)

건더기 bahan-bahan sup

건드레하다 sempoyongan, terhuyung-huyung

건드리다 menyentuh, menjamah, menyinggung sedikit

건물 bangunan, wisma, bina; 목조~ bangunan kayu

건배 sulang, toast

건사하다 mengawasi, mengatur, memelihara

건설 pembinaan, pembangunan, pendirian, konstruksi

건성 ~으로 dengan setengah hati, tanpa tujuan

건승 kesehatan dan sukses

건실하다 mantap, handal, stabil

건아 pemuda sehat

건의 usulan, saran, anjuran; ~하다 mengusulakn, menganjurkan

건재 ① bahan bangunan ② ~하다 sehat

건조 ① pembangunan, pendirian; ~하다 membangun ② ~한 kering; (무의미한) hambar, tawar

건지다 물에서 ~ mengangkat keluar air; 목숨을 ~ menyelamatkan nyawa

건축 pembangunan, pendirian, konstruksi; ~하다 membangun, mendirikan

건투 pertempuran yang baik, usaha yang keras

걷다 ① (발로) berjalan, melangkah ② (걷어올리다) menggulung, menyingkirkan

걷어차다 mendepak, menyepak

걷어치우다 menyingkirkan, menghindarkan

걸다 menggantung, menggandulkan, meranggitkan

걸레 kain pel/lap; ~하다 mengepel

걸리다 ① (매달리다) tergantung ② (병에 ~) jatuh (sakit) ③ (법에 ~) melanggar hukum ④ (시간이 ~) makan waktu/jam

걸맞다 cocok/sesuai dengan

걸머지다 memikul, menanggung

걸신들리다 rakus, lahap, gelojoh, tamak

걸음 langkah, jangkah; ~걸이 sikap berjalan

걸작 karya besar, karangan utama

걸치다 menyampaikan, menyidaikan, menggantungkan; (수건을 ~) menyampirkan (handuk) di atas

걸터앉다 duduk di atas, menunggang, mencelepak

걸핏하면 terlalu sering

검다 hitam, gelap; 검디~ hitam legam, hitam lotong

검사 pemeriksaan, penyelidikan, inspeksi

검사 jaksa; ~장 jaksa tinggi; 부장~ jaksa agung; ~하다 memeriksa

검열 penyensoran, pemeriksaan

검정 hitam

검정하다 memberikan persetujuan/sanksi resmi

검토 pemeriksaan, penyelidikan, peninjauan; ~하다 memeriksa, menyelidiki

겁 ketakutan, kepengecutan, kecekutan; ~장이 penakut, kecut hati, pengecut

겁탈 perkosaan; ~하다 memperkosa, menggagahi

것 barang, benda

겉 muka, wajah, permukaan

겉늙다 kelihatan lebih tua (dari umurnya)

겉돌다 terasing/tersisih/terpencil (dari kelompok)

겉모양 rupa luar, semu

겉봉 amplop

겉치레하다 memperagakan

게 kepiting

게걸거리다 rakus, lahap, loba, tamak

게으르다 malas, lalai lengah; 게으르게 지내다 bermalas-malas

겨냥 sasaran, tujuan, obyek

겨누다 membidik, incer, mengarahkan, mengacu

겨레 bangsa; 한~ satu bangsa

겨루다 bersaing/bertanding dengan, melawan

겨울 musim dingin; ~방학 liburan musim dingin

격노 kemarahan hebat, kegeraman

격려 pembangkitan/pengobaran semangat

격리 pengasingan, pemencilan, isolasi

격분 kemarahan hebat, kemurkaan

격식 peraturan, formilir

격언 peribahasa, pepatah

격증 kenaikan yang tajam; ~하다 naik dengan tajam

격투 perkelahian, pergumulan; ~하다 berkelahi, memumpuh

겪다 mengalami, menderita

견고 kuat, kukuh, tabah

견디다 tahan, menahan, menderita

견문 pengalaman; ~을 넓히다 memperbanyak pengalaman

견본 teladan, pola, contoh

견식 pendapat, pandangan

견적 taksiran, dugaan; ~을 내다 menaksir, menduga

견주다 mempertandingkan /memperbandingkan dengan

견해 pendapat, pandangan, pikiran; ~를 같이/달리하다 sependapat/tidak sependapat

결 (나무, 피부 따위) butiran tekstur; ~이 고운 berbutiran halus

결과 hasil, akibat konskuensi

결근 ketidakhadiran; ~하다 absen, tidak hadir

결단 keputusan, penentuan; ~하다 memutuskan

결론 kesimpulan, simpulan, bulat kata; ~에 도달하다 sampai pada kesimpulan

결리다 merasa sakit

결말 kesudahan, akibat, penyelesaian; ~이 나다 selesai, beres

결별하다 berpisah

결사 ① ~적 mati-matian ② perkumpulan/ asosiasi

결산 penyelesaian rekening, tutup tahun

결석 ketidakhadiran; ~하다 tidak hadir, absen

결실 hasil, buahan; ~을 맺다 berhasil, berbuah

결심하다 membulatkan hati

결점 kekurangan, kesalahan, cela

결정 keputusan, ketentuan, bulat kata

결판내다 menyelesaikan, membereskan

결합 persatuan, perhubungan, senyawa, uni, serikat

결혼 pernikahan, perkawinan; ~하다 menikah

겸양 kerendahan diri

겸연쩍다 agak malu, merasa canggung

겸하다 merangkap
겹치다 bertumpak, menumpak
경계 ① batas, sempadan ② penjagaan ketat; ~하 다 menjaga, mengawal
경고 peringatan; ~하다 mengingati
경기 ① kondisi usaha ② permainan, pertandingan
경력 karir, riwayat kerja
경로 saluran, arah, proses; ~경로를 통해 melalui saluran
경리 akuntansi; ~과 bagian akuntansi
경매(競買) lelang; ~하다 melelang
경멸 penghinaan, caci-maki; ~하 다 menghina, mencaci, mendayus
경박하다 plin-plan
경범죄 pelanggaran kecil
경사(慶事) peristiwa bahagia; ~스러운 bahagia
경사(警査) sersan polisi
경솔하다 tergesa-gesa, tanpa pikir; ~히 dengan buru-buru
경애(敬愛) takrim, hormat; ~하 다 menghormati; ~하는 yang terhormat
경영 manajemen, pengelolaan; ~하다 mengelola
경우 keadaan, peristiwa, …한 ~에는 kalau-kalau, jaga-jaga
경유하다 mampir, singgah; ~하 여 lewat, melalui
경이 mukjizat, keajaiban, luar biasa
경작 pertanian, pertanaman; ~하다 bertani, bercocok tanam
경쟁 persaingan, pertandingan; ~하다 bersaing, beradu
경제 ekonomi/perekonomian
경종 bel tanda bahaya; ~을 울리다 membunyikan
경주 perlombaan, balapan, pacuan
경중 arti penting relatif

경지 ① lahan yang ditanami ② keadaan sesuatu; ~에 이르다 mencapai
경질 perubahan, mutas; ~하다 mengadakan perubahan
경찰 kepolisian; ~관 orang polisi
경축 perayaan, ucapan selamat; ~하다 merayakan, mengucapkan selamat
경치 pemandangan, keindahan alam
경쾌하다 ringan, nyaman
경품 pemberian (hadiah); ~권 kupon hadiah
경향 kecenderungan, kecondongan; ~이 있다 cenderung
경호 pengawalan, konvoi; ~하다 mengawal
경황없다 terlalu sibuk/ramai
곁 sisi, tepi; ~에 di samping, di sebelah
계급 kelas, martabat, pangkat, derajat
계기 kesempatan, saat, ketika
계단 tangga, jenjang, petala; ~을 오르다 naik tangga
계란 telur ayam, endok
계모 ibu tiri, mak tiri
계몽 penerangan, pendidikan; ~하다 menerangkan
계발 penyuluhan; ~하다 menyuluh, memberi penyuluhan
계부 ayah tiri
계산 perhitungan, rekenan; ~하다 menghitung, menjumlahkan
계승 pewarisan; ~하다 mewarisi, menggantikan
계시 wahyu, petunjuk, ajaran Tuhan; ~하다 mewahyukan
계시다 ada
계약 kontrak, perjanjian; ~하다 membuat kontrak
계열 ordo tingkat/golongan; ~회사 perusahaan afiliasi
계절 musim; ~의 musiman
계집 perempuan, wanita; ~아이 anak perempuan

계통 sistem, tata susun; ~적 sistematis

계획 rencana, proyek, rancangan; ~하다 berencana

고가 harga tinggi, mahal

고갈 ~하다 mengering, habis, kering

고개 tengkuk kepala; ~를 들다 mengangdat muka, mencangak

고객 pelanggan, pemesan, relasi

고견 pendapat/pandangan yang baik sekali

고결 ~하다 suci, murni

고관 pejabat tinggi, pembesar

고국 tanah air, nusa

고귀 ~한 bangsawan, berbangsa, mulia, agung

고금 jaman/basa kuno dan modern

고급 kelas/tingkat tinggi, terkemuka

고기 ① daging ② 물~ ikan

고기잡이 nelayan, pemancing

고깝다 menjijikan

고꾸라지다 jatuh

고뇌 penderitaan, kesusahan

고다 merebus sampai lunak

고단하다 lelah, letih

고달프다 lelah sekali, terkuras

고대 jaman kuno/kawi/tandun

고대 ~하다 merindukan, ingin sekali, menunggu-nunggu

고도 ketinggian, tingkat tinggi ~600M ketinggian 600 meter

고독 penyendirian, kesepian; ~하다 merasa terpencil/terasing/sepi

고되다 sulit, menyakitkan

고등 ☞ 고급

고딕 gotik

고락 kegembiraan dan kesedihan, suka duka; ~을 같이 하다 berbagi suka dan duka

고랑 borgol, pasung, belenggu; ~을 채우다 memborgol

고래 ikan paus/lodan, gajah mina

고려(하다) mempertimbangkan, memperhitungkan, memikirkan

고료 honor untuk naskah

고루 ~한 konservatif, kolot

고르다 ① sama, serupa ② (땅을 ~) meratakan, mendatarkan ③ memilih

고름 nanah; ~을 짜다 mengeluarkan nanah

고리 ① cincin, gulungan ② bunga tinggi, riba; ~대금업자 lintah darat

고립 isolasi, keasingan, kepencilan; ~되다 diisolasi, terpencil

고맙다 berterima kasih, bersyukur

고매 ~하다 bangsawan

고명 ① nama lama ② (명성) keterkenalan, kemasyhuran, ketenaran

고모 tante, bibi; ~부 paman, om

고무 ① ~하다 memberanikan, mengelorakan ② karet, penghapus

고문 ① penasehat, mufti ② ~하다 menyiksa, menganiaya, menyakiti

고물 ① barang bekas ② tepung dari kue beras

고민 kemeranaan; ~하다 merana

고발 tuntutan, dakwaan, gugatan; ~하다 menuntut, mendakwa

고배 pil pahit; ~를 마시다 menelan pil pahit

고백 pengakuan; ~하다 mengaku, membenarkan, mengikrar

고별하다 mengucapkan selamatan jalan, berpamitan

고본 ① buku bekas ② naskah, manuskrip

고분고분 dengan patuh; ~하다 patuh

고비 klimaks, krisis, gawat; ~를 넘다 melampaui krisis
고삐 tali kekang/kendali; ~를 당기다 mengencangkan tali kekang
고상 ☞ 고결, 고매
고생 kesengsaraan, kesulitan, penderitaan; ~하다 menderita, mengalami kesulitan
고소(告訴) gugatan, tuntutan, keluhan; ~하다 menggugat, menuntut
고소(苦笑) senyum pahit
고소하다 senang
고속 kecepatan tinggi; ~도로 jalan raya kecepatan tinggi
고수머리 rambut keriting ikal/berlekuk-lekuk
고수하다 berpaut, memegang teguh
고스란하다 tetap ada kesemuanya
고시(告示) pengumuman/pemberi-tahuan; ~하다 mengumumkan/memberitahu-kan
고시(考試) ujian; 국가~ ujian negara; 고등~ ujian pegawai sipil tinggi
고심 susuh payah, daya upaya
고아 yatim piatu
고안 ide, rencana, disain; ~하다 merencanakan
고압 tekanan/tegangan tinggi; ~적인 dengan memaksa
고액 jumlah besar uang
고약하다 jahat, jelek, jahil
고양이 kucing, meong; 도둑~kucing hutan
고어 perkataan kuno
고언 nasihat pahit
고온 suhu tinggi
고요하다 diam, sepi, tenang
고용하다 dipekerjakan; ~계약 kontrak kerja; ~인 pekerja
고원 dataran tinggi
고유 ~의 istimewa, spesifik, khusus, khas

고을 kampung, desa, dusun
고의 maksud, tujuan, kesengajaan; ~로 dengan sengaja
고이 dengan anggun, dengan damai
고작 paling banyak/baik, paling-paling
고장 ① daerah, kawasan, propinsi ② kerusakan
고적 kesepian; ~하다 kesepian, kesunyian
고전 buku klasik, klasik; ~적 keklasikan
고전 mata uang kuno
고정하다 menetapkan; ~관념 gagasan tetap
고조 pasang naik, klaimaks; ~에 달하다 mencapai klaimaks
고조 nenek moyang
고조모 nenek (yang lebih tua)
고조부 kakek (yang lebih tua), nenek laki-laki (yang lebih tua)
고주망태 mabuk berat/hebat
고지식하다 lugu, sederhana dan jujur
고질 penyakit kronis; ~환자 penyakit kronis
고집 kekeraskepalaan, kefanatik-an, kekukuhan
고차 pangkat/tingkat tinggi
고착하다 melekat, menempel pada, melengket
고찰 penelitian, penyelidikan; ~하다 meneliti, menyelidiki
고체 benda/zat padat; ~화하다 memadatkan
고추 cabe, lada merah; ~잠자리 capung merah
고춧가루 bubuk cabe
고충 dilema, posisi yang sulit
고층 lantai/lapisan atas; ~건물 bangunan tinggi
고치 kepompong; 누에~ kepompong (ulat sutera)
고치다 ① (병을 ~) menyembuhkan ② (기계를 ~) memperbaiki ③

(틀린 곳을 ~) membetulkan penderitaan, kedukaan; ~을 느끼다 merasa penderitaan

고풍 gaya kuno/antik

고프다 (배가 ~) lapar

고하다 memberitahu, mengumumkan

고학 sekolah sambil bekerja; ~생 siswa yang berdiri sendiri

고행 tapa; ~하다 bertapa; ~자 pertapa, biarawan

고향 kampung halaman; ~친구 sahabat sekampung halaman

고혈압 tekanan darah tinggi, hipertensi

곡선 garis lengkung/keluk/lekuk

곡식 biji-bijian, butir (padi)

곡예 pertunjukan akrobat; ~사 pemain akrobat

곡절 alasan, sebab, asal mula; 무슨 ~인지? Alasannya apa?

곡창 gudang biji-bijian, lumbung

곡하다 meratap, meraung

곡해 kesalah tanggapan, distorsi; ~하다 salah mengerti/menafsirkan

곤궁 kesengsaraan, kesedihan, penderitaan

곤두박질치다 jatuh kepala dulu, terjungkir

곤드라지다 jatuh tidur

곤드레만드레 mabuk berat; 술에 취해 ~가 되다 tertidur mabuk berat

곤란 kesulitan, kesukaran, penderitaan; ~을 겪다 menderita

곤충 serangga; ~채집 kumpulan /koleksi serangga

곤하다 lelah, capek, letih

곧 ① segera; 지금 ~ sekarang segera ② (즉) yaitu

곧다 lurus, lempang, tegak (마음이 ~) jujur hati

곧바로 langsung, terus

곧이듣다 mempercayai sungguh-sungguh

곧잘 agak baik; ~하다 bekerja/ membuat dengan baik

곧장 ☞ 곧바로

골 ① (골수) sumsum, benak tulang ② (화) kemarahan; ~나다 marah

곳 tempat, posisi, lokasi; ~곳에 살다 bertempat tinggal mana-mana

공 ① bola ② (公) perkara umum; ~과 사(私) perkara umum dan pribadi ③ (功) jasa; ~을 세우다 berbuat jasa

공간 kamar/ruangan kosong

공갈 todongan, ancaman; ~하다 mengancam

공감 simpati; ~하다 bersimpati

공개하다 membuka secara umum; 공개된 terbuka

공격 (peny)serangan, serbuan; ~하다 menyerang, menyerbu

공고 pengumuman, pemberitahuan; ~하다 mengumumkan

공공 umum, negara; ~사업 perusahaan umum/negara

공공연하다 terbuka; 공공연한 사실 perkara yang terbuka

공교롭다 tidak dapat terduga/ diharapkan

공금 dana umum/negara/ masyarakat; ~횡령 penggelapan dana masyarakat

공기 udara, atmosfir, angkasa, (상황) suasana; ~오염 polusi udara

공기업 perusahaan negara/ masyarakat

공동 ~의 umum/masyarakat /negara; ~소유의 milik umum; ~생활 kehidupan bersama

공들이다 berusaha/bekerja dengan iklas

공란 ruang kosong; ~에 넣다 mengisi ruang kosong

공로 jasa, pengorbanan, amal, bakti; ~를 세우다 berjasa, berbakti

공론 pendapat umum konsensus;

~을 수렴하다 memusat pendapat umum

공립 umum, masyarakat; ~학교 sekolah umum

공매 penjualan murah, obral; ~하다 mengobral

공명 keadilan, kejujuran; ~정대한 adil, jujur, berbuka

공모 ① penawaran umum/masyarakat ② komplotan; ~하다 berkomplot dengan

공문 dokumen resmi/formil

공물 ① barang yang dimiliki pemerintah ② upeti; ~을 바치다 menyerahkan upeti

공민 kaula negara, warga negara; ~권 kekaulanegaraan

공방(攻防) penyerangan dan pertahanan; ~전 pertempuran menyerang dan bertahan

공백 ruang kosong, celah; ~을 메우다 mengisi ruang kosong

공범자 kaki tangan, komplot, antek

공법(公法) hukum publik; ~학회 lembaga untuk hukum publik

공보 laporan resmi, penerangan masyarakat; ~처 Departemen Penerangan

공복 kelaparan, perut kosong; ~에 sebelum makan

공부 pelajaran; ~하다 belajar

공사 ① (건설 따위) pekerjaan konstruksi ② (국영기업체) perusahaan negara ③ (公私) perkara umum dan pribadi

공상 angan-angan, khayalan, fantasi lamun; ~하다 melamun, mengkhayal

공소 tuduhan, dakwaan; ~하다 mendakwa, menuduh

공손 ~한 sopan, beradab, sopan santun, hormat; ~히 dengan hormat

공수 ① ☞ 공방 ② transpor udara, angkatan udara; ~부대 satuan pasukan udara

공수표 rekening fiktif, cek kosong; ~를 떼다 membuat cek kosong

공술 minuman keras gratis

공시 pengumuman/pemberitahuan kepada masyarakat; ~하다 mengumumkan

공식 rumus, formalitas; ~적으로 secara resmi; ~방문 kunjungan resmi

공신력 kepercayaan masyarakat/umum

공안 ketertiban/perdamaian masyarakat; ~당국 yang berwenang keamanan masyarakat

공약 janji kepada masyarakat

공언 deklarasi, pernyataan; ~하다 menyatakan (secara terbuka)

공업 industri; ~지역 kawasan industri; ~석유 industri minyak

공연 pertunjukan umum; ~하다 mempertunjukkan

공연스레 sia-sia, tidak berguna

공연하다 mempertunjukkan

공영(共榮) kemakmuran bersama

공영(公營) manajemen bersama; ~지역하다 beroperasi bersama

공예 seni kerajinan; ~의 industri, teknik; ~품 barang kerajinan

공용 penggunaan umum, pemakaian penggunaan bersama; ~으로 secara resmi/umum

공이 jarum pemukul peluru; 절구와 ~ alu dan peluru

공익 kepentingan/faedah umum ~사업 pengusahaan kepentingan umum

공인 tokoh masyarakat

공인 peresmian, pengakuan sah

~하다 mengakui, mengesahkan
공일 hari libur
공작 pekerjaan, aktivitas, pembuatan; ~하다 bekerja, membuat
공작(孔雀) (새) merak
공작(公爵) pangeran, duke
공장 pabrik, perusahaan; ~장 manajer pabrik; ~도 가격 harga pabrik
공저 karya bersama
공적 jasa; ~을 세우다 berjasa (kepada)
공전(工錢) upah
공전(公轉) revolusi
공정(工程) kemajuan kerja, proses kerja
공정(公定) keadilan; ~한 adil, jujur, tulus; ~거래위원회 Komite Perdagangan Adil
공제 perurangan; ~하다 mengurangi; ~액 jumlah yang dikurangkan
공존 keberadaan bersama; ~하다 berada/hidup bersama
공주 putri
공중 udara; ~감시 pengawasan udara; ~수송 transportasi udara
공증인 notaris
공지 ① tempat kosong ② pengetahuan umum
공직 jabatan pemerintah/negara; ~생활 kehidupan pegawai pemerintah
공짜로 tanpa bayar, gratis, cuma-cuma
공책 buku catatan/tulis
공치다 tidak berhasil, gagal
공칭 nominal
공탁 menaruh, menyimpan; ~금 uang deposito; ~물 deposito
공통 umum; ~점 persamaan; ~어 bahasa pengantar
공판 pengadilan; ~을 열다 mengadakan sidang pengadilan
공평 keadilan; ~한 adil, tidak memihak; ~히 secara adil
공포 rasa takut, teror, kecemasan; ~에 사로잡히다 tercekam rasa takut
공포하다 mempublikasikan, memberitahukan kepada masyarakat
공표 pengumuman resmi, maklumat, proklamasi
공허 (한) kosong, hampa, hana ~감 rasa kehampaan
공헌 sumbangan; ~하다 menyumbang
공황 kepanikan, krisis; 경제~ krisis ekonomi
공훈 jasa, imbalan; ~을 세우다 berjasa
공휴일 liburan resmi
공히 secara umum/masyarakat
곶감 kesemek kering
과감(한) berani, tegas, tetap hati
과거 masa yang lampau, zaman dulu; ~지사 perkara yang sudah lampau
과격(한) berlebihan, ekstrem; ~파 aliran ekstrem radikal
과년(過年) melampaui umur menikah; ~한 처녀 perawan tua
과단 tindakan cepat/pasti; ~성 kepenentuan, keputusan
과대 hal melebih-lebihkan; ~하다 melebih-lebihkan; ~망상 mengalomania
과료 denda
과립 granul, butir kecil; ~형 granular
과목(果木) pohon buah
과목(科目) mata pelajaran
과묵 sifat pendiam
과민(한) tipis telinga, terlalu peka/sensitif
과반 sebagian besar, mayoritas; ~수 bagian besar
과부 janda
과소 sedikit

과실(果實) buah; ~을 맺다 berbuah; ~을 따다 memetik buah

과실(過失) kesalahan; ~을 저지르다 membuat kesalahan

과오 kesalahan; ~을 저지르다 membuat kesalahan

과외 ektrakurikulir, luar sekolah; ~수업 pelajaran luar sekolah

과용하다 membelanjakan uang berlebihan, memboroskan

과음 minum yang berlebihan, minum berlalu banyak

과일 ☞ 과실

과장 ① ☞ 과대 ② kepala bagian/ kantor

과제 tugas latihan, pekerjaan rumah

과하다 ① berlebihan ② mengenakan, menugaskan, menaksir

과학 ilmu pengetahuan; ~적으로 secara ilmiah; ~기술 teknologi ilmu pengetahuan

관(棺) peti mati/kayat, keranda

관(管) pipa, pembuluh

관개 irigasi, pengairan; ~하다 mengairi; ~용수 air irigasi

관객 penonton, pesasir

관광 wisata, pelancongan; ~하다 melancong; ~객 pelancong

관권 wewenang, kekuasaan pemerintah

관기(官紀) disiprin pegawai; ~문란 kekacauan disiplin pegawai

관념 rasa gagasan; ~적 ideal; 추상적~ gagasan abstrak

관능 indera (rasa), fungsi fisik ~적인 fungsional, sensual

관대 murah hati; ~히 dengan murah hati

관람 tontonan ~하다; menonton ~객 penonton

관련 hubungan, sangkut paut; ~하다 berhubungan dengan

관리 ① pegawai negeri ② manajemen, administrasi

관립(의) pemerintah; ~학교 sekolah pemerintah

관망(하다) mengamati; ~적 태도를 취하다 bersikap menunggu

관문 pintu gerbang, rintangan; ~을 통과하다 melewati rintangan

관보 lembaran negara

관상 ① penafsiran prenologi; ~을 보다 meramal ② pengamatan meteordogi

관성 kelembaman; ~의 법칙 hukum kelembaman

관세 bea cukai, pabean; ~장벽 hambatan tarif; 보호~ tarif protektif

관습 adat istiadat, kebiasaan; ~적 menurut adat; ~법 hukum adat

관심 kepedulian, minat, kepentingan

관여 keikutsertaan, partisipasi; ~하다 ikut serta

관용 ① toleransi, kerukunan ② pemakaian umum; ~어구 ungkapan idiom

관자놀이 pelipis

관점 segi pandangan, aspek, sudut pandang; ~이 다르다 pandangannya berbeda

관제 ① buatan pemerintah ② pengawasan; ~탑. merapa pengawasan

관찰 observasi, survei, pengintaian; ~하다 memperhatikan, menelitikan

관철 perstasi, pelaksanaan; ~하다 melaksanakan, mewujudkan

관통 penembusan, penyusupan; ~하다 menembus, menyusup

관할 yuridiksi, pengawasan; ~하다 mengawasi; ~구역 yuridiksi wilayah

괄괄하다 kasar (hati)

광 ① gudang, lumbung ② kilap, kemilau; ~내다 mengilap

광견 anjing gila; ~병 rabies penyakit anjing gila
광경 pemandangan; 아름다운 ~ pemandangan yang indah
광고 pemberitahuan, iklan, reklame; ~하다 memasang iklan
광대 ① aktor akrobatik ② ~한 sangat luas
광막 ☞ 광대
광맥 urat mineral; ~을 찾다 mencari-cari urat mineral
광명 sinar, cahaya, kilau gemerlap, harapan
광분 kemarahan; ~하다 marah, murka, panas hati
광산 tambang, galian; ~업 (industri) pertambangan; ~지 daerah pertambangan
광선 sinar, kirana; 태양~ sinar matahari
광신 kefanatikan; ~자 orang yang fanatik
광야 dataran/padang rumput
광장 ruang terbuka, alun-alun, lapangan
광채 keberkilauan, sinar; ~를 발하다 bersinar
광포(한) buas, liar, kasar, ganas
깨씀하다 paradam
갠스레 tanpa tujuan, tidak berguna
괜찮다 boleh juga, cukup baik, tidak apa-apa
괭이 cangkul, pacul, sekop, tajak
괴다 ① tidak mengalir (air) ② mendukung, menopang
괴담 cerita hantu
괴덕스럽다 eksentrik, janggal, aneh
괴롭다 menyakitkan, menyedihkan
괴롭히다 menyiksa, menganiaya, mengganggu; 자신을~ berkhawatir sendiri

괴물 rahu, raksasa, monster
괴상(한) aneh, ganjil; ~하게 여기다 kiranya aneh bahwa
괴짜 orang aneh/ganjil
괴팍하다 eksentrik, janggal, aneh; ~한 성미 bersifat janggal
괴한 orang yang mencurigakan
굉장하다 agung, hebat, terlalu
교단 mimbar sekolah, jabatan guru; ~에 서다 menjadi guru
교대 pergantian pertukaran; ~하다 bertukar, bergilir
교류 saling tukar, arus bolak-balik 문화~ pertukaran kebudayaan
교리 doktrin, dogma, ajaran
교묘 cerdik, licik, licin; ~하게 속이다 memainkan tipuan yang cerdik
교본 buku pegangan, bacaan, literatur
교부 pengiriman, hadiah; ~하다 mengirim
교분 persahabatan; ~이 두텁다 berteman akrab
교섭 permufakatan, perundingan; ~단체 lembaga perundingan
교수(敎授) dosen, profesor
교수(絞首) penggantungan, pencekikan; ~하다 menggantung
교양 adab, ahlak, sila; ~이 있는 beradab, bersila
교외 ① daerah pinggir kota ② luar sekolah; ~활동 kegiatan luar sekolah
교육 pendidikan; ~하다 mendidik; ~자 pendidik
교재 bahan/buku-buku pengajaran
교전 perang, permusuhan, pertempuran; ~지역 kawasan pertempuran
교제 hubungan, pertemuan; ~하다 bergaul dengan
교차 persimpangan, persilangan ~하다 menyilang; ~점 titik

교착 persimpangan
교착 pelekatan, kebuntuan; ~상태에 빠지다 jatuh ke jalan buntu
교체 penggantian, pertukaran; ~하다 mengganti, menukar
교통 lalu-lintas, perhubungan; ~사고 kecelakaan lalu-lintas
교화 pendidikan, penggantian; ~하다 mendidik, mengajar
교환 pertukaran, penggantian; ~하다 menukar, saling tukar
교활 licik, licin, curang; ~하다 bertindak licik/licin
교황 Sri Paus; ~청 Vatikan
교회 gereja, katedral
구 ① sembilan, 9 ② daerah, wilayah ③ bola ④ mantan, bekas
구걸하다 meminta-minta, mengemis
구겨지다 kerunyut, berkerungut, kedut
구경 ~하다 menonton, melihat-lihat; ~거리 tontonan; ~꾼 penonton
구국 penyelamatan negara; ~지사 patriot, pencinta tanah air
구금 penahanan, pengurungan, pemenjaraan; ~하다 menahan, mengurung
구급 pertolongan pertama; ~약 obat pertolongan pertama
구기다 mengerunyutkan, mengedut
구김살 lipatan, tekukan, kerut; ~을 펴다 melicinkan kerutan
구내 dalam pekarangan; ~식당 kantin
구더기 belatung, bernga
구덩이 lubang, rongga
구독 perlangganan; ~신청하다 mohon berlangganan; ~료 harga langganan
구두 (sepasang) sepatu; ~를 신다/벗다 memakai/melepas sepatu

구두쇠 orang pelit/kikir
구두창 sol sepatu
구둣주걱 pengiah sepatu
구렁 ☞ 구덩이
구렁이 ular besar, ular naga
구류 penahanan, pengurungan; 10일간의 ~ 10 hari pengurungan
구르다 menggelinding, berguling-guling, berhumbalang
구름 awan, mega; ~낀 berawan
구름다리 titian, jembatan gantung
구리 tembaga; ~철사 kawat tembaga; ~빛 berwarna tembaga
구리다 busuk, menyengat; ~내 bau busuk
구매 pembelian; ~하다 membeli; ~력 daya beli; ~자 pembeli
구멍 lubang, kolong, ungkak 바늘~ lubang jarum; ~을 뚫다 membuat lubang
구멍가게 toko kecil, warung
구면 kenalan lama, orang yang sudah lama tahu
구명하다 meneliti, menyelidiki
구문 struktur kalimat, susunan kalimat
구박 perlakuan kejam; ~하다 memperlakukan dengan dingin/kejam
구별 perbedaan; ~하다 membedakan, memperbedakan
구보 lari, lari kencang
구부러지다 membengkok, melengkung
구부리다 membungkuk; 허리를 ~ membungkukkan diri
구분 pembagian, penggolongan; ~하다 membagi, menggolongkan
구상 rencana, konsepsi; ~하다 merencanakan
구석 pojok, sudut, penjuru
구설 kata-kata celaan/cemoohan; ~수 sial dikata-katai
구성 pembentukan, penyusunan

~하다 menyusun, membentuk

구속 pembatasan, penahanan, pengurungan; ~하다 menahan, mengurung

구수하다 lezat, sedap, enak

구슬 merjan, mantik-mantik

구슬리다 membujuk, merayu

구슬프다 sedih, menyentuh, merawankan

구식 gaya kuno; ~의 kuno, lama

구실 ① fungsi, tugas; 중요한 ~을 하다 memerankan penting ② (핑계) alasan, dalih; ~을 대다 mencari alasan

구애 percumbuan; ~하다 bercumbu, berkasih-kasih

구어 bahasa percakapan/lisan; ~체 gaya bahasa lisan

구원 penyelamatan; ~하다 menyelamatkan; ~병 pasukan penyelamat

구이 daging panggang; 통닭~ ayam panggang

구입 ☞ 구매

구제 pertolongan, bantuan; ~하다 menolong, membantu; 빈민~ pertolongan kaum miskin

구조 penyelamatan, pertolongan; ~하다 menyelamatkan

구질구질하다 kotor, cemar, keji, mesum

구차하다 sangat miskin, tidak ada bentuk yang baik

구체 kepastian, kenyataan; ~적으로 secara pasti; ~화하다 mewujudkan

구타 pukulan, serangan; ~하다 memukul, menyerang

구태여 dengan sengaja, disengaja, memang dihendaki

구태의연하다 tetap dan tidak berubah sebagaimana apapun

구(求)하다 meminta

구(救)하다 menyelamatkan; 인명을~menyelamatkan jiwa

국 kaldu, sup

국가(國家) negara; ~의 nasional; ~경제 ekonomi nasional

국가(國歌) lagu kebangsaan

국기 bendera kebangsaan

국내 dalam negeri; ~문제 urusan dalam negeri; ~선 penerbangan dalam negeri

국립 pemerintah/nasional; ~극장 teater nasional

국문 kesusastraan nasional, bahasa kebangsaan

국민 bangsa, rakyat, penduduk negara; ~소득 pendapatan nasional; ~건강 kesehatan nasional

국방 pertahanan nasional; ~부 Departemen Pertahanan dan Keamanan

국법 undang-undang nasional/negara; ~으로 다스리다 mengatur menurut hukum nasional

국보 pusaka nasional

국세 pajak nasional/negeri; ~청 Kantor Administrasi Pajak Negara

국시 kebijaksanaan negara, garis besar nasional

국어 bahasa nasional/kebangsaan

국위 pangkat/tingkat/kedudukan negara/nasional

국적 kewarganegaraan; ~불명의 tidak diketahui kewarganegaraan

국정 pemerintahan masalah negeri; ~에 참여하다 ikut serta dalam pemerintahan

국제 internasional, universal; ~사회 masyarakat internasional

국채 utang negara, obligasi; ~를 상환하다 menebus obligasi

국책 kebijaksanaan negara

국토 wilayah negara, teritori; ~개발 pengembangan tanah negara

국한 pembatasan; ~하다 mem-

batasi, melokalisasi
국화(菊花) bunga krisan
국화(國花) bunga nasional
국회 badan legislatif, Dewan Perwakilan Rakyat(DPR); ~의원 anggota DPR
군것질 makanan kecil
군기 ① disiplin militer; ~를 문란시키다 melanggar disiplin militer ② bendera militer
군대 tentara, militer; ~에 입대하다 masuk tentara
군데 tempat; ~~ di sana-sini
군도 kepulauan, nusantara; 인도네시아~ kepulauan Indonesia
군말 kata-kata kosong, omong-kosong
군법 undang-undang militer; ~회의 mahkamah militer
군비 harga untuk kesiapan militer; ~축소 pengurangan persenjataan
군사 tentara, pasukan, militer; ~원조 bantuan militer
군소리 ☞ 군말
군용 kegunaan militer
군인 tentara, prajurit; ~정신 semangat militer; 직업~prajurit professional
군자 orang bijaksana
군주 monarki, penguasa, raja; ~국가 kerajaan
군중 massa, orang am; ~심리 psikologi massa
군축 pengurangan persenjataan ~하다 mengurangi persenjataan
군침 air liur, air selera; ~흘리다 meliur
군함 kapal perang
굳건하다 teguh, mantap
굳다 keras, teguh, kekar
굳세다 teguh, kuat, gigih
굳이 dengan pasti/sengaja; ~사양하다 menolak dengan pasti
굴 kerang; ~양식장 peternakan kerang
굴다 berlaku, bertingkah laku 고맙게 ~ berlaku baik
굴뚝 cerobong asap, cerocok; ~청소부 tukang sapu cerobong asap
굴레 tali kekang, kendali; ~를 벗다 melepas dari kekang
굴복 penyerahan, kepasrahan; ~시키다 mengalahkan (orang)
굴욕 penghinaan, keaiban; ~을 참다 menahan penghinaan
굴지(~의) utama, terkemuka
굵다 besar, tebal
굶다 puasa, pantang; 굶주리다 kehausan, kerinduan
굼뜨다 lambat, lamban, bermalas-malas
굽 kuku binatang; 갈라진~ kuku belah; ~높은 구두 sepatu berhak tinggi
굽다 bengkok, melentuk, berkeluk
굽실거리다 membungkuk, menunduk kepala
굽어보다 melihat ke bawah, memandang ke bawah
굽이굽이 belokan, kurva, berkelok-kelok; ~흐르는 물 air berkelok-kelok
굽이치다 memutar, membelok, berombak-ombak
굿 ritual saman
궁금하다 harap-harap cemas; 소식이 ~ cemas mendengar kabar
궁둥이 pantat, penggul
궁리 pertimbangan; ~하다 mempertimbangkan cara
궁상맞다 kelihatan miskin/ menyedihkan
궁색하다 misikin, melarat, miskin papa
궁중 istana raja; ~요리 masakan istana raja
궁합 pencocokan jodoh; ~이 맞다/안맞다 cocok/tidak cocok
권고 nasihat, anjuran, peringatan; ~하다 menasihati

권력 kekuasaan, wewenang, pengaruh; ~있는 berpengaruh
권리 hak; ~행사/남용하다 melaksanakan/menyalahgunakan hak
권모 tipuan, muslihat; ~술수 cara penipuan; ~에 능하다 tipu muslihat penuh
권위 kedudukan, wewenang; ~있는 berwewenang
권장하다 mendorong, menganjurkan
권태 kejemuan; ~롭다 jemu, bosan, muak
권투 olahraga tinju; ~선수 petinju; ~시합 pertandingan tinju
권한 kekuasaan, kedaulatan; ~을 부여하다 memberi kuasa
궐기 ~하다 bangkit; ~대회 rapat umum/masa
궤 kopor, kempu
궤도 orbit, lingkaran; ~비행 penerbangan orbit
궤변 paradoks
귀 telinga, kuping; ~밑 pangkal telinga
귀가 kembali ke rumah, pulang
귀공자 bangsawan muda
귀담아듣다 mendengar dengan penuh perhatian
귀뚜라미 jangkerik, riangriang, gangsir
귀뜸 isyarat, kode; ~하다 mengisyaratkan
귀머거리 orang tuli, pekak
귀먹다 menjadi tuli
귀밝다 bertelinga tajam
귀속 pengembalian, pemulangan; ~하다 pulang, kembali
귀신 hantu, memedi
귀여워하다 menyasangi, mencintai
귀엽다 manis, memikat
귀인 bangsawan, orang terpandang
귀족 kebangsawanan, priyayi

귀중 ~한 berharga, bernilai, terhormat; ~품 barang berharga
귀찮다 merepotkan, menyusahkan
귀퉁이 pojok, sudut
귀하다 ① jarang, tidak biasa ② mulia, bangsawan
귀화 pewarganegaraan; ~하다 dijadikan warga negara
규격 ukuran, standar; ~품 barang standar
규모 struktur skala; 대~로 pada ukuran besar
규율 disiplin, peraturan, syariat; ~을 지키다/어기다 mematuhi/melanggar peraturan
규정 undang-undang, ketentuan, peraturan resmi
규칙 peraturan, hukum
규합하다 berkumpul
균열 keretakan; ~하다 meretak
균형 keseimbangan; 세력~ keseimbangan kekuasaan
그 itu/ dia
그 그저께 tiga hari yang lalu
그간 selama itu
그것 itu, yang itu
그까짓 demikian, begitu sepele
그나마 bahkan itu; ~없다 bahkan itu pun habis
그냥 sebagaimana adanya, utuh; ~두다 membiarkan sebagaimana adanya
그네 ayunan, gandulan
그늘 naungan; 나무~ naungan pohon; ~지다 berbayang-bayang
그다지 begitu banyak, begitu; 그다지 ~않다 tidak begitu
그대로 sebagaimana adanya
그동안 selama itu
그득하다 penuh (dengan)
그래 ya, baik
그러넣다 memasukkan
그러담다 mengumpulkan ke dalam

그러당기다 menarik, mencabut, mencemat
그러매다 mengikat, menambat (kan)
그러면 kalau begitu
그러므로 karena itu, sehingga
그러잡다 memegang
그러하다 demikian, begitu
그럭저럭 begini dan begitu/ entah bagaimana
그런데 padahal, namun, tetapi
그럴듯하다 kedengarannya masuk akal, mungkin
그렇지만 namun, akan tetapi
그루 tunggul, pohon; 한~의 야자수 sebatang pohon kelapa
그르다 salah
그릇 ① bejana, wadah, mangkok ② ~되다 jadi salah, gagal
그리고 dan, lalu, jadi
그리다 ① gambar, melukis ② 그리워하다 rindu
그림 gambar, lukisan, patung
그림자 bayangan, refleksi
그립다 merasa rindu/kangen
그만두다 berhenti, mengundurkan diri
그물 jaring, jala kecil; ~을 치다 memasang jaring
그믐 akhir bulan; ~밤 malam akhir bulan
그슬리다 membakar, memanggang
그야말로 sungguh, tentu
그윽하다 dalam dan sepi, mendalam
그을다 terbakar, gosong
그을음 jelaga, arang pagu
그저께 kemarin dulu
그전 waktu lampau, masa lampau, dahulu
그제야 hanya bila
그지없다 tiada akhir/batas
그치다 berhenti, berakhir
그토록 begitu, sebanyak itu, sebegitu

극단 ekstrem; ~의 berlebihan
극대 maksimum, terbesar
극락 surga, nirwana; ~왕생 mati dengan tenang
극복 penanggulangan; ~하다 menanggulangi, mengatasi
극비 kerahasiaan yang ketat
극빈 kemiskinan yang sangat parah; ~자 orang miskin
극소 minimum, berkecil
극치 tengginya, zenith; 미의 ~kecantikan yang sempurna
극한 batas, limit; ~에 달하다 mencapai batas
근거 dasar, alas; ~가 있는 beralasan
근교 daerah sekitar (kota)
근대 zaman modern/terbaru; ~화 modernisasi
근로 kerja, perburuhan; ~자 pekerja; ~하다 bekerja
근면 kerajinan, ketekunan; ~한 rajin, tekun
근본 dasar, asal mula
근사 hampir sama
근세 ☞ 근대
근시 myopia, mata dekat
근원 asal, sumber, pokok
근육 urat daging, otot
근일 akhir-akhir ini
근지럽다 merasa geli/gatal
글 kalimat, karangan, buah pena
글자 huruf, aksara, abjad
긁다 ① (피부를 ~) menggaruk, menggores ② (비위를 ~) mengejek
금 ① emas ② (~긋다) menggambar garis ③ (~가다) retak
금고 ① lemari besi, peti besi ② (~형에 처하다) mengurung; 금고 pengurungan
금관 mahkota emas
금단 larang; ~의 terlarang; ~열매 buah larangan
금력 kekuasaan uang; ~정치 plutokrasi

금리 bunga, suku bunga; ~를 내리다 menurunkan suku bunga
금발 rambut emas
금방 baru saja, barusan
금새 ☞ 금방
금액 sejumlah harga/uang
금언 peribahasa, petitih
금일 hari ini
금전 uang, duit; ~상의 keuangan; ~출납부 buku keuangan
금지 larangan, cegahan; ~하다 melarang
금하다 melarang, menekan, mencegah
급격 ~한 cepat, tiba-tiba; ~히 dengan cepat
급급하다 mendesak, sibuk, tidak sabaran
급료 bayaran, gaji, upah
급성 ~의 gawat, akut; ~맹장염 radang usus yang akut
급소 titik/bagian yang vital
급수 perlayanan air; ~하다 menyediakan air
급습 serangan tiba-tiba; ~하다 menyerangkan tiba-tiba
급여 tunjangan, bayaran, upah
급하다 mendesak, cepat, segera
급행 ekspres, cepat, segera; ~열차 kereta api cepat
긋다 menggambar; 선을 ~ menggambar garis, menggaris
긍정 penyetujuan; ~하다 menyetujui, mengesahkan
긍지 kebanggaan, harga diri
기간 masa, kurun; ~내에 dalam kurun
기계 mesin, permesinan; ~적으로 secara otomatis
기괴 aneh, luar biasa
기구 peralatan, perkakas, perabot
기권 abstensi; ~하다 memberi suara blanko
기금 dana, yayasan; ~을 마련하다 mengumpulkan dana

기껍다 gembira, senang, bahagia
기껏 terbanyak, paling banyak
기나길다 sangat panjang
기념 peringatan; ~하다 memperingati
기능 fungsi; ~을 하다 berfungsi
기다 merayap, merangkak
기다리다 menunggu, menantikan
기대 pengharapan; ~하다 mengharapkan
기둥 tiang, tonggak; ~을 세우다 memancangkan tiang
기력 energi, semangat; ~이 왕성한 kuat, energitik
기록 rekor, catatan, arsip; ~을 세우다 menciptakan rekor
기르다 ① (사람, 가축 따위를 ~) membesarkan, memelihara ② (머리 따위를 ~) menumbuhkan
기름 minyak, lemak, gemuk; ~기 lemak
기름지다 berlemak, berminyak (땅이) subur
기막히다 mencekik, merasa tercekik
기묘 sangat ajaib, aneh, janggal, ganjil
기미 ① bintik-bintik hitam; ~가 끼다 berbintik hitam ② 기미(낌새) isyarat
기반 dasar, landasan; ~을 다지다 memadakan landasan
기백 semangat, jiwa
기별 pemberitahuan; ~하다 memberitahu
기본 dasar, prinsip; ~적인 dasar; ~요금 tarif dasar
기분 perasaan, perasaan hati; ~이 좋다 senang hati
기뻐하다 ☞ 기쁘다
기쁘다 senang, bahagia
기사 insinyur, teknisi; 광산~ insinyur pertambangan
기사 berita kabar; 특종~ berita

기색 air muka; 노한 ~ air muka yang marah
기술 teknik, ketrampilan; ~적 teknis; ~자 ahli teknis
기슭 tepi 산~ kaki gunung
기압 tekanan atmosfir/udara; ~계 barometer
기어이 bagaimanapun
기억 ingatan; ~하다 mengingat; ~이 나 쁘 다 mempunyai ingatan yang jelek
기업 perusahaan, industri
기여 sumbangan; ~하다 menyumbang
기우 sembayang minta hujan; ~제 kebaktian untuk turun hujan
기우등하다 agak miring, condong
기운 ① kekuatan; ~이 나다 mendapat kekuatan ② rasa, sentuhan; 감기~ rasa influenza
기울다 ① (경사가 ~) miring, mencondong ② (해, 달이) tenggelam, menurun
기울이다 bengkok, menyendeng 술잔을 ~ minum anggur
기웃거리다 mengintip
기입 pengisian dalam buku; ~하다 mengisi dalam buku
기적 keajaiban, keganjilan; ~적으로 secara ajaib
기지개 geliat; ~를 커다 menggeliat
기질 sifat, tabiat, watak
기차 kereta api, sepur
기초 dasar, landasan; ~공사 kerja dasar; ~지식 pengetahuan dasar
기침 batuk; ~하다 batuk
기타 gitar
기특하다 patut dipuji; ~한 행동 perbuatan terpuji
기하다 berjanji, menetapkan
기한 jangka waktu; 지불~ waktu pembayaran; 3달~으로 jangka waktu 3 bulan
기행 catatan perjalanan
기호 ① tanda, lambang ② selera; ~에 맞다 cocok dengan selera
기회 kesempatan, peluang; 절호의 ~ peluang emas; ~주의 oportunisme
기후 iklim, cuaca; 대륙성 ~ iklim benua
긴급 darurat; ~한 mendesak; ~사태 keadaan darurat
긴밀한 karib, akrab
긴장 ketegangan; ~하다 tegang; ~상태 situasi tegang
길 jalan (방법) cara; ~을 잃다 kesesar; ~가 pinggir jalan
길길이 ① tinggi ② sangat berlebihan; ~뛰다 sangat marah
길다 panjang
길들다 menjadi jinak (익숙해지다) terbiasa
길목 sudut jalan
길이 lama, panjangnya
길잡이 pemandu (안내자)
길조 pertanda baik
길쭉하다 kepanjang-panjangan
길흉 nasib baik dan buruk, peruntungan
김 ① uap ② (~매다) menyiangi gulma ③ (~에) kesempatan, ketika, selagi
김빠지다 hambar
깁다 menjahit; 옷을~ menjahit baju
깃 krah baju, lebih baju
깃대 tiang bendera
깃들이다 (membuat) sarang, sangkar
깊다 ① (깊이가) dalam ② (관계가) akrab ③ (잠이) nyenyak ④ (밤이) larut
깊숙하다 dalam
깊이 dalamnya, kedalaman; ~를 재다 mengukur kedalaman
까다 ① (껍질을) mengupas,

menguliti, mengelupas ② (부화하다) menetaskan

까다롭다 ① (복잡하다) rumit, sulit, ruwet ② (어렵다) sukar, sulit, payah

까닭 ① (이유) sebab, asal, mula ② 왜냐하면 karena ③ (사정) keadaan

까마귀 burung gagak

까맣다 ① (빛깔이) hitam 새까만 hitam legam, hitam lotong ② (모르고 있다) sama sekali tidak mengetahui

까먹다 ① (까서 먹다) mengupas dan makan ② (잊다) lupa, melupakan ③ (밑천 따위를 ~) menghabiskan, mengeringkan

까부르다 menampi, menyiru, menampah

까불다 ① (불꽃이) menyala, berkelip-kelip ② (경망하게 굴다) berkelakuan dengan ringan

까지다 ① (피부따위가 ~) berkeloyak ② (껍질이 ~) mengelupas, menguliti ③ (페인트 따위가 ~) menggelekak, mengelupas

까치 burung murai; 산~ burung manyar

까칠하다 kurus dan cekung; ~한 얼굴 air muka yang kurus dan cekung

깎다 ① bercukur ② (면도 따위를 하다) mencukur; 야채 따위를 ~ mengiris ③ (값을 ~) tawar ④ (연필을 ~) meruncingkan, merancung, mempertajam

깐깐하다 terlalu berpilih-pilih, rewel, cerewet

깔개 sufrah, lapik, alas, lambaran

깔끔하다 rapi, baik, bersih, teratur, serba beres, tertib; 깔끔함 kerapian

깔다 membentangkan, membeber, membuka

깔때기 corong

깜깜하다 gelap katup, gelap buta, gelap gulita

깜박 ~이다 berkelap-kelip, berkedap-kedip

깜짝 (~ 놀라다) terkejut, kaget, terpenanjat, tersentak

깜찍하다 mungil, molek

깝대기 kulit, selubung

깡그리 semua, sekalian, segala, seluruh

깡마르다 sangat kurus/kering, kurus kering

깡패 perusuh, bajingan

깨 wijen, biji wijen

깨끗하다 bersih, jernih; (순수한) suci, murni

깨다 ① jaga, bangun (dari tidurnya) ② (그릇을 ~) memecah, menghancurkan

깨닫다 sadar, ingat kembali, bangun

깨물다 menggigit, mengunyah

깨우다 membangunkan

깨우치다 terjaga, sadar; 깨우치게 하다 menyadarkan

깨지다 pecah, rusak, binasa, hancur

깨치다 mengerti, memahami; 의미를 ~ memahami artinya

꺼내다 mengeluarkan (sesuatu) dari ; (문제를 ~) mengemukakan

꺼지다 (불이 ~) mati, tidak menyala, sirap

꺾다 memetik, menggontes, menggentas; 꽃을 ~ memetik bunga

껄껄하다 kasar, kasap, kesat

껴안다 berpelukan; 꼭 ~ berpeluan dengan kencang

꼬다 (새끼 따위를 ~) mengikal, mengepang, memilin

꼬리 ekor, buntut; ~치다 mengibaskan ekor, mengipaskan

꼬리표 etiket, label; ~을 달다

memasang label
꼬마 anak-anak, kanak-kanak, anak kecil
꼬박 keseluruhan, sepenuhnya; ~이틀 dua hari penuh
꼬박꼬박 tanpa kegagalan/kelalaian
꼬이다 ① (실, 끈이) melilit, terjerat ② (일이) salah langkah, mengalami kemunduran
꼬장꼬장하다 bersifat tegas/pasti/tepat
꼬질꼬질 sikapnya tidak senonoh, pakaiannya kotor
꼬집다 mencubit, menggetil
꼬치 tusuk, cocok
꼬투리 kulit biji, upih, polong
꼭 dengan kuat/rapat, tepat; ~같다 persis sama, seolah-olah
꼭대기 puncak
꼭두새벽 subuh, dini hari, fajar merekah
꼭지 ① (수도 ~) keran air ② (뚜껑) tombol, tonjol, jendul
꼴 bentuk, rupa, ragam; ~꼴의 berbentuk
꼿꼿하다 tegak, lurus, teguh; ~하게 서다 menegak tiang
꽁무니 ekor; ~빼다 cabut ekor, mencoba lari
꽁지 ekor
꽁초 puntung rokok
꽁하다 berpikiran sempit
꽂다 menempelkan (pada), menyisipkan, menusuk
꽃 bunga, puspa, kembang; ~이 피다 berkembang
꽃봉오리 tunas bunga, kuntum, kuncup
꽃송이 serangkaian bunga
꽃잎 daun bunga, petal
꽉 dengan ketat/rapat/padat/penuh; ~쥐다 memegang dengan ketat
꽤 cukup, cukup baik
꾀 akal, trik, muslihat; ~부리다 memakai akal-akalan

꾀꼬리 burung nilam
꾀다 menggoda, memperdayakan; 여자를 ~ menggoda wanita
꾀병 sakit pura-pura; ~을 부리다 berpura-pura sakit
꾀죄하다 acakan-acakan, kotor, gembel
꾀하다 merancang, mencoba, bermaksud; 반란을 ~ berkomplot untuk, memberontak
꾐 godaan; ~에 빠지다 jatuh dalam godaan
꾸다 meminjam
꾸러미 bungkusan, paket, buntel; 선물~ bungkusan hadiah
꾸리다 membungkus, mengemasi kembali; 짐을 ~ membungkus barang-barang
꾸무럭거리다 berlengah-lengah, onyak-anyik, mengeluyur
꾸미다 menghiasi, mendandani, berselok; 정원을 ~ menata kebun
꾸벅거리다 mengangguk-angguk
꾸준하다 tulus, setia, tekun
꾸지람 teguran; ~하다 menegur; ~듣다 ditegur
꾸짖다 menegur, memarahi, menjewer
꾹 dengan keras/tetap; ~누르다 menekan dengan keras; ~참다 menahan dengan tetap
꿀 madu, manisan lebah; ~벌 tawon madu
꿀꺽 ~삼키다 meneguk sekaligus
꿇다 berlutut; 무릎을 ~ menekut lutut (dihadapan)
꿈 mimpian, khayalan; ~꾸다 memimpikan, bermimpi
꿈쩍못하다 tidak dapat bergerak, taat/setia (terhadap)
꿈쩍없다 tetap dan tidak berubah/bergerak, tidak gentar
꿈틀거리다 meliuk-liuk

꿋꿋하다 tegar, kuat, tegak
꿩 burung merak
꿰다 meloloskan benda lewat
꿰뚫다 menembus, merobos, meresap
꿰매다 menjahit, menisik
뀌다 kentut
끄나불 ① tali ② kaki tangan, alat
끄다 memadamkan (api), mematikan (mesin)
끄떡없다 ☞ 꿈쩍없다
끄르다 membuka, melonggarkan
끄집어내다 membetot, mengegoli, mengeluarkan
끄트머리 ujung, petunjuk
끈 tali, benang
끈기 kekentalan
끈끈하다 lengket, liat
끈적이다 lengket, lekat
끈질기다 liat, alot
끊다 ① (자르다) memotong ② (관계를 ~) memutuskan ③ (목숨을 ~) bunuh diri
끊다 ① (자르다) memotong ② (중단하다) menghentikan
끌다 menarik, merengkuh

끌어대다 ① (돈을 ~) meminjam ② (선례 따위를 인용하여) mengutip
끌어안다 memeluk, merangkul
끓이다 merebus (air), memanaskan
끔찍하다 menyilukan, mengerikan
끝 ujung, akhir, batas; ~없는 tiada akhir
끝끝내 sampai akhirnya
끝나다 selesai, berakhir; 실패로 ~ berakhir gagal
끝내다 menyelesaikan
끝없다 tiada batas/akhir
끝장 akhir, kesimpulan; ~내다 mengakhiri, menyudahi
끼니 makanan; ~때 waktu makan
끼다 ① (안개 따위가 ~) menggantung, meliputi ② (안경 따위를 ~) memakai, mengenakan
끼우다 menyusukkan, menyisipkan
끼치다 ① (소름이) merinding ② (폐를) mengganggu ③ (영향을) mempengaruhi

ㄴ

나 saya; ~로서 menurut saya
나가다 pergi ke luar; (회사에) bekerja di-; (무게가) berbobot; (선거에) mencalonkan
나가떨어지다 dipukul jatuh
나긋나긋하다 lembut, lentur
나날이 semakin/setiap hari
나누다 membagi (dengan), mengklasifikasi
나눗셈 pembagian; ~하다 membagi
나다 dilahirkan; (이익이) menghasilkan
나다니다 pergi keliling
나달거리다 bekas, usang
나들이 bepergian
나라 negara, negeri, tanah air/dunia; 달 ~ dunia bulan
나란하다 berderet-deret, berbaris-baris
나룻배 kapal penyeberangan
나르다 membawa, mengangkut
나른하다 lelah, lesu, lemah
나머지 sisa, saldo, kelebihan
나무 pohon, kayu; ~토막 sepotong kayu; ~그늘 naungan pohon
나무라다 mengagak-agihkan, menjewer, menegur
나물 lalapan, daun muda
나부끼다 berkibar; 깃발이 ~ berkibar bendera
나비 kupu-kupu, rama-rama
나쁘다 jelek, buruk, keji, buruk; (모자라다) tidak cukup
나사 sekrup, baut; ~로 죄다 mengencangkan sekrup
나서다 keluar, mengemukakan, tampil, muncul
나아가다 maju, meningkat; 한걸음 ~ mengambil langkah maju

나아지다 menjadi lebih baik
나오다 muncul, tampil; (음식이) dihidangkan; (돌출) menonjol; (석방) dilepas
나이 umur, usia; ~를 먹다 menjadi lebih tua
나중(에) nanti, kemudian, kelak
나지막하다 agak rendah; (목소리가 ~) suara rendah
나타나다 muncul, tampil, kelihatan; (성격이) memperlihatkan (sifat)
나팔 terompet, serunai; ~을 불다 meniup terompet
나흘 empat hari
낙(樂) kebahagiaan, harapan, kenikmatan; ~으로 삼다 senang pada
낙관 optimisme, pandangan yang optimis; ~론 optimisme
낙담 kekecewaan; ~하다 kecewa
낙엽 daun-daun yang gugur; ~이 지다 rontok daun-daunnya
낚다 memancing, memikat; 고기를 ~ memancing ikan
낚시 pancing; ~꾼 pemancing
난관 kesulitan, hambatan; ~을 극복하다 mengatasi kesulitan
난데없이 tanpa harapan, dengan tidak terduga, tiba-tiba
난동 pergolakan; ~을 부리다 menimbulkan pergolakan
난로 kompor
난봉나다 menjalani hidup cabul; ~꾼 orang cabul
난잡 kekacauan, huru-hara; ~하다 kacau, campur aduk
난점 titik yang sulit
난처하다 sulit, sukar, kem-

난폭 punan
난폭 kekerasan, kekejaman; ~하게 굴다 melakukan kekerasan
난해하다 susah, ruwet, sulit, rumit, susah mengerti
낟알 butiran, biji-bijian
날 ① hari, tanggal; ~마다 setiap hari ② 칼~ mata pisau ③ mentah; ~것 makanan mentah
날개 sayap, kepak; ~달린 bersayap
날다 terbang
날뛰다 melonjak-lonjok, meloncat-loncat; 성나서 ~ mencak-mencak
날래다 cepat, gesit
날리다 ① (연 따위를) menerbangkan ② (이름을) mendapatkan kemasyhuran
날서다 ditajamkan
날쌔다 cepat, gesit, aktif
날씨 cuaca; 궂은/좋은~ cuaca buruk/bagus
날씬하다 langsing, ramping
날짜 tanggal
날카롭다 tajam, runcing
낡다 tua, bekas, usang
남 ① (사내) orang lelaki ② (남쪽) selatan ③ (타인) orang lain
남극 kutub selatan; ~대륙 benua Antartika
남기다 meninggalkan; (이익을) membuat (keuntungan)
남다 tinggal, tersisa; (이익이) menghasilkan (keuntungan)
남다르다 istimewa, ganjil
남루 kain tua/rombeng; ~한 compang-camping
남부끄럽다 merasa malu
남비 panci, periuk
남빛 warna biru tua
남용 penyalahgunaan; ~하다 menyalahgunakan
남자 laki-laki, pria, lelaki; ~다운 kejantanan

남짓하다 sedikit lebih
남편 suami, laki
남향 menghadap ke selatan
납득 pengertian, pemahanan; ~하다 mengerti, memahami
납세 pembayaran pajak; ~하다 membayar pajak
납작하다 rata, kempis, tepos
납치 penculikan; ~하다 menculik, membajak; ~범 penculik
낫 sabit, arit
낫다 sembuh; 병이~ pulih, sehat kembali
낭독 penyuaraan, pembacaan; ~하다 melafalkan, mengucapkan
낭비 keborosan, kemewahan; ~하다 membuang, memboroskan
낭설 kabar burung (yang tidak beralasan), kabar angin
낮 siang, siang hari
낮다 rendah, hina
낮잠 tidur siang; ~자다 tidur siang
낮추다 menurunkan, merendahkan
낯 wajah, rupa, roman, muka; ~이 간지럽다 malu
낱낱이 satu demi satu, secara rinci
낱말 kata, kosa kata
낳다 melahirkan(anak), beranak
내 ① saya ② kali ③ (~내) dalam
내가다 membawa keluar
내각 kabinet, pemerintahan; ~을 조직하다 menyusun kabinet
내갈기다 tulisan cakar ayam
내걸다 menggantung, mengibarkan (생명을 ~) mempertaruhkan (jiwa)
내구 ketahanan; ~력 daya tahan
내기 pertaruhan; ~하다 bertaruh
내내 dari awal sampai selesai, sepanjang
내놓다 memperlihatkan, me-

ngeluarkan, mengemukakan
내다 (속력을) mengerahkan, membangkitkan; (문제를) memberi (soalan)
내다보다 melihat ke depan, memandang ke depan
내두르다 (손을) melambaikan (tangan)
내디디다 melangkah ke depan, maju
내란 perang sipil; ~죄 hukuman perang sipil
내려가다 turun, menurun, merendah
내려놓다 meletakkan, membaringkan
내려다보다 memandang ke bawah, mengabaikan
내려앉다 turun kedudukan, jatuh pangkat
내려오다 turun (ke bawah)
내리깎다 menurunkan harga
내리깔다 memicingkan mata
내리누르다 terus menekan
내리막길 jalan menurun
내리밀다 terus-menerus mendorong
내리읽다 terus membaca
내리치다 terus mempukul/meninju
내맡기다 menitipkan/menyimpan dengan sempurna
내면 bagian dalam/batin
내몰다 mengusir
내무 urusan dalam negeri; ~부 Departemen Dalam Negeri
내밀다 mendorong, menyembul, menyodorkan
내버리다 meninggalkan, membuang
내복 pakaian dalam
내비치다 (뜻을) menunjukkan, memperlihatkan
내빈 tamu; ~실 ruang resepsi
내빼다 (도망가다) melarikan diri, lari, kabur
내빼다 kabur, melarikan diri

내뿜다 memancarkan, memancur
내세 dunia akhirat, kehidupan yang akan datang
내세우다 memberikan dukungan, mendukung; (주장을) mempertahankan
내수 permintaan dalam negeri
내쉬다 mengembuskan napas, menapaskan
내씹다 mengunyah/memamah dengan berulang kali
내왕 kedatangan dan kepergian
내외 luar dalam; ~정세 kondisi luar dalam
내용 isi, muatan; 사건~ rincian kasus; ~과 형식 bentuk dan isi
내일 besok; ~아침 besok pagi
내젓다 (휘젓다) mengocok; (손을) melambaikan
내정 administrasi dalam negeri/urusan dalam
내조 bantuan istri; ~하다 membantu suami
내주다 menyerahkan
내쫓다 mengeluarkan, mengincitkan; (해고) menceraikan
내치다 menolak, mengeluarkan
내키다 sudi, mau, suka
냄새 bau ~가 좋다/나쁘다 bau harum/busuk
냉각 pendinginan; ~하다 mendinginkan; ~기 mesin pendingin
냉담 kedinginan, ketidakpedulian; ~한 dingin, tidak acuh
냉동 pembekuan, pendinginan; ~하다 membekukan
냉랭하다 dingin, tidak peduli
냉수 air dingin; ~욕 mandi air dingin
냉장 penyimpanan dingin; ~고 lemari es, lemari pedingin
냉전 perang dingin
냉큼 segera, seketika
냉혹 kekejaman; ~한 kejam, berhati dingin

너 kamu, anda, engkau
너구리 anjing musang
너그럽다 murah hati
너무 terlalu, terlampau, berlebihan
너울거리다 melambai-lambai, beralun-alun
너저분하다 kacau, berantakan
너절하다 kacau berantakan, morat-marit, berjabar-jabir
너풀거리다 berkibar-kibar, melambai-lambai
넉넉하다 cukup, merasa puas; 시간이~ punya cukup waktu
넋 jiwa, nyawa, roh; ~을 잃고 dengan bengong
넌더리 (~나다) muak, jemu, sirik
넌지시 dengan menyindir; ~말하다 menyindir
널 papan; ~판장 pagar papan
널다 membentangkan, menggantungkan, menampirkan
널리 dengan luas, jauh dan luas
넓다 luas, lebar, lapang
넓적다리 paha
넓히다 memperlebar, memperluas; 지식을 ~ meluaskan pengetahuan
넘겨짚다 menebak
넘기다 menyerahkan; (기한을) melewati
넘다 menyeberangi, melintasi; (초과) melampaui, melebihi
넘보다 memandang rendah, meremehkan
넘어가다 melangkahi, melalui, melewati
넘어뜨리다 menjatuhkan, menumbangkan, runtuh
넘어서다 melampaui, melewati; 고비를 ~ melewati masa sulit
넘어오다 datang melintasi
넘어지다 jatuh, roboh, runtuh; 돌에 걸려 ~ kesandung batu
넣다 memasukkan, mengisi; (포함) termasuk, melibatkan
네거리 simpangan (jalan)
네모 persegi; ~난 empat sudut
녀석 kawan, orang, anak
노(櫓) dayung; ~를 젓다 mendayung
노 tali, tambang
노고 kerja keras
노골 (~적으로) dengan blak-blakan
노기 rasa marah; ~등등하다 murka
노년 umur tua; ~기 masa tua
노느다 membagi
노다지 bonansa, tambang emas kaya
노닥거리다 terus mengobrol
노동 kerja kasar/kerja fisik; ~하다 bekerja keras
노랑 kuning
노랗다 kuning
노려보다 membelalak, melotot
노력 usaha, upaya; ~하다 berusaha (keras)
노련하다 berpengalaman, mahir, pandai, terampil
노루 kijang
노르스름하다 kekuning-kuningan
노른자위 kuning telur
노름 pertaruhan, hasar; ~하다 berjudi
노리개 perhiasan kecil, mainan
노리다 mengincar, mengintai; 기회를 ~ mengincar kesempatan
노상 ① selalu, sepanjang waktu ② di pinggir jalan
노선 jurusan, garis, rute; 강경~ garis keras
노쇠 tua renta, tua bangka; ~하다 menjadi tua renta
노여움 kemarahan, kejengkelan
노예 budak, hamba; ~근성 jiwa budak
노인 lelaki tua, kakek-kakek
노출 pembukaan, eksposur; ~하다 membuka

노파 wanita tua
녹나다 berkarat
녹다 larut, hancur, menjadi cair
녹슬다 ☞ 녹나다
녹음 naungan di bawah pohon, bayangan pohon
녹음하다 merekam, merekamkan
논 sawah; ~도랑 selokan di sawah
논리 logika; ~적으로 secara logis/dialektis
논문 tesis, artikel, skripsi; 졸업~ tesis kelulusan
논의 diskusi, perdebatan; ~하다 mendiskusi, memperdebatkan
놀 senja; 저녁~ senja kala
놀다 bermain-main, beristirahat
놀라다 terkejut, kaget, kagum
놀랍다 mengagumkan, mengejutkan, mengherankan
놀리다 mencemooh, memperolok, mengejek; (쉬게하다) memberi libur
농 peti, kotak pakaian
농간 akal muslihat, kelicikan, tipu daya
농민 kaum petani/tani
농업 pertanian, usaha tani; ~기술 teknik pertanian
농촌 desa pertanian, masyarakat pedesaan
농후하다 kental
높다 tinggi; (음성이) nyaring; (가격이) mahal
놓다 meletakkan, menaruh, menempatkan
놓치다 terlepas dari pegangan, gagal menangkap
뇌 otak, pemikiran; ~작용 operasi otak
누구 siapa, seseorang, siapapun
누그러지다 lunak, melemah, mereda
누나 kakak perempuan
누다 mengosongkan isi perut, buang air

누더기 kain compang-camping
누르다 menekan, menindih; (억제) menekan, menguasai
누비다 (돌아다니다) berkeliling
누설 kebocoran; ~하다 membocorkan
누에 ulat sutera; ~를 치다 memelihara ulat sutra
누추하다 kotor, dekil, gembel
눅눅하다 lembab, agak basah
눈(目) mata; ~이 크다 bermata besar; ~을 뜨다 membuka mata
눈(雪) salju, hujan salju
눈곱 tahi mata; ~이 끼다 bertahi mata
눈길 ☞ 눈매
눈꼴시다 menjijikan, tidak sedap dipandang mata
눈뜨다 membuka mata
눈매 pandangan mata
눈물 air mata; ~이 나다 air mata berliang; ~을 닦다 mengusap air mata
눈보라 topan/badai salju
눈시울 ~이 뜨거워지다 menjadi panas di mata
눈썹 alis mata; ~을 그리다 mengalit
눈알 bola/biji mata
눈요기 ~하다 cuci mata
눈웃음 ~치다 ketawa dengan mata
눈짓 kerdipan, kejapan; ~하다 mengejapkan mata
눈초리 ekor/sudut mata
눈치 ~보다 membaca air muka (orang); ~채다 menjadi tahu, menyadari, ketahuan
눕다 berbaring, merebahkan diri
뉘엿거리다 (해가) hampir tenggelam; (뱃속이) merasa mual
뉘우치다 menyesali; 잘못을~ menyesali kesalahan
느글거리다 merasa mabok/mual
느긋하다 puas, merasa lega

느끼다 merasa, sadar, terkesan
느끼하다 terlalu berlemak
느닷없이 mendadak, tiba-tiba, dengan tidak diduga-duga
느리다 (움직임이) lambat, lepas, longgar
느슨하다 kendur, longgar
늘 selalu, setiap waktu, senantiasa
늘다 bertambah, meningkat; 체중이 ~ naik berat badan
늘리다 menambah, memperbanyak, memperbesar
늘씬하다 langsing, ramping
늘어나다 berkembang, memanjang, bertambah, naik
늘어놓다 (열거) mendaftarkan; (배열) menyusun
늘어뜨리다 menggantung, menguntai
늘어서다 berbaris, berdiri dalam barisan
늘어지다 (처지다) menguntai, menjuntai

늘이다 menambah; 인원을 ~ menambah personil
늙다 bertambah tua, menua
늠름하다 gagah, berwibawa, bermartabat
능가하다 mengungguli, melewati, melebihi
능글맞다 pintar busuk, cerdik
능란하다 cerdik, lihai
능력 kemampuan, kesanggupan; ~이 있다 dapat, mampu
능률 ketepatgunaan, efisiensi
능숙하다 terampil, mahir, berpengalaman
능청맞다 tipu muslihat, akal bulus
능하다 mahir, pandai, pakar
늦다 terlambat, kesiangan, keduluan
늦잠 bangun kesiangan; ~자다 bangun terlambat/siang
늦추다 mengendurkan, memperlambat, menurunkan
늪 rawa, paya, tanah, berlumpur

ㄷ

다가서다 berdiri lebih dekat
다가앉다 duduk lebih dekat
다가오다 mendekat
다그치다 mendesak, mendorong
다급하다 mendesak, darurat, urgen
다녀가다 mampir, singgah
다녀오다 pulang, kembali
다년 bertahun-tahun; ~생 식물 tanaman tahunan
다니다 pulang pergi, mengunjungi; 학교에 ~ bersekolah
다다르다 sampai, tiba, mencapai
다듬다 menata
다락 loteng, para-para
다랍다 ☞ 더럽다
다량 banyak; ~ 으로 berlimpah-limpah
다루다 mengurus, menangani, memelihara
다르다 berbeda, berlainan
다리 kaki
다만 hanya, melulu
다발 seikat
다섯 lima
다스리다 memerintah, mengurus, mengawasi, mengendalikan, menghukum
다시 (sekali) lagi, berulang-ulang; ~ 없는 기회 kesempatan emas
다양 bermacam-macam, beragam
다음 berikut; ~ 화요일 kamis depan
다정 ~한 ramah, penuh kasih sayang; ~히 dengan akrab
다지다 mengeraskan, mengiris (daging)
다채롭다 beraneka (warna)
다치다 terluka
다투다 berselisih, bertengkar

다하다 menghabiskan, menyelesaikan
다행 nasib baik/mujur; ~하다 mujur, beruntung
닥뜨리다 bertemu, berjumpa
닥치다 mendekat, menjelang
닦다 melicinkan, mencuci
닦아세우다 memarahi
단 tetapi
단가 harga satuan
단결 kesatuan, persatuan; ~력 kekuatan kombinasi
단결에 mumpung panas
단골 langganan
단념 pembatalan; ~하다 melepaskan harapan
단단하다 keras, kuat, padat
단독 diri sendiri
단란 harmonis, rukun dan damai
단맛 rasa gula
단명 kehidupan singkat
단백질 protein
단수 tunggal
단순 kesederhanaan; ~하다 sederhana
단식구 keluarga inti
단어 kata
단연 dengan, tegas
단위 satuan, unit
단일 tunggal, satu-satunya
단절 pemutusan, pemusnahan
단정 ~하다 pantas, rapi; ~히 하다 merapikan
단지 hanya, belaka, melulu
단체 kelompok, badan, organisasi; ~를 해산하다 membubarkan organisasi
단추 kancing kemeja, kancing baju; ~를 채우다/끄르다 mengancing/melepaskan baju

단출하다 sederhana
단풍 pohon mapel; ~들다 menjadi merah
단행 mengambil langkah pasti
닫다 menutup, membanting (pintu)
달 bulan
달걀 telur (ayam); ~흰자 putih telur; ~ 노른자 kuning telur
달구다 memanaskan
달다 manis, bergula
달라붙다 menempel, melekat
달라지다 mengubah, berubah
달랑달랑하다 bergemerincing
달래다 menghibur, membujuk
달려들다 menyerang
달력 kalender, almanak
달리다 ① melarikan, memacu, ② tergantung (pada)
달맞이 ~하다 memandang bulan purnama
달성 pencapaian, penyelesaian
달아나다 melarikan diri, lari
달아오르다 merasa panas
달이다 merebus, menjerangkan, menggodok
달하다 mencapai, mewujudkan, sampai
닭 ayam
닮다 mirip, menyerupai
닳다 bekas, usang
담 pagar, tembok
담그다 merendam
담담하다 tidak peduli
담배 rokok, tembakau; ~ 피우다 mengisap, merokok
담뿍 banyak, dengan penuh
담쌓다 memutuskan hubungan
담요 selimut
담차다 berani, gagah
답답하다 sesak, menyesakkan, menyukarkan
답례 kunjungan balasan
답변 jawaban
답장 balasan, jawaban
당기다 menarik, menyeret, menyentak, menghela, men-cabut, menghunus, memungut, mengemudikan
당당하다 gagah, riah
당돌하다 kasar, lancang, kurang sopan
당선 menang pemilihan
당신 anda
당초 awal
당하다 menghadapi, mengalami, menderita
닻 jangkar
닿다 sampai, menyentuh
대 bambu
대가 orang yang termuka, tokoh utama
대견하다 memuaskan
대결 perselisihan, konfrontasi
대기(待機) tunggu sebentar; ~하다 menunggu kesempatan
대기(大氣) udara
대낮 tengah hari, siang hari
대다 menyentuh, mengenakan
대단하다 serius, hebat
대담 ~한 berani
대들다 menantang
대략 kira-kira, secara kasar
대량 jumlah besar, mass
대망 ambisi besar, aspirasi
대문 gerbang depan
대변 mewakil bicara; ~인 juru bicara
대보다 membandingkan
대부분 sebagian besar, kebanyakan, mayoritas
대상 sasaran, tujuan, obyek
대세 situasi umum
대수롭지않다 tidak penting
대신 ganti, wakil
대우 penyambutan, gaji, upah
대의 kewajiban moral, tugas besar
대적 ~하다 melawan, berkelahi, menentang, membangkang
대접 penjamuan, penyambutan; ~하다 menyajikan, melayani
대주다 menyediakan, memperlengkapi, membuat suplai

대중 rakyat
대짜 bahan besar, yang besar
대책 tindakan balasan
대체 garis besar; ~적인 umum, kasar; ~로 umumnya
대추 kurma Cina
대표 wakil, utusan
대하다 berhadapan, menyambut
대항 perlawanan
대회 rapat umum
댕기다 menyalakan
더 lebih jauh, lebih panjang, lebih lanjut, lebih banyak
더듬거리다 meraba-raba
더디다 lambat
더러 sedikit, kadang-kadang
더러워지다 menjadi kotor
더럭더럭 dengan keras kepala
더럽다 kotor, kikir, hina, pelit
더미 tumpukan, timbuan
더벅머리 rambut kusut
더우기 selain, lagi pula
더위 panas; ~먹다 kena panas; ~타다 peka terhadap panas
더치다 menjadi semakin buruk
더하다 menambah, menaikkan
덕 budi, kebaikan hati; ~의 ~으로 atas budi baik
덕망 pengaruh moral
덕분 ☞ 덕택
덕택 dukungan
던지다 melempar, melontar
덜거덕 ~거리다 berderik
덜다 mengurangi, memperingan, mengurangkan
덜되다 belum selesai, belum matang
덤 tambahan, ekstra
덤덤하다 membisu
덤벙 ~거리다 bertindak sembrono
덤불 semak, belukar
덤비다 menerkam, buru-buru, tergesa-gesa
덥다 panas, hangat
덥석 dengan tiba-tiba
덧나다 memburuk kembali lagi
덧붙이다 menambahkan, melampari
덧셈 penjumlahan; ~표 tanda tambah
덩달다 ikut menyusul
덩실하다 menari-nari
덩어리 potongan, bungkahan
덫 perangkap, jerat, jebakan
덮개 tutup, penutup, selongsong, tirai; gebar
덮다 menutupi, menyelungkup, meliputi
덮어두다 tidak memasalahkan, tidak mempedulikan
덮치다 tumpang tindih, menimpa; (닥치다)
데 tempat, kasus ompok, koleksi
데다 terbakar
데려가다 mengajak pergi
데려오다 membawa
데우다 memansi, menghangati
도가니 wadah, logam, kui
도깨비 hantu, setan
도덕 moralitas, kesopanan, akhlak
도도하다 sombong, bangga, tonggi hati, congkak
도둑 pencuri, perampok; ~질 pencurian, perampokan
도드라지다 menonjok, terkemuka
도랑 selokan, bendar, parit
도로 jalan, jalan raya; 유료~ jalan tol
도리 alasan, fakta; ~에 밝다 bijaksana
도리어 sebaliknya
도립 ~의 provinsi
도망 ~하다 lari, melarikan diri, melepaskan diri, kabur, minggat
도모 ~하다 merencanakan, mencoba, merancang
도무지 sama sekali; 알수없다 tidak mengerti sama sekali
도보 jalan kaki, berjalan
도사리다 duduk bersilang kaki
도서 buku; ~관 perpustakaan;

~목록 katalog buku
도시 kota; 대도시 kota besar; 유흥도시 kota pesiar
도야 pengembangan, pembinaan, pembentukan
도약 lompatan, loncatan
도의 moral; ~심 rasa moral
도입 permasukan, pengelan
도저히 bagaimanapun juga
도전 tantangan, perjuangan, tuntutan, perlawanan
도중 di tengah jalan, diperjalanan
도지다 menjadi lebih buruk
도착 sampai di, tercapai; ~시간 waktu kedatangan
도취 kemabukan, terganggu pikiran pingsan
도토리 biji pohon ek
도피 pelarian, pengungsian; ~하다 melarikan diri
독 racun, bisa
독단 keputusan sewenang-wenang, ketentuan kejemawaan
독립 kemerdekaan, kemandirian, berdiri sendiri; ~운동 gerakan kemerdekaan
독서 pembacaan; 구둣점 tanda baca
독신 ~의 tidak belum menikah, sendirian; ~자 bujangan
독자 pembaca
독재 kediktatoran; ~자 diktator, autokrat; ~정치 pemerintahan diktator
독점 monopoli; ~하다 menguasai sendiri
독종 orang yang galak
독차지 ~하다 mengambil semua, monopoli
독촉 pendesakan, paksaan
독탕 kamar mandi pribadi
독하다 beracun, berbisa; (굳세다) kuat, kukuh, teguh, tahan
돈 uang, emas; 현금 uang tunai
돈놀이 peminjaman uang

돈벌이 ~하다 mencari uang
돈복 keberuntungan dengan uang
돈줄 sumber uang
돈푼 sedikit uang
돋구다 merangsang, menggoda, membangkitkan
돋다 muncul, keluar, tumbuh; 해가 ~ terbit
돋보다 kelihatannya lebih baik
돌 ① batu ② ulang tahun pertama
돌다 berputar, berkeliling, berbelok
돌돌하다 pandai, cerdik
돌라내다 membagikan, memisahkan
돌려주다 mengembalikan, memulangkan
돌보다 memelihara, mengurus, menjaga, merawat
돌아가다 kembali, pulang, balik
돌아눕다 berbaring balik, berbalik-balik
돌아다니다 berkeliling, berjalan-jalan
돌아보다 melihat kembali, menoleh kembali, berefleksi
돌아서다 membalikan badan, membelakangi
돌아오다 kembali, pulang; (회복되다) sembuh, pulih
돌연 secara mendadak, dengan tiba-tiba, secara tidak terduga
돌이키다 melihat ke belakang, melihat ke masa lampau
돌진 serangan; ~하다 menyerang
돌출 tonjolan; ~하다 menjorok, menonjol, kelur
돌팔이 pedagang keliling; ~의사 dokter gadungan
돕다 membantu, menolong, mendukung, menyumbang
동갑 seumur, sepantaran
동거 tinggal bersama, menumpang
동격 pangkat sama

동결 pembekuan; ~하다
동경 rindu, kagen; ~하다 merindukan
동그라미 lingkaran; ~ 그리다 menggambar lingkaran
동그라지다 terantuk
동그랗다 bundaran, bulatan
동기 sebab, asal, motif, alasan
동나다 kehabisan
동냥 ~하다 meminta, mengemis; ~거지 pengemis
동네 desa
동녘 timur
동떨어지다 sangat berbeda, jauh terpisah
동력 daya penggerak; ~선 kapal mesin; ~원 sumber daya
동맹 sekutu, ikatan, perserikatan, penggabungan
동무 teman, kawan, sahabat
동물 binatang, hewan; ~원 kebun binatang; ~계 bunia hewan
동반 ~하다 mengikut, ikut serta, pergi dengan, mengiringi
동복 pakaian musim Dingin
동봉 ~하다 melampirkan; ~서류 lampiran, surat terlampir
동사 kata kerja; 완전~ kata kerja lengkap; 규칙~ kata kerja teratur
동생 adik laki-laki (perempuan)
동서 hidup bersama dengan
동서 ipar lelaki, ipar perempuan
동석 ~하다 duduk bersama dengan; ~자 hadiran
동시 waktu yang sama, sekalian serentak
동심 pikiran anak-anak
동안 waktu, periode, interval; 잠깐~ sebentar
동양 timur, ketimuran; ~사상 orientalisme; ~학자 ahli ketimuran
동업 usaha yang sama; ~하다 menjalankan usaha (bersama);
~조합 serikat dagang
동요 gemetaran, goyangan, kerusuhan hati
동원 mobilisasi; ~하다 memobilsasi
동의 kesepakatan, persetujuan; ~하다 menyetujui, mengijinkan
동이다 mengikat, memaut
동일 kesamaan, identitas
동작 gerak, tidakan, tingkah laku, perbuatan
동정 simpati, syafakat; ~심 perasaan simpatik
동정(同情) situasi, pergerakan
동지 kawan, teman, kawan seperjuangan
동창 teman sekelas; ~회 himpunan alumni
동체 badan; ~착륙 pendaratan darurat
동치미 acar lobak
동태 ikan polak beku
동트다 fajar
동티나다 menderita kutukan, mengalami kesulitan
동포 saudara sebangsa, sekampung, sedaerah, teman setanah air
동하다 bergerak, berguncang tergoncang
동행 ~하다 ikat serta, menemani, pergi bersama
동향 kecenderungan; 경제계 ~ kecenderungan ekonimi
동화 asimilasi, percampuran pemaduan
돛 layar; ~올리다 menaikkar (menurunkan) layar
돛단배 kapal layar; ~대 tiang layar
돼지 babi; ~고기 daging babi
되 liter
되다 menjadi, mendapat berkembang, tumbuh
되돌아가다 kembali
되돌아오다 kembali
되묻다 bertanya balik

되바라지다 berpikiran sempit
되살다 hidup lagi, hidup kembali
되새기다 memamah, mengunyah-unyah
두각 menonjolkan diri
두고두고 selamanya, bertahun-tahun
두근거리다 berdebar-debar, bergegap-gegap
두껍다 tebal, berat
두껑 tutup, sumbat, sahap, kelubung, tukap
두께 ketebalan
두다 menaruh, menyimpan, meletakkan, meninggalkan
두더지 tikus mendok
두덜거리다 menggerutu, men-comel, merajuk, memberenut
두둥실 menari-nari, melonjak-lonjak
두드러지다 menonjol, menjen-dol, terkemuka
두드리다 mengetuk, mengetok
두들기다 memukul, mengetuk
두런거리다 berbisik-bisik, kasak-kusuk, saling berbisik
두렁 galengan, pematang
두레박 ember sumur; ~질하다 menarik air dengan ember
두려워하다 takut pada; 병날까 두렵다 takut jatuh sakit
두렵다 takut; 몹시~ sangat takut
두루 secara universil, keselu-ruhan, secara merata
두루마리 segulung
두루뭉실하다 tidak beraturan, tidak berguna
두리번거리다 melihat keliling
두메 desa terpencil di gunung
두목 kepala, atasan, pemimpin
두부 tahu; ~ 한모 sepotong tahu
두엄 pupuk kandang
두절 ~하다 berhenti, terhenti, terputus

두텁다 hangat; 우정이 ~ akrab sahabat
두툼하다 agak tebal
두툼하다 agak tebal, tidak tipis
둑 tanggul, galangan, tebing
둔팍하다 serak, parau, garan
둔하다 bodoh, lambat
둘 dua; ~도없는 unik, tidak ada bandingan; ~다 dua-duanya
둘러대다 membuat alasan, berdalih, memakai untuk sementara
둘러막다 mengurung, memagari
둘러보다 melihat keliling, meninjau
둘러치다 mengelilingi; 내던지다 melempar dengan keras
둘레 keliling, selilit, sekitar
둘리다 dilingkupi, dikelilingi
둥글다 bulat, bundar
둥글둥글 ~한 bundar, mulus, tulus bati, baik hati
둥둥 suara genderang
뒤 belakang, bokong; ~로 물러나다 mundur ke belakang
뒤꿈치 tumit
뒤대다 memasak, menyediakan
뒤덮다 meliputi, menyelubungi, mengerindungi
뒤떨어지다 tertinggal di belakang, terbelakang
뒤뚱거리다 terbuyung-buyung
뒤섞다 mencampur, aduk, mengaduk
뒤적이다 mengaduk-aduk, membolak-balik
뒤죽박죽 kacau
뒤지다 terbelakang, tertinggal
뒤집다 membalikan, berjum-palitan; 혼란시키다 membing-ungkan
뒤치다 golak-golek
뒤틀다 memutir, memelintir; (일은) menggogalkan
뒷바라지 perawatan, pemeli-haraaan, penjagaan
뒷받침 dukungan; ~하다

mendukung
뒷짐 ~지다 bertepuk tangan di belakang punggung
드나들다 keluar masuk, sering mengunjungi
드높다 tinggi menyolok
드러나다 muncul, terungkap; 표면에 ~ muncul ke permukaan
드러내다 menunjukkan, memperlihatkan, mengungkap
드러눕다 membaringkan diri
드르륵 dengan licin, dengan mulus
드리다 memberi, membiarkan
드리우다 menjalin, mengepang
드물다 jarang, langka
드새다 menginap
드세다 sangat kuat, berpengaruh
든든하다 kuat, tegar, dapat dipercaya, menyakinkan
듣다 mendengar, menguping, menerima, mendapat
들 tanah lapang, ladang, dataran
들끓다 dikerunmuni, hiruk-pikuk
들놀이 piknik, jalan-jalan
들다 memegang, memberi contoh, memberi alasan, mengangkat
들뜨다 berkerut; (마음이) gelisah
들르다 mampir, berkujung, singgah, bertandang
들리다 menderita, terserang
들먹이다 naik dan turun, menjadi gelisah
들보 balok penopang
들볶다 menggangu, mengongseng, kejam(kepada)
들어가다 masuk; 학교에 ~ masuk sekolah; 비용이 ~ dibelanjakan
들어맞다 jadi kenyataan, banar, pas
들어오라 masuk, memasuki
들여놓다 melangkah, membawa masuk

들여다보다 mengintip, mengincar
들이다 mengizinkan masuk; (비용을) membelanjakan
들이밀다 mendorong ke dalam
들이받다 menabrak, melanggar, menumbuk
들이쉬다 bernapas, menghirup
들이치다 menyapu ke dalam
들이켜다 meneguk, mereguk
들추다 mencari-cari, membuka
들치기 penjambret
들키다 ketahuan, tertangkap basah
듬뿍 banyak, penuh
듯 seperti, seolah-olah
등 punggung
등급 tingkat peringkat, lampu, belencong
등산 pendakian gunung, naik gunung
등지다 berbalik, melawan
등치다 menepuk pada punggung
디디다 menginjak, berjegak, menapak
디딤돌 batu injakan
따갑다 menusuk tajam, pedas
따끈하다 panas
따끔하다 tajam, menusuk
따다 (열매를) memetik; (깡통을) membuka; (점수를) mendapat; (돈을) memenangkan uang
따뜻하다 hangat, ramah
따라가다 mengiringi
따라오다 disertai, ditemai
따로 terpisah; ~ 살다 hidup terpisah
따르다 mengikuti, menemani, menyertai, disertai
따분하다 membosankan, lesu
따사하다 hangat
따위 dan lain-lain, dan sebagainya
따지다 memperbedakan, menyelidiki
딱지 tabal, perangko, kartu
딱하다 mengibakan, beriba-iba
딴마음 maksud tersembuyi

딴전 ~ 부리다 berpura-pura tidak berdosa
딸 anak perempuan
딸꾹질 kecegukan
딸리다 tidak cukup
땀 keringat
땅 tanah, wilayah
땅거미 senja kala
땅기다 ☞ 당기다
땅땅거리다 bicara besar
때 waktu, ketika
때다 membakar
때때로 kadang-kadang
때리다 memukul, menepuk, mengetuk
때마침 tepat waktu
때묻다 menjadi kotor
때없이 dengan mendadak
때우다 mengganti (sebagai tindakan sementara)
땜질 paterian
떠나다 berangkat, meninggalkan, mengundurkan diri
떠내다 mencakup
떠돌다 mengapung, terapung-apung
떠들다 geger, bertengkar
떠름하다 sedikit kelat, tidak mau
떠맡기다 menyerahkan, memaksa
떠맡다 mengoper
떠받들다 mengangkat, menghormati, menghargai
떠벌리다 berbicara besar
떠오르다 berapung, timbul
떡 apam
떡잎 daun bibit
떨기 tandan
떨다 gemetar, menggigil
떨리다 gemetar, bergetar
떨어뜨리다 menjatuhkan, mengurangi, menurunkan
떨어지다 jatuh, tertinggal, turun, kehabisan
떨이 barang-barang untuk penjualan habis
떨치다 menjadi terkenal

떫다 kesat, kelat
떳떳하다 jujur, adil
떼꾼하다 kelitan pucat
떼다 memishkan, memutuskan, mengurangi, menanggalkan
떼밀다 mendorong, menolak
떼어먹다 menggelapkan, menolak bayar, ngemplang (hutang)
떼치다 meronta-ronta
또다시 sekali lagi, lagi
또렷하다 jelas, nyata, cerah
똑똑하다 cerdik, pandai, cerdas
똑바로 lurus, tegak, tepat, lempang
똥 kotoran, tinja, cirit
똥똥하다 montok, sintal
뚜렷하다 nyata, menyolok, nyata, kentara
뚝 tiba-tiba; ~그치다 berhenti tiba-tiba
뚝뚝하다 tidak ramah, ketus
뚝심 daya tahan
뚫다 mengebor, menembus, melubangi, mencoblos
뚫어지게보다 melihat secara terus-menerus
뚱하다 pendiam, kalem
뛰다 melompat, melonjak, menerjang
뛰어나다 melebihi, melampaui, lebih unggul
뛰어들다 terjun, menjebur, merunjak, melompat turun ke bawah
뜀 lompatan, lari
뜨개질 rajut, perajutan
뜨겁다 panas terik
뜨끔하다 menyengat
뜨내기 pengembara; ~일 pekerjaan sementara
뜨다 menyendok, menimba, mengeruk, membuka, bangun
뜬눈 ~으로 새우다 bergadang sepanjang malam
뜯기다 dipaksa, diperas
뜯다 memecahkan, mencabut;

(악기를) memetik
뜯어내다 melepas, menguraikan
뜰 kebun halaman, pekarangan
뜻 maksud, tujuan, ambisi, arti, makna
뜻밖에 tidak terduga, mengejutkan
뜻하다 berencana, bermaksud, berharap
띄엄띄엄 dengan jarang, selang-seling
띄우다 mengapung, memperlihatkan
띠 ikat; 머리~ ikat kepala bando
띠다 mengenakan, memakai; 웃음을 ~ tersenyum; 사명을 ~ diberi tugas
띵하다 nyeri sekali; 머리가 ~ sakit kepala

ㄹ

라도 pun, walaupun
라디오 radio; ~ 끄다(틀다) mematikan(menghidupkan) radio; ~ 방송 siaran radio
라이벌 lawan, saingan
라일락 sejenis bunga bungur
라틴 Latin; ~족 bangsa Latin
랍소디 rapsodi
랑데부 rendevu, kencan
러시아워 jam sibuk
레몬 lemon, jeruk
레스토랑 restauran
레슬링 gulat; ~ 선수 pegulat
레코오드 rekaman, pringan hitam
렌즈 lensa; 오목(볼록)~ lensa cekung(cembung)

~로 karena, akibat, dengan, dari, dalam; 영어로 dalam bahasa Inggris
로만스 roman, kisah cinta
로만티시즘 romantisme
로봇 robot
~로서 sebagai, bagi
로켓 roket; ~포 bom roket; ~비행기 pesawat roket
루비 delima
리듬 irama, ritme, tempo
리본 pita
리스트 daftar; ~에 올리다 memasukkan dalam daftar
릴레이 perlombaan
링 ring tinju; 반지 cincin

ㅁ

마감 penutupan; ~하다 menutup
마개 tutup, sambat, penumbat
마구 pelengkapan kuda, pakaian kuda
마냥 sepenuhnya, sepuasnya
마다 setiap, masing-masing, bilamana
마디다 tahan pama
마땅하다 sesuai, patut, layak, wajar, masuk akal
마렵다 kebelet, merasakan, desakan untuk buang air
마루 lantai
마르다 mengecing, kering, meranggas
마름질 pemotongan; ~하다 memotong pakaian
마무리 penghabisan, kesudahan
마비 kekakuan, kelumpuhan
마수거리 penjualan pertaman, jual pertama
마스크 topeng, penutup muka, kedok
마을 desa, kampung
마음 sanubari, kalbu, batin, pemikiran, perhatian, minat
마음놓다 merasa lega
마음대로 semaunya, dengan bebas
마음먹다 menetapkan, menentukan, memutuskan
마음보 watak, sifat
마음씨 watak, sifat; ~ 고운 baik hati
마음조이다 khawatir, mencemaskan
마주 berhadapan, berlawan; ~ 앉다 duduk berhadapan
마주치다 bertemu, berjumpa
마중 penyambutan, resepsi; ~하다 menjemput
마지막 akhir; ~으로 akhirnya; ~까지 sampai pada akhirnya
마지못하다 terpaksa, dengan enggan
마찬가지 ~의 sama mirip, sama-sama
마찰 pecahan, perpecahan, perselisihan, perggosokan
마추다 membecikan order, pesanan, menyuruh
마치 seperti, seolah-olah, seakan-akan
마치다 menyelesaikan, mengakhiri
마침 untung, tepat pada waktunya, saat yang tepat
마파람 angin selatan, angin haluan
막 baru saja, barusan
막다 menutup, menghambat, menghalangi, melindungi
막되다 kasar, tidak sopan
막심하다 sangat, amat, bukan main
막아내다 mencegah, melarang, menghentikan
막판 adegan akhir, saat terakhir, putaran akhir
만나다 bertemu, berjumpa, mengalami
만담 dialog komik; ~하다 bercakap-cakap, beromong-omong
만들다 membuat; 서류를 ~ menyusun; 회사를 ~ mendirikan
만만하다 penuh kepercayaan diri, penuh ambisi
만물 segala benda, segala mahluk, segala hal
만세 semua generasi

만일 kalau, asalkan, apabila, jika, bila
만적거리다 menggeranyang, mengatik-atik
만족 kepuasan; ~하다 puas (dengan), senang(dengan), kenyang
만판 sepenuhnya, seluruhnya, secara keseluruhan
만화 karikatur, kartun; ~영화 film kartun
많다 banyak, melimpah, seringkali
맏물 panen pertama, buahan pertama
말 bahasa, pengucapan, kata; 표준~ bahasa baku
말갛다 jernih, bersih, bening
말끄러미 dengan tetap, dengan tajam
말끔하다 bersih, rapi
말다 menggulungkan; (그만두다) berhenti, meninggalkan; (금지) jangan
말다툼 perselisihan, pertengkaran adu mulut
말대꾸 sangkalan, timpalan, sanggahan
말더듬이 penggagap, orang gagap
말똥말똥 dengan tak berkejab
말랑하다 lembat, lunak
말리다 mengeringkan; 불에 ~ melayakan
말미암다 timbul dari, berasal dari, disebabkan oleh
말버릇 cara bicara, lagam
말썽 keluhan, pertengkaran, kesekaran
말짱하다 sempurna, tak bernoda
맑다 jernih, bersih, murni, cerah
맛 rasa; ~좋은 enak, sedap, lezat
맛나다 sedap, enak, lezat
맛보다 mencicipi, mencoba rasa, mengalami

맛있다 enak, lezat
망가지다 pecah, rusak, hancur, kacau
망각 ~하다 lupa, lalai
망년 akhir tahun, akhir hidup
망라 ~하다 melibatkan, mengandung, mencakup, menghimpun
망망하다 sangat luas, tidak terbatas
망상 khayalan yang fantastis, delusi angan-angan
망설이다 ragu-ragu, bimbang, tidak memutuskan dengan pasti
망신 aib, malu, hina
망연하다 tertegun, terpana, heran
망측하다 haif, hina, kurang ajar, buruk
망치다 merusak, menghancurkan, memcelakakan
망하다 jatuh, insah
맞다 benar, tepat pas sesuai dengan, setuju dengan, cocok
맞닿다 saling menyentuh, bersentuhan
맞대다 berhadap-hadapan, bertemu satu sama lain
맞돈 tunai, pembayaran tunai
맞들다 mengangkat bersama-sama
맞붙다 bergulat
맞서다 berhadapan, bertentangan
맞선 pertemuan sebelum menikah
맞이 ~하다 memerima, menyambut, menjemput, memberi salam
맞추다 memasangkan, menyesuaikan, menyetel
맡기다 menitipkan, menyimpan, mempercayakan, membeban
맡다 (냄새) membaui, mencium
매기다 menghargakan, mengenakan, menilai, memberi

harga
매끄럽다 mulus, licin
매다 mengikat, menaikkan, menambatkan
매달다 menggantung, mengikat diri
매듭 simpal, ikatan, simpulan
매듭짓다 menuntaskan, merampungkan, menyelesaikan
매부 ipar laki-laki, suami saudara perempuan
매상 penjualan; ~액 jumlah yang dijual, hasil pendjualan
매섭다 hebat, tajam, kasar, kejam
매우 sangat, amat
매이다 terikat, tertambat
매일 tiap hari, setiap hari, sehari-hari; ~일 pekerjaan sehari-hari
매정하다 tawar hati, tidak berperasaan dingin
매진 penjualan habis; ~하다 terjual habis
매콤하다 agak pedas
매형 suami kakak perempuan
매혹 pemikatan, pemeletan; ~하다 menarik, memikat, mempesana
맥없다 lemah, lesu, tidak bersemangat
맥주 bir, 생~ bir kram
맨 telanjang, kosong, polos; ~손 tangan kelanjang
맨발 kaki telanjang
맨주먹 tangan telanjang
맵다 pedas, tajam
맵시 perawakan, bentuk tubuh; ~ 있는 gagah berperawakan bagus
맹랑하다 keliru, tidak beralasan, tidak berdasar
맹목 ~적 dengan membuta
맹물 air tawar
맺다 mengikat, mengakhir; 계약을 ~ mengadakan perjanjian berbuah

머금다 menahan, mengingat, memendam
머리 kepala, hulu, otak, rambut
머리말 kata pengantar, prakata
머리채 anyaman, rambut yang panjang
머리카락 rambut
머무르다 tinggal, singgah, berdiam, tetap
머뭇하다 meragu, bimbang
머슴 buruh tani
먹구름 awan gelap, awan hitam
먹다 makan, bersantap, menyantap
먹이 makanan, umpan, pakan; ~가 되다 menjadi mangsa
먼저 pertama kali, mendahului, terlebih dahulu
먼지 debu, abu
멀겋다 encer
멀리 jauh, panjang jaraknya; ~하다 menjauhi
멀미 mabuk, mabuk udara
멀쑥하다 kurus dan tinggi
멀쩡하다 tidak tercela, sempurna, murni
멈추다 berhenti, terhenti, mandek
멋 kepesolekan; ~있는 perlente, bergaya
멋쟁이 pesolek, orang yang perlente
멋적다 canggung, kikuk
멍 memar, binjul, lebam
멍들다 menjadi hitam dan biru
멍에 kuk
멍청하다 bodoh, totol
멍하다 bengong, terongong-longong
메다 memanggul, memikul
메달 medali; 금~ pemegang medali emas
메뚜기 belalang, pelesit, walang
메마르다 kering, gersang, mandal
메모 memo, cacatan, nota
메스껍다 merasa mau mantah, merasa mual

메우다 mengisi sepenuhnya, memenuhi, menutup
멜로디 melodi
며느리 menantu perempuan, isteri anak laki-laki
면도 bercukur, mencukur muka
면목 air muka, wajah, penampakan, paras
면전 ~에서 di depan, di muka
면허 izin, lisensi; 운전 ~증 surat izin mengemudi (SIM)
면회 wawancara, interview; ~하다 bertemu, berwawancara
멸망 keruntuhan, kejatuhan, kematian
멸시 pengakaian, cercaan, pelecehan
멸하다 menghacurkan, memusnahkan, membinasakan
명곡 musik terkenal
명랑 gembira, ceria
명령 perintah, instruksi; ~하다 memerintahkan, memberi perintah
명물 hasil istimewa, produk khas, keistimewaan
명분 kewajiban moral, pembenaran moral
명사 orang yang terkenal, orang yang terpandang
명성 kemasyuran, popularitas
명언 pepatah yang bijak
명작 karya, bersar, karya agung
명화 lukisan terkenal, film terkenal
명확 ~한 nyata, jelas
모 sudut, penjuru, pojoh
모국 tanah air, tanah tumpah darah
모금 pemungutan derma, pengumpulan dana
모기 nyamuk, rengit
모나다 kaka, bersifat kasar
모델 model, contoh; 패션 ~ perahawati mode
모두 semuanya, bersama, seluruhnya, semesta
모래 pasir; ~땅 tanah berpasir; ~먼지 debu pasir
모레 lusa
모르다 tidak tahu, kurang pengetahuan, tidak mengerti, tidak sadar
모름지기 dengan sendirinya
모범 contoh, teladan, standar; ~을 보이다 memberi contoh
모색 ~하다 meraba-raba
모순 kontradiksi, bertentangan
모습 wajah, penampilan, citra; ~을 나타내다 menampilkan diri
모양 bentuk, penampilan, kondisi
모으다 mengempulkan, menghimpunkan
모임 pertemuan, rapat, sidang
모자 topi, peci, singkok, ketopong
모조리 semua, serba, segala, keseluruhan
모집 pengumpulan, undangan, pengiklanan
모처럼 ditungga lama
모퉁이 suduk, penjuru, pojik, pelosok
모험 petualangan, pengelanaan; ~적인 berbahaya
모호하다 kabur, tidak jelas, tidak nyata
목 leher, tengkuk
목구멍 tenggorakan
목도리 mafela, sal, tutup leher
목도리 tengkuk, kuduk
목동 tukang angon, penggembada
목마르다 haus, dahaga, ingin
목메다 tercekik
목수 tukang kayu
목쉬다 menjadi serak
목욕 mandi; ~시키다 memandikan; ~실 kamar mandi
목적 tujuan, sasaran, target; ~하다 bermaksud, bertujuan

목청 suara; ~껏 suara yang paling keras
목표 tujuan, maksud, sasaran, objek, target
목화 kapas; ~송이 bunga kapas
몰다 mengemudikan, mengendarai, menjalankan
몰두 ~하다 bertekun
몰라보다 tidak dapat mengenali
몰래 secara rahasia, diam-diam, sembunyi-sembunyi
몰려들다 bergerak secara kelompok
몰아내다 mengeluarkan, mengusir
몸 tubuh, jasmani, fisik, badan, awak
몸가짐 tingkah laku, perilaku, sikap
몸나다 bertambah gemuk
몸매 bentuk badan
몸무게 keberatan tubuh
몸부림 ~치다 bergerak sekuat-kuatnya, menggelepar-gelepar
몸서리 gemetar, menggigil
몸소 sendiri, secara pribadi
몸짓 gerak, isyarat
몹시 sangat, terlampan, terlalu, amat
못 paku, susuk
못나다 jelek, bodoh
몽둥이 tongkat, pentungan
묘 kuburan, pusara
묘기 akrobatik, keterampilan yang bagus
묘안 gagasan yang cemerlang
묘연하다 tidak diketahui, terpencil
묘하다 aneh, ajaib, ganjil
무겁다 berat
무게 berat, bedan
무기 senjata; ~를 들다 mengangkat senjata
무난 ~한 mudah, gampang, aman
무너지다 hancur, runtah, rusak, binasa, roboh
무능 ~한 tidak ada kemampuan; ~력 ketidakmampuan
무대 panggung, pentas; ~장치 latar belakang panggung
무더기 tumpukan, kumpulan, timbunan
무던하다 murah hati, deramawan
무덤 kuburan
무디다 lambat, bodoh; (칼날이) muntul
무뚝뚝하다 kasar
무례 ~한 kurang sopan, kurang ajar, lancang, kasar
무르다 lembat, lunak
무르익다 menjadi matang
무릅쓰다 melawan, menantang, menempuh
무릇 menurut biasanya, pada umumnya
무리 ~한 tidak masuk akal, tidak wajar
무리 kumpulan, golongan, kelompok, rombongan
무미 ~한 hanbar, membosankan
무방하다 tidak membahayakan, tidak masalah, tidak apa-apa
무상 gratis, cuma-cuma
무색 warna celup
무섭다 ketakutan, kecemasan
무소식 tidak kabar
무쇠 besi tuang
무시 ~하다 mengabaikan, melengahkan
무식 ketidaktahuan, kebodohan
무엇 apa; ~이든 apa saja, apapun
무용 tarian, dansa; ~하다 manari, berdansa; 민속~ tarian rakyat
무위 kemalasan, santai
무정 ~한 tidak berperasaan
무지 ketidaktahuan; ~한 tidak berpengetahuan
무지개 pelangi, benang raja
무지근하다 rasa capai

무찌르다 mengalahkan, menyerang
무참 ~하다 merasa sangat malu
무치다 membumbui
무턱대고 dengan sembrono, awur-awuran
무한 tidak berakhir, tidak terhingga, kekal
무효 ketidakberlakuan, batal, tidak syah
묵다 tinggal, menginap
묵살 ~하다 mengabaikan, menolak
묵직하다 berat
문 gerbang, pintu, lawang
문득 tiba-tiba, dengan tak berduga
문맹 buta huruf, tuna aksara
문명 kebudayaan, peradaban
문문하다 lembut
문안 konsep, draf, bagan
문예 seni dan sastra; ~ 비평 kritik sastra; ~ 작품 karya sastra
문자 huruf, abjad, aksara
문장 kalimat, tulisan, karangan
문제 perkara, hal, urusan, masalah
문지르다 menggosok, mengaruk, mengerik
문지방 ambang, pinta
문학 kepustakaan, leteratur; 대중 ~ pustaka populer
문화 kebudayaan, peradaban; ~ 유산 pewarisan budaya
묻다 menyatakan, menanyai
묻히다 mengotori, menodai, mencemari
물 air; ~을 주다 mengairi, menyirami
물감 zat pewarna
물건 benda, barang-barang
물결 ombak, alun gelombang
물고기 ikan
물구나무서다 berdiri bertumpu pada tangan
물기 cairan, air

물길 aliran air, sungai
물끄러미 dengan tetap, dengan tajam
물다 menggigit, mematuk, mencatuk
물들다 dicelup, celupan, decemari
물때 daki air
물러가다 cuti, mengambil cuti, pensiun
물러나다 mengundurkan diri, berhenti
물러서다 mundur, menarik kembali, meninggalkan
물러앉다 menggeser tempat duduk ke belakang
물려받다 mewarisi, mengambil alih, mendapat pusaka
물론 tentu saja, apa-lagi
물리다 bosan, muak, jemu, kesal
물리치다 menolak, menggagalkan, mengatasi, mencegah
물매 penderaan keras
물방울 tetesan air
물보라 percikan air
물색 ~하다 mencari, memilih, memburu
물씬 ~하다 lunak, lembut
물어내다 membayar, mengganti, mengimpaskan
물장난 ~ 치다 bercimpang-cimpang dalam air, barbur
물질 zat, materi, substansi
물집 lepuh, pupuk
물체 tubuh, benda, bahan, materi
물품 barang-barang, komoditi
묽다 encer
뭉개다 meremukkan, melumatkan
뭉게뭉게 padat, tebal
뭉치다 mengumpalkan, membuat gumpalan; (단결) menyatu, bersatu
뭉클하다 merasa, kekenyangan, merasa berat di perut

뭉텅이 gumpalan, kumpulan, massa
미개 ~한 biadab, tidak beradab, barbar
미결 ~의 belum pasti, tetap belum diselesaikan
미관 pemandangan yang indah
미국 Amerika Serikat
미끄러지다 meluncur, tergelincir, menyelusuh
미끄럽다 licin, halus, mulus
미끈하다 halus, cakap, mulus
미끼 umpan, pemikat
미녀 wanita cantik, gadis cantik
미닫이 pintu geser
미덕 kebajikan, sifat baik, sifat terpuji
미덥다 dapat dipercaya, dapat diandalkan
미래 masa depan, masa yang akan datang
미련 kebodohan, ketololan; ~한 tolol bodoh
미루다 menunda, menangguhkan, mengundarkan
미리 sebelumnya, terdahulu, terlebih dahulu
미모 kecantikan, kemolekan, keelokan
미묘 ~한 halus, tidak kentara
미쁘다 dapat dipercaya, dapat diandalkan
미소 senyuman, penuh sesal, merasa menyesal
미안하다 menyesal, penuh sesal, merasal menyesal
미어지다 sobek
미역 mandi, renang, berenang

미인 gadis catik
미장이 tukang plester
미지근하다 hangat-hangat kuku, setengah hati
미치다 menjadi gila, tergila-gila
민감 sensitif, peka
민물 air segar, air tawar
민요 lagu rakyat, balada
민족 ras, rakyat, bangsa; ~성 ciri-ciri rasial; ~정신 semangat rasial
민주 demokrasi; ~적 demokratis
민첩 ~한 cepat, cekatan, gesit tangkas
믿다 percaya, mempercayai
믿음 kepercayaan, keimanan keyakinan
밀가루 tepung terigu, tepung gandum
밀국수 mi terigu
밀다 mendorong, menolak menyorong
밀리다 tertunda, terlambat, didorong ke belakang
밀림 hutan yang lebat, rimba raya
밀치다 mendorong
밀크 susu, susu kental
밉다 menjijikkan, penuh benci
밉살스럽다 menimbulkan benci menjengkelkan
밑 bawah, dasar, pangkal, kaki
밑바닥 dasar, alas, telapak
밑받침 alat tulis, tetakan
밑지다 rugi, menderita kerugian, tidak dapat menutup biaya
밑천 modal, dana, kapital

ㅂ

바구니 keranjang, keruntung, kambut, ambung
바깥 luar, bagian luar, sebelah luar
바깥양반 suami
바꾸다 mengganti, memperbaharui, menukarkan
바뀌다 dirubah, direvisi
바느질 jahit, menjahit
바늘 jarum, kail, jarum jam
바다 laut, samudra; ~로 가다 melaut, berlayar
바닥 lantai, dasar, alas
바닥나다 habis, habis dari persediaan
바라다 mengharapkan, ingin, mau, berkehendak
바라보다 melihat, memandang, menonton, meninjau
바락 mati-matian, dengan susah payah
바람 angin, angin topan, arus angin
바람개비 baling-baling, gada-gada
바람나다 menyeleweng
바람맞다 dibodohi, dibohongi
바람벽 diding, tembok
바래다 melepas pulang
바로 dengan benar, dengan jujur, dengan tepat
바로잡다 meluruskan, membenarkan, memperbaiki
바르다 lulus, benar, adil, tulus
바르다 menempelkan, melekatkan, memplester, melepa
바쁘다 sibuk, repot
바삐 dengan repot, dengan tergesa-gesa, dengan seketika
바수다 memecah, merusak, meruntuhkan
바스락 ~거리다 desir, desau, gersik
바싹 getas, mengeringkan sama sekali
바아 bar
바위 batu, tebing batu
바이블 Bibel
바지 celana panjang, pantalin, sarwal
바치다 memberikan, menyerahkan, mengabdikan, membaktikan
바퀴 roda, putaran; ~자국 bekas roda, jejak roda
바탕 landasan, bisis, keadaan
박 labu, kundur
박다 menancapkan, memacak, mencetak
박사 dokter(Dr); ~학위를 따다 mengambil gelar dokter
박살내다 menghancurkan, meremukkan, memecahkan
박색 paras yang jelek, roman yang tidak cakap
박수 tepuk tangan; ~갈채 sorakan, tepuk tangan
박애 filantropi, kedermawanan, perikemanusiaan
박이다 mencetakkan, dipotret, terlekat, tertanam
박자 tempo, ritme, irama
박절 berhati dingin, tidak berperasaan, kejam
박차다 menendang pergi, menolak
박치기 tundukan, sundulan
박탈 merampas, merampok, menjarah, mencuri
박하다 picik, kikir, pelit
박히다 terpatri, terpancang, tercetak

밖 yang lainnya, sisanya, kecuali
반가와하다 gembira, senang
반갑다 gembira, bahagia, girang, riang
반공 anti komunisme
반기다 senang, gembira, riang
반달 setengah bulan, bulan separuh
반대 perlawan, oposisi, pertentangan; ~하다 menyangkal
반듯하다 lurus, tidak bercatat, terhormat
반등 kenaikan yang reaksioner
반반하다 mulus, rata, halus, tarah, licin
반사 pencerminan, refleksi, pemautalan
반색하다 menunjukkan kegirangan yang besar, sangat riang
반성 refleksi, pencerminan diri; ~하다 mempertimbangkan kembali
반응 reaksi, respon, tanggapan, akibat
반죽 ~하다 menguli, meremas, mengadoni
반지 cincin
반지름 radius, garis tengah
반짝 ~이다 bercahaya, berkilau, beremerlap, berbinar
반찬 lauk, lauk-pauk
반하다 jatuh cinta, jatuh hati
받다 menerima, mendapat, beroleh, lengalami
받들다 mengangkat, mendukung, menyokong, menghormati
받아쓰기 pendiktean, pengimlaan
받히다 ditanduk, disundal
발 kaki
발 ladang, kebun
발가락 jari kaki
발가벗다 telanjang, membuka pakaian
발걸음 langkah, gaya berjalan

발견 penemuan; ~하다 menemukan
발그레하다 kemerah-merahan
발끈 dengan tiba-tiba, dengan cepat
발다 menyaring, mengayak
발달 perkembangan, pertumbuhan, kemajuan
발록하다 cembung; ~거울 cermin cembung
발리내다 menguliti, membersihkan, menulangi
발명 ciptaan, penemuan; ~하다 merancang, menciptakan
발목 pergelangan kaki
발바닥 telapak kaki
발버둥치다 mencakar-cakar, menendang-nendang
발빼다 menghindarkan, memaafkan diri sendiri
발언 ucapan, pembicaraan; ~하다 berbicara, mengatakan, menyebutkan, menentukan
발음 pengucapan, pelatalan
발자취 jejak, bekas roda
발작 serangan tiba-tiba, kekejangan, sawan
발전 perkembangan, pertumbuhan
발표 pengumuman, pernyataan, publikasi, pemberitahuan
밝다 terang, cerah, cemerang
밝히다 menyinari, menerangi, menyaluhi
밤 malan hari; (植) berangan
밥 nasi; ~을 짓다 memasak nasi, bertanak
방 kamar, bilik
방랑 ~하다 mengembara, bertualang; ~객 musafir, pengembara
방문 kunjungan, lawatan; ~하다 mengunjungi, berkunjung
방법 cara, metode, upaya, jalan, tindakan
방심 ~하다 ceroboh, lengah, lalai
방안 rencana, program, skema

방지 pencegahan; ~하다 mencegah, menangkal
방탕 perbuatan menjangak; ~하다 jangak, cabul, pujur
방해 halangan, gangguan, interupsi
방향 arah, tujuan, jurusan
배 perut
배겨내다 menahan dengan tabah
배경 latar belakang, setting
배고프다 lapar
배곯다 perut kosong
배구 bola voli
배기다 menderita, menanggung
배다 hamil, mengandung
배달 pengantaran, pengiriman; ~하다 mengantas, menyampaikan
배당 pembagian, deviden
배부르다 perut kenyang
배신 pengkhianatan; ~하다 menghianati kepercayaan
배앓다 bermulas perut
배우 aktor, pelaku, pemeran, pelakon
배우다 belajar, berlatih, mempelajari
배웅 pelepasan; ~하다 melepaskan
배지 lencana, lambang
배짱 keberanian; ~없는 malu, takut, berhati lemah
배치 pengaturan, penempatan, penyusunan
배탈 gangguan perut; ~나다 menderita sakit perut
배합 pemajuan, kombinasi, pencampuran
백묵 kapur tulis
백발 rambut putih, uban
백설 salju
백성 rakyat
백지 kertas kosong, blanko
백화 segala jenis bunga
밴드 ikat pinggang, sabuk
뱃놀이 bersampah-sampah

뱃머리 haluan kapal
뱃사공 tukang perahu
뱃속 ① perut ② pikiran; hati; maksud
버겁다 terlalu besar untuk ditangani
버글거리다 mendidih, menggelegak
버금 ~가다 kedua dari, ditempat kedua
버럭 dengan tiba-tiba
버릇 kebiasaan, sikap, tingkah laku
버리다 menghabiskan, meludeskan
버무리다 mencapur
버선 kaos kaki Korea
버섯 jamur, cendawan
버스 bis; ~요금 ongkos bis; ~운전사 supir bis
버젓하다 jujur dan lurus hati
버터 mentega
버티다 menunjang, menyangga, menopang
벅차다 diluar kemampuan, terlalu berat
번개 kilat; ~같이 secepat kilat
번거롭다 menyusahkan, rumit
번들거리다 berkilau, bercahaya, berkelap-kelip
번민 kesengsaraan, penderitaan, kecemasan
번번이 setiap waktu, selalu
번식 biakau, pembiakan; 인공~ pembiakan buatan
번영 kesejahteraan, kemakmuran
번지다 menyebar, menodai, memperluas, memperpanjang
번혈 anemia
벌 hukuman; ~을 받다 dihukum, menerima hukuman
벌거벗다 telanjang, membuka pakaian
벌금 denda; ~을 물다 didenda, kena denda
벌다 memperoleh, mendapat

벌레 serangga, ulat, ngengat
벌리다 membuka, memperlebar, merentangkan
벌써 sudah, telah
벌어지다 melebar
벌이다 mulai, memulai
범 harimau
범람 ~하다 membanjiri, mengenangi
범벅되다 bercampur aduk
범위 ruang lingkup, kisaran, batasan, cakupan
범죄 kejahatan, kriminal
범주 kategori; ~에 들다 termasuk kategori
범하다 melakukan, memperkosa
법 hukum, kode, peraturan
법관 aparat hukum
법률 undang-undang, hukuman; ~위반 pelanggaran hukum
법인 badan hukum; ~세 pajak badan usaha
법정 pengadilan
벗기다 mengapas, melepaskan, menanggalkan
벗기다 menyisiri
벗나가다 menyimpang, melenceng, tidak mengenai
벗다 melepaskan, membuka, menanggalkan
벗어나다 keluar dari, lolos dari, lepas dari
벙글거리다 tersenyum
벙벙하다 bengong
벙어리 orang bisu tuli
벛꽃 bunga ceri
베개 bantal
베끼다 menyalin, membuat salinan
베다 memotong, mencincang, mengiris, menetak
베풀다 memberi; 은혜를 ~ memberi pertolongan
벨 bel
벼락 halilintar, petir
벼랑 tebing
벼룩 kutu

벼르다 membagi sama rata, merencanakan
벼리다 mempertajam, mengasah
벼슬 kedudukan; ~하다 memasuki dinas pemerintah
벽 dinding
벽돌 bata; ~을 쌓다 memasang bata
벽화 lukisan dinding
변덕 perubahan pikiran yang tiba-tiba
변동 perubahan, fluktuasi, naik turun
변명 alasan; ~하다 memcari alasan
변변하다 ganteng, tampan
변소 toilet
변절 pembelotan, pengkhianatan
변태 ketidaknormalan, anomali
변하다 berubah
변호 pembelaan; ~하다 membela
변화 perubahan; 일기~ perubahan situasi cuaca
별 bintang; ~빛 cahaya bintang
별나다 aneh, ganjil
별로 secara khususu, khususnya
별명 nama lain, nama kecil
별미 rasa yang istimewa
별실 kamar yang lain, kamar terpisah
별안간 tiba-tiba, mendadak
별일 masalah, kecelakan
별장 villa, rumah peristirahatan
병 penyakit, gangguan, tidak sehat
병들다 jatuh sakit
병신 orang catat, orang bodoh
병아리 anak ayam, pitik
병원 rumah sakit; ~에 입원하다 masuk rumah sakit
병풍 tirai lipat
볕 sinat matahari; ~에 타다 terbakar sinar matahari
보고 laporan, informasi, berita, kabar
보관 penyimpanan, penitipan,

perwalian
보글거리다 merebus
보금자리 sarang, sangkar
보급 penyebaran, pendistribusian, popularisasi
보기 contoh, umpama, ibarat
보내다 mengirim, mengajukan, mengutus
보다 melihat, memandang, menyaksikan, melirik
보답 balas budi, imbalan, ganjaran
보도 laporan, berita, informasi
보드랍다 menbut, lentur
보따리 bungkusan
보라 warna ungu, lembayang
보람 guna, pengaruh, hasil
보람차다 berguna, efetif
보리 barlei; 타작하다 mengirik barlei
보물 harta benda
보병 inganteri, pasukan jalan
보살피다 merawat, menjaga, melindungi, mengurus
보상 ganti rugi; ~하다 mengganti rugi
보석 ~하다 membebaskan atas jaminan
보송보송하다 kering
보수 pembayaran gaji, imbalan
보슬비 gerimis
보아주다 menjaga, merawat, membantu
보안 pemeliharaan keamanan masyarakat
보울 bola
보이다 memperlihatkan, menunjukkan, memamerkan
보자기 kain pembungkus
보장 jaminan, tanggungan
보조 langkah, bantaan, tanjangan
보조개 lesung pipit
보채다 jengkel, gusur
보충 pelengkap, tambahan, penggenap; ~하다 melengkapi, mengisi

보태다 memasok, melengkapkan
보통 biasanya, lazimnya, umum, wajar, normal, kebanyakan
보편 secara umum, secara universal
보하다 mengangkat, menunjuk, menugaskan
보호 perlindungan, suaka, penghindaran, penjagaan
복 kebahagiaan
복무 dinas; ~하다 berdinas
복받치다 penuh emosi
복수 pembalasan dendam, tuntutan darah
복습 pengulangan pelajaran
복식 pakaian dan perhiasannya
복용 penggunaan dalam, dosis
복음 berita gembira dari Isa Almasih
복작거리다 ramai, penuh sesak, galau
복잡 komplikasi, kerumitan, keruwetan
복종 kepatuhan, ketaatan
복지 kesejahteraan masyarakat
복판 tengah; ~의 di tengah, di pusat
볶다 menggoreng, membakar, memanggang
볶아대다 terus mengganggu
본능 naluri
본때있다 keturunan baik, berperilaku baik
본뜨다 mengikuti contoh, mencontoh
본마음 maksud sebenarnya, makna asli
본밑천 dana, modal
본바닥 tempat asal, modal
본바탕 inti dasar, esensi, watak asli
본받다 mengikuti contoh, meneladani, meniru
본보기 contoh
본분 tugas, peranan, kewajiban, fungsi

본색　watak asli; ~을 드러내다 menunjukkan watak asli
본성　sifat asli, perangai, tabiat
본시　asalnya, memangnya
본심　maksud sebenarnya; ~으로 sesungguhnya, sebenarnya
본질　hakekat, kebenaran, jenis asli, pokok
볼　pipi
볼기　pantat; ~치다 menepuk pantat
볼꼴　~ 사납다 jelek, hina
볼록하다　cembung
볼만하다　tontonan bagus, tinggal sebagai penonton
볼모　keamaman, jaminan, tanggungan, tawanan
봄　musim semi
봄바람　angin musim semi
봄타다　menderita demam musim semi
봉급　gaji, bayaran, upah
봉사　pelayanan; ~하다 melayani, mengabdi
봉쇄　blokade, hambatan, pemblokiran
봉오리　tunas
봉투　amplop, sampul, pembungkus
봉하다　mengelem, menutup
봉화　api tanda, bunga api, kembang api
뵈다　menyambangi
부강　kekayaan dan kekuasaan
부결　penolakan; ~하다 menolak
부교　jembatan pontoh
부귀　kekayaan dan kemasyhuran
부글거리다　mendidih, membusa, menggelembung
부기　pembengkakan
부끄럼타다　merasa malu, malu-malu
부끄럽다　memalukan
부닥치다　kena, menghadapi, dihadapan pada
부당　~한 tidak adli, tidak jujur, curang
부대　unit, kesatuan, korps
부대끼다　diganggu, dibengkengi
부덕　tidak berperibudi
부도　tidak dibayar, tidal berlaku
부동산　harta tidak bergerak
부둥키다　memeluk dengan kencang, mendekap erat
부드럽다　lembut
부득이　~한 tidak dapat dihindari, terpaksa
부듯하다　kencang, ketat, erat, penuh
부디　bagaimana caranya, apapun caranya
부딪치다　menabrak, bertumburan, melanggar
부랴부랴　sangat buru-buru
부러　dengan sengaja
부러뜨리다　memecahkan
부러워하다　iri hati, cemburu
부러지다　pecah, rusak
부럽다　mengirikan
부려먹다　mempekerjakan, menjalankan, menggunakan
부록　tambahan, lampiran, pelengkap
부루퉁하다　muka muram, agak marah, merengus
부르다　memanggil, mengajak, mengghimbau, meminta
부르르　gemetar, menggigil
부르짖다　berteriak, menuntut
부르트다　melepuh
부릅뜨다　mendelik, melotot
부리　paruh, catok, sudu
부모　orang tua, ayah-ibu
부부　suami isteri, pasangan
부분　bagian, porsi, potongan, pecahan, panggu
부사　kata keterangan, kata tambahan
부산하다　ribut, repot
부상　luka, cedera, lecet; ~하다 terluka
부서지다　pecah, putus, patah,

rusak
부속 termasuk ke, menempel ke; ~의 tambahan
부수다 memecah, merusak, meruntuhkan
부스뜨리다 memecahkan, menghancurkan
부스러기 pecahan, kerobohan, sisa
부스럼 bengkak, tamor, bintul, jendol
부시다 menyilaukan
부엌 dapur; ~세간 alat-alat dapur
부엌대기 pelayan dapur
부여잡다 menangkap
부옇다 keputih-putihan, keabu-abu
부예지다 kusam, kabur
부유 ~하다 terapung, mengambang
부의 sumbangan duka cita
부인 isteri, nyonya
부인 pengingkaran, kontradiksi, ketidaksetujuan
부임 ~하다 mendapat jabatan baru
부자(父子) ayah dan anak
부자(富者) orang kaya, orang mampu, hartawan
부작용 reaksi yang merugikan, efek sampingan
부젓가락 penjupit arang
부정 ketidakadilan, kecurangan
부조 bantuan, nenek moyang
부조화 ketidakharmonisan; ~한 tidak harmonis
부족 kekurangan, defisiensi, paceklik
부지런하다 rajin
부진 ~하다 tidak ada kemajuan
부질없다 sia-sia, tidak berguna
부채 hutang, tanggan berguna
부처 Budha, patung budha
부치다 mengipasi, mengirim, menyampaikan
부친 ayah

부터 dari, melalui; 서울 부터 부산까지 dari Seoul ke Pusan
부패 dekomposisi, pembusukan
부풀다 membengkak, memuai, membesar, melembung
부피 ukuran isi, volume
부합 bersamaan, kepantasan, kelayakan, kecocokan
부호 tanda, lambang, isyarat, kode
부활 kebangkitan kembali, kelahiran kembali
북 genderang, rebana
북돋우다 menyoraki, memberi semangat
북받치다 penuh emosi
북어 ikan polah kering
북쪽 utara
분 menit persen
분간 pembedaan, diskriminasi
분개 perasaan berang, kedongkolan
분결 ~같은 mulus, lembut
분규 kerumitan, kekacauan, gangguan
분기 ~하다 mencabangkan; ~선 garis cabang
분노 kemarahan, kegusaran; ~하다 marah, gusar, berang
분단 ~하다 membagi, menjadi bagian, memarah
분량 jumlah, dosis
분류 aliran cabang
분리 pemisahan, penceraian
분립 ~하다 menjadi bebas, menyisih
분명 kejelasan, ketentaraan; ~히 dengan jelas, terang
분무기 semprotan, pompa penembur
분발 ~하다 berdaya upaya
분별 pembedaan, diskriminasi, klasifikasi
분석 analisa, penyelidikan, pemeriksaan, penelitian
분수 kebijaksanaan, kepantasan
분수없다 tidak bijaksana, tidak

pantas
분야 bidang, lapangan
분업 pembagian buruh, spesialisasi
분열 ~하다 membagi, memecah-mecahan
분자 melekal, unsur
분장 penyamaran, samaran, dandanan
분쟁 pertengkaran, permusuhan, sengkera, pertikaian
분주 ~하다 sibuk
분투 perjuangan keras; ~하다 berusahan dengan keras
분풀이 ~ 하다 melepaskan kemarahan
분필 kapur tulis
분할 pembagian, pembelahan, penceraian
분해 analisis, resolusi, disintegrasi, pembagian
분홍빛 warna merah jambu
불 api, nyala
불가능 ketidakmungkinan, kemustahilan
불가사리 kintang laut, tapak-tapak
불결 kotor, tidak bersih, tidak sehat
불경기 masa-masa sulit, kemerosotan, bisnis depresi
불고 ~하다 mengabaikan, melecehkan
불고기 daging bakar, daging panggang
불과 hanya, tidak lebih dari, tidak lain hanya
불구 kelainan bentuk, bentuk yang catat
불굴 ~의 gigih, berani, kukuh, kokoh
불규칙 ketidakteraturan, iregularitas, ketidakberesan
불그레하다 kemerah-merahan
불길 ~한 malang, celaka, sial, hahas
불꽃 nyala api, cetusan, kembang api
불끈 dengan tiba-tiba, dengan cepat
불다 berhembus, bertiup, bernapas
불다 menempel, bergabung, berdekatan, berhampiran
불다 meniup, menghembuskan
불도우저 buldoser
불량 ~하다 buruk, hina, rendah mutu
불리다 merendam, mencelupkan, melulakkan, membasahi
불만 ketidakpuasan, ketidaksenangan, pengaduan
불멸 kekekalan, kelestarian, kebakaan
불법 ilegalitas, ketidaksyahan; ~의 ilegal, gelap, melanggar hukum
불변 ~의 tidak dirubah, tetap, kekal, abadi
불사르다 membakar, memanaskan
불순하다 tidak murni, kotor, busuk, curang
불신 ketidakpercayaan, kecurigaan
불쌍하다 malang, kasihan, menyedihkan
불씨 menyalakan arang untuk membuat api
불안 rasa gelisah, kekhawatiran, kegelisahan
불온 keresahan, kegelisahan, kerusuhan
불완전 ketidaksempurnaan, ketidaklengkapan
불우 kemalangan, tidak beruntungan
불일간 tidak lama, segera
불지르다 membakar
불청객 tamu tak diundang
불친절 ketidakramahan, ketidakbaikan
불편 ketidakenakan, ketidaknyaman

불평 ketidakpuasan, keluhan, keluh kesah
불합격 kegagalan, penolakan; ~하다 gagal ditolak
불합리 tidak masuk akal, tidak logis
불행 ketidakbahagiaan, kesengsaraan, nasib buruk, kemalangan
불효 ketidakpatuhan, membangkang
붉다 merah
붐비다 penuh sesak, ramai, berdesah
붓다 membengkak, sembab
붕어 ikan karper
붙들다 menangkap, menahan
붙이다 melekatkan, memasang, menempelkan, mencantumkan
붙잡다 meraih, menangkap, merebut, menjawat
비 hujan; 우기 musim hujan
비겁 ~한 hina, curang, pengecut
비계 lemak, lemak babi
비공식 tidak resmi
비교 perbandingan; ~하다 memperbandingkan
비굴 ~한 bersikap, merendahkan diri
비극 tragedi
비근 ~한 umum, lazim, biasa
비기다 mengimbangi, memperseimbangi, mengimpas
비꼬다 memelintir, memilin
비녀 jepit rambut hiasan
비누 sabun; 가루 ~ sabun bubuk
비늘 sisik; ~을 벗기다 menyisiki ikan
비단 kain sutra, tenunan sutra
비둘기 merpati, burung dara
비듬 sindap, ketombe
비등 ~하다 menindih, mengelegak
비딱하다 mencong, miring
비 뚜 로 miring, mencong, mencondong
비뚝거리다 goyang, goyah, timpang
비뚤어지다 menjadi mencong, menyimpang, miring, mengsol
비례 proposi, nisbah, rasio
비로소 pertama kali, baru
비롯하다 memulai, mengawali, berpangkal
비료 pupuk, rabuk, kompas
비리다 amis, berbau darah
비만 ~하다 gemuk, montok, gendut
비만 kritikan, komentar, bahasan, diskusi
비명 jeritan, teriakan, seruan
비밀 kerahasiaan, rahasia, misteri
비방 umpat, makian, fitnah
비범 ~한 luar biasa, istimewa, tidak biasa
비보 berita duka, berita duka cita
비비다 mengosok-gosok
비트들다 memutar dengan keras
비빔밥 nasi campur
비상 ~하다 tidak umum, luar biasa, istimewa
비스듬하다 miring, tidak datar, tidak tegak, condong
비슷하다 serupa, mirip, semacam
비실비실 terhuyung-huyung, limbung
비싸다 mahal
비애 duka cita, kesedihan, kesengsaraan
비약 lompatan, loncatan
비용 biaya, ongkos, bea
비우다 mengosongkan, meluangkan
비운 kemalangan, nasib buruk
비웃다 sinis, tertawa mengejek, mencibirkan
비웃음 tertawaan, ejekan, sindiran, lelucon
비위 selera, cita rasa, kegemaran
비율 proposi, tingkat, nisbah
비정 ~한 berhenti dingin, tidak

berperasaan, kejam
비좁다 sempit, kesempitan, sesak
비중 gravitas
비지 ampas tahu
비지땀 kekeringan banyak
비참 ~한 menyedihkan, tragis, sengsara, mendukakan
비추다 menyinari, menerangi
비치다 bersinar, memancar, menyorotkan
비켜나다 minggir, menyisi
비탄 duka cita
비탈 lereng, kemiringan
비통 belasungkawa, kedukaan
비틀거리다 limbang, terhuyung-huyng, terseok-seok
비틀다 memuntir, memutar, melentarkan, memulas
비틀어지다 dipelintir
비평 kritikan, komentar, alasan, teguran
비행 penerbangan; ~하다 terbang
빈곤 kemiskinan, kepapaan, kesengsaraan
빈대 kutu busuk, bangsat
빈도 frekuensi, keseringan
빈둥거리다 bermalas-malasan, menganggur, berkeliaran
빈번 ~한 sering, sering kali
빈사 sekarat
빈속 perut kosong
빈약 ~한 miskin, lemah
빈정거리다 sinis, membuat perkataan, sarkastis
빈털터리 orang yang tidak punya uang
빌다 memperoleh, mendapat, menghasilkan
빗물 air hujan
빗방울 tetesan hujan
빙 ~돌다 berputar berkeliling
빙글거리다 tersenyum, berseri-seri
빙글빙글 berputar-putar
빙수 air es

빙하 glasier
빚 hutang, pinjaman, sangkut paut
빚내다 meminjam uang, mendapat pinjaman
빚다 membuat minuman keras
빚주다 meminjamkan uang
빚지다 berhutang
빛 sinar, cahaya, kilatan, semarah
빛깔 pewarnaan
빛내다 mengkilapkan, menerangkan, memarahkan
빠개다 membelah, menetak, memecahkan, membagi-bagi
빠그라지다 terbelah
빠듯하다 hampir-hampir cukup, sempit
빠르다 cepat, pesat, lekas, segera
빠지다 jatuh, tenggelam, karam
빠짐없이 tanpa penghilangan, secara penuh, secara menyeluruh
빡빡하다 rapat, kaku, rigid
빤빤하다 tidak punya malu, lancang, kurang ajar
빨강이 benda yang berwarna merah, orang komunis
빨다 menghisap, mereguk, mencacup, mengemut
빨래 cuci, pencucian; ~하다 mencuci, membersihkan
빨리 dengan cepat, dengan tergesa-gesa, segera, seketika
빨아내다 menghirup, menghisap, menyerap, merembes
빨아먹다 menghirup, minum
빵 roti; ~조각 sepotong roti
빼다 mencabut, menghilangkan, menghapus, mengurangi
빼앗다 merampas, merampok, menjarah, menyamun
빼어나다 melebihi, mengatasi, lebih unggul
빽빽하다 padat, rapat, dikemas

뺑소니 penut
뺑소니 pelarian; ~치다 melarikan diri, pukul dan lari
뺨 pipi; ~을 때리다 menampar pipi, menggaplok
뻐근하다 merasa berat, pegal-pegal
뻐기다 menyombong, membangga-banggakan diri
뻐꾸기 cuko
뻔뻔스럽다 tidak punya malu, lacang, tidak sopan
뻗다 memanjangkan, menyebarkan, mengembangkan
뻣뻣하다 kaku, keras, teguh
뼈 tulang, abu, sisa
뽐내다 sombong, menyombong, membangga

뽑다 mencabut, menghunus
뽕나무 pohon mulberi
뾰족할 tajam, runcing
뿌리 akar; ~박다 mengakar, berakar
뿌리다 memercikkan, menebarkan, menyebarkan, menyemaikan
뿌리박다 mengakar
뿌리치다 menolak, membuang, mencampakkan
뿐만아니라 tidak hanya, tetapi juga
뿔 tanduk, cula
뿔뿔이 berserakan, terpisah-pisah, tersebar
뿜다 menghembuskan, memuntahkan, mengeluarkan

ㅅ

사거리 persimpangan (jalan)
사건 peristiwa; hal; perkara
사격 tembakan
사계 empat musim
사고(事故) kecelakaan
사고(思考) pekiran; pemikiran
사과 buah apel
사과(謝過) permintaan maaf
사관 opsir; perwira (yang berpangkat letnan muda keatas)
사교 hidup pergaulan sosial; kumpulan atau perhimpunan
사귀다 mendapat teman; berteman
사귐 kenalan; asosiasi; persahabatan; pergaulan
사근사근하다 ramah; ramah-tamah; menyenangkan sekali
사금파리 sumbing; keping; belah; tatal; keping-keping tembikar yang terpecah
사기 tembikar; porselin
사기(詐欺) penipuan; pengecohan
사나날 tiga atau empat hari
사나이 laki-laki
사날 tiga atau empat hari
사납다 galak; gerang; bengis
사내 laki-laki
사냥 pemburuan; perburuan; pencarian
사다 membeli
사닥다리 tangga; jenjang
사단 divisi (tentara)
사도 Rasul
사동 pelayanan, pesuruh
사라지다 menghilang, lenyap
사람 orang, manusia
사람답다 bersifat manusia
사랑 cinta, kecintaan, kasih sayang; pacar, kekasih

사령 aba-aba, perintah
사례 terima kasih
사로잡다 menangkap
사르다 membakar
사리 untung pribadi
사립 swasta, partikelir
사막 padang/gurun pasir
사망 kematian, ajal, maut
사모 keinginan, rinduan
사무치다 terkena rasa baru, sedih
사뭇 sekali, sangat, amat
사바사바 pemberian uang suap
사방 semua pihak/segi
사범 contoh, teladan; pelatih, guru, jagoan
사법 administrasi keadilan
사변 kecelakaan; bencana; kerusuhan; kekacauan; kehebohan, pergolakan; keadaan darurat
사복(私服) pakaian umum; pakaian orang sipil, pakaian pribadi
사복(私腹) perut pribadi; untung pribadi
사본 naskah; photo kopi
사분거리다 berjalan dengan enteng
사사 penerimaan pelajaran/pelajaran (dari orang)
사사 semua hal, semua perkara
사사롭다 pribadi; perorangan; tersendiri
사상 perkiraan; gagasan, ide, pikiran; ideologi; adicita; gambaran
사색 pemikiran, renungan; perkiraan; kenangan; semadi, meditasi; perenungan
사석 kejadian yang tak resmi

사설 swasta, partikelir
사소 barang sepele; sedikit; sepele, remeh-temeh
사수 pertahanan/penjagaan yang nekat atau putus asa
사슴 rusa, kidang, kijang
사시 juling; mata juling
사실 fakta, kenyataan, realitas; keadaan yang sebenarnya/ sesungguhnya; kebenaran
사심 kepentingan diri sendiri; hati yang mementingkan diri sindiri
사양 tolakan kemurahan hati atau hadiah atau tolong dari orang lain; tolakan sopan santun
사업 perusahaan; urusan; usaha; pekerjaan
사역 pekerjaan; jasa; dinas; tugas; (pe)layanan
사용(使用) penggunaan, kegunaan, gunanya; (소비) konsumsi, pemakaian
사용(私用) penggunaan pribadi
사위 menantu lelaki
사유(事由) sebab, alasan
사유(私有) kemilikan pribadi
사육 pemeliharaan
사은 syukuran
사의 maksud untuk meletakkan
사의(謝儀) terima kasih
사이 ① 《공간》 jarak, kejauhan, celah ② 《시간》 jarak waktu, waktu jeda ③ 《관계》 hubungan
사이사이 ① 《공간》 jarak, celah ② 《시간》 sekali-sekali
사이즈 ukuran
사이참 ① (휴식) istirahat ② (음식) makanan kecil
사임 pengunduran diri, permintaan berhenti
사자(使者) duta, utusan, wakil
사자(動) singa
사장 ketua, direktur
사재 modal/ simpanan pribadi

사전(事前) dulu, terdahulu
사전 kamus
사절 (일행) perutusan, utusan, missi, delegasi; (일행) duta, utusan, wakil, duta besar
사절 penolakan, sangkalan, penyangkalan
사정 ① (형편·처지) keadaan (sekitar), situasi; (이유) sebab, alasan ② (배려·관대) kelonggaran
사죄 permintaan maaf
사진 gambar, foto; 사진찍다 membuat foto
사철 ① (사계절) empat musim ② (항상) selalu, senantiasa
사치 kemewahan; barang mewah; yang berlebih-lebihan
사탕 gula-gual, manisan
사태 ① (무너짐) longsoran, tanah longsor ② (많음) kumpulan, tumpukan; orang banyak/ramai
사태 keadaan (hal), situasi; kedudukan, posisi
사투리 dialek, logat; bahasa daerah
사팔뜨기 orang juling
사포 ampelas, amril
사표 surat pengunduran diri
사형 hukuman mati
사환 opas kantor, pesuruh
사회 (일) pimpinan pertemuan/ rapat; (사회자) pemimpin rapat; (사교모임, 방송) pemimpinan upacara
사회(社會) masyarakat, komunita; perhimpunan; himpunan; (masyarakat) umum
사후 setelah halnya
사흘 selama hari tiga
삭다 (옷) memakai sampai lusuh sekali; (술) beragi, meragi; (김치) mendapat rasa
삭막 kesuraman, rasa suram
삭발 potong/pangkas rambut; 머리를 자르다 memotong rambut,

삭은니 gigi yang muda berdarah
삭이다 (음식을) mencernakan; (분을) meredahkan, mengurang
삭제 penyisihan, pengeluaran, pembersihan, pembatalan, penghapusan, pengikisan
삯 (품삯) gaji, upah; (요금) ongkos/biaya perjalanan, ongkos/harga karcis
산 gunung
산골 daerah gunung; tempat terpisah, tempat menyendiri
산골짜기 lembah gunung; jurang, ngarai kecil yang curam
산기 rasa(sakit) yang tiba-tiba datangnya untuk bersalin
산기슭 kaki pegunungan, dasar pegunungan
산길 jalan kecil di gunung
산더미 massa; tumpukan, timbunan
산들거리다 meniup dengan dingin dan halus
산들바람 angin sepoi-sepoi
산딸기 berry gunung
산뜻하다 (선명하다) bersih, segar; (보기좋다) rapi; teratur (기분이) merasa menyegarkan
산림 hutan, timba
산만 kacau, kusut, cerai-berai
산매 ☞ 소매
산모 wanita bersalin
산물 produk
산발 rambut yang kusut masai
산산이 berkeping-keping
산산조각 pecah berkeping-keping
산새 burung pegunungan
산성 asiditas; 산화물 asam oksida
산소(山所) kuburan nenek moyang
산수(山水) pemandangan alam
산수(算數) ilmu hitung
산실 kamar bersalin

산업 industri; 산업스파이 mata-mata industri
산장 villa pegunungan
산재 ~하다 pencar, berserakan
산적(山積) ~하다 menumpuk
산적(山賊) penyamun
산줄기 rangkaian pegunungan
산지 tempat produksi
산책 jalan-jalan
산천 gunung dan sungai
산촌 desa pegunungan
산출 ~하다 menghitung
산토끼 kelinci, terwelu
산파 bidan; dukun beranak
산포 ☞ 살포
산하 gunung dan sungai
산허리 sisi pegunungan
산화 oksidasi, pembakaran
살 daging, otot kulit; 살이 빠지다 berkurang bobot
살갗 kulit
살구 buah aprikot
살균 penyucihamaan
살그머니 dengan rahasia; sembunyi-sembunyi
살다 hidup; tinggal
살뜰하다 hemat
살랑거리다 berhembus dengan lembut
살려주다 menyelamatkan
살리다 menyelamatkan; mempertahankan hidup
살림 rumah tangga; 살림에 찌들다 pusing mengurus rumah tangga
살며시 ☞ 슬며시
살어름 es tipis
살짝 ☞ 슬쩍
살찌다 bertambah gemuk; naik berat badan
살코기 daging merah
살판나다 berada dalam keberuntungan
살포 ~하다 menabur, menaburkan
살피다 ① 살펴보다 melihat-lihat memeriksa ② 헤아리다 mengira

살해 ngira
살해 ~하다 membunuh; ~자 pembunuh
삶 hidup, hayat
삶다 merebus, memasak
삼가 dengan penuh hormat
삼가다 ① 조심하다 berhati-hati ② 피하다 berpantangan
삼각 persegi tiga; 삼각관계 segi tiga
삼권 ketiga kekuasaan
삼다 ① (~로) 맞아들이다 mengangkat sebagai ② (짚신을) membuat (sepatu jerami)
삼림 ☞ 산림
삼발이 tripoid; kaki tiga
삼삼하다 (맛이) tidak asin tapi berasa
삼엄 (경계가) ~하다 (penjagaannya) ketat
삼월 Maret
삼일 tiga hari
삼지사방 semua arah
삼촌 paman
삼키다 menelan
삽 sekop, sodok
삽화 ilustrasi, gambar
상 meja(makan)
상관 hubungan timbal balik; relasi; koneksi; kepedulian
상관 pegawai tinggi; atasan
상그레 berseri-seri
상금 (uang) hadiah
상급 pangkat tinggi
상기 pengingat
상납 ~하다 menyogok, menyuap
상냥하다 sopan dan manis budi
상담 konsultasi
상대 rekan; tandingan, oposisi
상류 hulu; kelas atas
상벌 imbalan dan hukuman
상복 pakaian berkabung
상봉 perjumpaan
상비 ~하다 mencadangkan, menyiagakan
상사 mirip
상상 imaginasi, khayalan
상서롭다 pertanda menguntungkan
상설 permanen, tetap
상세 terperinci, lengkap
상소리 kata buruk dan rendah
상속 pewarisan
상수 unggul
상순 sepuluh hari pertama dari satu bulan
상스럽다 cabul, kasar
상습 kebiasaan
상승 penaikan; ~하다 begar
상시 ☞ 항시
상식 makanan sehari-hari
상업 perdagangan, bisnis, perniagaan
상여 bonus, hadiah, imbalan
상연 pertunjukan, pemanggungan
상용 penggunaan umum
상위 pangkat/kedudukan tinggi
상의 konferensi; ~하다 berunding, berapat
상인 pedagang, saudagar
상임 tetap, regular
상전 majikan
상점 toko, kedai
상조 bantuan timbal balik
상조 terlalu dini
상좌 kedudukan tertinggi/atas
상징 simbol, lambang
상책 kebijakan terbaik
상처 luka
상층 lapisan atas; udara atas; tingkat atas; kelas atas
상쾌 segar, menyegarkan
상타다 mendapat hadiah
상태 kondisi, keadaan, situasi
상통하다 berkomunikasi, berhubungan; saling memahami
상투 sanggul
상투 ~적인 konvensional, sudah lazim
상팔자 nasib sangat baik
상표 merek(dagang); ~ 도용 pembajakan merek
상품(上品) barang mutu terbaik

상품(商品) barang/mata dagangan; komoditas; ~권 sertifikat hadiah
상품(賞品) hadiah, imbalan
상하 atas dan bawah; puncak dan dasar; atasan dan bawahan
상하다 terluka, rusak, busuk
상해 luka badan; kerugian jasmani
상호 nama perusahaan
상환 pelunasan
상황 situasi, keadaan, kejadian
샅 selangkangan
샅바 ikat paha pada pegulat
샅샅이 dengan semua penjuru
새 baru, segar
새겨듣다 mendengar dengan penuh perhatian
새근거리다 merasa ngilu di persendian
새기다 mengukir; memasukkan ke dalam hati
새김 penafsiran, penjelasan
새까맣다 hitam pekat
새끼 anak (hewan)
새끼손가락 kelingking jari tangan
새나다 bocor
새다 ① bocor ② fajar
새달 bulan mendatang
새댁 pengantin perempuan
새로 baru, lagi
새로이 baru-baru ini
새롭다 baru, segar
새벽 fajar
새빨갛다 merah tua
새삼 ~스럽다 ingat dengan tiba-tiba hal yang sudah lama
새암 kecemburuan, keirihatian
새우 udang
새우다 berjaga semalam
새침데기 orang (gadis) yang murum dengan dingin
새콤하다 asam
새파랗다 biru tua; (mukanya) pucat

색 warna; corak; ragam
색다르다 baru; tidak biasa
색맹 kebutawarnaan
색소 zat warna
색시 pengantin wanita; istri; gadis
색연필 pensil berwarna
색조 tingkat warna
색채 ☞ 색
색출 ~하다 mencari
샘 sumur
샘플 contoh
샛길 jalan sempit/ kecil
샛별 bintang timur
생각 pekiran, pemikiran, konsepsi, gagasan; 내 ~엔 menurut pendapat saya; 그럴 ~은 없다 tidak bermaksud untuk melakukan; ~도 못하다 tidak dapat dibayangkan
생계 hidup, nafkah
생기다 (발생하다) terjadi; (얻다) mendapat
생김생김 penampilan(pribadi)
생나무 kayu hijau
생략 penghapusan, penyingkatan
생리 fisiologi
생면 pertemuan untuk pertama kali
생명 hidup, jiwa; 생명보험 asuransi jiwa
생물 makhluk hidup
생사 hidup dan mati; ~가 걸린 sangat penting.; ~를 함께하다. sehidup semati
생산 produksi,
생색 ~내다 bertindak sebagai dewa penolong
생생하다 segar; penuh semagat
생선 ikan segar
생소 tidak biasa; belum berpengalaman
생식 reproduksi; ~기 organ kelamin; ~력 daya generatif
생신 ☞ 생일
생애 kehidupan; waktu hidup

생일 hari ulang tahun
생존 kehidupan, ceksistensi; ~경쟁 perjuangan untuk mempertahankan kehidupan
생쥐 tikus
생질 kemenakan laki-laki
생철 ☞ 양철
생태 mode hidup
생판 sama sekali
생환 ~하다 kembali hidup
생활 penghidupan, nafkah, rezeki; ~력 daya hidup; ~고 kesulitan hidup; ~비 biaya hidup; ~수준 standar hidup; ~환경 lingkungan hidup
샴푸 cuci rambut
서가 lemari buku
서간 surat
서거 kewafatan
서광 fajar
서글프다 sedih
서기 sanat masehi (SM)
서까래 kaso
서늘하다 dingin; takut
서다 berdiri, bangun; berhenti
서두르다 terburu-buru; menekan
서랍 laci meja
서러워하다 berduka, bersedih
서럽다 sedih
서로 saling; satu sama lain
서론 (kata) pengantar; pendahuluan
서류 surat, dokumen
서른 tiga puluh
서리 embun beku; ~가 내리다 embun beku turun
서리 jabatan wakil direktur
서리다 (김이) mengabut
서리맞다 kena embun beku
서리서리 melingkar-lingkar
서먹하다 merasa canggung
서면 surat; ~으로 dengan tulisan
서명 tanda tangan
서무 masalah umum
서방(書房) suami
서방(西方) bagian barat; dunia barat
서서히 dengan lambat
서성거리다 mondar-mandir dengan gelisah
서술 penggambaran, deskripsi
서스펜스 ketegangan
서약 sumpah, janji
서양 Barat; ~화 하다 westernisasi; ~식 gaya Barat, cara Brat
서어비스 pelayanan
서운하다 patut disesalkan
서울 ibukota(Korea); Seoul
서울나기 orang Seoul
서적 buku, terbitan
서점 toko buku
서정시 puisi lirik; puisi lagu
서투르다 canggung; tidak terampil
서향 menghadap ke barat
석녀 wanita yang tak dapat bersalin lagi
석방 pelepasan, pembebasan
석사 master
석양 matahari yang terbenam
석연하다 puas
석유 minyak (tamah); ~풍로 kompor minyak
석전 perangan dengan batu
석차 urutan kedudukan
석탄 batu bara
석패 ~하다 kala tipis
섞갈리다 bingung
섞다 bercampur
섞이다 tercampur
선(線) jalur
선(善) kebaikan, peribudi
선 temu muka dengan tujuan untuk menikah
선전(先戰) pernyataan perang
선거 pemilihan (umum)
선견 pandangan masa depan; ramalan
선고 hukuman, putusan
선교 pekerjaan misionari
선구 ~자 pelopor; perintis jalan
선금 uang muka

선급 pembayaran di muka
선녀 bidadari
선동 penghasutan
선득 ~하다 merasa dingin
선뜻 dengan mudah; dengan senang hati
선량 baik hati
선명 ~하다 jelas, terang
선물 hadiah, oleh-oleh
선발 pemilihan; ~하다 memilih
선방 iri
선배 senior, kawakan
선보다 bertemu dengan calon pengantin
선비 cendekiawan
선사 ~하다 memberikan
선생 guru, dokter
선선하다 sejuk, nyaman
선수 pemain, atlit; 후보~ pengganti, cadangan
선악 baik dan buruk
선약 janji sebelumnya
선양 ~하다 menaikkan
선언 proklamasi, deklarasi, pernyataan
선용 ~하다 memanfaatkan dengan baik
선웃음 senyum yang terpaksa
선의 maksud baik
선인장 kaktus
선입감 prasangka, praduga; ~을 버리다 menghilangkan prasangka
선잠 tidur ayam
선전(宣傳) propaganda, pengiklanan
선조 nenek moyang
선진 maju
선처 ~하다 mengambil tindakan yang baik
선천 sifat asli
선택 pemilihan, seleksi
선포 proklamasi; pernyataan resmi
선하다 baik hati
선하다 jelas dalam ingatan
선행 perbuatan yang baik

섣달 Desember
섣불리 dengan cerobah
설 Hari Tahun Baru
설거지 cuci piring
설계 rencana, rancangan
설교 khotbah, kuliah
설날 ☞ 설
설다 belum matang
설다루다 keliru tangani
설득 bujuk rayu
설듣다 mendengar tanpa perhatian
설레다 berdebar-debar
설령 meskipun, walaupun, sekalipun
설립 pendirian, pembentukan; ~하다 mendirikan
설마 masa(kan); masa boleh
설명 uraian, penjelasan; ~서 surat keterangan
설복 ☞ 설득
설비 perlengkapan, fasilitas
설사 mencret, murus
설설기다 di bawah kekuasaan
설움 duka cita; kesedihan
설자다 tidak penuh tidur
설치 pembentukan, pemasangan
설치다 mengamuk
설탕 gula; 흑~ gula kasar
설화 cerita, kisah, dongeng
섧다 sedih; duka cita
섬 pulau
섬기다 melayani
섬세 halus, lembut
섬유 serat; ~공업 industri tekstil; 인조~ serat buat
섭리 Firman Tuhan
섭섭하다 menyesal, masgul
섭외 hubungan masyarakat
섭취 ~하다 mengasimilasi
성 seks; jenis kelamin
성(性) nama keluarga
성(成) benteng
성가시다 mengganggu
성격 watak; ~묘사 gambaran watak
성경 Injil Bibel; kitab suci;

Alktab
성공 keberasilan, pencapaian; ~하다 berhasil, tercapai, lulus, berjaya
성과 hasil, perolehan, pendapatan
성교 senggama; hubungan seksual
성금 derma, sumbangan
성급하다 tergesa-gesa, terburu-buru
성기다 tipis, jarang
성나다 (menjadi) marah
성내다 ☞ 성나다
성냥 korek api; ~을 켜다 menyalakan korek api; ~갑 kotak korek api; ~개비 batang korek api
성년 dewasa
성능 kemampuan, kapasitas
성대 ~한 meriah
성도 peta suara
성례 upacara pernikahan
성립 penjelmaan; penyelesaian
성명(姓名) nama lengkap
성명(聲明) deklarasi, proklamasi, pernyataan
성묘 ~하다 berziarah
성미 watak, sifat, temperamen
성벽 watak asli
성별 pembedaan jenis kelamin
성분 unsur, komponen
성사 keberhasilan
성숙 menjadi matang/masak
성실 ketulusan(hati), kejujuran
성심 ketaatan; ketulusan hati
성안 rencana yang pasti
성업 perdagangan yang berkembang
성욕 nafsu birahi
성원 dorongan, dukungan moril
성의 ketulusan, keikhlasan
성인(成人) (orang) dewasa; ~병 penyakit geriatrik
성인(聖人) orang suci
성장 pakaian lengkap
성장 pertumbuhan, perkembangan
성적 hasil, nilai
성직 kependetaan
성질 perangai; ciri
성찬 makan malam mewah
성패 berhasil atau gagal
성품 sifat, watak, tabiat
성하다 maju, berkembang
성함 gelar, nama
성행 berlaku dengan lazim
성황 ~을 이루다 ramai dihadiri
세 tiga
세간 perabot rumah tangga
세계 dunia, bumi; ~일주하다 mengelilingi dunia
세공 karya untuk kerajinan
세관 pabean
세균 bakteria, basil, kuman; ~전 perang kuman
세금 pajak, bea cukai
세기 abad
세내다 menyewa
세놓다 menyewakan
세다 kuat
세다 menghitung
세대 ☞ 가구
세대 generasi, angkatan; ~차 kesenjangan antar generasi
세도 kekuasaan, pengaruh, wewenang
세력 pengaruh, kekuatan, tenaga; ~있는 berpengaruh
세련 ~된 halus
세로 panjang, ketinggian
세모 akhir tahun
세모 segi tiga
세배 salam tahun baru
세부 perincian
세상 dunia, masyarakat
세세하다 terperinci, teliti
세수 cuci muka
세심 ~하다 cermat, teliti, hati-hati, seksama
세우다 (일으키다) menegakkan; (설립) mendirikan; (정지) menghentikan
세월 waktu; waktu dan musim

세주다 menyewakan
세차다 kuat, keras
세척 ~하다 mencuci, membersihkan
세탁 cuci, pencucian; 비누 sabun cuci; ~소 binatu
세태 kondisi sosial
세파 pahit getir kehidupan
세포 sel
섹스 seks; hubungan kelamin
센머리 uban; rambut putih
센스 perasaan
셈 perhitungan, penghitungan, kalkulasi
셈나다 menjadi iri hati
셈치다 menganggap, memperkirakan
셋 tiga
셋집 rumah sewaan
소 sapi
소가지 sifat asli
소각 membakar
소감 kesan-kesan, pendapat
소개 pengenalan, rekomendasi
소견 pandangan
소경 orang buta
소곤거리다 berbisik
소공 kerajinan; pekerjaan tangan; ~품 barang kerajinan
소굴 liang, gua, sarang
소극 pasif, negatif, konservatif
소금 garam
소급 ~하다 berlaku surut
소꿉장난 main rumah-rumahan
소나기 hujan tiba-tiba; hujan mendadak
소녀 gadis; perawan
소년 anak laki-laki; bujang
소담 ~하다 menggiurkan
소도록하다 melimpah; berlebih-lebihan
소독 pencucihamaan, desinfeksi
소동 kerusuhan, kekacauan
소득 pendapatan, penghasilan; ~세 pajak pendapatan; 순~ pendapatan bersih; 실질~ pendapatan nyata
소란 kekacauan, kerusuhan, keributan, agitasi
소량 sedikit
소름 tegak bulu; seram kulit
소름끼치다 merasa seram
소리 (외침) suara, bunyi; teriakan
소리결 gelombang bunyi
소리치다 berteriak, menjerit
소매 tangan baju
소매치기 pencopet
소멸 menghilang, raib
소모 pemakaian
소문 kabar angin-angin; berita dengkul; kabar selentingan ~이 나다 terkabar; ~에 의하면 kabarnya
소박 perlakuan buruk terhadap istri
소복하다 bertumpuk, bertimbun
소생 hidup kembali, kebangkitan
소설 cerita, novel, fiksi; 단편~ cerpen
소소하다 tidak penting; remeh tak berharga; sepele
소송 gugatan; tuntutan perkara
소수 (pecahan) persepuluhan
소식 kabar, berita; ~통 nara sumber; 주간~ berita sepekan 월간~ berita bulan; ~을 알리다 memberitahukan
소신 kepercayaan
소심 ~한 tidak berani
소아 bayi, kanak-kanak; ~과 의사 dokter anak-anak
소양 pengetahuan, pendidikan
소외 ~당하다 dijauhi; ~감 rasa terasing
소용 keperluan
소원 keinginan, kemauan hasrat
소위 biasa disebut; apa yang disebut
소유 milik, kepunyaan
소음 suara, ribut; ~공해 polusi suara
소장 usus kecil

소재 bahan, materi
소제 pembersihan
소주 arak Korea
소중하다 penting, berharga
소질 bakat; ~있는 berbakat
소집 panggilan, imbauan
소채 sayur-sayuran
소출 hasil panen
소탕 sapu bersih
소통 kesalingpahaman; komunikasi
소포 bingkisan
소행 tingkah laku; kelakuan
소홀 kelalaian
소화 pencernaan; ~기관 alat pencernaan; ~불량 salah cerna; ~제 obat pencernaan
속 bagian dalam; isi; inti; hati; dasar; isi perut
속간 ~하다 meneruskan publikasi
속기 tulisan cepat; ~사 penulis cepat; ~술 seni menulis cepat
속눈썹 bulu mata; 인조~ bulu mata palsu
속다 ditipu
속단 putusan tergesa-gesa
속달 pengiriman kilat
속달다 cemas, khawatir
속담 peribahasa
속도 kecepatan; ~를 내다 mempercepat; ~를 줄이다 melambat; ~위반 pelanggaran batas kecepatan
속되다 kasar, rendah; biasa; ~물 orang kasar
속력 (=속도) 전~으로 dengan kecepatan penuh
속마음 hati sanubari; ~을 떠보다 menduga perasaan
속박 kekangan, belenggu; 일에 ~되다 terikat pada pekerjaan
속보 berta/siaran kilat
속보이다 terselami
속삭이다 berbisik
속살 bagian kulit yang ditutup pakaian

속상하다 merasa jengkel
속성 penguasaan cepat
속셈 pikiran dalam; perhitungan luar kepala (암산)
속속들이 keseluruhan
속어림 dugaan, perkiraan
속여먹다 ☞ 속이다
속이다 menipu, mencurangi
속임수 tipuan; tipu daya
속주다 membuka hati
속칭 nama umum; ~하다 biasa disebut
속타다 jengkel, cemas
슈다 memperjarang
손 tangan; 맨~ tangan hampa/kosong; ~을 마주 잡다 bergandengan tangan; ~을 잡다 menggenggam tangan; ~를 뻗다 membentang tangan
손가락 jari tangan
손거칠다 panjang tangan
손곱다 kaku, kebas
손금 garis-garis tangan
손길 bantuan tangan
손녀 cucu perempuan
손놓다 menelantarkan tangan
손대다 menyentuh, meraba
손도장 cap jempol
손등 punggung tangan
손때 noda tangan
손떼다 cuci tangan
손목 pergelangan tangan
손바닥 telapak tangan
손발 tangan dan kaki
손버릇 ~이 나쁜 panjang tangan
손뼉 ~치다 bertepuk tangan; 박수갈채 tepuk sorak/tangan
손상 kerusakan; ~을 입다 cacat
손색 kebawahan; ~없다 sebanding
손수 dengan sendiri
손수건 sapu tangan
손수레 gerobak tangan
손쉽다 mudah; 손쉽게 여기다 bermudah-mudah
손실 kerugian; ~을 주다 merusak, merugikan

손아래 lebih muda; 두 살 ~다 lebih muda dua tahun
손위 kakak; lebih tua
손익다 mahir; cakap dan terampil
손자 cucu laki-laki
손잡이 pegangan
손재주 ~있는 bertangan terampil
손질 ~하다 memelihara, memperbaiki
손짓 isyarat tangan
손크다 murah hati; dermawan; tangan terbuka
손톱 kuku tangan; ~깎다 memotong kuku; ~으로 할퀴다 mencakar; ~깎이 gunting kuku
손해 kerusakan, kerugian
솔 (pohon) pinus; kayu tusam; ~방울 kerucut pinus; ~잎 daun cemara
솔기 kelim, pelipit
솔다 bosan mendengar
솔선 mempelopori
솔직 keterusterangan, ketulusan; ~히 말하면 terus terang saja, sebenarnya
솜 kapuk; ~을 틀다 kapas jenewer
솜씨 kemahiran, keterampilan, keahlian; ~가 좋은 cakap mahir
솜털 bulu kalong
솟다 membumbung, memuncak; memancar
송곳 gerek, kayu
송금 pengiriman uang
송달 pengantaran, pengiriman
송두리째 keseluruhan; akar dan cabang
송별 ~하다 memberangkatkan
송신 trasmisi, pengantaran, pengiriman
송아지 anak sapi
송진 getah kayu pinus
송화기 pemancar
송환 pemulangan; pengiriman pulang

솥 periuk
쇠다 merayakan
쇠망치 martil/palu besi; ~로 얻어맞은 kena palu besi
쇠사슬 rantai besi; ~로 잇다 merantaikan; ~을 풀다 membuka rantai besi
쇠약 pelemahan
쇠줄 kawat besi; rantai
쇠푼 sedikit uang
속 kekejutan
숍 toko, kedai, warung; ~하다 berbelanja
수 sarana, cara; 무슨 ~를 써라도 dengan cara apa pun
수고 susah payah; kerja keras; ~하다 bekerja keras; ~를 아끼지 않다 tidak keberatan bekerja
수그러지다 jatuh, turun, mereda
수그리다 ☞ 숙이다
수근덕거리다 berbisik-bisik; kasak-kisik; desas-desus; kasak-kusuk
수금 pemungatan uang
수기 nota, memorandum, surat peringatan
수난 penderitaan, siksaan
수놈 jantan
수놓다 menyulam
수다 omong kosong; obrolan; ~떨다 mengobrol; ~쟁이 pembual
수단 cara, tindakan, langkah; 최후의 ~으로 sebagai usaha terakhir; 비상 ~으로 tindakan drastis
수도 pelayanan air; ~꼭지 kran
수량 jumlah, kuantitas
수레 kereta, gerobak; ~바퀴 roda kereta
수력 tenaga air; ~발전 pembangkitan listrik tenaga air
수렵 pemburuan; ~하다 berburu
수료 ~하다 menamatkan, menyelesaikan
수리 perbaikan, reparasi; ~하다 memperbaiki; ~공 tukang perbaiki

수면 tidur; ~부족 kurang tidur; ~제 obat tidur
수명 umur, usia; 평균~ umur rata-rata
수목 pohon-pohonan; pokok kayu
수박 semangka; ~겉핥기 pengetahuan yang dangkal
수반 ~하다 menyertai
수반 ketua, kepala; 내각~ kepala kabinet
수배 ~하다 mencari penjahat
수범 ~하다 memberikan teladan
수복 perolehan kembali; ~하다 mendapatkan kembali
수북하다 bertumpuk, bertimbun
수분 air, cairan; ~을 흡수하다 menyerap air
수비 pertahanan; ~를 강화하다 memperkuat pertahanan
수사 angka; bilangan
수사 penyelidikan kejahatan; ~망 jaring polisi; ~본부 markas penyelidikan
수산 perikanan; ~업 industri perikanan; ~물 hasil perairan
수상하다 mencurigakan
수석 kepala, pimpinan; peringkat teratas; ~으로 졸업하다 lulus pertama kali
수선 perbaikan, reparasi
수선 pertengkaran; ~스럽다 gaduh, riuh, ribut
수세 arus air
수세미 penggosok dari sepon
수소 hidrogen; ~폭탄 bom-H
수속 ☞ 절차
수송 pengangkutan, transportasi; 국내~ angkutan lokal; 육상/해상~ angkutan darat/laut
수수께끼 teka-teki, tebakan; ~를 던지다/풀다 mengajukan/menerka teka-teki
수수료 bea, komisi
수수하다 sederhana, biasa
수술 operasi, pembedahan; ~실 kamar bedah
수습 kontrol, pengawasan; ~하다 mengendalikan, mengatasi, menangani
수시 setiap saat
수신 penerimaan; ~인 orang yang dituju
수압 tekanan air
수양 adopsi; pengangkatan anak; ~아들/딸 putra/putri angkat
수업 pengajaran, pelajaran; ~을 받다 diajarkan, belajar; ~료 uang sekolah; ~시간 jam sekolah
수없다 tak terhitung; banyak sekali
수없다 tidak mampu; tidak dapat
수염 kumis, janggut; ~을 깎다 bercukur
수영 renang; ~하다 berenang; ~선수 perenang; ~장 kolam renang
수예 seni menyulam
수완 kemampuan, bakat, kecakapan
수요 permintaan, tuntutan, keperluan; ~와 공급 permintaan dan penawaran
수용 penampungan; ~하다 menampung; ~소 barak-barak penampungan
수우프 sup
수원 sumber air
수월하다 mudah, ringan
수위 penjaga(pintu)
수은 air raksa; merkuri; ~중독 keracunan air raksa
수의 sukarela
수의(獸醫) dokter hewan
수익 laba, untung
수입 impor, pemasukan
수입 pendapatan, pemasukan, hasil
수있다 ada dimungkinan
수자 angka, bilangan

수재 jenius; orang berbakat
수정 perbaikan, modifikasi
수족 tangan dan kaki
수줍다 malu, segan
수증기 uap (air)
수지 pendapatan dan pengeluaran
수지 tisu
수질 mutu air; kualitas air; ~오염 polusi air
수집 pengumpulan, koleksi
수차 banyak kali
수채 saluran buang
수채화 lukisan cat air
수첩 buku memo
수출 ekspor, pengeksporan; ~초과 kelebihan ekspor
수치 malu, aib; ~스러운 memalukan; ~를 당하다 berputih mata
수컷 jantan
수평 ~의 mendatar, horizontal; ~면 bidang datar
수포 lepuh, pupuk
수표 cek; ~를 떼다 menarik cek; ~를 현찰로 바꾸다 menukar cek; 부도~ cek yang ditolak
수필 esei; karangan singkat
수하물 barang-barang; bagasi; ~취급소 kantor bagasi
수학(修學) ~하다 belajar; ~여행 wisata sekolah
수학(數學) ilmu pasti, matematika
수해 rusak oleh banjir; ~를 입다 mengalami bencana banjir
수행 ~하다 mengikuti, mengiringi
수행 ~하다 melaksanakan, menjalankan
수험 ~료 biaya ujian; ~준비를 하다 mempersiapkan diri untuk ujian; ~생 peserta ujian
수혈 tranfusi darah
수화기 pesawat penerima
수확 hasil panenan
수회 korupsi; penerimaan (uang)suap; ~사건 kasus penyuapan
숙녀 nyonya
숙다 ☞ 수그리다
숙덕이다 berbisik-bisik
숙독 pembacaan dengan teliti
숙련 ketrampilan, kemahiran; ~공 pekerja trampil
숙망 keinginan yang didambakan
숙명 nasib, takdir; ~론 fatalisme
숙모 bibi
숙박 penginapan, pemondokan; ~부 buku tamu hotel; ~소 penginapan, hotel
숙부 paman
숙성 sudah matang
숙소 alamat pondokan
숙어 idiom, ungkapan; ~집 buku frase
숙연하다 ketenangan, diam-diam
숙원 dendam kesumat
숙이다 menundukkan(kepala)
숙제 pekerjaan rumah; tugas rumah
숙직 tugas malam; ~실 ruang dinas malam; ~하다 berjaga malam
숙청 pembersihan, pemberesan
순 murni, asli; ~한국식 gaya asli Korea
순간 sesaat; sekejab; seketika
순결 kemurnian, kesucian; ~한 처녀 perawan suci; ~을 잃다 kehilangan suci
순경 polisi
순교 mati syahid; ~자 peziarah
순국 gugur untuk negara
순금 emas murni
순례 naik haji; ~자 peziarah
순박 kejujuran; tak tahu tipuan
순백 putih murni
순사 patigeni
순수 kesejatian, kemurnian
순순하다 lemah-lembut, taat
순시 inspeksi, pemeriksaan

순식간 ~에 dengan seketika; dalam sekejap mata
순응 adaptasi; ~하다 menyesuaikan diri
순전 ~한 mutlak, sempurna; ~히 dengan sempurna
순정 hati yang murni
순조 ~로운 baik, memuaskan, mulus; ~롭게 dengan lancar
순찰 patroli; ~대 kelompok patroli; ~차 mobil patroli
순탄 ~한 rata, datar
순하다 lemah lembut, lancar, mudah, taat
순화 memurnikan; 언어~운동 kampanye untuk memurnikan bahasa
순환 peredaran, perputaran, sirkulasi, rotasi; 혈액~ peredaan darah; 경기~ siklus bisnis; ~선 jalur sabuk
숟가락 sendok
술 minuman keras; anggur
술군 peminum berat; pemabuk
술래잡기 petak umpet
술렁거리다 bising, gaduh
술병 botol minuman
술술 dengan lancar
술어 predikat
술자리 pesta minuman
술잔 cangkir anggur; ~을 권하다 menawarkan minum
술책 taktik, trik; tipu daya
숨 napas; ~가쁘다 terengah-engah
숨결 napas, pernapasan
숨기다 menyembunyikan, melindungi
숨다 menyembunyikan diri
숨바꼭질 petak umpet
숨쉬다 bernapas, mengambil napas
숨죽이다 menahan napas
숨지다 menghembuskan napas terakhir; meninggal
숨차다 terengah-engah
숨통 batang tenggorok

숫기좋다 lancang; tidak malu-malu
숫돌 batu gerinda
숫제 lebih baik
숭고 mulia, terhormat
숭늉 minuman air kerak
숭덩숭덩 ~자르다 memotong dengan tebal
숭배 pemujaan; ~하다 memuja
숯 arang; ~을 굽다 membakar arang; ~불 api arang
숱하다 banyak; tidak jarang
쉬다 (휴식) istirahat; (결석) libur, absen; (중단) menunda; (목이) menjadi parau; (숨을) bernapas
쉬쉬하다 merahasiakan, menutupi
쉬이 dengan mudah
쉬파리 lalat hijau
쉰 lima puluh
쉼표 tanda istirahat
쉽다 mudah, ringan; cenderung
쉽사리 dengan mudah
슈거 gula
스님 pendeta Budha; biksu
스물 dua puluh
스미다 menyerap, menembus
스스로 sendiri
스승 guru
스위치 saklar
스치다 berpapasan dengan menyenggol
스커트 rok; 타이트~ rok ketak
스케이트 sepatu roda; ~장 lapangan es
스케치 sketsa, sket; ~하다 menyeket
스피이드 kecepatan; ~광 maniak kecepatan
슬그머니 dengan rahasia; sembunyi-sembunyi
슬기 kecendekiaan
슬기롭다 bijak, cendekia, cerdik
슬다 bertelur, memijah
슬며시 ☞ 슬그머니
슬쩍 (몰래) (= 슬그머니); 쉽게 dengan ringan/mudah

슬프다 menyedihkan, mendukakan
슬픔 kedukaan, kesedihan
슬피 dengan menyedihkan
습관 kebiasaan; adat kebiasaan
습성 kebiasaan
승객 penumpang
승낙 izin, persetujuan
승리 kemenangan
승마 tunggang kuda; ~복 pakaian joki
승산 kemungkinan kemenangan
승인 pengakuan; ~서 pengakuan tertulis
승차 ~하다 naik mobil; ~구 jalan masuk mobil
승하다 menang
승화 penguapan, sublimasi
시 puisi, sajak, syair
시 waktu, jam, pukul
시가(市街) jalan kota
시가(時價) harga pasar
시각(時刻) jam, waktu
시각(視角) penglihatan, pandangan
시간 waktu, jam; 제 ~에 tepat pada waktunya; ~로 하다 bekerja per jam; ~외 근무 kerja lembur; ~표 daftar waktu; 수업~ jam sekolah
시계 arloji, jam; ~을 맞추다 menyetel jam
시골 kampung, pedesaan; ~서 자란 besar di kampung
시골뜨기 orang udik
시궁 parit, selokan, saluran
시금치 bayam
시기 cemburu, iri hati
시끄럽다 ribut, ramai, riuh
시내 dalam kota; ~버스 bis kota
시늉 peniruan, mimikri; ~하다 berpura-pura, menyaru, meniru
시다 masam, asam
시대 masa, abad, jaman; ~에 뒤떨어진 ketinggalan jaman; ~감

각 rasa waktu
시도 usaha, percobaan
시들다 layu, kering
시들하다 tidak memuaskan, tidak tertarik; melemah
시름 kekhawatiran, kecemasan
시리다 merasa kedinginan
시멘트 semen
시무룩하다 muram, merengut
시민 warga negara
시비 benar atau salah
시상 ~하다 memberikan hadiah; ~식 upacara pemberian hadiah
시새우다 cemburu sekali
시선 pandangan; ~을 피하다 membuang muka
시설 fasilitas, perlengkapan; 공공~ fasilitas umum
시설 ~하다 membangun baru
시세 kecenderungan waktunya
시속 kecepatan per jam
시시하다 tidak menarik; membosankan
시아버지 mertua laki-laki
시야 medan penglihatan; ~를 넓히다 memperluas jangkauan penglihatan
시어머니 ibu mertua
시원스럽다 berhati terbuka
시원하다 merasa nyaman; merasa lega
시월 Oktober
시인(是認) persetujuan
시인(詩人) penyajak, penyair
시작 awal, permulaan; ~하다 memulai
시장(市場) pasar
시장 lapar
시조 nenek moyang; pendiri
시종 dari permulaan sampai akhir
시중들다 melayani, membantu
시체 mayat, jenazah; ~부검 otopsi
시치미 ~떼다 berpura-pura tidak tahu

시퍼렇다 biru tua
시험 ujian; ~삼아 sementara; ~을 치다 mengikuti ujian; ~관아기 bayi tabung; ~발사 peluncuran uji coba
식견 pandangan pengetahuan
식다 menjadi dingin; berkurang
식당 ruang makan, restoran, kedai nasi
식량 pangan; ~문제 masalah pangan
식물 tanaman; ~학 ilmu tumbuh-tumbuhan
식사 makanan; ~대접하다 menjamu makan
식성 makanan yang sukai dan tidak
식욕 nafsu makan, selera
식자 cendekiawan
식품 bahan makanan; 불량~ bahan makanan yang jelek
식히다 mendinginkan
신 sepatu
신 Tuhan
신경 syaraf; ~과민 kegugupan; ~쇠약 lemah syaraf; ~통 sakit akibat
신기 ~한 luar biasa
신나다 gembira sekali; semangat tinggi
신념 kepercayaan, keyakinan
신랑 pengantin pria; mempelai
신망 kepercayaan
신명나다 ☞ 신나다
신문 surat kabar; (warta) harian; ~기자 wartawan surat kabar; ~배달하다 mengantar surat kabar
신부 pengantin wanita; mempelai
신사 jentelman, laki-laki
신선 mambang
신성 kesucian
신세 kondisi nasib
신세끼치다 ☞ 신세지다
신세지다 berhutang budi; 신세갚다 membalas budi

신속 ~한 cepat, lekas, pesat
신앙 keimanan, kepercayaan; ~이 두터운 tebal iman; ~의 자유 kebebasan beragama
신용 keandalan, reputasi; ~거래 penjualan secara kredit; ~도 tingkat kredit
신음 ~하다 mengerang; ~소리 rintihan
신의 kesetiaan
신임 kepercayaan
신정 Tahun Baru
신중 perhatian
신청 permintaan, permohonan, pelamaran; ~서 surat lamaran
신체 badan, tubuh, jasad, fisik; ~검사 pemeriksaan badan; ~장애자 orang cacat
신축 ~하다 membangun baru
신축 ~성 있는 elastis, keelastisan
신탁 penitipan; ~하다 menitipkan; ~물 barang titipan
신호 tanda, sinyal; 조난~ isyarat darurat
신혼 ~생활 kehidupan pengantin baru; ~여행 bulan madu
싣다 (물건을) memuat; (글을) menerbitkan, mencantumkan
실 benang; 바늘귀에 ~을 꿰다 membenangi jarum; ~을 감다 menggulung benang
실각 kehilangan jabatan
실권 kekuasaan sebenarya
실력 kemampuan, kesanggupan
실례 kekasaran; pelanggaran etiket
실리다 (짐이) dimuat; (기사가 신문에) muncul
실마리 permulaan; ~를 찾다 menemukan jawaban untuk...
실망 kekecewaan; ~하다 hancur hati; ~시키다 mengecewakan
실명 kehilangan penglihatan
실물 barang asli
실상 kenyataan sebenarnya
실색 memucat; hilang warna
실속 isi pokok; ~있는 berisi

실수 kesalahan, kekeliruan; ~하다 membuat kesalahan
실습 praktek, latihan; ~생 siswa praktek
실시 pemberlakuan
실업 pengangguran; ~자 penganggur
실없다 tidak sungguh-sungguh
실연 pertunjukan(panggung)
실용 penggunaan praktis; ~적 praktis
실적 hasil nyata; ~을 올리다 mengeluarkan hasil yang memuaskan
실제 kebenaran; keadaan; ~로 sebenarnya
실증 bukti nyata; ~주의 positivisme
실질 isi, kualitas; ~적으로 pada hakekatnya
실천 praktek; ~하다 mempraktekkan; ~적 praktis
실토 ~하다 mengakui
실패 kegagalan; ~하다 gagal
실하다 kuat; kaya; penuh
싫다 enggan, menjijik, memuakkan
싫어하다 tidak suka
싫증 kejemuan, kebosanan; ~나다 tidak suka lagi
심각 ~한 serius, berat
심다 menanam(pohon), menabur (benih)
심리 keadaan mental
심부름 suruhan, pesanan; ~꾼 pesuruh
심사 ~ 사납다 dengki
심술 usik, usil; ~꾸러기 pengusik
심심하다 bosan, jemu
심장 jantung; ~마비 serangan jantung; ~염 radang jantung
심정 perasaan
심하다 keras, berlebih-lebihan
싱겁다 kurang garam; bebal
싱글벙글 tersenyum
싱싱하다 segar
싸구려 (bahan) yang harganya murah
싸구려판 pasaran yang bahan harganya murah
싸늘하다 sejuk; dingin
싸다 membungkus
싸다니다 (suka) berjalan-jalan kemana-mana
싸라기눈 salju halus
싸우다 berjuang, melawan, memerangi, mengalahkan
싸움 perkelahian, pertengkaran, pertarungan
싸하다 pedas; rasa permen; yang mengagumkan; tajam
싹 pucuk, kuncup, semi
싹수 bakat, alamat; harap, harapan
싹싹하다 ☞ 사근사근 하다
싹트다 (씨눈이) bertunas; (일·사람이) mulai berkembang
싼값 harga murah
쌀 beras; ~가루 tepung beras; ~겨 kulit padi
쌀밥 nasi
쌈지 kantong tembakau
쌍거풀 kelopak mata yang dobel
쌍둥이 anak kembar
쌍수 kedua tangan
쌓다 menujuk
쌔고쌨다 melimpah ruah
써넣다 menulis
썩 sangat
썩다 membusuk, rusak
썩이다 membusukkan
썰다 memotong
썰물 air surut
쏘다 (발사하다) menempak, menjepret; (곤충이) menyengat
쏘다니다 berkeliaran kesana kemari
쏘삭거리다 menghasut
쏘이다 disengat
쏜살같다 secepat anak panah
쏟다 mencurahkan; menumpahkan
쏠다 menggerit

쏠리다 condong; cenderung
쐐기 paku kayu
쐬다 disengat
쑤다 memasak; 죽을~ memasak bubur
쑤시다 menusuk (gigi); linu
쑥갓 mugwort
쑥스럽다 canggung, kikuk
쓰다 (이용) memakai, menggunakan; (돈을) memakai, membelanjakan; (약을) memberi(obat); (누명을) dituduh; (맛이) pahit
쓰다듬다 meraba-raba
쓰라리다 sakit, menyakitkan
쓰러뜨리다 menebang, merobohkan
쓰러지다 roboh, rebah, jatuh, kalah; (도산) hancur, gagal
쓰레기 sampah, kotoran; ~통 keranjang sampah
쓰리다 menusuk, sakit
쓰이다 digunakan, dipakai
쓸개 empedu
쓸다 menyapu bersih
쓸리다 tersapu habis
쓸모 guna, manfaat
쓸쓸하다 sepi; terpensil
씁쓸하다 kepahitan
씌우다 menutupi
씨 biji, bibit, benih
씨름 gulat; ~하다 bergulat
씨앗 biji, bibit
씩씩하다 berani, gagah
씹다 kunyah, mengunyah, memamah
씻다 cuci, mencuci.

ㅇ

아가 bayi
아가미 insang
아가씨 gadis, nona
아귀다툼 perselisihan
아기 bayi
아까 tadi
아깝다 sayang sekali
아끼다 irit(biaya); menghargai (waktu/jiwa)
아내 istri
아늑하다 enak, nyenyak, menyenangkan
아니 tidak, bukan
아니꼽다 menjijikkan, memuakkan
아니다 bukan
아니하다 tidak
아동 anak-anak
아득하다 jauh; 갈길이 ~ perjalanan masih jauh
아들 anak laki-laki
아래 bagian bawah; bawahan
아랫도리 bagian bawah(dari tubuh); celana
아량 kesabaran; kemurahan hati; ~있다 bermurah hati
아련하다 samar-samar
아로새기다 mengukir; 마음에 ~ mengukir dalam hati
아롱지다 terukir
아뢰다 melaporkan
아른거리다 ☞ 어른거리다
아름답다 indah, cantik
아리다 (맛이) pedas; (상처가) pedih
아마 barangkali, kelihatannya
아무 ≪긍정문≫ ~라도 siapa saja; ≪부정문≫ ~도 tidak seorang pun
아무개 seseorang
아무데나 di mana saja
아무때나 kapan saja
아무래도 walaupun demikian
아무러면 tidak menjadi masalah
아무런 sedikit pun
아무리 bagaimana pun
아무쪼록 sebaik-baiknya
아물다 sembuh
아뭏든지 bagaimana pun
아버지 ayah, bapak
아범 ayah
아부 jilatan; ~하다 menjilat
아쉰대로 sebagai gantian sementara
아씨 nyonya
아양떨다 menjilat, memuji-muji
아연 tiba-tiba; mendadak
아우 adik
아우성 suara ribut
아울러 tambahnya
아이 anak; ~를 배다 hamil
아장아장 bertatih
아저씨 paman
아주 sangat; amat
아주머니 bibi
아직 masih, belum
아첨 jilatan
아침 pagi
아파하다 merasa sakit
아프다 sakit; 머리가 ~ sakit kepala; 이가 ~ sakit gigi; 배가 ~ sakit perut
악담 makian, kutuk; ~하다 mengutuki
악마 setan, iblis
악몽 mimpi buruk
악물다 menggertakkan gigi
악수 jabat tangan; ~하다 berjabat(an)
악의 maksud jahat
악착스럽다 gigih
악하다 jahat

악한 penjahat, bajingan
악화 manjadi buruk
안 dalam
안개 kabut
안기다 (팔에) dipeluk; (책임을) mengoper menyerahkan, memindahkan
안내 bimbingan, tuntunan
안녕 kesehatan yang baik; selamat tinggal
안다 memeluk, merangkul, mendekap, memondong
안달 ~하다 tidak sabar
안락 kesenangan, kenyamanan
안면 muka, wajah; perkenalan
안목 mata yang selidik
안방 kamar orang tua
안부 keadaan kesehatan
안사람 istri
안색 warna muka; air muka
안식 istirahat; ~일 Hari sabat; ~처 tempat yang damai
안심 kelegaan
안이 kegampangan, kemudahan
안일 kelambanan
안전 keamanan, ketentraman
안정 kestabilan; ~을 유지하다 mempertahankan keseimbangan
안주 makanan ringan untuk minuman
안짱다리 pengkar luar
안 치 다 menyiapkan beras untuk memasak
안타깝다 kasihan, sayang
안팎 bagian dalam dan luar; kedua pihak; kira-kira
앉다 duduk
앉히다 mendudukkan
알 telur; ~을 낳다 menetaskan telur
알다 tahu, mengetahui; mengerti, mamahami; mengenal; mengalami
알다주다 menghargai
알뜰하다 hemat
알랑거리다 menjilat, memuji-muji
알리다 mengumumkan, memberitahukan
알맞다 cocok, layak, patut, sesuai
알몸 tubuh telanjang
알아내다 mengetemukan
알아듣다 mengerti, memahami
알아보다 menyelidik
알아채다 menyadari
알은체 pura-pura mengenal; pengenalan
앎 pengetahuan
앓다 sakit
암기 menghafal; ~력 daya ingat
암담 ~한 suram, muram
암만해도 meskipun semua usaha
암산 hitung luar kepala
암시 isyarat, bisikan; ~하다 mengisyaratkan
암탉 ayam betina
암호 kode, tanda, sandi, isyarat
암흑 kegelapan; ~가 dunia penjahat
압력 tekanan; ~을 가하다 menekan
압박 tekanan; ~하다 menekan, menindas
압축 pemampatan; ~하다 memampatkan
앗아가다 menjambret
앙상하다 kurus kering
앞 bagian depan; masa mendatang; hadapan
앞날 masa depan
앞뜰 taman depan
앞서 sebelumnya; ~가다 pergi mendahului
앞서다 mendahului
앞세우다 mendahulukan
앞잡이 kaki tangan
앞지르다 mendahului
애 usaha; kerja keras
애교 daya tarik; keatraktifan
애국 cinta tanah air

애달프다 sakit hati
애독 ~하다 menikmati membaca
애로 masalah, kesusahan
애매 ~한 meragukan, samar-samar
애무 ~하다 membelai, mengusap, mengelus
애석 sayang sekali
애송이 pemuda tanpa pengalaman
애수 kesedihan yang kalam
애쓰다 berusaha, berdaya, berpayah-payah
애용 suka menggunakan, suka memakai
애원 permohonan; ~하다 memohon
애절하다 mendukakan, menyentuh
애정 cinta, kasih sayang
애착 kasih sayang; ~을 갖다 tertambat hati
애처롭다 mengharukan, menyedihkan
애타다 cemas, khawatir
애태우다 cemas, khawatir; mengkhawatirkan
애호 gemar, suka
애호 pengayoman
액면 nilai nominal
액수 jumlah (uang)
액체 cairan
야간 waktu malam, kerja malam
야광 ~의 kilau malam hari
야구 bisbol
야근 kerja malam
야단 ① huru-hara, kegemparan ② teguran
야릇하다 aneh, ganjil
야만 ~적인 biadab
야망 ambisi
야맹 ~증 rabun senja
야무지다 tegas, teguh, kuat
야박 dingin hati
야밤중 tengah malam
야비 kasar, bengis
야성 sifat liar

야심 ambisi, hasrat
야외 lapangan terbuka; ~의 luar rumah
야욕 hasrat berlebihan
야위다 kurus kering
야유 piknik; ~의 rombongan piknik
야전 operasi medan; ~병원 rumah sakit lapangan
야채 sayur-sayuran; sayur-mayur
야하다 kasar, rendah
약 obat; ~을 바르다 mengoles obat
약간 sedikit, beberapa
약다 cerdik, berakar, licin
약력 riwayat singkat
약방 toko obat
약빠르다 cerdik, lihai
약소 kecil dan lemah
약속 janji, kontrak; ~하다 membuat janji
약식 ~의 tidak formal
약오르다 pedas hati, tersinggung
약올리다 menyinggung perasaan
약자(弱者) orang lemah
약자(略字) huruf singkat, singkatan
약점 cela, kelemahan; ~을 잡히다 ditunjukkan titik lemah
약주 minuman keras untuk obat; anggur
약탈 pencurian, penjarahan, perampasan
약하다 lemah
약하다 menyingkatkan, memendekkan, meringkas, mempersingkat
약혼 pertunangan; ~반지 cincin pertunangan; ~자 tunangan
약효 efek obat
얄따랗다 agak tipis
얄밉다 menjijikkan
얄팍하다 agak tipis
얇다 tipis

양전하다 beradab, diam-diam
양 domba, biri-biri; ~떼 kawanan domba; ~털 wol
양 jumlah, kuantitas
양계 peternakan ayam; ~장 tempat beternak ayam
양곡 bahan makanan
양념 penyedap rasa; bumbu; rempah-rempah; ~을 치다 membumbui
양도 penyerahan, transfer; 무상~ hibah
양반 kebangsawanan
양보 kerelaan, pengalahan; ~하다 mengalah
양복 pakaian ala barat
양산 payung; ~을 펴다 membuka payung
양성 ~의 positif; ~이다 terbukti positif
양수 ~기 pompa air
양순 ~한 taat, patuh
양식 makanan, santapan
양심 kesadaran; ~선언 pernyataan kata hati
양여 transfer, pemindahtanganan
양육 ~하다 memelihara; ~원 rumah yatim piatu
양장 pakaian Barat
양재 pembuatan pakaian; ~사 tukang jahit
양지 daerah yang kena sinar matahari; ~바르다 cerah
양쪽 kedua belah pihak
양찰 ~하다 mempertimbangkan
양초 lilin, kandil; ~심지 sumbu lilin
양치질 ~하다 menggosok gigi, berkumur
양친 orang tua
양편 kedua belah pihak
양해 persetujuan
양호 baik, memuaskan
양화 sepatu
얕다 dangkal, ceper, datar; rendah
얕보다 merendahkan, meremehkan
어구 kata dan frase
어귀 pintu masuk, jalan masuk
어그러지다 berlawanan dengan; diluar dari batas
어금니 geraham
어기다 melanggar, menentang
어깨 bahu; ~에 지다 memikul
어깨동무 ~하다 saling memeluk bahu
어느 suatu, sesuatu; yang mana
어느덧 tidak sadar
어둡다 kabur, gelap, kabus, samar-samar, kelam
어디 ke mana, di mana
어떤 apa; (se)suatu
어떻게 bagaimana
어렵다 susah, sukar, sulit, rumit; miskin
어루만지다 mengusap, mengelus
어르다 menimang
어른 dewasa
어리다 muda, hijau
어리둥절하다 bingung; hilang akal
어리석다 bodoh, bungu, tolol
어린이 anak-anak; ~날 hari anak-anak
어마어마하다 agung
어머니 ibu, emak, mama
어물쩍하다 berdalih
어버이 orang tua
어부 nelayan
어색하다 canggung, gugup, tergesa-gesa
어서 dengan cepat; silakan
어수룩하다 lugu
어수선하다 kacau; tidak teratur
어울리다 cocok, sesuai, serasi, sepadan; bergabung
어음 nota, cek
어이없다 terkejut
어저께 kemarin
어제 kemarin
어지럽다 pusing, pening; kacau

어지르다 menyerakkan
어질다 dermawan, bijaksana
어째 mengapa, bagaimana
어쨌든 walaupun demikian, sekurang-kurangnya, sedikit-dikitnya
어쩌면 barangkali, boleh
어쩐지 entah kenapa, entah bagaimana
어찌 bagaimana
어찌하여 mangapa
어처구니없다 terkejut
어촌 kampung nelayan
어학 ilmu bahasa
어휘 perbendaharaan kata
억누르다 menekan, memadatkan; menahan
억류 penahanan
억세다 kuat, kukuh; keras
억압 tekanan, gencatan, penindasan
억울하다 merasa tertekan
억지 pemaksaan; ~부리다 memaksakan kehendak
억측 dugaan tanpa alasan; prakira
언니 kakak perempuan; uni
언덕 bukit, lereng; 가파른 ~ lereng curam
언동 perkataan dan perbuatan
언뜻 sepintas lalu
언론 berbicara; ~계 dunia media massa
언명 menyatakan, mengumumkan
언변 bakat berbicara; ~이 좋다 fasih; lancar berbicara
언어 bahasa, wicana, wicara; ~장애 cacat wicara
언쟁 pertengkaran mulut
언제나 selalu, senantiasa, selamanya
언행 perkataan dan perbuatan
얹다 meletakkan, memuati, menempatkan; menambahkan
얻다 mendapat, memperoleh; mengambil, memungut (줍다)
얻어맞다 dipukul
얼 jiwa, semangat
얼간이 orang bodoh
얼굴 muka, wajah; air muka
얼다 membeku
얼떨떨하다 bingung
얼른 dengan cepat
얼리다 membekukan
얼마 berapa
얼마만큼 berapa(banyak, jauh)
얼버무리다 berdalih
얼빠지다 kesemaran, semar
얼싸안다 berpelukan
얼씬하다 tampil, muncul
얼음 es; air beku
얼큰하다 (술이) mabuk; (매워서) kepedasan
얽다 mengikat
얽매이다 terikat, diikat, tertambat
얽히다 kusut, berbelit-belit, kusut masai, kusut musut
엄금 larangan kuat
엄동 musim dingin yang parah
엄두 kemauan, semangat, kiraan
엄마 mama, ema, ibu
엄밀 ~히 justuru, ketat
엄벌 hukuman yang keras
엄살 ~부리다 melebih-lebihkan
엄숙 ~한 khidmat, takzim
엄정 ~한 ketat
엄중 ~한 keras
엄지 ibu jari
엄청나다 hebat
엄하다 ketat, keras
업다 menggendong
업자 pedagang
업적 pencapaian, keberhasilan
없다 tak ada, tiada, hilang, habis; miskin
없애다 membuang, menghilangkan
없어지다 hilang
엇갈리다 berselisih
엉기다 mengental

엉덩이 pantat, pinggul
엉뚱하다 gila-gilaan, keliru
엉망 ~이 되다 kacau, berantakan
엉성하다 longgar; tidak memuaskan
엊그저께 beberapa hari yang lalu
엊저녁 tadi malam
엎다 menangkupkan
엎어지다 jatuh tiarap, bertiarap
엎지르다 menumpahkan
에 (장소) di; (시간) pada; (장소) dalam
에게 untuk, ke(pada), dengan
에누리 potongan harga, diskon
에다 mencungkil
에서 di, pada; dari
에어내다 mencungkil, mengeluarkan
에우다 mengelilingi, memagari
엔간하다 sesuai
여간 ~아니다 luar biasa; tidak mudah
여객 penumpang; ~기 kapal terbang penumpang
여건 perlindungan, sarana, situasi
여겨보다 memperhatikan, melihat dengan seksama
여과 penyaringan; ~하다 menyaring; ~지 kertas penyaring
여관 hotel, pondokan, penginapan
여기 sini; ~서 di sini; ~부터 dari sini; ~로 ke sini
여기다 menganggap
여드레 delapan hari
여드름 jerawat
여러 beberapa, banyak, berbagai
여름 musim panas
여무지다 cerdas, cerdik, lihai
여물다 matang, masak; kokoh
여미다 mematut-matut
여사 nyonya
여성 wanita, kewanitaan, perempuan
여위다 kurus, kering
여유 sisa, surplus, kelebihan, margin, cadangan
여의다 kehilangan, kematian
여자 wanita
여전 seperti semula; tetap
여태 sampai sekarang
여행 perjalanan, perancongan
역 stasiun kereta api
역력하다 jelas, nyata
역사 sejarah, riwayat; ~가 ahli sejarah; ~가 깊다 bersejarah panjang
역설 paradox
역성들다 memihak
역시 juga
연결 hubungan, pertalian, ikatan, sambung
연고 sebab, alasan; kenalan
연구 penelitian, studi; ~논문 karangan ilmiah; ~소 lembaga penelitian
연극 sandiwara, pertunjukan, drama, kepura-puraan
연기(演技) akting, penampilan; ~자 pelaku
연기(煙氣) asap; ~나다 berasap
연년생 ~이다 kakak beradik lahir dalam dua tahun yang berturutan
연대 zaman, abad, masa; ~순으로 secara kronologis
연락 koneksi, hubungan; ~하다 berhubungan dengan
연령 usia, umur, tahun; ~에 비해 untuk umur; ~제한 batas umur
연말 akhir tahun
연방 terus-menerus
연설 pidato, ceramah; ~하다 berpidato; ~자 pembicara
연소(年少) muda
연소(燃燒) pembakaran; ~하다 membakar, menyalakan
연속 kelanjutan, turutan, kesinambungan; ~물 ran-

taian, rangkaian; ~극 drama bersambung

연습 praktek, latihan; ~하다 berlatih; ~문제 soal latihan

연장(延長) lanjutan, sambungan, perpanjangan; ~하다 memperpanjang

연주 pertunjukan musik, pagelaran musik; ~하다 mengadakan pertunjukan; ~자 pemain musik

연출 pementasan, pemanggungan; ~자 sutradara

연합 ~하다 berserikat, bersatu

연회 pesta, perjamuan

열(十) sepuluh

열(熱) panas; temperatur; kegairahan

열다 membuka

열대 daerah tropis, daerah khatulistiwa

열등 inferioritas

열망 keinginan yang kuat; ~하다 mendahagakan

열성 kesetiaan; semangat besar; ~적인 setia

열쇠 kunci; ~를 채우다 mengunci; ~구멍 lubang kunci

열정 nafsu besar; ~적인 bernafsu, bersemangat

엷다 redup, lembut

염려 kekhawatiran, kecemasan; ~하다 mencemaskan, mengkhawatiri

염색 pencelupan; ~하다 mencelup; ~체 kromosom

염소 kambing; ~수염 janggut kambing

염치 rasa malu; ~없는 tidak bermuka; tebal muka

엽서 kartu pos

엿듣다 menguping(i)

영 nol, kosong

영감 inspirasi, ilham

영광 kehormatan, kejayaan, kemegahan; ~스러운 mulia, agung

영구 kebakaan, kekekalan, kelestarian; ~히 selama-lamanya; ~치 gigi tetap; ~자석 magnet permanen

영리 ~한 pandai, cerdik, cerdas, bijaksana, pintar

영리(營利) laba, untung; ~사업 perusahaan komersial; 비~ 단체 organisasai nir laba

영문 keadaan; alasan

영물 mahluk gaib

영상 bayangan, refleksi

영세 kecil, remeh; ~기업 usaha kecil; ~업자 pengusaha kecil

영수 penerimaan; ~증 kwitansi

영아 anak bayi

영양 nutrisi, gizi; ~가 nilai gizi; ~실조 buruk gizi

영어 bahasa Inggris; 일상~ bahasa Inggris sehari-hari

영업 usaha, bisnis; ~하다 berusaha; ~중 "Buka"; ~허가 surat izin usaha

영예 kehormatan, kemuliaan, kejayaan

영웅 pahalawan

영원 kebakaan, keabadian, kelestarian

영장 ~류 primata

영접 ~하다 menyambut

영토 wilayah, teritorial

영하 dibawah nol

영향 pengaruh; ~을 미치다 mempengaruhi

영화(映畵) bioskop, film

영화(榮華) kejayaan, kemakmuran

예 misal

예감 pertanda, firasat; ~하다 mempunyai firasat

예고 peringatan; ~하다 memperingatkan

예금 simpanan, tabungan; ~하다 menyimpan uang

예능 seni; ~인 seniman

예민 ~한 tajam, peka; mudah rasa; sensitif

예비 ~하다 menyediakan, mempersiapkan
예쁘다 cantik, menarik
예산 anggaran; ~안 rencana anggaran; ~편성 penyusunan anggaran
예순 enam puluh
예약 pemesanan; ~하다 memesan; ~석 tempat dipesan
예외 pengecualian; ~의 luar biasa; ~없이 tanpa kecuali
예의 kesopansantunan; rasa hormat; etiket; ~를 지키다 memperhatikan kepantasan
예절 kesopanan, adab, kelakuan
옛 lama, dulu
옛날 zaman dahulu; kuno; ~옛적 dahulu kala
오가다 lalu lalang
오금 lekuk lutut
오기 semangat yang pantang menyerah; ~부리다 maju terus
오나가나 selalu
오늘 hari ini; sekarang
오다 datang, tiba; (비가) turun; (접근) mendatangi
오두막 pondok
오락 penghiburan, pelesiran; ~시설 sarana hiburan
오래 lama
오래간만에 sudah lama
오로지 hanya, cuma, belaka; sendiri
오르다 naik, memanjat, mendaki; 값이 ~ naik harga
오르막 pendakian; ~길 jalan mendaki
오리 itik
오만 ~한 sombong, bangga, congkak, angkuh
오므라들다 mengerut, menggulung
오므리다 menutup, mengatup
오붓하다 lumayan, bersabat
오빠 abang, kakanda
오순도순 dengan ramah, dengan bersahabat

오싹 ~하다 menggigil kedinginan
오염 polusi; ~시키다 mencemarkan
오이 mentimun; ~지 acar ketimun
오인 ~하다 mengkelirukan
오전 pagi hari
오죽 sungguh
오줌 air kencing; ~누다 buang air kecil
오직 hanya, cuma, melulu
오징어 cumi-cumi, ikan sotong
오해 kesalahfahaman, kesalahpengertian; ~하다 salah mengerti
오히려 masalah, sebaliknya
옥 jade
옥신거리다 berdenyut-denyut; sakit seperti ditusuk
온갖 semua, bermacam-macam; ~ 수단과 방법 segala kemungkinan
온도 suhu, temperatur; ~를 재다 mengukur suhu; ~계 thermometer
온상 tempat tidur hangat
온수 air hangat
온순 ~한 lembut, sopan
온실 rumah kaca; ~재배 pertumbuhan di rumah kaca
온천 air panas; ~장 pemandian air panas
온화 ~한 lembut, sedang
올라가다 naik, menaiki, mendaki, memanjat; maju
올라서다 menjejak naik
올라오다 naik, datang
올리다 mengangkat, menaikan, memanjatkan
올바르다 jujur, baik
옷 pakaian; ~한벌 setelan pakaian; ~벗다 membuka pakaian
와글거리다 (소란) hiruk-piruk, hiruk-pikuk, huru-hara; (군집) berdesak-desakan, berasak-asakan

와이프 istri
완강 ~한 keras kepala, kukuh
완고 kekukuhan; ~한 kukuh
완력 kekerasan, paksaan
완료 ~하다 menyelesaikan, menyempurnakan
완비 ~하다 melengkapkan, menyempurnakan; ~된 sumpurna, lengkap
완성 penyempurnaan, penyelesaikan, perampungan; ~품 barang jadi
완수 ~하다 menuntaskan
완전 kesempurnaan, kelengkapan; ~무결한 sempurna tanpa cacat; ~범죄 kejahatan yang sempurna
왕래 lalu lalang; ~하다 datang dan pergi, berlalu lalang
왕복 kepergian dan kedatangan; ~하다 pergi dan kembali
왕성 ~한 berkobar-kobar, meluap-luap, bersemangat
왕왕 sering, seringkali, kadang-kadang
왕자 putra
왕진 kunjungan dokter ke rumah penyakit; ~하다 mengunjungi penyakit di rumahnya
왜 mengapa, bagaimana, apa sebabanya
왜냐하면 karena, oleh karena, sebabnya
외교 diplomasi, hubungan diplomatik; ~문서 dokumen diplomat; ~관 diplomat
외국 negara asing; ~인 orang asing
외다 apal, mengapal(sesuatu), mengingat-ingat
외따로 terpencil, terasing, sendirian
외롭다 kesepian, kesunyian, kelengangan
외면하다 buang muka
외모 bentuk muka, penampilan luar; (용모) rupa, wajah, paras
외박하다 menginap di luar rumahnya
외상 kredit, utang; ~을 갚다 membayar utang, melunasi
외지다 ☞ 외따로
외치다 berteriak, bersorak, menjerit; 목청껏 ~ berteriak sekuat tenaga
왼손 tangan kiri; ~잡이 orang kidal
요구 permintaan, penuntutan, tuntutan, gugatan; ~하다 meminta
요금 ongkos, biaya, pembayaran, tarif
요긴한 penting, diperlukan, dibutuhkan
요다음 yang selanjutnya, yang berikut, nanti
요령 kunci/rahasia, kiat; ~있는 bijaksana
요리 masak-memasak; ~ 강습 kursus masak-memasak
요만때 ketika
요만큼 yang sedikit ini
요망 keinginan, kehendak, maksud; ~스러운 seperti siluman
요소 unsur, komponen, inti, bahan asal
요술 sulap, sihir; ~을 부리다 menyulap, menyihir
요약 ringkasan, singkatan; ~하다 menyingkatkan, meringkaskan
요점 pokok, isi, intisari, maksud utama; ~ 정리 pengaturan pokok isi
요정 ① peri, bidadari, dewi ② warung remang-remang
요즈막 akhir-akhir ini, baru-baru ini, saat ini
요직 jabatan penting/utama, posisi penting; ~에 있 다 memegang jabatan penting
요컨대 ringkasannya, secara

singkat

요행 nasib baik, keberuntungan; ~을 바라다 mengharapkan nasib baik

욕 makian, ejekan; ~하다 memaki

욕구 keinginan, kemauan, cita-cita, hasrat

욕망 cita-cita, hasrat, hawa nafsu; ~을 채우다 memuaskan hawa nafsu

욕먹다 menerima penghinaan, dihina

욕보다 (곤란을 겪다) mengalami kesukaran, dipermalukan

욕설 kutukan, makian, omong kasar; ~하다 memaki

욕심 ketamakan, hawa nafsu; ~꾸러기 orang yang tamak

용감 keberanian, kegagahan; ~한 berani; ~히 dengan berani

용기 keberanian, keperwiraan; ~있는 berani; ~내다 memberanikan diri

용단 keputusan yang berani; ~을 내리다 memutuskan dengan berani

용달 pelayanan pengantaran; ~차 mobil pengantar

용도 guna, faedah, manfaat; ~가 무엇이냐? Gunanya apa?

용돈 uang saku, uang jajan

용량 muatan, kapasitas

용마루 bubung, perabungan, karpus

용맹 ~스러운 berani, gagah, jantan

용무 urusan; ~를 마치다 menyelesaikan urusan

용사 pahalawan, pemberani

용서 pengampunan, pemaafan; ~를 빌다 meminta maaf

용안 muka raja

용의 kesediaan, kesiapan, kesanggupan; ~ 주도한 berhati-hati

용이 mudah, gampang

용적 kapasitas, volume

용태 potongan/bentuk badan

용해 peleburan; ~하다 melebur menjadi lebur

우거지다 tumbuh lebat/subur

우겨대다 bersikeras, bersikukuh

우국 kekhawatiran pada tanah air, patriotisme

우그러지다 dikerunyut

우기다 ☞ 우겨대다

우대 perlakuan khusus

우두머리 kepala, pemimpin, bos

우둔 ~한 bodoh, dungu, tolol

우뚝서다 menegak tulang/tinggi

우러나다 keluar dari

우러러보다 mengadah, menghormati, memandang tinggi

우려 cemas, khawatir; ~하다 mencemaskan, khawatir tentang

우려먹다 ☞ 우려내다

우리 ① kita, kami ② (동물의) sangkar, kurung, kandang

우리다 meresap keluar

우매 bodoh, tolol, dungu

우물 sumur, perigi, luak; ~안 개구리 katak dalam sumur

우물거리다 mengomel, komat-kamit

우물쭈물 dengan ragu-ragu, bimbang

우방 bangsa/negara yang bersahabat

우비 pakaian untuk melindung terhadap hujan

우산 payung; ~쓰다 memakai payung

우선 pertama-tama, terlebih dahulu

우세 keunggulan, keutamaan; ~한 위치 posisi yang unggul

우수 sifat pemurung; ~한 bagus, memuaskan; ~ 성적 nilai yang bagus

우스꽝스럽다 lucu, menggeli-

kan
우승 kemenangan; ~하다 memenangkan pertandingan
우아 keanggunan, keelokan; ~한 자태 petongan badan yang elok
우악살스럽다 kasar dan rampus, tidak teratur
우연 hal yang kebetulan; ~히 secara kebetulan
우열 keunggulan dan kekurang, superioritas dan inferioritas
우유 susu, susu lembu; ~ 배달 pengantaran susu
우의 persahabatan; ~를 다지다 mempererat persahabatan
우정 persahabatan
우주 alam semesta, kosmos, angkasa luar; ~여행 perjalanan angkasa luar
우쭐하다 congkak, sombong, angkuh
우편 pos surat; ~ 배달부 tukang pos; ~ 번호 kode pos
우표 perangko, materai surat; ~ 수집 koleksi perangko
우호 persahabatan; ~적인 bersahabat, ramah-tamah
욱하다 meradang/memarahi tiba-tiba
운 nasib, untung, rejeki; ~좋은 bernasib baik
운동 gerak; ~하다 bergerak; olahraga
운명 ① takdir, nasib, suratan ② ~하다 mati, kiamat
운반 pengangkutan, pengiriman; ~하다 mengangkut; ~ 비용 ongkos angkut
운수 ① keberuntungan ② angkutan
운영 pengelolaan, manajemen; ~하다 mengelola
운용 pemakaian, penggunaan; ~하다 memakai, menggunakan
운운하다 memperbincangkan
운임 tarif angkutan, ongkos perangkutan
운전 operasi, pengemudian; ~하다 mengopersikan, mengemudikan
운행 operasi, peredaran; ~하다 beredar, beroperasi
운휴 penghentian operasi (sesuatu)
울 ① pagar, pembatas ② wool, bahan-bahan wool
울다 menangis, meratap
울렁거리다 berdebar-debar, merasa mual
울리다 ① membuat menangis ② membunyikan
울부짖다 menggerung
울상 muka mau menangis
울음 tangisan, ratapan; ~소리 tangis, suara tangisan
울타리 ☞ 울
움직이다 bergerak, menggerakkan, mengoperasikan; pindah
움켜잡다 memegang, meraih
웃기다 membuat tertawa, menggelikan
웃다 tertawa, ketawa; 비~ mencemooh
웃돈 uang ekstra, premium
웃사람 atasan, senior
웃음 tawa, gelak; ~을 터뜨리다 meledakkan tawa
웅덩이 genangan air; ~를 파다 menggali tanah untuk membuat genangan air
웅변 pidato, ceramah, kefasihan
웅성거리다 ribut, gaduh
웅장 keagungan; ~한 성곽 kastil yang agung
워낙 sungguh-sungguh, sebenarnya, sesungguhnya
원 lingkaran, bulatan, bundaran; ~형 bentuk bulatan
원고 ① (법정에서) penuntut, penggugat ② naskah, skrip, tulisan
원금 uang pokok; ~ 지불 pem-

원기 bayaran uang pokok
원기 tenaga, kekuatan, daya; ~왕성한 penuh kekuatan
원래 sebetulnya, sesungguhnya, pada hakekatnya
원료 bahan-bahan, material, bakal
원리 teori, prinsip, azas
원색 warna dasar
원서 ① karya asli ② surat lamaran kerja; ~접수 penerimaan surat lamaran kerja
원수 ① kepala(negara), penguasa ② musuh; ~ 갚다 membalas dendam
원숭이 monyet, kera
원시 purbakala, asli, primitif; ~인 manusia purbakala
원인 sebab, penyebab, sumber; ~과 결과 sebab dan akibat
원자 atom, zarah; ~폭탄 bom atom
원천 sumber, asal; ~ 소득 pendapatan asal
원칙 prinsip dasar; ~을 세우다 menetapkan asal
원활 kelancaran; ~히 dengan lancar
월간 terbit tiap bulan; ~ 잡지 majalah bulanan
월급 gaji setiap bulan; ~장이 pegawai kantor
월동 kehidupan dalam musim Dingin; ~을 준비하다 bersiap untuk musim Dingin
월부 cicilan bulanan; ~로 사다 membeli dengan cicilan bulanan
위 ① bagian atas ② perut, lambung; ~경련 kejang perut
위급 darurat, genting, gawat; ~시 disaat darurat
위기 krisis, kegentingan, bencana, darurat
위대 kebesaran, keagungan; ~한 대왕 raja yang besar/agung
위독 ~하다 parah, gawat; ~한 상태 kondisi yang parah
위로 penghargaan atas jasa-jasa, penghiburan; ~하다 menghargai jasa-jasa
위문 kunjungan bela sungkawa; ~하다 berbela sungkawa
위반 pelanggaran, ketidakpatuh-an; 교통~ pelanggaran undang-undang lalu lintas
위선 kemunafikan, hipokrasi; ~적인 munafik, hipikrit
위시 ~하다 mulai dari, bermuda
위엄 martabat, kemulian, keagungan; ~있는 martabat, agung
위원 panitia, anggota; ~회 komite, rapat
위임 mandat; ~하다 memberi mandat/kuasa
위장 ① lambung dan usus ② penyamaran
위조 pemalsuan; ~지폐 uang kertas palsu
위태롭다 berbahaya; 생명이~ jiwanya terbahaya
위하다 berbakti, setia, khidmat; 부모를~ berbakti pada orang tua
위험 bahaya, resiko; ~한 berbahaya
유감 sesalan, perasaan tidak senang
유권자 pemilih
유능 ~한 mahir, cekatan, mampu
유달리 tidak biasa, janggal
유대 ikatan, hubungan; ~를 맺다 berhubungan erat dengan
유도 pengendalian, pengarahan; ~하다 mengarahkan, mengendalikan
유독 ① ~한 beracun; ~가스 gas beracun ② hanya, satu-satunya
유동 ~하다 mengalir, beredar; ~성 kemudahcairan
유래 asal, permulaan, asal-

usul; ~하다 berasal(dari), bermula (dari)

유력 ~하다 berpengaruh, kuat; ~한 증거 bukti yang kuat; ~자 orang yang berpengaruh

유리 kaca, gilas, keling; ~창문 kaca jendela

유리(有利) ~하다 menguntungkan, bermanfaat

유망 ~하다 memberi harapan, cemerlang

유명 ~하다 terkenal, termasyhur; ~인 orang terkenal

유방 buah dada, payudara

유사 persamaan, imbangan, persesuaian; ~하다 menyerupai, sama

유서 ① sejarah; ~깊은 bersejarah ② surat wasiat

유순 ~한 patuh, taat, saleh, beribadat

유식 ~한 terpelajar, terdidik; ~한 사람 orang yang terpelajar

유언 wasiat; berwasiat; ~장 surat wasiat

유용 ~한 berharga, berguna, bermanfaat

유익 ~하다 menguntungkan, berfaedah, berguna

유일 hanya, tunggal; ~하게 satu-satunya

유전 ① ladang minyak ② pewarisan; ~하다 diturunkan; ~병 penyakit yang diturunkan

유종 ~의 미를 거두자 mengakhiri dengan baik

유지 pemeliharaan, penjagaan; ~하다 memelihara, menjaga

유창하다 lancar, fasih; ~한 연설 pidato yang lancar

유치 ~하다 kekanak-kanakan; ~원 taman kanak-kanak

유치(留置) penahanan, pengurungan; ~하다 menahan, mengurung

유통 perputaran, peredaran; ~하다 berputar, beredar; ~구조 struktur perputaran

유하다 ① halus, lemah ② menginap(di), tinggal(di)

유한 terbatas; ~책임 tanggung jawab terbatas

유행 mode; ~하다 sedang mode; 최신~ mode terakhir; ~가 lagu populer

유흥 main, hiburan senang-senang; ~가 tempat bersenang-senang

육군 angkatan darat, militer

육박 ~하다 menekan/mendesak dengan keras

육상 darat; ~경기 olahraga darat

육안 mata telanjang

육지 daratan, tanah, bumi

육체 tubuh, badan; ~노동 kerja kasar; ~미 kecantikan tubuh

윤락 pelacuran; ~하다 melacur; ~녀 wanita tuna susila

윤리 etika, akhlak; ~학 ilmu etika

윤택 ~하다 kaya, berada, mampu; ~한 살림 kehidupan kaya

윤활 pelumasan; ~한 licin lancar, lumas; ~유 minyak pelumas

융성 kemakmuran; ~한 잔치 pesta yang makmur

융점 ☞ 융해점

융통 ① peminjaman; ~하다 meminjami ② penyesuaian; ~성 있는 fleksibel

융합 peleburan, perpaduan; ~하다 bercampur, melebur

융화 kerukunan, kesepakatan, harmoni; ~하다 merukunkan

으깨다 meremas, melumatkan

으뜸 pertama, utama, yang terbaik

으르다 mengancam, menakut-nakuti

으슥하다 suny, sepi, terpencil

으슴푸레하다 sedikit gelap,

은 perak; ~제 buatan perak; ~메달 수상자 pemain medali perak

은공 jasa, pengorbanan, amal, bakti

은근하다 pribadi, diam-diam, rahasia; ~하게 secara pribadi

은덕 kebaikan, kebajikan; ~을 베풀다 berbuat kebaikan

은밀 ~한 rahasia, tersembunyi; ~히 secara rahasia

은사 mantan guru

은은하다 remang-remang, kabur, samar-samar; 소리가 ~ sayup-sayup

은인 penolong, penyelamat; 생명의 ~ penyelamat jiwa

은총 karunia, rakhmat; ~을 입다 mendapat karunia

은퇴 pengunduran diri; ~하다 mengundurkan diri, pensiun diri

은행 bank; ~원 pegawai bank

을러메다 mengancam, menggertak

읊다 berdeklamasi, membacakan sajak

음 ① bunyi, suara ② negatif, kerahasiaan

음란 ~하다 cabul, asusila, buruk; ~ 사진 gambar cabul

음료 minuman; 알콜 ~ minuman beralkohol

음모 komplotan, kongkalikong, makar; ~하다 berkomplot

음미 penikmatan; ~하다 menikmati

음성 suara

음식 makanan; ~점 rumah makan; 제사 ~ hidangan upacara peringatan leluhur

음악 musik; ~회 konser; 교회 ~ musik gereja

음치 buta nada

음침하다 mendung, gelap

음탕 ☞ 음란

음파 pelombang bunyi

음향 suara, bunyi; ~조절 kontrol suara; ~효과 efek suara

응고 pengerasan, penggumpalan; ~하다 mengeras, menggumpal

응급 darurat; ~조치 tindakan darurat

응달 naungan, tempat bayangan; ~지다 dinaungi, diteduhi

응답 jawaban, balasan, sahutan; ~하다 menjawab, menyahut

응당 ☞ 으레

응모 langganan, lamaran; ~하다 berlangganan, melamar; ~자 pelanggan

응분 ~의 layak, pantas, sesuai

응석부리다 memanjakan

응용 penerapan, praktek; ~하다 mempraktekkan, menerapkan

응원 dukungan, pertolongan, bantuan; ~가 lagu pendukung

응접 wawancara, penyambutan; ~실 kamar tamu

응하다 menjawab, menyahut, memenuhi

의견 pendapat, buah pikiran, konsepsi

의결 keputusan; ~하다 memutuskan; ~기관 badan legislatif

의기 akal, jiwa, semangat

의논 konsultasi, musyawarah; ~하다 bermusyawarah

의도 tujuan, maksud, hasrat; ~하다 bermaksud, bertujuan

의무 kewajiban, tugas; ~가 있다 berkewajiban untuk

의미 arti, makna; ~하다 berarti

의분 kemarahan(atas)

의사(意思) maksud, kehendakan; ~표시 pernyataan kehendak

의사(醫師) dokter; 수~ dokter hewan; ~면허 surat izin praktek

의식(儀式) upacara, perayaan

의식(意識) kesadaran; ~하다 sadar; ~적으로 secara sadar
의심 keraguan, kecurigaan, kesangsian
의외 tidak diharapkan, tidak terduga, kejutan
의욕 kemauan, kehendak; ~적으로 secara ambisius
의의 arti, makna
의젓하다 berwibawa
의존 ketergantungan; ~하다 bergantung kepada; 상호~ saling bergantung
의지 tekad, kemauan; ~가 약하다 bertekad lemah
의하다 bergantung pada, berdasarkan pada
이 ① gigi; ~를 닦다 menyekat gigi ② tuna ③ untung
이것 ini, yang ini; ~ 저것 ini dan itu; satu lain hal
이골나다 terbiasa
이권 konsesi; ~양도 penyerahan konsesi
이기다 mengalahkan, mendapat kemenangan, memenangkan
이끌다 membimbing, mengepalai, memimpin
이끼 lumut; ~가 끼다 lumut tumbuh
이내 tidak lebih dari
이다음 berikut ini
이다지 sebanyak ini
이대로 seperti ini, semacam ini
이동 kepindahan
이득 untung, laba
이듬해 tahun berikutnya
이따가 nanti, kemudian
이따금 kadang-kadang
이따위 semacam ini
이때껏 selama ini
이래저래 dengan ini dan itu
이러면 kalau begini
이러므로 jadi, dengan begini
이러하다 seperti ini, begini
이럭저럭 entah bagaimana
이렛날 hari yang ketujuh

이력 riwayat hidup
이론 teori
이롭다 menguntungkan
이루다 mewujudkan
이룩하다 mencapai
이르다 pagi sekali
이른바 biasa disebut
이를테면 dapat disebut
이름 nama
이리 serigala
이리저리 sana sini
이만 sekian
이문 keuntungan
이민 perpindahan, pengungsian
이바지 pembaktian
이발 pemangkasan rambut
이별 perpisahan
이불 selimut
이사 pindah rumah
이삭 butir
이산 kecerai-beraian
이상(理想) idaman, cita-cita
이상(異常) keanehan
이성(異性) lain jenis
이성(理性) rasionalitas
이수 menamatkan sekolah
이슬 embun
이어받다 diturunkan
이어지다 turun-menurun
이완 pengendoran
이용 pemakaian
이웃 tetangga
이월 bulan dua, Februari
이유 alasan
이윤 keuntungan, laba
이율 suku bunga
이익 keuntungan, laba
이자 bunga
이점 segi keuntungan
이제 sekarang
이지러지다 sumbing
이질 keanekaragaman
이쪽 arah ini
이처럼 seperti ini
이치 prinsip
이튿날 hari berikutnya
이파리 daun

이해(利害) keuntungan dan kerugian
이해(理解) pemahaman
이행 pelaksanaan
이혼 perceraian
익다 matang, masak
익사 mati tenggelam
익살 humor, lelucon
익히다 membiasakan diri
인가 perizinan
인간 manusia
인감 cap pribadi
인격 kepribadian, karakter
인공 buatan manusia
인과 sebab dan akibat
인구 penduduk
인권 hak azasi manusia
인근 kedekatan
인기 kepopuleran
인내 kesabaran
인도(人道) kemanusian
인도(引渡) memindahtangankan
인도(引導) pemanduan
인두 sejenis seterika kecil
인류 manusia
인망 popularitas
인명 hidup manusia
인물 orang, pribadi
인부 pekerja kasar
인사 masalah manusia
인상(印象) kesan
인상(引上) naik, meningkat
인상(人相) roman, ciri-ciri
인색 kikir, pelit
인생 hidup
인솔 memimpin
인쇄 percetakan
인수 pengambil alihan
인식 pemahaman
인심 hati orang
인연 jalinan hubungan
인용 kutipan
인자 kebajikan
인재 orang yang berbakat
인정(認定) pengakuan
인정(人情) simpati
인제 sekarang
인조 tiruan
인종 ras
인품 penampilan orang
인하다 oleh karena
인형 boneka
일(日) hari
일(事) kerja, masalah
일(一) satu
일간 suatu hari
일거리 pekerjaan
일곱 tujuh
일과 pekerjaan sehari-hari
일괄 secara umum
일구다 bertani
일군 pekerja, buruh
일기(日記) catatan harian
일기(日氣) cuaca
일깨우다 menyadarkan
일껏 dengan segala daya upaya
일다 naik, berk(h)obar
일단 untuk sesat
일러바치다 mengadu
일러주다 memberitahukan
일류 kelas satu
일반 umum
일부 sebagian
일부러 dengan sengaja
일삼다 membuat jadi urusan
일상 tiap hari
일선 garis depan
일손 tenaga kerja
일시 untuk sementara
일신 diri sendiri
일심 satu hati
일쑤 kebiasaan
일약 dengan sekali loncat
일어나다 bangun
일어서다 berdiri
일없다 tidak perlu
일으키다 membangkitkan
일일이 segala hal
일절 seluruhnya
일정 program sehari
일종 sejenis
일찌감치 lebih awal, dini
일찌거니 dini
일찌기 suatu kali, dulunya

일차	suatu kali, pertama
일체	semuanya
일치	kerukunan
일컫다	menyebut
일터	lapangan kerja
일품	barang yang istimewa
일하다	bekerja
일행	rombongan
일흔	tujuh puluh
읽다	membaca
잃다	hilang
잃어버리다	menghilangkan
임금(賃金)	gaji
임금	raja
임명	pengangkatan
임무	tugas
임박	kedekatan
임시	sementara
임신	hamil
임야	hutan dan ladang
임의	sukarela
임자	pemilik
임전	pergi perang
임종	ajal
임하다	menghadap
입	mulut
입가심	penghilangan sisa rasa
입각(立脚)	berdasarkan
입각(入閣)	kemasukan kabinet
입구	pintu masuk
입국	masuk ke suatu negara
입김	napas
입다	memakai
입담	kemahiran berbicara
입맛	selera
입맞추다	mencium
입바르다	perkataan yang tidak dipercaya
입버릇	kebiasaan bicara
입상	menang hadiah
입선	dipilih
입속말	bergumam
입술	bibir
입심	kesukaan berbicara
입씨름	pertengkaran
입영	masuk tentara
입원	masuk ruamh sakit
입장	posisi
입학	masuk sekolah
입히다	memakaikan
잇다	menghubungkan
잇따르다	berturut-turut
잇속	keuntungan pribadi
잇솔	sikat gigi
있다	ada
잉어	ikan guram
잉여	surplus
잉태	hamil
잊다	lupa
잊어버리다	melupakan
잎	daun

ス

자 penggaris
자가 rumah sendiri
자각 kesadaran diri
자갈 kerikil
자격 persyaratan
자결 penentuan sendiri
자고 dari dulu
자국 tanah air / tanda
자그마치 tidak lebih kecil dari
자그마하다 berukuran agak kecil
자극 perangsang
자금 modal
자기(自己) diri, ego
자기(磁氣) kemagnetan
자꾸 acap kali
자다 tidur
자동 otomatis
자라나다 dibesarkan
자라다 bertumbuh
자랑 kebanggaan
자료 bahan-bahan
자루 karung
자리 tempat duduk
자리잡다 mengambil tempat duduk
자립 kemandirian
자만 kecongkakan
자매 saudara perempuan
자못 sangat, amat
자백 pengakuan
자본 modal
자봉틀 mesin jahit
자부 kebanggaan
자비(自費) biaya sendiri
자비(慈悲) kebajikan
자빠뜨리다 menjatuh telentangkan
자빠지다 jatuh telentang
자살 bunuh diri
자상 terperinci

자색 ungu
자선 kebajikan
자세 teliti, rinci
자손 keturunan
자수 sulaman
자숙 mengendalikan diri sendiri
자습 pelajaran diri
자식 anak
자신(自信) kepercayaan diri
자신(自身) sendiri
자아 ego, diri
자아내다 membangkitkan
자애 kasih sayang
자연 alam
자욱하다 tebal
자원 sumber daya/alam
자유 kebebasan
자율 otonomi
자의 keinginan sendiri
자인 mengakui
자작 karya sendiri
자잘하다 kecil
자재 bahan, materi
자전거 sepeda
자제(自製) buatan sendiri
자제(自制) kesabaran
자조 berdikari
자존심 bangga diri
자주 otonomi
자중 penghargaan diri sendiri
자진 sukarela
자청 sukarela
자초 menjadi sebab
자취 bekas, tanda
자취(自炊) masak sendiri
자치 otonomi
자칭 menggangap diri sebagai
자택 rumah sendiri
자필 tulisan tangan sendiri
자활 berdikari
작가 penulis

작곡	gubahan musik
작년	tahun lalu
작다	kecil
작법	cara menanam
작별	perpisahan
작성	penyusunan
작심	pemutusan
작업	kerja
작용	daya
작작	tidak terlalu banyak
작전	operasi militer
작정	keputusan
작품	komposisi, ciptaan
잔금	uang sisa
잔돈	uang kecil
잔디	lapangan rumput
잔뜩	sepenuhnya
잔말	keluhan
잔소리	damprat
잔손	kerja rinci
잔악	kejam, buas
잔인	kejam, lalim
잔잔하다	tenang
잔치	pesta
잘	secara memuaskan
잘나다	terkemuka
잘다	kecil, mungil
잘되다	mencapai, sukses
잘라먹다	mengemplang (hutang)
잘리다	dipotong
잘못	kesalahan
잘못하다	menyalah
잘잘	dengan tergopoh-gopoh
잘하다	ahli, mahir
잠	tidur
잠그다	mengunci
잠기다	dikunci / tenggelam
잠깐	sebentar
잠들다	tertidur
잠복	penyembunyian diri
잠시	sebentar, sementara
잠자다	tidur, tertidur
잠자리	tempat tidur
잠잠하다	hening, senyap
잠재우다	menidurkan
잡념	pikiran-pikiran keduniawian
잡다	memegang / mencengkam
잡비	pengeluaran lain-lain
잡수다	makan
잡아가다	menyerahkan
잡아내다	mengeluarkan/mencari kesalahan
잡아들다	menangkap
잡아떼다	memisahkan/menyangkal mentah-mentah
잡아매다	mengikat
잡아먹다	menyembelih
잡아채다	menangkap
잡아타다	menangkap dan naik
잡치다	gagal, jatuh
잡히다	diambil, ditangkap
장가들다	mempersunting
장갑	sarung tangan
장관	menteri
장교	perwira
장국	sup yang dibumbui kecap
장군	jenderal
장기	keahlian seseorang
장난	permainan
장날	hari yang dibuka pasar
장님	orang buta
장래	masa depan, hari depan
장려	dorongan
장마	hujan berkepanjangan
장막	tirai
장만	persiapan
장면	lokasi, adegan
장사 (壯士)	orang kuat
장사 (葬事)	penguburan
장사	perdagangan
장소	tempat / ruang
장수	umur yang panjang
장식	dekorasi, hiasan
장애	rintangan
장엄	agung, mulia
장의	upacara permakaman
장정	laki-laki dewasa
장치	peralatan
장편	(karya) yang panjang
장하다	terpuji, membanggakan
잦다	sering
잦히다	membalikkan
재	abu-abu

재간	kemampuan
재건	rekonstruksi, pembangunan ulang
재고	peninjauan ulang
재고장	kerusak lagi
재능	kemampuan, kesigapan
재다	mengukur
재덕	kemampuan dan pribadi
재떨이	asbak
재래	konvensional tipe yang lazim
재료	bahan / bekal
재물	milik, harta
재미	kegembiraan
재발	kekambuhan
재배	pembudidayaan, penanaman
재벌	multimilyarder, kelompok keuangan
재봉	jahit, menjahit
재빠르다	cepat, sigap
재산	harta, kepunyaan
재생	kehidupan kembali
재수	nasib, peruntungan
재야	dalam oposisi
재우다	menidurkan
재원	sumber penghasilan
재인식	pemahaman baru
재작년	dua tahun yang lalu
재주	kemampuan, talenta
재질	bakat alami
재청	permintaan kedua
재판(再版)	pencetakan ulang
재판(裁判)	pengadilan
재해	bencana, bahala, penderitaan
재현	kemunculan kembali
재화	barang-barang, komoditi
잽싸다	cepat, tangkas
쟁의	perselisihan, pertengkaran
쟁탈	pertandingan
저금	penyimpanan, penabungan
저기	tempat itu
저나름	itu sendiri
저녁	sore, malam
저리다	kesemutan, senyar
저물다	menjadi gelap
저미다	menyayat, mengiris
저버리다	berlawanan, mengingkari
저서	buku hasil karya
저술	penulisan buku
저승	akhirat
저울	timbangan, skala
저음	nada yang rendah
저자	penulis, pengarang
저장	penyimpanan
저절로	sendiri, secara spontan
저지르다	melakukan kesalahan
저쪽	seberang sana
저축	tabungan
저편	seberang sana
저항	penahanan, perlawanan
적	musuh, seteru
적격	kwalifikasi
적극	aktif
적다	menulis
적막	kesepian
적색	warna merah
적성	bakat
적시다	membasahi
적용	penerapan
적응	penyusuaian diri
적임	cocok, orang yang tepat
적적하다	kesepian
적절	cocok, tepat, layak
적중	mengenai sasaran
적합	cocok, pantas
적히다	dicatat, tercantung
전(前)	sebelum, lalu
전(全)	semua, seluruh
전개	membeberkan
전골	tumis daging dan sayur
전공	jurusan, bidang studi
전국(戰國)	aspek peperangan
전국(全國)	seluruh negara
전권	seluruh buku
전념	menekankan diri
전달	komunikasi
전력	segenap kekuatan
전망	pemandangan
전매	monopoli
전면	seluruh permukaan
전반	keseluruhan

전방 (garis) depan	접다 melipat
전별 pelepasan	접대 resepsi perjamuan
전복 penggulingan	접속 hubungan, koneksi
전부 semuanya, segala	접어들다 mendekat
전세 mencarter, menyewa	접하다 menyentuh, menjamah
전송 pengantaraan	젓가락 sumpit
전심 memusatkan perhatian	젓다 mendayung
전염 penularan	정 kasih sayang
전용 pengalihan	정가 harga baku
전쟁 perang, konflik	정답다 penuh kasih sayang
전제 dasar pikiran	정당 benar, tepat
전체 kesemuanya	정도 derajat, tingkat
전하다 menyampaikan	정들다 menjadi intim
전혀 sama sekali, sekali-kali	정력 tenaga, gaya
전환 perubahan, penukaran	정리 pembenahan
절 kuil	정면 bagian depan
절감 pengurangan	정물 benda mati
절개 pembedahan	정밀 ketepatan, keseksamaan
절교 pemutusan persahabatan	정보 informasi, laporan
절구 syair	정복 penaklukan, penundukan
절다 berjalan timpang	정부 pemerintahan, kabinet
절대 kemutlak	정상 keadaan normal
절도 pencurian	정상 puncak
절룩거리다 pincang, timpang	정서 emosi, perasaan
절름발이 orang yang timpang	정성 keikhlasan
절망 keputusasaan	정숙(貞淑) kesucian
절박 mendesak	정숙(靜肅) ketenangan
절반 separuh	정신 jiwa, semangat
절실 penting, serius	정양 istirahat
절약 hemat	정오 tengah hari
절연 isolasi	정의(定義) definisi
절이다 mengacarkan	정의(正義) keadilan
절제 pertarakan	정조 kesucian
절충 kompromi	정지 henti
절호 terbaik	정직 kejujuran
젊다 muda	정착 permukiman
점 noda, bintik	정체 sifat alami
점검 pemeriksaan	정치 politik
점령 pendudukan	정하다 menentukan
점심 makan siang	정해 keterangan lengkap
점잔빼다 bersikap jentelman	정화 pembersihan
점잖다 jentel	젖 susu
점점 sedikit demi sedikit	젖내다 bau susu
점치다 meramal nasib	젖다 basah, lembab
접객 menjamu	젖빛 warna susu
접견 resepsi	젖소 sapi perah
접근 mendekati	젖히다 membalikkan

제거 penyingkiran
제공 penyediaan
제대로 seperti semula
제도 sistem
제련 pelelehan
제례 upacara keagamaan
제목 judul
제물로 sebagai sedekah
제발 sudilah kiranya
제비 burung layang-layang
제시 persentasi
제안 proposal
제외 kekecualian
제의 usulan, saran
제일 pertama
제자 murid, pengikut
제작 produksi
제재 hukuman, sanksi
제정 mengundang-undangkan
제조 produksi, pengolahan
제창 proposal
제쳐놓다 menyisihkan
제하다 menyecualikan
제한 pembatasan
제휴 koalisi, konsersium
젠체하다 membanggakan diri
조각(彫刻) pemahatan, pengukiran
조각 suban
조개 kerang-kerangan
조건 syarat
조국 tanah air
조그마하다 kecil
조그만큼 sedikit saja
조금 sedikit
조급 tergesa-gesa
조달 pengadaan, penyediaan
조력 pertolongan
조롱 olok, ejekan
조르다 mencekik, mengetatkan
조리(條理) logika
조리(調理) pemeliharaan kesehatan
조만간 cepat atau lambat
조명 penerangan
조모 nenek
조목 pasal

조밀 kepadatan
조바심 khawatir
조반 sarapan pagi
조부 kakek
조사 penyelidikan
조소 cemoohan kecimus
조숙 kedewasaan dini
조심 kehati-hatian
조약 persetujuan
조용하다 tenang
조작 mengerjakan, menangani, pembuatan
조잘거리다 beromong-omong
조잡스럽다 kasar, bermutu rendah
조절 pengaturan
조종 pengelolaan
조카 keponakan
조화 kecocokan
족하다 cukup
존경 keseganan
존대 memperlakukan dengan hormat
존재 keberadaan
존중 kehormatan
졸다 terkantuk-kantuk
졸라대다 meminta-minta
졸렬 picik
졸리다 rasa ngantuk
졸아들다 mengerut, mengecil
졸이다 merebus kering
졸졸 suara aliran air, gemercak
좀 ngengat, kutu pakaian / buku
좀스럽다 berpikiran sempit
좁다 sempit
좁히다 menyempitkan
종 babu, jongos
종(鐘) bel, lonceng
종결 penutupan, penyelesaian
종교 agama, kepercayaan
종국 akhir, penutupan, kesimpulan
종기 pembengkakan, bisul
종류 macam, bangsa, ragam, jenis
종묘 tanaman bibit

종사 keikutsertaan
종속 subordinasi
종아리 betis
종알거리다 merenyeh, bersungut
종업 kerja, bekerja
종이 kertas
종일 sepanjang hari
종자 benih, bibit
종합 sintesis, penyamarataan
좋다 bagus, permai, baik, sesuai
좋아지다 menjadi lebih baik
좋아하다 senang, gembira, riang, mencintai
좌담 pertukaran pikiran
좌석 tempat duduk
좌우 kanan dan kiri
좌익 sayap kiri
좌절 keputusasaan
좌표 koordinat
좔좔 bunyi aliran anak sungai
죄다 mengecangkan
죄받다 menerima hukuman
죄송 sesal, permohonan maaf
죄인 penjahat
주 minggu
주간 terbitan minggu
주관 subyektivitas
주권 kedaulatan
주다 memberi
주되다 diutamakan
주둔 penempatan
주력 kekuatan utama
주로 terutama
주름 keriput, kerut
주름잡다 melipat / menguasai
주리다 lapar
주막 rumah minum kecil
주머니 kantung, gembolan, saku
주먹 kepalan tangan
주목 perhatian
주무리다 meremas-remas, memijit
주문 pesanan, pemesanan, order
주물 barang-barang logam tuang

주방 dapur
주변 selingkung, keliling
주부 ibu rumah tangga
주선 perantaraan, pengantaraan
주소 tempat tinggal, alamat
주시 pengamatan secara dekat
주식 saham, andil
주야 siang malam
주역 tokoh utama
주연 permainan peran utama
주요 penting, utama, pokok
주위 sekeliling, sekitar
주의 perhatian, kewaspadaan
주인 pemilik kepala keluarga
주일 Minggu
주장 tututan, gugatan
주저 keragu-raguan, kebimbangan
주저앉다 duduk, tenggelam menetap
주정하다 kegila-gilaan dalam mabuk
주제 pokok, subjek, tema
주제넘다 tidak sopan, lancang
주주 pemegang saham
주체 pokok, inti
주체못하다 tidak berkemampuan
주택 tempat tinggal, rumah
주파수 frekuensi
죽 bubur
죽는소리 bicara yang melebih lebihan
죽다 meninggal, mati, gugur
죽순 rebung; anak buluh
죽음 kematian, kemangkatan
죽이다 membunuh, menyembelih
준공 penyelesaian, perampungan
준비 persiapan
준설 pengeruk
준수 ketaatan, kepatuhan
준엄 tegas, kaku
준하다 sebanding
줄 garis, tali
줄거리 cabang, tangkai
줄곧 selalu
줄기 batang tangkai
줄기차다 terus-menurus

줄다 berkurang, melosot
줄달다 sambung-menyambung
줄어들다 berkurang
줄이다 mengurangkan
줄잡다 menaksir rendah
줄타기 permainan berjalan di atas tambang
줍다 memungut, mengumpulkan
중간 pertengahan
중고 bekas
중년 umur pertengahan
중단 pemberhentian
중대 penting, serius
중도 setengah jalan
중력 gravitasi, gaya tarik bumi
중류 tengah sungai
중립 keadaan nutral
중매 tumpang tindah
중복 tumbuk tindih
중부 bagian tengah
중상 luka parah
중성 jenis nutral
중시 memandang penting, menganggap penting
중심 pusat
중앙 pusat, sentral
중얼거리다 bersungut-sungut
중요 penting, bernilai
중용 sikap moderat
중점 penekanan
중지 perhentian
중책 tanggung jawab yang berat
중태 kondisi serius
중퇴 putus sekolah
중학 sekolah menengah pertama
중흥 kemakmuran
중히여기다 mementingkan
쥐 tikus
쥐구멍 lubang tikus
쥐다 memegang
쥐어뜯다 merobek, merenggut
쥐어지르다 meninju
즈음 menjelang, waktu
즉 yaitu
즉각 segera
즉석 segera, seketika

즉시 sekaligus, kontan, segera
즐겁다 senang, gembira
증가 pertambahan, kenaikan
증감 kenaikan dan penurunan
증대 memperbesar
증명 bukit, keterangan
증발 penguapan
증서 akta, surat ijazah
증설 meningkatkan
증식 membiakkan
증오 kebencian
증인 saksi
증자 peningkatan modal
지각(知覺) persepi, perasaan
지각(遲刻) terlambat
지갑 dompet, pundi
지겹다 bosan
지구 bumi, dunia
지금 sekarang, kini
지급 pembayaran
지긋지긋하다 muak, memuakkan
지긋하다 berumur banyak
지껄이다 beromong-omong
지나가다 lewat
지나다 lewat, kadaluwarsa, melintasi
지나치다 berlebihan, melewati
지난날 hari-hari yang lalu
지난번 waktu yang lalu
지내다 melewatkan waktu
지내보다 berhubungan dengan
지네 lipan, kaki seribu
지능 kepintaran, kecerdasan
지니다 mempunyai
지다 memikul
지당 layak, benar
지대하다 sangat, hebat
지도 penyuluhan, bimbingan
지렁이 cacing tanah
지레 pengungkit
지레짐작 mengambil kesimpulan yang tergesa-gesa
지력 kekuatan pikiran
지루하다 bosan
지르다 menendang
지리 geografi
지망 keinginan

Korean	Indonesian
지면	surat kabar
지명	nama tempat
지방	daerah
지배	pemeriksaan
지상	tanah, darat
지성	kecendekiawan
지시	petunjuk, perintah
지식	pengetahuan
지어내다	membuat-buat
지옥	neraka
지우개	penghapus
지우다	menghapus
지원	pelamaran
지장	kesukaran, lintangan
지저귀다	menyanyi
지저분하다	kotor
지정	penujukan
지지	dukungan
지지다	mendidih
지치다	lelah
지키다	menjaga
지탱	mendukung
지피다	menyalakan
지하	di bawah tanah
지혜	kebijaksanaan
지휘	perintah
직감	intusi, naluri
직분	tanggung jawab
직선	garis lurus
직속	di bawah pengawasan langsung
직업	pekerjaan
직장	tempat pekerja
직책	tanggung jawab, tugas
직행	pergi langsung
진가	nilai sejati
진공	hampa udara
진급	promosi, kenaikan pangkat
진단	diagnosis
진동	getaran
진리	kebenaran
진술	pernyataan
진실	kebenaran
진심	kesungguhan
진저리나다	muak
진정	sejati
진주	mutiara
진짜	benda asli
진찰	pemeriksaan medis
진출	bergerak maju
진퇴	pergerakan
진하다	tua, gelap
진학	melanjutkan ke jenjang pendidikan yang lebih tinggi
질기다	kuat
질다	lunak
질리다	ditentang
질투	cemburu, iri hati
질펀하다	berlumpur, becek, basah
질펀한다	datar, rata
짊어지다	memikul
짐	bahan
짐작	terkaan, tebukan
짐짓	dengan sengaja
집	rumah
집념	ketekunan, kegigihan
집다	mengambil, memungut
집어먹다	ambil dan makan
집어치우다	menyerah, berhenti
집중	pemusatan
집합	perhimpunan
짓다	mendirikan
짓밟다	menginjak-injak
징그럽다	menjijikkan
짖다	(개가) menggonggong
짙다	gelap, tua
짚	jerami, merang
짚다	mengukur denyut nadi
짜깁기	mengenyam
짜다	menganyak
짜부라지다	rusak
짜이다	ditenun
짜증나다	jengkel, kesal
짜증내다	menjengkelkan
짝	pasangan
짝사랑	cinta sebelah pihak
짝수	angka genap
짧다	pendek
째다	memotong/ketat/kekurangan
째어지다	dipotong
째지다	dipotong
쩨쩨하다	kikir, pelit

쪼개다 memotong, membelah
쪼그라들다 diremukkan
쪼들리다 sangat butuh
쫓기다 diusir
쫓다 mengusir
쫓아내다 mengusirkan
쫓아오다 mengejar
쬐다 menghangatkan
쭈그리다 diremukkan
쭈그리다 meremukkan
찌그러지다 diremukkan
찌그리다 meremukkan
찌다 mengukus/panas menguap
/menjadi gemuk
찌들다 ternoda, menjadi kotor
찌르다 menusuk
찌부러뜨리다 meremukkan
찍다 mengampak, membelah / mencap
찔끔하다 menetes
찔리다 ditusuk
찡그리다 merengut
찢기다 dirobek
찢다 merobek
찢어지다 dirobek
찧다 menumbuk

ㅊ

차(茶) teh; 인삼~ teh ginseng
차(車) kereta, mobil
차(差) perbedaan
차갑다 dingin
차다 ① penuh, padat ② dingin
차라리 lebih baik
차량 kendaraan
차례 giliran
차리다 mempersiapkan
차별 pembedaan, diskriminasi
차분하다 tenang, kalem
차이 perbedaan
차지 pendudukan
차츰 sedikit demi sedikit
착각 ilusi, tipuan mata
착공 permulaian pekerjaan
착륙 pendaratan; ~하다 mendarat
착수 permulaian pekerjaan
착잡 ruwet, berbelit-belit
찬미 pemuliaan, pemujian
찬성 persetujuan
찬찬하다 cermat, waspada
찰나 sekejapan mata
찰벼 padi pulut
찰흙 tanah liat
참 ① kebenaran ② sungguh, benar
참가 partisipasi, keikutsertaan
참견 campur tangan
참고 referensi, rujukan
참기름 minyak bijan
참다 menahan
참되다 benar, sejati, asli benar
참배 pengunjungan biara
참새 burung gereja/rumah
참신(한) baru, orisinil
참여 partisipasi, keikutsertaan
참외 melon
참으로 dengan sungguh-sungguh
참하다 elok dan bagus
참혹 mengerikan, tragis, buas

창(窓) jendela
창고 gudang
창공 langit
창구 loket
창문 jendela
창설 pendirian
창자 usus, jeroan
창작 ciptaan karya
창조 penciptaan
창창하다 biru tua, cerah (masa depan)
창피 rasa malu
찾다 mencari
채 tongkat pemukulan genderang/cemeti/sayur-sayuran/tambalan/bangunan
채다 merenggut, merampas
채용 pilihan, prarasa ~하다 menempatkan karyawan
채우다 mengisi, memenuhi
채우다 (자물쇠를) menguncikan
채집 ~하다 mengumpulkan
채찍 cambuk, cemeti
채택 pilihan~하다 memilih
책 buku, pustaka
책상 meja
책임 tanggung jawab
책정 penetapan
챙기다 menyusun, membenahi
처 istri
처남 ipar
처넣다 menjejali, memadati
처녀 gadis, anak dara
처량하다 sedih, pilu, muram
처럼 seperti
처매다 mengikat
처방 resep
처벌 hukuman
처분 pelepasa
처세 tingkah laku
처음 permulaan

처자 anak istri
처지 situasi, keadaan
처지다 tergantung, terkulai
처치 tindakan, penyelesaian
처하다 dihadapkan
척척하다 basah, lembah
천 kain
천(千) seribu; 수~ beribu-ribu
천국 surga
천당 surga
천막 kemah, tenda
천문(학) ilmu perbintangan
천사 malaikat, bidadari
천성 pembawaan, tabiat
천연 alam
천재 genius
천지 dunia, alam sementara
천진난만 kenaifan
철(鐵) besi, baja
철 musim 겨울~ musim dingin
철도 jalan kereta api
철모르다 tidak mempunyai pengertian / akal sehat
철사 kawat besi
철회 penarikan
첩경 jalan potong, pintasan
첫걸음 langkah pertama
첫머리 awal, pendahuluan
첫째 yang pertama
청(請) permintaan ~하다 meminta, memohon
청강 penghadiran (kuliah)
청결 kebersihan
청구 permintaan, klaim
청빈 kemiskinan jujur
청산 ~하다 menghapuskan, membereskan
청색 biru
청소 pembersihan
청승맞다 sengsai
청원 permohonan
청중 hadirin, pemirsa
청청하다 segar dan hijau
청하다 meminta/memohon
체계 sistem
체념 penglihatan jelas
체류 penetapan, tinggal

체온 suhu panas badan
체육 latihan fisik, gimnastik
체조 latihan fisik, senam
체질 penyaringan
체질(體質) keadaan badan/jasmani
쳐다보다 menengok, memandang
쳐부수다 merusakkan
쳐죽이다 memukul mati
초(秒) detik
초(初) permulaan
초 lilin
초과 kelebihan
초급 kelas pemula
초년 tahun pertama
초대(初代) yang pertama
초대(招待) undangan
초라하다 gembel, jembel
초록(색) (warna) hijau
초면 bertemu untuk pertama kali
초원 padang rumput
초월 menjauhkan diri
초점 titik api
촉각 sungut
촉감 rasa rabaan
촉박 mendesak
촉진 mempercepat
촌락 dukuh, dusun
출출하다 agak lapar
촘촘하다 rapat, lebat
촛불 cahaya lilin
총(銃) senapan, bedil
총(總) keseluruhan
총력 segenap tenaga
총명 bijaksana
총애 percintaan istimewa
최고 maksimal, tertinggi
최대 terbesar
최소 paling sedikit
최종 terakhir
최후 yang terakhir, kesimpulan
추구 pengejaran, pencarian
추궁 menekan keras
추다 (춤을) ~ menari, berdansa
추리다 memilih
추방 pengusiran

추상 abstraksi
추수 panen
추스르다 meluruskan
추악 buruk, jelek
추어주다 memuji, membujuk
추위 kedinginan
추접 kotoran
추진 pendorongan
추천 rekomendasi
추켜들다 mengangkat
추켜세우다 menjilat
추키다 menaiki
추태 tingkah laku yang memalukan
추파 kerlingan
추하다 jelek, lata, buruk
추호 sedikitpun
축구 sepak bola
축배 angkat gelas
축소 pengurungan
축원 doa
축하 selamat, restu
춘추 musim semi dan musim Gugur
출구 jalan keluar
출납 penerimaan dan pengeluaran
출발 keberangkatan
출세 kesuksesan dalam hidup
출입 kedatangan dan kepergian
출장 perjalanan dinas
출제 pemberian soal
출현 kemunculan
춤 tarian, dansa
춤추다 menari
춥다 rasa dingin
충격 goncangan, kejutan
충고 nasehat, anjuran
충동 gerak/dorong hati
충만 penuh
충분한 cukup, lengkap
충신 kaulanegara yang setia
충실 utuh, sempurna
취급 perlakuan ~하다 mengganggap (sebagai)
취득 pendapatan
취미 kegemaran, kesukaan

취임 pelantikan; ~되다(하다) dilantik
취지 pendapat, ide
취직 mendapat pekerjaan
취(醉)하다 mabuk
취(取)하다 ① mengambil ② memilih
측근 sekitar, pengakrab
측량 pengukuran
측면 sisi, tepi, segi
측정 ukuran; ~하다 mengukur
층 ① (사회 계층) kelas, kategori ② (건물의) tingkat
층계 tangga
치과 bagian gigi; ~의사 dokter gigi
치다 ① (때리다) memukul, menumbuk, menyambar ② (나무 따위를) memotong ③ (체 따위로) menyaring ④ (장난을) bermain-main ⑤ (오물을) membersihkan ⑥ (전보를) mengirim
치닫다 naik
치뜨다 mendelik(mata)
치료 pengobatan medis, penyembuhan; ~하다 menyembuhkan
치르다 (값을) membayar
치명 fatal; ~적 mematikan
치밀한 cermat
치받다 menggelora
치솟다 naik (dengan kencang)
치약 pasta gigi
치욕 noda, aib
치우다 membenahi, membenahkan
치이다 terperangkap
치키다 menaikkan
칙칙하다 suram, muram
친구 teman, konco, kawan
친근 akrab, karib
친목 persahabatan
친선 hubungan persahabatan
친절한 mesra
친척 sanak saudara
친하다 akrab, karib

칠 ① tujuh ② cat, pelitur
침 air liur
침대 tempat tidur
침략 agresi, penyerbuan
침목 bantalan rel
침몰하다 tenggelam
침착 ketenangan; ~하게 dengan tenang
침체 stagnasi, kemandekan
침투 merembes
침해 pelanggaran
칭찬 penyanjungan, pemujian
칭하다 menamai

ㅋ

칼 pisau, pedang
칼맞다 kena pisau, ditusuk
칼춤 tari pedang
캄캄하다 gelap, gelap gulita
캐내다 memeriksa, menyelidiki
캐다 menggali / menambang
커녕 malah, jangankan
커다랗다 sangat besar
컬컬하다 agak haus
켕기다 tegang (hati)
켜 lapisan
켜다 ① (불을) menyalahkan, memasang ② (나무를) menggergaji ③ (바이올린을) memainkan(biola)
켤레 한~ sepasang
케케묵다 antik, tua sekali
코 ① hidung ② ingus
코골다 mendengkur, ngorok
코끼리 gajah
코딱지 upil
코세다 keras kepala
코앞 di depan hidung
코웃음치다 menyeringai
코풀다 buang ingus
코피 darah hidung
콧구멍 lubang hidung
콧노래 bersenandung
콧물 ingus
콧소리 bunyi sengau
콧수염 kumis
콩 kacang soya
콩나물 tauge(kasar)
쾌감 perasaan yang nyaman
쾌락(快樂) kenikmatan
쾌락(快諾) memberi ijin dengan mudah

쾌보 kabar baik
쾌적 menyenangkan, nyaman
쾌조 kondisi yang prima
쾌활 gembira, riang
쾌히 dengan senang hati
쾨쾨하다 bau menyengat
쿵쾅거리다 membuat suara yang keras
크나크다 besar sekali
크다 ① besar ② bertumbuh
큰기침 mendehem
큰댁 keluarga batang/utama
큰딸 putri sulung
큰마누라 istri pertama
큰마음 memberanikan diri
큰물 banjir
큰방 ruang, ruangan
큰비 hujan lebat
큰사람 tokoh utama
큰소리 suara yang keras
큰손님 tamu yang penting
큰아버지 uwak, mamak
큰일 usaha besar/penting
큰절 soja
큰집 keluarga batang/keluarga utama
큼직하다 sangat besar
키 tingginya
키꺽다리 orang yang tinggi
키다 memiara, memelihara
키돋움 mengangkat kaki untuk tinggikan diri
키순 dalam urutan tinggi
키우다 membesarkan, memiara
킬킬거리다 tertawa terkikih-kikih

ㅌ

타개 pemecahan
타격 pukulan
타결 persetujuan, pemberesan
타고나다 dikaruniai
타관 rantau
타내다 memperoleh
타다 ① terbakar / hangus ② mencam-purkan ③ mengendarai
타도 menggulingkan
타동사 kata kerja transitif
타락 kemerosotan
타래 한~ segulungan
타령 balada
타박하다 mengeluhkan
타박상 lecet, memar
타산 perhitungan
타살 pembunuhan
타액 air liur, ludah
타원형 jorong
타오르다 menyala
타의 maksud lain
타자 ketikan; ~하다 mengetik
타진 memeriksa dengan mengetuk-ngetuk
타파하다 membuang, menghapus
타합 kesepakatan
타협 kompromi, persetujuan
탁견 ide yang bagus
탁구 tenis meja
탁상 di atas meja
탁월 bagus sekali, keunggulan
탁자 meja
탁주 minuman keras yang tidak terang
탄광 tambang batubara
탄력 elistisitas
탄로나다 ketahuan
탄생 kelahiran
탄성 keelastisan
탄식 keluh-kesah

탄알 peluru
탄압 penekanan
탄원 petisi, permohonan
탄탄하다 teguh, kukuh
탈 topeng, kedok
탈고 menyelesaikan tulisan
탈나다 terjadi kecelakaan
탈내다 membangkitkan kecelakaan
탈선 penyimpangan dari rel; ~하다 keluar dari rel
탈세 penghindaran dari pajak
탈출 pembebasan diri dari
탈퇴 penarikan diri
탈환 menduduki kembali
탐 tamak, loba
탐구 penelitian, penyelidikan
탐내다 menginginkan, melobakan
탐문 mencari informasi
탐욕 kerakusan, tamak
탐지하다 mencari tahu
탐탁하다 disukai, memuaskan
탑 menara
탓 alasan, kekeliruan
탕 ① (국) sop, kaldu ② (목욕) permandian
탕약 obat serupa sop
탕치다 menghambur-hamburkan, menyia-nyiakan
탕하다 membuat obat
태도 sikap, tingkah laku
태만 kelalaian
태반 sebagian besar
태생 kelahiran 서울~ berasal dari Seoul
태양 matahari, surya
태어나다 lahir
태연히 (dengan) tenang
태우다 ① membakar ② menaikkan

태평(泰平) ketenangan, kedamaian
태평양(太平洋) laut teduh
택일 memilih salah satu
터 tempat, lokasi
터놓다 membuka
터뜨리다 meledak, meletus
터무니 tidak masuk akal
터무니없다 secara tidak masuk akal
터벅거리다 berjalan dengan susah payah
터전 lokasi, tempat
터주다 menghapus larangan
터지다 meledak, meletus
턱 dagu, rahang
턱걸이 angkat dagu dipalang
턱없다 tidak masuk akal
털 bulu
털다 mengebaskan
털리다 dicuri, dirampok
털썩 dembam, dembum
털털하다 bebas dan lepas
텁텁하다 tidak segar di dalam mulut
텅 kosong; ~빈 hampa
테 kerangka, bingkai
테두리 garis besar, garis luar
토기 barang-barang dari tanah liat
토끼 kelinci
토닥거리다 menepuk-nepuk
토론하다 berdebat, bertukar pikiran
토막 sepotong, potongan
토목 pekerjaan umum
토실토실 montak
토요일 hati Sabtu
토의 perdebatan, musyawarah
토지 tanah, bumi
토하다 muntah
톡톡히 cukup banyak
톱 gergaji
통 pipa, tapang
통계 statistik
통고 pemberitahuan
통곡하다 meratap

통과 pelulusan; ~하다 lulus, lewat
통관 pabean
통근 masuk kantor
통금 pelintasan
통달 mahir, lancar
통로 terusan, gang, lorong
통보 laporan, pemberitahuan
통상 perdagangan
통속 popular
통신 komunikasi
통역 interpretasi, terjemahan
통으로 semua
통일 penyatuan
통장 (은행) buku bank
통제 pengontrolan
통증 rasa sakit
통지 pemberitahuan
통쾌한 sangat menyenangkan
통통하다 gemuk, montok
통하다 menuju (ke)
통학 bersekolah
퇴근하다 pulang kantor
퇴박하다 menolak
퇴보 kemunduran
퇴비 pupuk kandang
퇴장하다 meninggalkan
퇴짜 tolakan
퇴하다 memundurkan diri
퇴학 keluar dari sekolah
퇴화 mendegenerasi
투기 spekulasi
투명 bening, jernih
투박스럽다 kasar
투숙하다 menginap
투자 penanaman modal
투정질 bersungut-sungut
투지 semangat bertarung
투표 suara, pemungutan suara ~용지 kartu pemilihan
툭 menonjol/suara tepukan/suara putus
퉁기다 menolak
퉁명스럽다 kaku, kasar
퉁탕 suara injakan
튀기다 menjentikkan
튀다 melenting

트다	menyingsing (fajar), bertunas
트릿하다	merasa mengkal di perut, samar-samar
트이다	dibuka, terbuka
트집잡다	mencari kesalahan
특권	hak istimewa
특기	kemampuan khusus
특대	ukuran ekstra besar
특별	khusus, istimewa
특수	khusus, spesial
특유	khusus, istimewa
특이	unik, aneh, ganjil
특제	diproduksi secara khusus
특집	edisi khusus
특허	hak paten
특히	secara khusus
튼튼하다	kuat, sehat
틀	cetakan, bentuk, pola
틀다	menyetel, menghidupkan
틀리다	① 뒤~ bengkok ② salah
틀림없다	dengan benar
틀어넣다	memadatkan
틀어막다	memberhentikan
틀어박다	menyempal
틀어지다	berbuat keliru
틈	lubang, celah, letak
틈나다	ada waktu lega
틈타다	mengambil kesempatan
티	debu, cacat
티끌	debu
티눈	mata ikan, katimumul

ㅍ

파 bawang perai, bawang daun
파견 pengiriman, pengutusan; ~하다 mengutus
파고들다 menyelidiki
파괴 penghancuran
파내다 menggali
파다 menggali, menggenik
파도 ombak
파동 gerak gelombang
파랑 biru
파랗다 biru
파래지다 menjadi biru
파르스름하다 seperti biru
파릇파릇 hijau segar
파릇하다 hijau segar
파리 lalat
파리하다 pucat, kelihatan pucat
파먹다 mengerogoti
파면 pemecatan, pelepasan
파멸 kehancuran, kebinasaan
파묻다 menguburkan
파산 keadaan bangkrut
파손 kerusakan
파악 pemahaman; ~하다 mengerti, memahami
파열 ~하다 meledak
파울 pelanggaran
파이프 pipa
파탄 kebangkrutan
파하다 tutup, bubar
팍팍하다 kering dan garing
판 ① (장소) tempat ② (板) papan kayu
판결 vonis, putusan hakim
판단 pertimbangan
판매 penjualan
판사 hakim
판정 pemutusan
팔 lengan
팔다 menjual
팔리다 dijual

팔목 pergelangan tangan
팔방 semua jurusan
팔베게 bantal tangan
팔십 delapan puluh
팔자 nasib, takdir
팔장끼다 melipat tangan
팔팔하다 tidak sabar, giat
팥 kacang merah
패 kelompok, golongan
패 (기념) plaket, label
패기 semangat ambisius
패다 ① (장작을) memotong ② (때리다) memukul
패물 perhiasan pribadi
패배 kekalahan
패하다 dikalahkan
팽팽하다 ketat, kencang
퍼내다 menimba keluar
퍼덕거리다 mengibas-ngibaskan
퍼뜩 dalam sekejap
퍼렇다 biru tua
퍼먹다 mengeduk dan melahap
퍼붓다 mencurah, turun lebat
퍼지다 meluas, menyebar
퍽 dengan kuat, sangat
편편하다 datar, papar
펄떡 berdenyut, berdebar
페인트 cat
펴내다 menerbitkan
펴놓다 membentangkan, membuka
펴다 membuka, merentangkan
편견 prasangka
편리 kemudahan
편승 mendapat tumpangan
편안 tenang, kesenangan
편지 surat
편하다 menyenangkan
평가 penilaian
평균 rata-rata, rataan
평등 kesamaan, kesamarataan

평민 orang biasa
평범 biasa, umum
평소 biasanya
평안 perdamaian
평온 ketenangan
평행 sejajar
평화 perdamaian
폐끼치다 merepotkan
폐지 penghapusan
폐하다 (철폐~) menghapus
포개다 menumpuk
포근하다 lunak dan menyenangkan, hangat
포도 anggur
포위 pengepungan
포옹 pelukan; ~하다 memeluk
포장 pengepakkan
포함하다 mengandung; …을 ~ 하여서 termasuk…
폭격 pemboman, pengeboman
폭락 penurunan tiba-tiba
폭력 kekerasan
폭로 pembukaan, pembeberan
폭발 peledakan, letusan
폭삭 dihancur semuanya
폭탄 bom
표나다 terlihat
표면 permukaan
표백하다 memutihkan
표본 spesimen, contoh
표준 standar, norma
표지 ① tanda, rambu ② sampul
표하다 menunjukkan
푸대접 perlakuan dingin
푸르다 biru langit
푸르스름하다 kebiru-biruan
푸짐하다 limpah mewah
푹 cukup, memadai
푼푼하다 memadai
풀 ① rumput ② lem, kanji
풀다 ① menyelesaikan (문제를) memecahkan soalan ② (매듭을) menguraikan ③ (구속을) membebaskan
풀리다 diselesaikan
풀어내다 menyelesaikan
풀어놓다 melepaskan, membebaskan
풀어지다 melembut
풀이 penyelesaian
품 ① (옷의) lebar, lingkar ② kerja
품다 memangku, memeluk
품팔이 bekerja untuk upah
품행 perilaku, tingkah laku
풋나기 orang baru
풋사랑 cinta monyet
풍경 pemandangan
풍년 tahun panen raya
풍선 balon
풍속 adat-istiadat
풍습 adat-istiadat
풍채 penampilan
풍토 iklim
풍파 angin dan gelombang
풍화 pelapukan oleh cuaca
피 darah
피고 tergugat, terdakwa
피곤 kelelahan, keletihan
피난 pengungsian
피다 mekan, berkembang
피로 kelelahan, kepenatan
피리 suling
피아노 piano
피우다 (담배를) mengisap
피하다 menghindar
필기 pencatatan
필답 jawaban tertulis
필사 mati-matian
필수 keharusan; ~의 wajib
필연 keterelaan
필요 kebutuhan, keperluan
핏줄 pembuluh darah
핑핑하다 berputar-putar

ㅎ

하나 satu
하나님 Tuhan
하늘 langit, udara
하다 melakukan, membuat
하루 hari, satu hari, suatu hari
하루살이 serangga yang hidup dan mati dalam sehari
하루하루 hari ke hari
하마터면 nyaris
하물며 apalagi, jangan dikata
하소연 keluhan; ~하다 mengeluh
하숙 indekos
하얗다 putih, putih polos
하여보다 berusaha untuk
하여주다 berbuat untuk
하염없다 melamun, bengong
하오 sore hari
하품하다 menguak
학과(學科) ① jurusan ② mata pelajaran
학과 pelajaran
학교 sekolah
학급 kelas
학대 kekejaman
학력 latar belakang pendidikan
학문 belajar, pengetahuan
학벌 kelompok akademis
학사 lulusan universitas
학생 siswa; 대~ mahasiswa
학술 seni dan ilmu
학습 belajar, studi
학우 teman sekolah
학원 kampus
학위 gelar, izajah
한 ① satu ② rindu dendam
한계 batas
한고비 saat yang sangat serius
한구석 sudut
한글 abjad Korea
한낱 hanya, belaka
한눈팔다 memalingkan mata
한데 udara terbuka
한도 batas
한동안 beberapa lama
한들거리다 bergerak dengan ringan
한때 seketika, suatu waktu
한마음 hati yang sama
한몫 sekaligus, bagian
한물 musim (terbaik)
한바탕 sekali
한번 sekali, satu kali
한숨 keluhan
한없다 tak terbatas
한정 pembatasan
한줄기 seberkas
한참 untuk beberapa waktu
한창 puncak, klimaks
한층 lebih
한편 satu pihak
할딱이다 mengap-mengap
할머니 nenek, embah
할쑥하다 pucat
할쭉하다 agak kurus
핥다 menjilat
함께 bersama
함락하다 merebut
함빡 dengan sepenuhnya
함뿍 dengan sepenuhnya
함축 menyiratkan
합계 jumlah
합동 kombinasi, gabungan
합리 masuk akal
합의 persepakatan bersama
합치다 menyatukan
합하다 mencampurkan
항상 selalu, senantiasa
해 matahari
해내다 menyelesaikan
해대다 berbuat, melakukan
해먹다 menggelapkan
해명 penjelasan

해방 kebebasan
해산(解産) kelahiran anak
해산(解散) pembubaran
해석 penafsiran, terjemahan; ~하다 menterjemah
해약 membatalkan
해어지다 lusuh, usang
해외 luar negeri
해제 membatalkan
해치다 mencederai
해협 selat
핵 ① inti ② nuklir
핵심 inti, inti sari
햇님 matahari
햇빛 sinar matahari
행동 tindakan, tingkah laku
행복 kebahagiaan
행사 kejadian, fungsi
행여 kalau-kalau
행운 keberuntungan
향수 kerinduan
향토 kampung halaman
향하다 menghadap, menuju
허가 izin, persetujuan
허공 udara kosong
허덕이다 mengap-mengap
허락 persetujuan, izin
허무 kesia-siaan
허물 ① (과실) kekeliruan ② (껍질) kulit
허벅다리 paha
허비 pemborosan
허술하다 sembel, lusuh
허약 lemah, rapuh
허영 keangkuhan
허용 ijin, toleransi
허울 penampilan
허탈 hampa
허하다 kosong
헌납 penyumbangan
헌법 undang-undang dasar
헐겁다 longgar
헐다 merusak
헐떡이다 mengap-mengap
헐뜯다 memfitnah
헐렁하다 longgar
헐리다 dirobohkan, dibongkar

헐벗다 berpakaian compang-camping
헐하다 murah, tidak mahal
험난 curam, terjal
험악한 berbahaya, gawat
헛걸음 kembali dengan tangan kosong
헛되다 sia-sia
헛듣다 salah dengar
헛디디다 salah langkah
헛소리 meracau
헛수고 usaha yang sia-sia
헛일 usaha yang sia-sia
헛헛하다 sangat lapar
헝겊 sehelai kain
헝클다 mengusutkan
헤다 menimbang, mempertimbangkan
헤매다 berjalan-jalan
헤아리다 menimbang, mengira
헤어나다 lolos
헤어지다 berpisah
헤엄 renang
헤엄치다 berenang
헤치다 menggali
헤프다 tidak tahan lama
헹구다 membias
혀 lidah
혁명 revolusi
현관 pendapa, serambi, beranda
현금 uang kontan/tunai
현상 fenomena
현실 realitas, kenyataan
현재 waktu kini
현저 menojol
현지 tempat kejadian
현찰 uang kontan/tunai
혈기 darah panas
혈통 silsiah
혐의 kecurigaan
협력 kerjasama
협박 ancaman
협정 perjanjian
형 kakak lelaki, kakanda
형벌 hukuman
형사 ① kasus pidana ② reserse
형상 bentuk, gaya

형성 pembentukan
형식 bentuk
형용 metafora, modifikasi
형제 saudara lelaki
형태 bentuk
형편 situasi, keadaan
혜택 manfaat, keuntungan
호감 simpati, kesan yang baik
호강 hidup dalam kemewahan
호걸 pahlawan
호랑이 harimau, macan
호리다 menggoda, memikat
호박 labu kundur
호사 kemewahan
호소 permohonan
호수 danau, telaga, tasik
호위 penjaga, pengawal; ~하다 menjaga, mengawal
호응 persesuaian; ~하다 setuju dengan
호적한 cocok, sesuai
호전 perubahan yang baik
호젓하다 sunyi, sepi
호조 baik, menguntungkan
호주머니 kantong, saku
호출 panggilan
호칭 panggilan, sebutan
호화로운 mewah
호흡 nafas
혹 ① bengkak, benjol ② barangkali
혹간 kadang-kadang
혹사 mempekerjakeraskan
혹시 jika, kalau-kalau
혹평 kritik yang pedas
혼구멍내다 mengejutkan, menakuti
혼나다 takut, terkejut
혼담 penjodohan
혼동 kekacauan
혼란 keruwetan, kekacauan
혼례 upacara pernikahan
혼미 bingung
혼사 urusan pernikahan
혼선 kekusutan kawat
혼성 campuran, jamak
혼약 pertunangan

혼인 pernikahan
혼자 sendiri
혼잡 kekacauan, keramaian
혼잣말 monolog, berbicara sendiri
혼쭐나다 dimarahi
혼합 campuran
혼혈 darah campuran
홀 ruang, gedung
홀가분하다 ringan, bebas dan mudah
홀딱 tergila-gila
홀랑 telanjang bulat
홀로 sendiri
홀리다 terpikat, tertarik
홀몸 bujangan, duda/janda
홀수 bilangan ganjil
홀아비 duda
홀어미 janda
홀연 tiba-tiba
홀짝마시다 menyeruput
홀쭉하다 tinggi dan ramping
훑다 melerai, menebah
훔치다 mencuri
훔켜잡다 memegang
홈통 tong, tahang
홍당무 wortel, lobak merah
홍수 banjir
홍역 penyakit campak
홑 tunggal, lipat satu
홑으로 dengan tunggal
화 ① api ② bencana ③ kemalangan
화기(和氣) kedamaian
화기(禍氣) kemarahan
화끈 merasa panas
화나다 marah
화내다 marah
화닥닥 dengan meloncat
화답 jawaban yang tegas
화려 cemerlang
화목 keharmonisan
화물 muatan, barang
화분 pot bunga
화살 anak panah
화음 paduan suara harmonis
화의 perundingan perdamaian
화장 dandanan

화촉 merayakan perkawinan	회로 perjalanan pulang
화통 cerobong asap	회상 peringatan
화판 papan cetak/lukis	회수 pemungutan
화평 perdamaian	회오리바람 angin punyuh
화폐 uang, mata uang	회의 musyawarat, rapat
화하다 ① berubah ② mencampur	회전 putaran
화합 campuran, kimia	회중 (시계) jam saku
화해 perdamaian	회초리 cambuk
확고 kukuh, teguh	회화 percakapan
확대 pembesaran	횡듣다 salah mendengar
확률 kemungkinan	횡령 penyerobotan
확립 pendirian, penegakan	횡재 rejeki nomplok
확보 persediaan	횡포 tirani penindasan, kelaliman
확신 keyakinan	효과 efek, kemujaraban
확실 pasti, yakin	효도 bakti; ~하다 berbakti
확인 penegasan, pengesahan	효율 efisiensi
확장 perluasan	후기 ① catatan tambahan ② periode kedua
확정 keputusan	후닥닥 dengan meloncat
확충 peningkatan	후들거리다 gemetar
환경 lingkungan	후려갈기다 memukul, menampar
환기 ventilasi	후려내다 mengusirkan
환멸 kekecewaan	후려치다 memukul
환산 merubah, mengkonversi	후련하다 merasa lega
환하다 cemerlang	후리다 menarik perhatian
활 panah, panahan	후리후리하다 tinggi dan kurus
활개 lengan, tangan	후미지다 terpencil
활개치다 mengayunkan lengan	후번 nomor belakang
활동 kegiatan, aksi	후비적거리다 mengorek-ngorek
활발 giat, lincah	후생 kesejahteraan sosial
활보 berjalan dengan semangat	후줄근하다 basah dan lembek
활약 kegiatan, aktivitas	후추 lada
활용 penerapan, aplikasi	후하다 ramah-tamah
활짝 (secara) luas	후회 penyesalan
활촉 mata panah	훈련 pelatihan
홧김 dalam kemarahan	훈훈하다 hangat
황고집 sifat keras kepala	훌륭하다 baik, tampan
황혼 senja, senja kala	훑다 melerai, menebah
황홀 menarik, mempesona	훑어보다 membaca sepintas lalu
홰 ① tempat bertenggar ② obor	훔쳐내다 mengepal, mengekap
횃불 obor	훔쳐먹다 makan curian
회 irisan ikan mentah	훔치개질 mencuri
회견 wawancara	훔치다 mencuri
회고 refleksi; ~하다 mengenangkan	훗날 kemudian, hari depan
회담 pembicaraan, perundingan	훗달 bulan depan
회답 jawaban	훤하다 cemerlan, terang

훨씬	jauh lebih
훼손	kerusakan
휑하다	lancar
휘감다	membelitkan
휘날리다	berkibar-kibar
휘다	merunduk, melentur
휘덮다	menutup-nutup
휘돌다	memutarkan
휘두르다	mengocok, memutar-mutarkan
휘둥그래지다	membelalak
휘뚝거리다	berjalan timpang
휘몰다	mengemudi dengan cepat
휘어잡다	menggenggam
휘어지다	membengkok
휘젓다	mengaduk
휘지다	mengacaukan
휘파람	siulan, suitan
휘황하다	cemerlang
휩싸이다	ditutupi
휩쓸다	menyapu habis
흉내	peniruan, tiruan; ~내다 meniru
흉잡다	menjelek-jelekkan
흉잡히다	diumpat
흉하다	jelek, buruk
흉허물	cacat, cela
흐느끼다	menangis
흐늘거리다	berayun-ayun
흐뜨러지다	menyerakkan
흐르다	mengalir
흐리다	① kabur ② berlumpur
흐리멍덩하다	samar-samar
흐릿하다	agak mendung
흐무러지다	terlalu matang
흐뭇하다	puas, senang
흔들다	menggoncang
흔들리다	digoncang
흔하다	biasa, lumrah, lazim
흘겨보다	memandang tajam ke samping
흘기다	menatap tajam
흘리다	menumpahkan, cecer
흙	bumi, tanah liat
흠	retak, cacat, memar
흠뜯다	memfitnah, mengumpat
흠잡다	mencari-cari kesalahan
흥겹다	riang gembira
흥정	tawar-menawar
흥청거리다	boros dan royal
흥하다	makmur
흩어지다	berpencar, tersebar
희다	putih
희롱하다	mempermainkan
희미한	samar-samar
흰머리	rambut putih
흰빛	warna putih
힘	daya, kekuatan, tenaga
힘껏	dengan sepenuh daya
힘들다	sukar, melelahkan
힘쓰다	berusaha keras
힘없다	lemah, tidak kuat
힘있다	sangat kuat
힘차다	sangat kuat, bersemangat

安英浩

- 韓國外國語大學校 말레이·인도네시아語科 卒業
- 韓國外國語大學校 大學院 亞洲地域研究學科 卒業
- University of Indonesia 文科大學에서 인도네시아語 研究 (Penataran Bahasa Indonesia)
- 말레이시아 Mara 工科大學 交換敎授 (敎育部派遣)
- University of Malaya 派遣敎授 (敎育部)

저서 및 논문

- 現代인도네시아語 (文學世界社, 1982)
- 인도네시아 - 한국語 辭典 (外大出版部, 1988)
- 삼지 인도네시아어 회화 (三志社, 1992)
- 인도네시아어의 借用語 研究
- 말레이어의 借用語 研究

포켓 인도네시아어-한국어
한국어-인도네시아어 사전

발 행	2012년 10월 25일
저 자	안영호
발행처	삼지사
발행인	이재명
등록번호	제406-2011-000021호
주소	경기도 파주시 산남동 316번지
Tel	031)948-4502,070-4273-4562 Fax 031)948-4508
홈페이지	www.samjisa.com

정가 15,000원

이 교재의 내용을 사전 허가없이 전재하거나 복제할 경우 법적인 제재를 받게 됨을 알려드립니다.
잘못된 책은 구입하신 서점에서 교환해 드립니다.

1	ACEH, NORTH AND WEST SUMATRA, RIAU
2	JAMBI, SOUTH SUMATRA, BENGKULU
3	LAMPUNG, JAKARTA, WEST AND CENTRAL JAVA, YOGYAKARTA
4	EAST JAVA, WEST AND EAST NUSATENGGARA, BALI, TIMOR

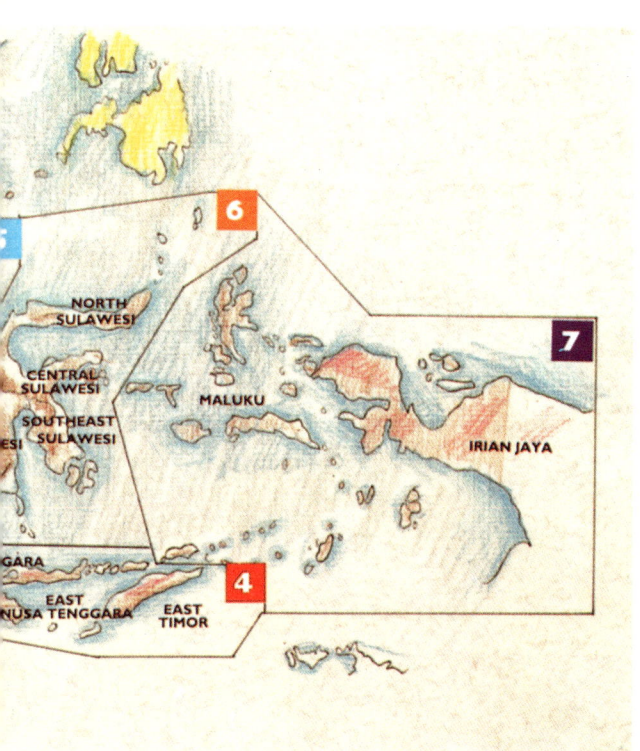

- **5** EAST, SOUTH, CENTRAL AND WEST KALIMANTAN
- **6** SOUTH, SOUTH EAST, CENTRAL AND NORTH SULAWESI
- **7** MALUKU, IRIAN JAYA